本书的出版得到了江苏省重点建设学科——
淮阴师范学院马克思主义理论学科的支持

杨四海 ◉ 著

中国公民精神培育研究

中国社会科学出版社

图书在版编目（CIP）数据

中国公民精神培育研究／杨四海著．—北京：中国社会科学出版社，2020.12
　ISBN 978 - 7 - 5203 - 7334 - 0

　Ⅰ.①中… Ⅱ.①杨… Ⅲ.①公民教育—研究—中国 Ⅳ.①D648.3

中国版本图书馆 CIP 数据核字（2020）第 186450 号

出 版 人	赵剑英
策划编辑	孙　萍
责任编辑	刘凯琳
责任校对	周　昊
责任印制	王　超

出　　版	中国社会科学出版社
社　　址	北京鼓楼西大街甲 158 号
邮　　编	100720
网　　址	http://www.csspw.cn
发 行 部	010 - 84083685
门 市 部	010 - 84029450
经　　销	新华书店及其他书店
印　　刷	北京君升印刷有限公司
装　　订	廊坊市广阳区广增装订厂
版　　次	2020 年 12 月第 1 版
印　　次	2020 年 12 月第 1 次印刷
开　　本	710×1000　1/16
印　　张	26.75
插　　页	2
字　　数	388 千字
定　　价	148.00 元

凡购买中国社会科学出版社图书，如有质量问题请与本社营销中心联系调换
电话：010 - 84083683
版权所有　　侵权必究

目 录

第一章 导论 (1)
 第一节 选题缘由 (1)
  一 研究背景 (2)
  二 研究意义 (5)
 第二节 研究现状与趋势 (10)
  一 国外与国内公民精神研究现状述评 (10)
  二 国外与国内公民精神研究发展趋势述评 (27)
 第三节 研究思路与研究方法 (47)
  一 研究思路 (47)
  二 研究方法 (53)
 第四节 核心概念阐释 (56)
  一 个体化 (57)
  二 公民精神 (61)

第二章 中国社会个体化症候分析及公民精神培育的提出 (70)
 第一节 个体化的呈现：生产个体化和生活个体化 (71)
  一 从"单位社会"到"个体社会"的生产个体化 (71)
  二 家庭、消费和空间里的生活个体化 (82)
 第二节 比较视野中的中国个体化 (98)

一　中外个体化的相似之处 …………………………（99）
　　　二　中国个体化现象的独特性 ………………………（105）
　第三节　中国个体化现象的影响 …………………………（110）
　　　一　个体凸显有助于国家与社会关系的
　　　　　合理化 ………………………………………………（110）
　　　二　对社会个体化现象负面影响的批判性
　　　　　分析 …………………………………………………（115）
　第四节　应对中国个体化症候的公民精神路向 …………（129）
　　　一　国外研究者回应个体化后果的启示 ……………（129）
　　　二　公民精神之于个人幸福和共同体建设的
　　　　　价值 …………………………………………………（133）
　　　三　公民精神培育：个体化时代国家的普遍
　　　　　选择 …………………………………………………（140）

第三章　公民精神的缘起及其理论嬗变 ………………………（151）
　第一节　公民精神的缘起 …………………………………（151）
　　　一　崇尚美德的传统共和主义公民精神 ……………（151）
　　　二　彰显个人的古典自由主义公民精神 ……………（155）
　第二节　不同社会思潮中的公民精神嬗变 ………………（159）
　　　一　自我修正的新自由主义公民精神 ………………（159）
　　　二　重释自由的新共和主义公民精神 ………………（162）
　　　三　超越个人的社群主义公民精神 …………………（165）
　第三节　多元文化主义中的公民精神厘析 ………………（169）
　　　一　指向文化领域的公民精神 ………………………（169）
　　　二　多元文化主义公民精神的理论主张 ……………（172）

第四章　中国社会发展中的个体考察及公民精神探析 ………（179）
　第一节　清末塑造"新民"的主张 …………………………（179）
　　　一　中国能否产生类似西方的公民 …………………（180）

二　中国传统社会的个人身份 …………………… (184)
　　三　严复和梁启超的"新民"观 ………………… (187)
第二节　民国成立前后"国民"改造的主张与
　　　　实践 ……………………………………………… (192)
　　一　从政治思想主张到现代国家建设 …………… (193)
　　二　民国早期国民教育的"速写" ……………… (196)
第三节　中华人民共和国成立后"人民"身份的
　　　　兴起 ……………………………………………… (199)
　　一　"人民"身份的主导 ………………………… (199)
　　二　主导性"人民"身份的形成原因 …………… (203)
　　三　"人民"身份与"公民"身份的异同 ……… (207)
第四节　改革开放后"公民"意识觉醒及公民精神
　　　　萌动和局限 ……………………………………… (209)
　　一　改革开放前"公民"的缺位 ………………… (209)
　　二　改革开放后公民意识的逐步觉醒 …………… (211)
　　三　主体性和公共性公民精神的萌动 …………… (215)
　　四　当前中国公民精神的局限性 ………………… (217)

第五章　新时代中国公民精神内容建构的理论观照和
　　　　本土设想 ……………………………………… (234)
第一节　基于共同体思想的公民再认识 ……………… (235)
　　一　作为公共生活主体的公民 …………………… (236)
　　二　"公民"继续存在的可能性 ………………… (239)
第二节　新时代中国公民精神内容建构中的关系
　　　　把握 ……………………………………………… (245)
　　一　市民与公民的关系 …………………………… (245)
　　二　公民理性与激情的关系 ……………………… (248)
　　三　世界公民与国家公民的关系 ………………… (253)

第三节　新时代中国公民精神内容建构的现实背景和
　　　　本土设想 …………………………………………… (258)
　　一　当代中国公民精神内容建构的学理可能 ………… (258)
　　二　当代中国公民精神内容建构的社会发展和
　　　　政治制度特征 ………………………………………… (264)
　　三　当代中国公民精神内容建构的本土设想 ………… (270)

第六章　新时代中国公民精神培育的国情考量 ……………… (287)
　第一节　当代中国公民精神培育的经济因素分析 ………… (287)
　　一　经济发展促进公民政治生活 ……………………… (288)
　　二　经济发展增强公民法治观念 ……………………… (292)
　第二节　当代中国公民精神培育的民主政治考察 ………… (297)
　　一　为人民当家做主的社会主义民主政治正名 ……… (298)
　　二　具有民主带动作用的党内民主发展 ……………… (305)
　　三　社会民主中的公民参与与自治 …………………… (310)
　第三节　当代中国公民精神培育的文化因素探究 ………… (315)
　　一　中国优秀传统文化之于当代公民的意义 ………… (316)
　　二　马克思主义、自由主义、保守主义对公民
　　　　价值观的影响 ………………………………………… (321)
　　三　社会主义核心价值观对公民道德建设的指引 …… (326)

**第七章　新时代公民精神培育的主体厘定、环境分析和
　　　　基本路径** …………………………………………… (331)
　第一节　当代中国公民精神培育的主体 …………………… (331)
　　一　引导公民精神走向的国家主体 …………………… (331)
　　二　承担公民塑造功能的学校主体 …………………… (337)
　　三　具有自我塑造作用的个人主体 …………………… (341)
　第二节　当代中国公民精神培育的环境 …………………… (346)

  一 作为"人生的第一所学校"的家庭生活
    环境 …………………………………………（346）
  二 作为居民自治的社区公共环境 ……………（351）
  三 影响公民价值观的网络虚拟环境 …………（357）
第三节 当代中国公民精神培育的路径 ………………（363）
  一 宏观层面的国家政策推动 …………………（363）
  二 中观层面的学校观念转变和公共生活塑造 ……（369）
  三 微观层面的个体"生活政治"润养 …………（375）

结 语 ………………………………………………………（383）

参考文献 ……………………………………………………（397）

后 记 ………………………………………………………（419）

第一章 导论

第一节 选题缘由

现代公民和公民精神,是在西方现代文明发展的过程中不断成长起来的,它对国民素养培育、民主社会发展和社会秩序整合,具有极其显著的积极作用。但是在当代,公民身份和公民精神不仅遭到西方学术界的质疑[①],还面临后工业化时代个体化威胁[②]和全球化挑战。而当代中国在发展社会主义市场经济的过程中,社会个体的逐步成长也是不争的事实,同时也真实地感受到了与高度现代性相伴的个体化和全球化的影响。那么对于中国而言,建构什么样的公民精神,如何培育公民精神,便是亟待思考的问题。事实上,在全球化时代,人们的全球意识在知识精英或全球问题的推动下缓慢发育的时候,人们的国家认同和民族意识也在加强,当前人们经常耳闻的国家之间领土争端、经济贸易摩擦和难民问题的处理,依然是国家主义思维在主导。尽管全球化是当今一个无法抗拒的重要力量,但是中国与其他国家一

[①] 威尔·吉姆利卡认为,在多民族国家中,由于其历史、文化、政治领域存在巨大矛盾,公民理论对于国家和民族的发展能够带来何种期待,目前并不十分清楚。同时,他还指出,关于公民德性的培养,依赖市场、家庭、团体或者教育系统,都有明显的问题,因此应该如何培养公民德性尚未找到很好的答案。艾力斯·马瑞恩·杨则从政治和群体的视角,对普适性公民观进行了批评。

[②] 德国社会学家乌尔里希·贝克夫妇在其著作中指出,托克维尔曾认为"个体是公民的头号敌人",其本身也认为"个体化的另一面似乎是公民身份的腐蚀和逐渐瓦解"。参见[德]乌尔里希·贝克《个体化》,李荣山等译,北京大学出版社2011年版,第25、26页。

样，公民塑造和公民精神培育仍然在国家的层次上进行着。[1] 只不过当今的公民精神已经不同以往，其发展已经进入了新的阶段。中国公民精神培育的研究，具有理论和现实上的重要意义。

一 研究背景

第一，新时代中国社会主要矛盾的变化。党的十九大报告明确指出，中国人民经过长期努力，国家和人民经历了从站起来、富起来到强起来的伟大飞跃，中国特色社会主义进入了新时代。这个阶段中国社会的主要矛盾已经发生重要变化，不再是十一届三中全会以后提出的人民日益增长的物质文化需要同落后的社会生产力之间的矛盾，而是人民日益增长的美好生活需要和不平衡不充分的发展之间的矛盾。"美好生活需要"，表明人民"不仅对物质文化生活提出了更高要求，而且在民主、法治、公平、正义、安全、环境等方面的要求日益增长"[2]。改革开放以来，经过40年的发展，中国人民的生活水平显著提高，随之而来的是人民对于教育文化、社会保障、医疗卫生、生态环境、精神生活等方面的更高要求，公民的民主意识、法治意识、公平意识、参与意识、监督意识和维权意识都在增强。如习近平总书记所说，人民对美好生活的向往就是我们的奋斗目标。以人民为中心，是中国共产党人的根本立场，也是新时代中国特色社会主义的根本追求。中国共产党所坚持和奉行的人民立场，是马克思主义唯物史观在执政理念和中国特色社会主义实践中的现实表现。然而，对人民美好生活愿望实现的主要制约是发展不平衡不充分，不平衡主要表现为各区域各领域各方面发展不够平衡，不充分主要表现为一些地区、一些领域、一些方面存在发展不足的问题。就"五位一体"总体布局来看，经济社会发展成效最为显著，而政治建设、文化建设和生态文明

---

[1] Steven P. Camicia, "Citizenship and Citizenship Education in a Global Age: Politics, Policies, and Practices in China", *Frontiers of Education in China*, Vol. 8, No. 3, 2013, pp. 482 – 487.

[2] 《党的十九大报告辅导读本》，人民出版社2017年版，第11页。

建设则相对滞后，存在不同程度的短板。而政治建设的进一步加强，需要继续发展社会主义民主政治建设，需要扩大公民有序政治参与，保障公民依法享有的广泛权利和自由。社会主义的文化繁荣，需要坚持用社会主义核心价值观凝心聚力，这将必须回答建设什么样的国家、塑造什么样的社会、培养什么样的公民问题。一个社会文明水平如何，在相当大的程度上与公民的思想道德素质相关。生态文明的建设同样离不开公民环保和可持续发展素养的培育。因此，无论从新时代人民自身对美好生活的愿望，还是发展不平衡不充分问题的解决，都需要把包含权利、责任、美德和实践在内的中国公民精神作为重大课题进行研究。正如马克思所说的那样："人们的意识，随着人们的生活条件、人们的社会关系、人们的社会存在的改变而改变。"[①] 新时代社会主要矛盾的变化，包含公民意识的当代中国公民精神必将有新的面貌和新的发展。

第二，个体化社会发展的挑战。英国学者尼克·史蒂文森指出，个体化的发展是我们时代最为重要的社会和文化现象之一。[②] 现代性晚期个体化论题的提出，德国社会学家乌尔里希·贝克等人做出了重大贡献。他们通过对西方现代晚期的社会发展考察，创立了自反性现代性理论，这一理论包含风险社会理论和个体化理论。他们认为在第二现代性（晚期现代性）时期，社会个体的发展，已经从原来的社会组织中抽离，个体成为社会的基本单元，"为自己而活"成为个体的人生目标，个体不得不进行个人的自由选择。但是，如此的个体生活，使个体不得不面对更多的不确定性和不平等。乌尔里希·贝克的个体化理论，得到了鲍曼、吉登斯、斯科特·拉什等人的响应，个体化不仅是观察社会的视角，而且还是对晚期现代性社会发展样态的描画。个体化社会给当今人们带来了前所未有的挑战：首先，个体从传统的社会单位（家庭、宗族、社团、阶级等）当中抽离，使传统的

---

① 《马克思恩格斯选集》第 1 卷，人民出版社 1995 年版，第 291 页。
② ［英］尼克·史蒂文森：《文化公民身份：全球一体的问题》，王晓燕、王丽娜译，北京大学出版社 2011 年版，第 38 页。

整合方式失去了功能,从而导致现代社会和国家面临如何整合的问题;其次,与前者相关,对社会个体而言,在传统的整合方式失灵的情况下,每个人都会面临越来越多的不确定性,增加了个体的焦虑和恐慌感;最后,为自己而活既然是人生的信条,社会的竞争可能会加剧,社会的不平等问题将会进一步凸显,集体主义也许会显得更加遥不可及,所以个体为了自身的生存,也会有一丝利他的伦理意识。

个体化理论产生的背景,虽然是在全球化和高度现代性条件下,理论研究的对象是欧洲国家,但是,个体化社会发展的形式和趋势,却波及世界范围。个体化作为新的生活方式是开放的,乌尔里希·贝克依据经济生产形式、政治制度性质和文化整合方式,把世界范围内的现代性分为多种类型,即欧洲现代性、美国现代性、中国现代性和伊斯兰现代性,这种不同的现代性划分,反映了个体化发展的进程。[①] 与西方发达国家相比,中国整体上虽然不具备高度发达的工业化水平,不具备完善和高水平的社会福利制度,统合社会的文化差异较大,但是中国社会已经共时性地存在着前现代、现代和晚期现代社会的某些特征,个体化已然在进行中。尽管中国个体化发展还不完整、水平不高,但是个体化带来的各种挑战,却是研究者无法回避的。

第三,社会治理模式的转变。党的十九大明确向全党全社会公开提出"社会治理"的体制构想,即"完善党委领导、政府负责、社会协同、公众参与、法治保障的社会治理体制"[②],打造共建共治共享的社会治理格局,表明公民必然将作为社会组织和个人形式参与到社会治理中来,为构建良性社会秩序做出贡献。为此,建构和培育当代中国公民精神,适应由"社会管理"向"社会治理"转变的需要,适应了新时代中国社会治理主体多样化发展的需要。公民塑造及其精

[①] [德]乌尔里希·贝克、伊丽莎白·贝克-格恩斯海姆:《个体化》,李荣山等译,北京大学出版社2011年版,第6页。

[②] 习近平:《决胜全面建成小康社会 夺取新时代中国特色社会主义伟大胜利——在中国共产党第十九次全国代表大会上的报告》,《党的十九大报告辅导读本》,人民出版社2017年版,第48页。

神培育不仅因应了执政党治国理政的政治需要，而且在学术界关于社会治理的研究中也有所涉及。张康之认为，农业文明时代人类所发明的是权治的社会治理模式，工业文明时代拥有的是法治的社会治理模式，后工业社会人类可能致力于发展德治的社会治理模式。权治的社会治理模式，具有统治型的特征，它以权力意志为基础；法治的社会治理模式，具有管理型的特征，它以法的精神为基础；德治的社会治理模式，具有服务型的特征，它以伦理精神为基础。在工业化的过程中，社会领域发生普遍的分离，出现了三大领域，即公共领域、私人领域和日常生活领域。[①] 除了日常生活领域仍然保留着农业社会的道德规范，公共领域和私人领域在法的精神统摄下，已经将伦理精神排挤出去。随着后工业社会的到来，社会治理主体已经发生了多元化的改变，政府不再是社会治理的唯一主体，而是与社会力量一道共同治理社会。原有的权力意志和法的精神不再具有主导性，呼唤伦理精神成为必然的选择。伦理精神的培养并不依赖教育的途径，而是通过道德的制度化方式实现。首先，治理者通过道德制度化获得伦理精神，以发挥服务者的示范作用；其次，借助道德制度化，达至社会成员伦理精神和道德规范的普遍生成。公民精神培育的责任和道德价值取向，是社会伦理与道德建设的应有之义。公民精神的培育，必将对社会道德规范的形成起到重要作用，对伦理精神的塑造产生重要影响，对服务型社会治理模式的实施有着积极的意义。

二 研究意义

（一）理论层面的要求

在后工业化背景下，个体化和全球化的发展，对公民精神提出了新的要求。公民精神新的发展形态，与传统的公民精神必然有所不同，其功能也会相应变化。从理论的层面来看，需要对公民精神的当

---

① 参见张康之、向玉琼《政策问题建构权的历史演进》，上海人民出版社2016年版，第326页。

代形态和当代功能作明确的阐述,这是公民研究的逻辑起点。

第一,阐明公民精神的当代形态。历史唯物主义认为,"不是人们的意识决定人们的存在,相反,是人们的社会存在决定人们的意识"①,表明公民精神作为社会意识范畴的内容,当然受到政治共同体的政治、经济、文化影响,在不同时期有着不同表现形态。英国学者德里克·希特认为,西方公民精神有两大传统,一个是以公民责任为要义的共和主义传统;另一个是以公民权利为核心的自由主义传统。共和主义分为古典共和主义和现代共和主义②,古典共和主义主要存在于古希腊和古罗马时代,其重视公民德行的培育。而现代共和主义开始于文艺复兴时代的马基雅维里,19世纪走向式微,其突出政治自由的实现及其制度架构。自由主义出现于17世纪,与公民共和主义有所交集,18世纪晚期直至当代始终处于支配地位,其以公民权利的追求为核心价值。20世纪中后期,人类向后工业社会迈进,开始了不同于工业社会的进程,全球化和个体化时代到来,亚民族共同体和超民族共同体的问题进入人们视野。由此可见,公民精神可以粗略地划分为三种不同的形态,即古典公民精神、现代公民精神和当代公民精神。如果说古典公民精神以培养公民美德为主,现代公民精神以追求公民自由和权利为主,那么当代公民精神是以什么作为其核心价值追求,当代公民精神在外延和层次上发生了什么变化,这是当代公民精神的研究应当给出阐述的。

第二,探讨公民精神的当代功能。不同历史时期公民精神的功能具有一定的差异性。雅典城邦的古典公民精神表现出显著的政治参与特性,通过政治参与做出重要决定,公民既是统治者也是被统治者,正是在这种意义上,亚里士多德才认为,人是天生的政治动物。公民精神的功能,就是在公民主动的政治活动基础上构建城邦的统治秩

---

① 《马克思恩格斯选集》第2卷,人民出版社2012年版,第8页。
② 不同的学者有不同的观点。刘训练将古希腊时期和近代共和主义统称为古典共和主义,而萧高彦则把共和主义分为两个阶段,即古典共和主义和现代共和主义。后一种共和主义阶段划分,考虑了时代和社会条件变化,看起来更加清晰。

序。而古罗马的古典公民精神则由政治转向法律领域，强调公民在法律上的地位和权利①，由法律调节公民与所有物、公民与公民之间的关系，从而维护古罗马的统治秩序。而现代公民精神，不论是共和主义公民精神，还是自由主义公民精神，只是片面地突出公民精神中的一个核心构成要素，要么是符合共善的公民德行②，要么是满足个人利益需要的公民权利，两者都在政治自由中构建自由和民主的社会秩序。当代公民精神较之古典公民精神和现代公民精神，在内涵和外延方面都发生了明显的变化，内涵上公民从国家扩展到地方、区域乃至整个世界；外延上从政治公民、法律公民和社会公民，延伸到女性公民、环境公民、文化公民、性公民等。面对这种情势，公民精神会不会因为这样的变化而呈现泛化和衰弱的趋势，需要在理论上进行研究。同时，在个体化和全球化的新背景下，公民精神如何能够既考虑个体化的影响，又能适应全球化的要求，并且发挥整合社会的作用，这些都需要正面给予回应。

（二）实践层面的需要

公民精神的研究，不仅能够适应理论发展的欲求，而且对解决现代社会发展中出现的问题具有现实意义。中国工业化起步虽然较晚，然而经过40余年的改革开放，现已进入工业化的中后期。在工业化发展的同时，市场经济的发展塑造了独立、自由的个体，中国社会从"单位人"向"个体人"转变。中国经济尽管实现了快速发展，但是，民众追逐个人利益意识较强，公共利益意识薄弱，诚信等道德品质缺失，破坏性群体事件时常发生，都是不争的事实，良性社会秩序面临挑战。公民精神对于提升国民道德素养和实现社会善治具有重要价值。因此，研究中国社会个体语境中的公民精神培育问题，是中国社会发展的现实需要。

---

① ［英］J. G. A 波考克：《古典时期以降的公民精神》，吴冠军译，刘擎校，载许纪霖《共和、社群与公民》，江苏人民出版社2003年版，第38页。

② 萧高彦：《共和主义与现代政治》，载许纪霖《共和、社群与公民》，江苏人民出版社2003年版，第25页。

第一，培育中国公民精神。中国社会个体的逐步成长，为公民精神的初步显现提供了可能。然而，中国公民精神的初步成长，并没有让中国社会避免工业化发展的一般性后果，亦即梁漱溟先生在民国时期就提出的观点：由于工业化社会对物质利益的过分追求，对人性产生了普遍的伤害，使人与自然、人与人之间产生裂隙。后工业社会个体化的发展，导致既有的社会形式趋于解体，阶级、家庭、邻里和性别等弱化，"为自己而活"成为个体的普遍主张，标准化的人生模式日渐崩溃。[1] 贝克眼中的个体化是第二现代性阶段的社会图景，而中国社会现在仍处于第一现代性阶段，中国社会个体化正在进行的过程中，但是个体化的发展对中国社会产生的影响却已经出现。此外，全球化的发展，对人类社会提出了全球观念和全球意识的要求，全球意识与国家认同之间形成了一定张力，这将在一定程度上削弱现代民族国家的社会整合能力。面对工业化、个体化和全球化发展的挑战，加之中国政治和历史文化的特殊性，中国在培养公民精神这样的社会整合资源时具有高度的复杂性，既要立足于中国政治和文化中的公共性基础，吸收以前现代公民精神的合理性内容，又要思考如何消除现代性所产生的种种不良后果，还要化解未来两大社会发展问题，即个体化带来的社会沙化问题，全球化所造成的民族国家认同的弱化问题。中国社会的经济发展和国民生活水平的提升，并不能自然形成良性的社会秩序，实现这一目标还要培育具有中国风气的公民精神。

第二，实现社会治理转型。中国的现代社会转型，如果从19世纪末算起，至今已有一百多年。这个转型包含了三个方面的主旋律，即从农业社会向工业社会的工业化转型；从君主王朝向现代国家的政治现代化转型；从经学向科学的文化转型。[2] 改革开放以后，中国社会由计划经济体制向市场经济体制转变，社会结构向国家和社会的二元方向转变，社会个体由"单位人"向"自由人"转变。在此过程

---

[1] ［德］乌尔里希·贝克、伊丽莎白·贝克-格恩斯海姆：《个体化》，李荣山等译，北京大学出版社2011年版，第2页。

[2] 秦晓等：《社会转型与现代性问题座谈纪要》，《读书》2009年第7期。

中，西方后工业化的发展对中国转型发展也产生着影响。因此，在转型发展时期，中国既带有农业社会的特征，又具有工业化社会的特点，同时，还有后现代社会的高度复杂性和不确定性的困扰。从社会治理的角度出发，农业社会是统治型治理结构，工业社会是管理型治理结构，后工业社会是服务型治理结构。① 统治型治理结构是统治者依靠手中掌握的权力直接作用于被统治者的治理模式，其鲜明的特点是权治。管理型治理结构则利用法律制度对权力加以限制，使得权力按照设计的原则运行，以维护和保障公民权利，具有显著的法治特点。而服务型治理结构是法治和德治相统一的治理模式，但是德治的性质更为突出，德治的起点是道德制度化，治理呈现出社会合作的性质，治理者既是治者又是被治者。还处在转型发展期的中国，社会治理模式也同样面临转型的问题，农业社会权治的治理模式显然不能适应需要，工业化发展和后工业化影响，使中国的治理只能是向着法治和德治的社会治理模式发展。不管是法治模式还是德治模式，两者都离不开对社会成员的法治精神和伦理精神的要求，这理应包含在中国公民精神的建构和未来发展之中。

第三，中国正在推进的国家治理现代化改革，进行社会治理创新，需要与之相适应的公民精神。国家治理体系和治理能力现代化的重要内容之一，就是要加强和创新社会治理，"逐步实现社会治理结构的合理化、治理方式的科学化、治理过程的民主化"②，构建共建共治共享的社会治理格局。当前，中国社会治理虽然取得明显成效，但是依然面临社会利益关系复杂化、社会阶层多样化、社会矛盾多元化等问题，公民参与治理的积极性比以往更加强烈。同时，现代信息技术的发展也促进了社会治理的转变，原来的政府单一管理变为协同治理，单项管理变为双向治理，线下治理变为线上线下共同治理。这些都为创新社会治理体制机制提供了条件。在共建共治共享的社会治

---

① 张康之：《论伦理精神》，江苏人民出版社2010年版，第150页。
② 中共中央宣传部编：《习近平新时代中国特色社会主义思想三十讲》，学习出版社2018年版，第234页。

理格局中，共治意味着要有大社会观和大治理观，就是形成全民参与的开放的治理格局，不仅党要发挥总览全局、协调各方的政治优势，政府要发挥整合资源的作用，而且企事业单位和社会组织也要参与社会治理。同时，社会组织和居民的自治也是社会治理的重要方面，也是社会治理创新和加强的重要组成部分。治理是一项公共性特点鲜明的活动，它需要参与者具有公共精神和治理能力。企业和社会组织等要真正参与到社会治理中，并在其中发挥有效的作用，就必须培养其公民精神。社会组织和居民自治的达成，实际上也是公民精神成长和培育的过程。没有公民精神，共治的社会治理格局难以形成。党的十九大确立了新时代中国社会建设目标，即2035年前我国现代社会治理格局基本形成，21世纪中叶社会文明全面提升。① 这既是国家治理现代化的蓝图描绘，也对中国公民精神的培育提出了更高的要求。没有适应新时代发展需要的公民精神，中国国家治理体系和治理能力现代化就缺乏治理的主体，就缺乏根本保障。

第二节　研究现状与趋势

一　国外与国内公民精神研究现状述评

公民精神本身在学术上既没有形成人们一致认可的概念，更没有产生一套比较独立和完整的理论体系，其零散地蕴含于公民理论之中。国外学术界对于公民身份研究的兴盛始于1949年，1978年以后公民身份已经成为学界热门的研究主题。②

（一）国外研究现状述评

"二战"以后，西方国家的福利体系和制度建设，新自由主义政策的实施及其产生的影响，全球化和后工业化的发展，成为西方公民

---

① 中共中央宣传部编：《习近平新时代中国特色社会主义思想三十讲》，学习出版社2018年版，第239页。
② 郭忠华：《变动社会中的公民身份——与吉登斯、基恩等人的对话》，广东人民出版社2011年版，第80页。

身份和公民精神研究的主要背景,公民理论随之发生了价值取向的变化。国外学术界关于公民理论的研究主要表现为:对公民历史的追溯,对公民社会权利的研究和评价,对多元公民身份的思考和阐释,对公民参与公共决策和地方治理方式的探索,对公民生活政治的发现和分析。除此以外,海外学者还对中国公民发展的情况和未来趋势进行研究。

第一,研究者从古代到现代悠长的历史河流中,寻找公民出现及其发展的轨迹。德里克·希特认为,古典公民生活于古希腊和古罗马时期,中世纪城市自由和友爱的空气为现代公民身份的萌动提供了一定的可能,文艺复兴则对现代公民意识的出现产生了影响。[①] 之后,国家主权学说的出现,忠诚和各种权利的界定,君主权威遭到挑战,以契约为中心的新生活的提出,宗教改革带来宗教权利的请求,积极公民身份理论的推行,使得17世纪成为现代平等公民的发端。18世纪后期,西方世界爆发民族主义、自由民主和社会主义浪潮,民族主义主张通过学校教育培养公民对国家的忠诚和热情,自由民主则要求公民在政治选举中表达个人权利,社会主义阐述了底层阶级对公民权利的要求。19世纪,政治公民和社会公民权利的充分实现成为最终目标,功利主义、自由主义、社会民主主义、社会主义和理想主义等理论,对公民目标的实现都具有不同程度的作用。20世纪,T. H. 马歇尔有一个重大的发现,即平等的公民身份与不平等的资本主义制度之间存在矛盾,由此也提出了社会公民身份的命题。同时,战争和生态环境等问题,也引发了对全球公民身份的思考。

第二,随着全球化和后工业化的展开,传统的国家公民身份面临挑战,公民身份表现出多元化的趋势。德里克·希特比较形象地描述了公民身份的立体结构。[②] 从三个维度阐述公民身份的多重性,即地理层级方面包含地方公民身份、国家公民身份、区域公民身份和世界

---

① [英]德里克·希特:《公民身份——世界史、政治学与教育学中的公民理想》,郭台辉、余慧元译,吉林出版集团有限责任公司2010年版,第32—45页。

② 同上书,第449—457页。

公民身份；公民身份的要素方面则涵盖认同感、公民美德以及法律、政治、社会的因素；教育方面包含公民知识、立场和技能的内容。实际上，对于公民身份要素的研究并非局限于此，研究者还提出文化的向度，其代表人物有布莱恩·S.特纳、尼克·史蒂文森、威尔·金利卡等。布莱恩·S.特纳对T.H.马歇尔的公民身份三个构成要素进行拓展，主张公民除了应当具有法律权利、政治权利和社会权利以外，还应当具有文化权利，也就是有能力的公民都应当参加国家的文化实践，不应排斥弱势群体的文化权利。这样的弱势群体，包括少数民族和处于非主导地位的阶层。[1] 这个观点与威尔·金利卡多元文化的公民身份主张几乎相同，都是从少数群体权利的视角研究公民身份。尼克·史蒂文森认为，公民身份研究已经被全球化和后现代社会的新问题重新界定，当代的很多问题都与文化相关，因此需要在文化与公民身份之间建立联系。文化公民身份在他看来，就是指在文化社会中进行沟通和对话的可能性。[2] 尼克·史蒂文森的文化公民身份，不仅指向全球一体主义下的跨越国家边界的民主制度，日常生活政治化阻碍的清除，还关涉生态公民身份和现代媒体角度的公民身份，以及消费主义公民身份。

第三，公民参与是公民发挥其作用的重要实践方式，也是公民理论研究中十分重要的部分。H.乔治·弗雷德里克森探索公共行政的精神时，在对旧有的公共行政强调效率和经济的批判，以及官僚制组织运行方式反思的基础上，提出要平衡效率、经济与公平的关系，用人文主义的精神思考符合伦理要求的公共行政，而实现伦理行政的关键是公民精神。他还指出，公民精神的体现不仅在公共管理者身上，也在普通民众的身上，乐善好施是其基本的道德基础，富有道德的公

---

[1] [英]布莱恩·S.特纳：《后现代文化/现代公民》，郭台辉译，郭忠华校，载巴特·范·斯廷博根《公民身份条件》，吉林出版集团有限责任公司2007年版，第180—183页。

[2] [英]尼克·史蒂文森：《文化公民身份：全球一体的问题》，王晓燕、王丽娜译，北京大学出版社2011年版，第2页。

民精神只有在公民的参与行动中得以表现。① 而公民精神是与行政管理的成效息息相关的，高公民精神与行政管理效率是公共行政的追求目标。罗伯特·D. 帕特南发现，影响制度绩效的不是经济发达程度，而是具有公共精神的公共生活。② 在追问公共生活如何得以形成时，他发现其根本原因就是公民的持续参与。公民参与的延续，得益于历史上的邻里组织、宗教团体和同业公会。应该说，H. 乔治·弗雷德里克森和罗伯特·D. 帕特南，着重指出了公民参与对于提高和影响行政管理和制度绩效的意义。约翰·克莱顿·托马斯和理查德·C. 博克斯，则在公共决策和公民治理中研究公民参与如何实现。由于技术官僚对公共行政权力的把控，公民参与在20世纪大多数的时间里并未实现。20世纪60年代"新公共行政"运动大力倡导公民参与，但是将公民参与作为现代公共管理不可分割的有机组成部分，却是20世纪末的管理创新。③ 在托马斯看来，公民参与既可能对公共决策具有积极意义，但也存在局限性的作用。为了发挥公民参与的正面作用，他建立了公民参与的有效决策模型，通过这个模型试图解释公民应在何时、以何种方式参与，公共管理者如何使用有效决策模型。④ 同时，他还指出公民参与形式的不断改进，推动了民主的进一步发展。博克斯则认为公民参与、公民治理已经出现向地方发展的趋势，21世纪社区发展应当通过公民治理来实现。⑤ 他认为，社区的公民治理，要创新公民、代议者与职业行政管理者之间的关系，公民要由公共服务的消费者转变为直接参与者，代议制度要让公民获得更多的权利和表达自身对社区发展的利益要求，行政管理者要成为公民参与的

---

① ［美］H. 乔治·弗雷德里克森：《公共行政的精神》，张成福等译，中国人民大学出版社2012年第2版，第1—10页。
② ［美］罗伯特·D. 帕特南：《使民主运转起来》，王列、赖海榕译，江西人民出版社2001版，第113页。
③ ［美］约翰·克莱顿·托马斯：《公共决策中的公民参与》，孙柏瑛等译，中国人民大学出版社2010年版，第2页。
④ 同上书，第26—28页。
⑤ ［美］理查德·C. 博克斯：《公民治理：引领21世纪的美国社区》，孙柏瑛等译，中国人民大学出版社2012年第2版，第81页。

促进者和辅助者。总之，在社会的治理和决策中，公民参与要发挥重要作用。

第四，随着全球化和现代性的发展，公民传统的政治参与逐渐向"生活政治"转变。传统的公民政治，是通过参与的方式实现的，这种活动一般在国家及其管理者安排之下进行，公民参与的政治议题大多事先拟定。因此传统的公民政治带有被动参与的意味。而进入全球化和高度现代性发展时期，公民参与的政治形式，逐步被公民的生活政治取代。"生活政治"[1]的概念，是英国社会学家安东尼·吉登斯提出的，这个概念与乌尔里希·贝克的"自我文化政治"[2]基本相同。吉登斯提出，生活政治是公民现代性晚期的一种生活方式，是在反思性秩序中自我进行生活决策的政治。这种决策是与自我本身的认同相关联的。全球化带来的是生活情景的快速变化，自我认同也随之被形塑和修正，自我认同不断地处于被反思之中。但是，生活政治中的自我认同、自我决策，改变了现代制度对道德和存在意义的消解，把道德问题置于生活的中心。资本主义作为社会不平等的主要驱动力量，在一定程度上要减小不平等的程度，公民的生活政治也许会发挥某种作用。当然，吉登斯认为，生活政治概念中的"政治"，不同于一般意义上的狭义国家政治，其包含狭义的国家政治和广义的政治。广义的政治是指解决价值和旨趣冲突的决策活动。乌尔里希·贝克对于生活政治，亦即自我文化政治理解则有不同，其认为国家政治与自我政治既不重叠，也不能相互替代，它们为争夺政治空间会存在着竞争关系，同时国家对自我政治干预越多，自我政治就越是弱小，自我政治只能被理解和实践，但是不能被制造。[3] 乌尔里希·贝克还阐释了自我文化政治的三个基本特征，即审美生活方式中的自我表演，内

---

[1] ［英］安东尼·吉登斯：《现代性与自我认同：现代晚期的自我与社会》，赵旭东、方文译，生活·读书·新知三联书店1998年版，第251—255页。

[2] ［德］乌尔里希·贝克、伊丽莎白·贝克-格恩斯海姆：《个体化》，李荣山等译，北京大学出版社2011年版，第50—52页。

[3] 同上书，第51页。

在化和实践意识的自由理念,更关注自身认为更为重要的事情。英国著名社会学家齐格蒙特·鲍曼,在论述全球化所引发的国家不能招架的危险时,提出了交给个人生活政治领域的主张。① 在西方社会学领域,公民个人的生活政治问题显得越来越重要,在现代性晚期似乎成为人们的政治生活方式。

第五,从实践的层面,海外学者还对中国公民身份和公民精神发展及走向进行研究。其中,比较有代表性的研究者有托马斯·雅诺斯基②、Robert Culp③等。海外学者关于中国公民及公民精神的研究,主要涵盖四个方面:其一,从中国的具体背景出发,提出了与西方主流公民理论不同的中国公民观。研究者回答了西方公民理论对于中国的公民研究是否可欲的问题,提出中国公民精神的考察,应当考虑中国传统文化的影响和现有的政治制度,以及当今的时代发展背景。他们对儒家思想影响中国公民精神的培育问题也进行了论述,并主张要构建中国的公民概念和公民理论。其二,从历史与现实的角度,从地方、国家和世界主义的三个不同层次,在多领域展开对中国公民精神的情况分析,使中国公民精神特别是公民权利基本面貌得以展现。其三,揭示了中国公民精神的特殊性。在量化研究的基础上,发现了中国公民权利发展的顺序,即法律权利和社会权利要先于政治权利。与此对应,公民的法律权利和政治权利的发展水平,明显高于公民的政治权利,与西方经典公民理论所持观点并不相同。其四,表明了中国未来公民精神的发展走势。主张在全球化的时代要发展公民政治权利,适应自由、民主社会的要求;要培养世界公民精神,共同应对世

---

① [英]齐格蒙特·鲍曼:《流动的现代性》,谷蕾、杨超译,江苏人民出版社2012年版,第163页。

② [美]托马斯·雅诺斯基:《中国的公民身份与公民团体——对权利与公共领域的概述》,载郭忠华《中国公民身份:历史发展与当代实践》,上海人民出版社2014年版,第50—79页。

③ Robert Culp, "Rethinking Governmentality: Training, Cultivation, Cultural Citizenship in Nationalist China", *The Journal of Asian Studies*, Vol. 65, No. 3, 2006, pp. 529–554; "Theorizing Citizenship in Modern China", *Journal of Political Science and Sociology*, No. 16, 2007, pp. 123–148.

界主义的各种挑战。

然而,海外研究也存在明显的不足。具体表现之一:关于公民精神的诠释不完整。公民精神的完整构成,不仅包括公民主体的权利,亦即常常被称为消极公民的权利要求,还包括公民公共精神的内容,也就是经常表现为责任、义务和美德的品质。否则,公民精神是不全面的,不能真正勾画出公民轮廓和样貌,从而难以准确地认识公民的成长水平。海外学者关于中国公民精神的研究,恰恰存在着片面性的明显缺陷,把研究公民的重点基本局限于公民权利这个单一主题,而对公民责任尤其是国家责任则基本忽视。表现之二:对中国政治体制采取排斥和否定的态度。对中国共产党所建立的政治体制,社会主义的国家价值观和集体主义价值观,儒家思想中所蕴含的公有成分,大多进行否定和批判,并将中国公民精神看作"专制的社群主义"。[1] 由此可见,海外学者的学术和政治立场依然是自由主义的,自由和民主是他们评价中国公民精神发展的主导话语,对中国的政治体制和文化传统,简单地采取批判和否定的方式,这不得不陷入文化和政治单一化,甚至霸权化的误区。表现之三:研究基本仅限于检视中国公民和公民精神发展的历史和现状。比如,研究民国时期的公民教育及公民成长,考察中国海外留学生的灵活性公民权利,研究社区自治和公民参与,都局限于历史和现状。而对中国公民精神规范性研究不够,对于中国公民精神的进一步培育和发展,没有提出系统的建设性建议。虽然研究者也把发展中国公民的政治权利,培养中国公民的世界公民意识,作为重要的任务和议程提出来,但是仍然缺乏从中国本土政治、文化和经济出发的深入思考,如此,海外研究者关于"中国公民概念和公民理论的考虑"[2] 可能就会落空。

---

[1] "Evolvement of Citizenship in Urban China or Authoritarian Communitarianism? Neighborhood Development, Community Participation, and Autonomy", *Journal of Contemporary China*, Vol. 18, No. 61, 2009, pp. 491–515.

[2] Thomas Janoski, "Citizenship in China: a Comparison of Rights with the East and West", *Journal of Chinese Political Science/Association of Chinese Political Studies*, No. 19, 2014, pp. 365–385.

（二）国内研究现状述评

公民、公民理论作为概念和理论进入中国，并为国人所关注和探究，则是清末以后的事情。我国关于公民问题的当代学术研究，则始于20世纪80年代，之后便渐趋活跃起来。90年代，研究中国公民问题的主要代表人物有邓正来、何增科、俞可平、谢维和、景跃进等。进入21世纪以后，我国公民研究的成果数量有了明显增长。

第一，译介西方公民研究的著作。郭忠华、郭台辉关于公民身份的译著较多，主要作品有：《何谓公民身份》[①]《公民身份与社会理论》[②]《公民身份的条件》[③]《公民身份与社会阶级》[④]《重新思考公民身份——现代社会中的福利、意识形态和变迁》[⑤]《公民身份——世界史、政治学与教育学中的公民理想》[⑥]。这些著作尽管在翻译中将"citizenship"表达为"公民身份"，但是，这些研究著作中都贯穿了自由主义的公民精神，当然其中也不乏公民共和主义的思考。T. H. 马歇尔在其所著《公民身份与社会阶级》中，将公民身份理解为由公民权利、政治权利和社会权利三种要素构成，突出强调公民的社会安全、福利权利，充分体现了自由主义公民以个人权利为中心的价值取向，并且其理论构成了20世纪50年代以后西方公民研究的基础。马歇尔之后的上述其他著作，大多是反思过分强调公民社会权利所带来的严重后果，即去政治化、去道德化问题，主张在公民的权利之外应当重视责任和义务，培养公民良善的美德。同时，随着全球化、后

[①] [英] 德里克·希特：《何谓公民身份》，郭忠华译，吉林出版集团有限责任公司2007年版。

[②] [英] 布莱恩·S. 特纳：《公民身份与社会理论》，郭忠华、蒋红军译，吉林出版集团有限责任公司2007年版。

[③] [英] 巴特·范·斯廷博根：《公民身份的条件》，郭台辉译，吉林出版集团有限责任公司2007年版。

[④] [英] T. H. 马歇尔：《公民身份与社会阶级》，郭忠华、刘训练译，江苏人民出版社2007年版。

[⑤] [英] 莫里斯·罗奇：《重新思考公民身份——现代社会中的福利、意识形态和变迁》，郭忠华等译，吉林出版集团有限责任公司2010年版。

[⑥] [英] 德里克·希特：《公民身份——世界史、政治学与教育学中的公民理想》，郭台辉、余慧元译，吉林出版集团有限责任公司2010年版。

工业化的发展,对囿于国家之内的公民身份产生质疑,研究者认为应当丰富公民身份的类型,从人类面临的共同责任从发,树立亚国家公民身份、民族国家公民身份、跨国公民身份和世界主义公民身份意识。此外,比较有影响的译著还有:陈志杰的《文化与公民身份》①,王晓燕等人的《文化公民身份:全球一体的问题》②,马莉等人的《多元文化的公民身份——一种自由主义的少数群体权利理论》③。这几部著作,在马歇尔公民三大权利理论的基础上,把研究方向转向了文化领域。研究者指出,不同的种族、性别以及残疾群体等利益要求,广泛挑战公民社会业已存在的符号文化陈规,目前应当设法中止优势主导文化的建构,摆脱大众资讯媒体的控制,积极介入地方、国家和全球的公共事务之中。在全球化时代,文化的多样性时常受到同质性的威胁,日益商业化、多元化的文化,需要得到特别的保护,以期摆脱高级文化和少数族裔文化的控制。在文化公民身份倡导和发展中,公民的权利意识依然比较强烈,责任观念明显得到强化,体现了公民精神价值的转向。姜英敏的译著《全球化时代的公民教育:世界各国及国际组织的公民教育模式》④,主要研究了公民的内涵和外延,在历史的变化中考察世界主要国家和国际组织的公民教育的发展,总结公民教育在这些地区的制度现状,并审视其存在的问题,对全球一体化时代的公民精神培养做了积极的探索。

第二,国内公民学科的构建和国外公民理论的本土化思考。一是从学科构建的角度研究消化吸收国外公民理论。秦树理从西方公民理论出发,系统阐述公民学的概念和范畴、公民学理论,以及公民社会

---

① [英]尼克·史蒂文森:《文化与公民身份》,陈志杰译,潘华凌校,吉林出版集团有限责任公司2007年版。
② [英]尼克·史蒂文森:《文化公民身份:全球一体的问题》,王晓燕、王丽娜译,北京大学出版社2011年版。
③ [加]威尔·金里卡:《多元文化的公民身份——一种自由主义的少数群体权利理论》,马莉、张昌耀译,中央民族大学出版社2009年版。
④ [日]岭井明子:《全球化时代的公民教育:世界各国及国际组织的公民教育模式》,姜英敏译,广东教育出版社2012年版。

行为所遵循的原则。① 他对古希腊、古罗马、中世纪，一直到近现代资本主义的公民学说史进行纵向考察，对西方公民学说的思想进行了归纳，系统探讨了西方公民政治、公共精神、公民文化等思想的发展沿革，论述了民主、自由、平等、正义等理念的内涵。② 秦树理等人还从更加开阔的全球视野和鲜明的时代背景出发，系统阐释了公民意识、公民权利、公民责任、公民政治、公民道德、世界公民等概念，在国外公民学说形成、发展的演进历史的研究中，流露出公民精神的思想光华。③ 二是对国外公民理论的本土化思考。研究认为，公民意识应当具有本土化的特质，在内在属性上，我国的公民意识具有社会主义的性质，区别于西方公民意识的资本主义属性；在演进逻辑上，西方公民意识形成是内在的、自发的过程，中国公民意识产生则是被迫的、外生的；在动力机制上，西方公民意识发展源于个人的经济利益诉求，中国公民意识确立则基于国家利益和民族大义的考量；在发展路径上，西方公民意识的生长是公民抗争与国家赋权的过程，中国公民意识的发展是国家或政府自上而下的推动。④ 在公民身份研究方面，T. H. 马歇尔的三种权利范式，迈克尔·曼的统治策略范式，布莱恩·特纳的发生路径范式，都不适合中国的实际情况，中国公民身份的发展是公民抗争和政府赋权相融合的结果，发展轨迹并非马歇尔描述的线性路径，公民身份的层级结构是多样的而非单一的，价值取向既体现自由主义的权利，又有共和主义的精神。⑤

第三，对与公民发育相关的民间组织或者市民社会展开研究。叶

---

① 秦树理：《公民学概论》，郑州大学出版社2009年版。
② 秦树理：《西方公民学》，郑州大学出版社2008年版。
③ 秦树理、杜鹃、陈思坤：《国外公民学》，郑州大学出版社2009年版，第2页（前言）。
④ 傅慧芳：《中国公民意识的本土特质》，《东南学术》2012年第5期。
⑤ 郭忠华：《公民身份的研究范式——理论把握与本土化解释》，《学海》2009年第3期。

汝贤[①]、马晓燕[②]等对公民社会的内涵进行阐述，都认为公民社会是介于国家和市场之间的领域，但是它又并非自成一体，三者之间相互关联。高丙中和袁瑞军研究者阐述了中国公民社会的发展过程，认为晚清时期为萌芽阶段；辛亥革命以后到新中国成立前，公民社会有所发展；新中国成立后到改革开放前，公民社会发展进入停顿期；改革开放以后，公民社会发展进入快速发展期，尤其是出现了独立于政治社会的纯粹私人领域。[③]"公民性"在个体的文明素养层面表现为公民习性，在集体价值层面表现为公民精神。以公民性的内涵为标准，衡量中国社会的发展状况，则中国已经由单位社会迈进公民社会。[④]公民社会在对象范围上由城市扩展到整个国家；在主体上由城市居民的结社和非营利性组织，扩大到农民通过结社形成的各种公民组织；在与国家关系上由强调独立甚至对立，到强调在非行政和非营利条件下与政府和企业的合作。[⑤]俞可平对公民社会、第三部门、民间组织等概念进行了辨析，对我国民间组织分别从学术研究和行政管理的角度进行分类，还着重分析了中国公民社会的制度环境特征及其对公民社会发展的制约。[⑥]要解决制度环境的不适应性，就需要把握我国公民社会发展的一般规律，深刻分析公民社会的现状和特征，加紧修订和完善民间组织发展的法律、规章和政策。[⑦]

邓正来等学者重点研究中国市民社会相关问题。中国市民社会观不仅主张市民社会与国家的二元结构，而且强调市民社会与国家的良

[①] 叶汝贤、黎玉琴：《公民社会、公民精神和集体行动》，《马克思主义与现实》（双月刊）2006 年第 3 期。

[②] 马晓燕：《中国城市社会管理公众参与的实证分析》，《甘肃理论学刊》2013 年第 2 期。

[③] 高丙中、袁瑞军：《中国公民社会发展蓝皮书》，北京大学出版社 2008 年版。

[④] 高丙中：《中国的公民社会发展状态——基于公民性的评价》，《探索与争鸣》2008 年第 2 期。

[⑤] 高丙中：《公民社会的概念与中国现实》，《思想战线》2012 年第 1 期。

[⑥] 俞可平：《中国公民社会：概念、分析和制度环境》，《中国社会科学》2006 年第 1 期。

[⑦] 俞可平：《中国公民社会研究的若干问题》，《中共中央党校学报》2007 年第 6 期。

性互动，该理论是对洛克式"外于国家"的市民社会观的修正和发展。论者鉴于对中国现代化体认而形成的本土关怀，以及对西方市民社会理论的分析和批判，大陆没有采纳东欧将"civil society"译为公民社会的做法，也没有沿用台湾地区将其译为民间社会的做法①，而是将其译作"市民社会"。虽然邓正来的市民社会观与上述的公民社会观不可等量齐观，但是市民社会的主张与公民社会观之间无疑有着许多相关的内容。邓正来试图通过对既有的政治学和社会学解释模式的反思与批判，建构中国的"国家与市民社会"分析框架，借助这个框架揭示中国在进入全球现代化之后所遭遇的各种问题。②

第四，教育学领域的一些学者把公民教育作为一个重要的研究主题。首先，研究公民精神教育的发展阶段。檀传宝等人关于我国公民教育做过系统的研究，其阐述的公民教育阶段性变化，也相应地反映了公民精神的发展和存在状况。研究者将新中国成立以前的公民教育划分为五个阶段：清末公民教育的萌芽期；民国初期20年公民教育的快速发展期；抗日战争、解放战争时期公民教育的低迷期；新中国前30年公民教育的沉寂期；改革开放30多年公民教育的复兴期。③该研究认为，第一阶段，由于思想家思想的积极影响，加之清政府兴办学校、推动教育普及，部分国民逐渐具有了一定的权利和自由意识；第二阶段，公民的国家主义和民族主义意识增强，公民教育的内容除了公德以外，还加入了政治和法律等内容；第三阶段，由于战争的时代背景存在，以及根据地的自然、文化、人力条件的严重不利影响，根据地的公民教育理论发展优于实践，但总体来说根据地的公民教育要弱于国统区；第四阶段，1957年以后"左"的错误倾向愈加严重，最终导致10年"文化大革命"的发生，"文化大革命"极大

---

① 邓正来：《国家与社会：中国市民社会研究》，北京大学出版社2008年版，第116页。
② 同上书，第2页（自序）。
③ 檀传宝：《公民教育引论：国际经验、历史变迁与中国公民教育的选择》，人民出版社2011年版，第119—148页。

地破坏了社会主义民主,践踏了社会主义法治,思想政治教育代替公民教育。第五阶段,改革开放30多年来各领域的飞速发展,为中国公民教育复兴提供了物质基础,公民教育所需要的背景性和结构性因素已经发生深刻变化。

其次,研究我国公民意识的发展程度和培育路径。何齐宗等以青少年为特定的研究群体,围绕公民意识教育、社会公德意识教育、公民责任意识教育和公民民主意识教育四个方面展开研究,内容涉及公民意识教育的基本概念、理论分析、现状调查和实践策略等。[1] 沈明明等运用实证的方式,研究我国改革开放以来公民自由、民主意识、法制意识、公正意识等。[2] 研究者指出,我国公民意识发展步履维艰,传统社会只有臣民意识,近代社会个人主体意识增强,新中国成立后高度集中的政治和经济体制使得公民意识无从谈起,改革开放之后公民意识开始觉醒。但是,公民意识的主体范围有限,公民意识整体上比较薄弱,公民意识的发育,有赖于市民社会的建构、系统的公民教育、政治社会化和有序的政治参与。[3] 也有研究者对思想政治教育和公民意识教育进行辨析和界定,总结我国思想政治教育视野下的公民意识教育的历史经验,借鉴国外公民意识教育经验,探讨了思想政治教育视野下的公民意识教育的内容和途径。[4]

最后,从道德视角研究我国的公民教育。邵龙宝、李晓菲立足当下的时代,对中国儒家伦理思想发展的脉络进行分析和梳理,并与西方的公民社会、道德价值观等逐一比较,努力对儒家道德价值观、人生哲学等进行反思和诠释,揭示了儒家伦理文化在公民道德教育体系

---

[1] 何齐宗等:《青少年公民意识教育研究》,中国社会科学出版社2011年版。
[2] 沈明明等:《中国公民意识数据调查报告(2008)》,社会科学文献出版社2009年版。
[3] 曲丽涛:《当代公民发育意识研究》,博士学位论文,山东大学,2010年。
[4] 蓝楠:《思想政治教育视野下公民意识教育研究》,博士学位论文,中国地质大学,2012年。

构建中的地位、价值和作用。[1] 秦树理基于对现实中道德失范现象的分析，提出公民教育要注意差异性、阶段性和层次性，要作为一种终身教育。[2] 魏雷东则重点围绕公民道德制度化建设问题，对制度化建设进行了系统研究，包括社会基础、理论依据、价值取向、重要意义、观念进路、制度规范、基本内容和评价机制等方面。[3] 胡虹霞提出国外公民道德建设有三种模式，分别是城邦本位模式、主体契约模式、政府主导模式，而我国当代公民教育模式是"引导—自觉模式"，对此她进行了理论建构，并研究了这一模式的实施途径和方法。[4] 关晓丽等认为，中国人传统的公私观念将"公"与"私"看作是绝对对立的双方，与个体有关的一切方面都被纳入"私"的范畴，并且要予以坚决铲除。培养公民精神，就是既要承认"合理之私"，又要提倡"尚公之道"，实现从"崇公抑私"到"尚公重私"公私观的转型。[5] 刘梅指出，我国公民道德教育以培养"德性公民"为目的，要根据公民精神的当代实际存在状况，确定教育的重点和途径，突出实践的重要作用。[6]

第五，从现实出发考察中国公民精神的初步状态。学者发现当代中国公民精神具有初步性的特点。关于中国农民的公民精神作出了这样描述：对于政治权利的诉求表现出积极态度，但是独立、平等和自主的公民精神尚不完备；具备一定的民主意识，但是农民政治参与的动机功利化。[7] 甘永宗等从村民自治出发，认为村民权利意识、责任

---

[1] 邵龙宝、李晓菲：《儒家伦理与公民道德教育体系的建构》，同济大学出版社 2005 年版。

[2] 秦树理：《公民道德导论》，郑州大学出版社 2008 年版。

[3] 魏雷东：《和谐社会视域下的公民道德建设研究》，中国社会科学出版社 2011 年版。

[4] 胡虹霞：《公民道德建设模式研究》，社会科学文献出版社 2013 年版。

[5] 关晓丽、刘威：《从"崇公抑私"到"尚公重私"——中国公私观转型视界中的公民精神培育研究》，《道德与文明》2009 年第 2 期。

[6] 刘梅：《公民的本质精神与公民道德教育的建构》，《华南师范大学学报》（社会科学版）2005 年第 2 期。

[7] 丁云等：《当代中国农民政治参与》，知识产权出版社 2011 年版，第 222—224 页。

观念和参与愿望持续示弱。① 张镇镇则提出中国公民精神整体上具有初级阶段的特征,公民精神赖以为基础的道德传统具有经验性,此外,公民精神还具有感性色彩和不稳定性、不平衡性。② 郭忠华的研究视野更加开阔,把中国公民精神的研究,置于世界政治文化的范围内分析。他认为,与西方公民理论相比较,中国公民精神具有特殊性③,其表现为:发展动力是公民抗争与政府赋权,而西方则主要是市民社会的要求和需要;发展轨迹并不是线性,没有沿袭西方公民权利、政治权利和社会权利的顺序,而是不同时期具有不同的顺序;具有层级结构的特点,除了国家公民精神还有地方公民精神(比如港澳地区);发展取向上突出公共精神和制度建构,而西方则强调以自由主义公民权利为核心的消极公民身份。郭忠华的研究,应该说具有现实敏感性和历史感受力,在借鉴国外研究范式的基础上,阐述了关于中国公民精神发展的个人观点,但是对于公民精神的内容没有给出正面的诠释。

第六,社会治理研究中关涉中国公民精神的评估。对公民精神的评估,目前国内尚没有学者进行专门研究,但是在治理的大视野中考察公民和公民精神要素,却是不乏其人,成果比较突出的当属俞可平和何增科等。何增科曾系统研究了国内治理评价体系,其中有四套治理评价体系与公民和公民精神关联性较大。④ 一是俞可平的中国民主治理评价体系,它的评价标准包含:法治、公民政治参与、政治透明性、人权和公民权状况、民间组织、基层民主、稳定等要素;二是包国宪的中国公共治理绩效评价指标体系,围绕善治这个公共治理的根本目标,设定了法治、参与、透明度、责任、公平等评价维度;三是天则研究所的中国省市公共治理指数,简明的二级指标中突出了公民

---

① 甘永宗、池忠军:《村民自治与农民公民精神培育》,《兰州学刊》2011 年第 9 期。
② 张镇镇:《公民精神与中国社会变革》,博士学位论文,上海大学,2010 年。
③ 郭忠华:《公民身份的研究范式——理论把握与本土化解释》,《学海》2009 年第 3 期。
④ 俞可平:《国家治理评估:中国与世界》,中央编译出版社 2009 年版,第 46—55 页。

权利、公共服务和治理方式内容；四是胡税根的治理评估通用指标，提出了治理评价的 13 个维度。这四个治理评价体系，基本处于理论探讨阶段，只有"中国省市公共治理指数"进行了实际测评，并公开发布了测评结果。此后，俞可平等人没有停止中国治理评估研究的脚步，而是从中国人口、历史、文化、政治制度等基本国情出发，结合中国社会、政治、经济发展的重要战略部署，借鉴国外的治理评估经验，研究并制定了中国治理评估框架①，评价维度涉及公民参与、人权与公民权、法治、社会公正等指标。就治理评估的评价维度而言，在内容上与此前"中国民主治理评价体系"有较大的相似性。尽管在中国治理评价方面已经做出了积极的努力，并且也为此多次听取专家的意见，但是这个治理评估框架仍然缺乏实用性，距离实际的测评操作要求，还有明显差距。同时在主要关注点的设置方面也存在不合理的地方。随着改革开放的进一步深化，治理的重点从经济治理和政府治理转向社会治理。俞可平、何增科、周红云等又开展了中国社会治理评价体系②的制定工作。这次社会治理评价体系制定的原则之一，就是必须具有简便性、实用性和可操作性。但是，可惜的是目前尚未见到该评估体系投入使用的情况，以及测评所形成的数据和分析。

第七，从社会管理的观念转变中研究中国公民精神。中国社会转型期呈现的社会原子化现象③：个人与国家之间联结弱化，社区认同感缺失，伦理道德失范，社会规范失灵，由此产生了个体的孤独感和互动无序的状态。传统社会管理的流弊和社会原子化现象的出现，使得积极找寻社会管理创新的路径具有非常重要的意义。学者程倩指出，中国社会正在发生双重转型，即农业社会在向工业社

---

① 俞可平：《敬畏民意：中国的民主治理与政治改革》，中央编译出版社 2012 年版，第 204—208 页。
② 俞可平：《论国家治理现代化》，社会科学文献出版社 2014 年版，第 263—264 页。
③ 田毅鹏：《转型期中国城市社会管理之痛——以社会原子化为分析视角》，《探索与争鸣》2012 年第 12 期。

会转型的同时，工业社会也在向后工业社会转型。在这样的转型过程中，通过对政府管理模式和社会治理模式的反思，提出了建设服务型政府的社会治理创新构想。[①] 服务型政府的建设，其目的在于构建新型的、合作性信任关系，从而实现政府、社会、公民个人多元的合作治理，使政府控制和管理社会的观念，让位于调控、引导、服务和整合社会的理念。用社会治理替代社会管理，在国家政治层面已经形成共识。"社会管理"自1993年出现以来，存在时间比较有限（2002年之前好几年，其并未在党的文件中出现）。景跃进认为，这种变化反映了两种可能，一种是中国政治和中国社会发生了重大变化；另一种是我国领导人的观念和认知发生了重要变化。[②] 这种变化，意味着领导层承认多元治理主体的存在，至少在观念层面已经发生。张康之提出，经济体制改革取得了长足进展，要求社会体制也要进行必要的改革，这种改革应当体现社会治理主体多元化的现实要求，从政府垄断社会管理变为与其他社会力量合作治理。[③]同时，张康之还着重思考了实现社会治理必须具备的几种素质，包含合作、诚信、宽容、责任和义务等。其实，这几种素质都是公民精神的有机组成部分。尽管研究者基本是以后工业化为分析背景，但是其研究对中国公民精神发展具有预见和引导的作用，所产生的影响则是不容忽视的。

国内公民精神的研究现状较之国外，总体来说还处于起步的阶段，呈现出初始性、基础性和本土性的特征。对市民社会的关照是考察公民成长情况的前提条件。国内学界对中国市民社会可欲性及其建构的研究，对中国公民精神初步成长情况的分析，对中国公民精神外部影响因素的考察，对公民精神目前水平的考量，以及开始从社会治

---

① 程倩：《以服务型政府建设推动社会管理创新》，《中国行政管理》2012年第8期。
② 景跃进：《从"社会管理"到"社会治理"——学习十八届三中全会〈决定〉有感》，《华中科技大学学报》（社会科学版）2014年第3期。
③ 张康之：《论主体多元化条件下的社会治理》，《中国人民大学学报》2014年第2期。

理的角度关注公民精神，关于公民精神培育路径的探讨，都反映出研究的初始性和基础性特征。中国政治制度和历史文化的特殊性，决定了中国市场经济以及市民社会与西方社会的不同，中国市民社会与国家之间存在着一种互动关系，而西方市民社会则是完全独立自由的，在市民社会与国家的关系中国家扮演的是"守夜人"的角色。也正是市民社会与国家关系的差异，孕育了不同性质的公民，中国公民侧重于义务和美德的价值，西方公民则以权利的获取和维护为中心，由此也构成了中国公民及其精神的本土化特征。中国公民精神研究的初始性和基础性特征，主要由两个原因所致：一是中国社会与国家的相对分离比西方晚了许多，直到改革开放后才真正出现，个体的发展和公民的成长都还处于初期阶段；二是中国改革开放及其社会发展为中国公民和公民精神研究提供了可能和必要的社会环境，这也决定了中国公民精神研究的起步必然较迟。但是，无论怎么说，中国公民精神目前的研究是富有意义的，学界大量译介了西方公民理论，对西方公民理论保持一种审慎的态度，在批判和消化中加以吸收，为中国公民精神的深化研究提供了一定的理论基础。同时学者在研究和阐述中国公民精神的时候，具有一定的本土意识，无论是对中国市民社会的认识，对国家与社会关系的理解，还是对中国公民权利的现实状况的论述，一定程度上体现了从中国现实出发这个根本要求。当然，中国公民精神的研究目前主要还是初步性的，大多是依据西方的公民理论来分析中国的公民精神；对于中国公民精神的阐述，还显得本土性特色不够鲜明；没有在公民精神与社会个体的发展之间建立有机联系，没有从回应个体化消极影响的视角，深入而系统地研究公民精神的现状和发展要求。

二　国外与国内公民精神研究发展趋势述评

（一）国外公民精神研究的主要趋势述评

第一，国外理论界开始把公民义务和美德作为关注的一个重要方面，试图以此弥补自由主义公民精神的不足。完整的公民精神内涵至少包含公民权利、义务、责任、美德和行动等,但是传统自由主义将公民权利置于核心地位,过分突出公民自由和权利的价值和意义,从这个意义上来说,传统的自由主义公民是片面和不完整的公民,也可称为消极公民。20世纪60年代中期以来,"为建立完整的公民理论而取得的进展一直是缓慢的"[①],由此,公民义务和美德的缺失和不足,成为自由主义明显的缺陷。但是,这样的状况在研究人员那里终于发生了变化。80年代中期开始公民义务引起了必要的关注,并且在90年代大有加速的趋势。[②] 公民义务和美德在此时的发展,其原因主要在于:自由主义对公民权利的绝对强调,导致了公民普遍的不切实际的期待,加强社会的紧张和冲突;公民美德呈现出普遍衰落的颓势,公民自治精神和共同体意识明显弱化;福利国家和新自由主义平均分配财富的愿望,对公民道德提出了更高的要求。公民美德在西方现代社会常常用"公民性"(civility)或是"好公民"来概括,它与古典的公民美德是不同的,可以分为私人性美德、政治协商性美德和公民性责任美德。[③]

此外,国外关于公民责任和美德的研究中,还出现了重要的名词"积极公民身份",这也是考察当前国外公民责任和美德的理论与实践的重要视角。国外理论界认为,"积极公民"思想源于古典共和主义,"积极公民"对于当今而言,也是理想的共和主义公民形象。积极公民精神在当下西方社会的复兴,部分原因是自由主义的弊端所致,部分原因在于共和主义自身的内在价值。[④] 共和主义的积极公民观,超越了公民身份的法律维度,提出公民在政治和生活中,要更多地承担公共责任,参与公共事务。它反对自由主义的消极公民观,反

---

① [美]托马斯·雅诺斯基:《公民与文明社会:自由主义政体、传统政体和社会民主政体下的权利与义务框架》,柯雄译,辽宁教育出版社2000年版,第5页。
② 同上书,第269页。
③ 谭安奎:《"好公民"形象的多重建构:当代西方公民性(Civility)研究述评》,载肖滨《中国政治学年度评论2013》,上海人民出版社2013年版,第92—113页。
④ [英]德里克·希特:《何谓公民身份》,郭忠华译,吉林人民出版社2007年版,第70页。

对以个人为中心来进行国家制度设计,在个人与国家关系中,反对把国家地位弱化而把个人地位过分拔高的主张和做法;反对个人一味地强调个人权利,远离公共生活而热衷于追求个人私利的行为,因为这将导致孤立原子所构成社会的出现。但是对于积极公民到底是什么,西方并没有给出一个定论。虽然如此,还是有些研究者试图作出一些解释和开展一些研究。保罗·道格拉斯和艾利斯·麦克马洪,在其著作《怎样做一名积极的公民》中,提出了"理性—主动性"模型。积极公民身份具有这样一些特征:公民参与包括政治参与和社会参与;能够终身学习和广泛学习;具有公民参与的技能和行为;包含"积极"与"消极"两个维度;兼有自由主义、社群主义和共和主义的思维方式。[1] 21世纪以来,国外对积极公民身份的研究取得了进一步的发展。根据研究路径划分,可以分为三类,即政策描述、理论分析和实证研究。[2]

第二,在国外学界的学术关注中,行动主义也是公民精神研究的一个重要取向。日益发展的全球经济表现出明显的流动性,这种流动性表现在人群方面,就是人口的流动性,由此带来了流动人群身份的复杂性,因为它"对我们思考(身份)稳定的方式形成挑战"[3],原来忠诚且具有归属感的现代单一公民身份不再能够囊括他们。20世纪公民权利、场所、范围和行动都已经显著扩展,大到让人开始改变对主流公民身份形象认识的地步,对此用"行动主义的公民身份"加以描述似乎更加合理。[4] 行动主义的公民身份即动态的公民身份,与静态公民身份显然不同。读懂其内涵,要把握几个核心问题:其一,公民身份是地位还是实践?通常来说,现代公民身份大多被看作

---

[1] 许瑞芳:《全球化背景下公民身份与教育述评》,载肖滨、郭忠华《公民身份研究》第1卷,上海人民出版社2015年版,第153页。

[2] Kerry J. Kennedy, "Student Constructions of Active Citizenship: What Does Participation Mean to Students?", *British Journal of Educational Studies*, Vol. 55, No. 3, 2007, pp. 304 – 324.

[3] Ossman S., "Introduction", In S. Ossman ed., *Places We Share: Migration, Subjectivity, and Global Mobility*, Lanham, MD: Lexington, 2007, p. 1.

[4] [英]恩靳·伊辛:《变动中的公民身份:行动主义公民的形象》,杨婷婷、郭忠华译,载肖滨《中国政治学年度评论(2013)》,上海人民出版社2013年版,第34页。

是一种地位或者是资格，并认为它是由法律赋予和保障的，获得公民身份有三种路径，即血统主义、属地主义和居留地主义。而强调公民身份是一种实践的研究者，却把关注点放在公民的行为方面，例如获得权利、整合多元文化、处理民族主义与跨国主义等问题①，行动主义在变动中理解公民身份。其二，公民身份是支配还是赋权？行动主义认为，公民身份可以既是支配也是赋权，两者既可以同时存在，也可以单独存在，但是实践中赋权的一面更加突出，而资格公民论者则倾向于支配。其三，公民身份是跨国的还是国家的？传统公民身份论者基本上是从国家成员资格的角度定义公民身份，而行动主义公民身份的视野中，更多出现的是后民族的、跨国的、全球性和世界主义问题。② 总体来看，时下西方社会公民不仅是一个成员资格，还是一个权利要求者③，行动者的正义性要求发生在新的活动场所中，这些场所包含了多元化、重叠性的权利和义务范围。④

　　行动主义把行为看作是由行动者向公民转化的最为关键的环节。因此对于行动者的行为有必要作进一步的分析。其一，公民身份行为的实施，是否是有目的和动机的。恩靳·伊辛认为，在一般的意义上，行为不可能无缘无故地发生，行为发生的背后通常伴随着一定的动机。但是不能据此就将其作为解释公民行为的唯一依据，不能轻易地认为行动者的决定和行为就是具有意图和责任性。所以，行动主义公民的行为可以在没有任何目的的情况下出现，而那些所谓的行为意图和责任都是解释者附加的，赋予了行动者行动的正义性内涵。行动者在实现自己权利诉求的同时，对社会正义以及自由民主的发展也做出了贡献。⑤ 其二，行动主义公民行为的发生，是否能够缺乏法律和

---

① ［英］恩靳·伊辛：《变动中的公民身份：行动主义公民的形象》，杨婷婷、郭忠华译，载肖滨《中国政治学年度评论（2013）》，上海人民出版社2013年版，第35页。
② 同上书，第36页。
③ 同上。
④ 同上。
⑤ Balibar, E., *We, The People of Europe?: Reflections on Transnational Citizenship*, Princeton, NJ: Princeton University Press, 2004, p. 49.

责任作为基础。行动主义公民的行为实践表明，行动者的行为发生可能质疑甚至违背现有法律，质疑甚至违背现有的公民责任，唯有如此，行动者才能打破现有的法律和伦理秩序。因为其行为得不到现有法律和社会秩序的认可，这些法律和责任对行动者而言不具有公正性。正如研究者指出的那样，行动者的"行为朝着负责任性方向拓宽了责任的边界"[①]。行动者的行为对政府主导的现有公共秩序固然构成了冲击，但是这类行动为行动者赢得正义提供了可能，否则行动者只是一个脱离社会的、被政府抽象化的概念，行动者也只能自弃于公民身份之外。因而，行动主义公民改变了一个基本的公民认定标准，即公民身份是创制的，而不是制度规定的。

第三，在多元文化主义语境中探索公民精神，成为国外公民理论研究的重要走向。多元文化主义在新旧世纪之交时，曾得到西方社会的广泛认同。金里卡是自由主义的多元文化主义奠基人，其理论吸收了社群主义的一些思想。金里卡在德沃金和罗尔斯的学说影响下，认为个体的自由选择需要面对罗尔斯所说的"选择的集合"，而这个"选择的集合"是由个体所处的社群文化结构决定的。[②] 金里卡正是通过对自由主义的社群主义改良，解决了少数群体权利与自由主义普遍平等原则的矛盾，从而形成他自由主义的多元文化主义。盖尔斯顿则在自由主义的体系下提出了"合理差异"学说，对金里卡的多元文化主义提出批评，指出后者学说把少数群体权利都置于自由主义的语境中考虑，对于自由主义之外的群体却没有什么意义。[③] 为此，盖尔斯顿运用"合理差异"试图解决金里卡没有解决的问题，主张在合理范围的文化差异，国家并不需要干涉。所谓合理范围，是指少数

[①] Beneduce, R., "Undocumented Bodies, Burned Identities: Refugees, Sans Papier, Harraga—When Things Fall Apart", *Social Science Information*, Vol. 47, No. 4, 2008, pp. 505 – 527.

[②] [加] 威尔·金里卡：《自由主义、社群与文化》，应奇、葛水林译，上海译文出版社 2005 年版，第 157 页。

[③] Galston, William A, *Liberal Pluralism: The Implications of Value Pluralism for Political Theory and Practices*, New York: Cambridge University Press, 2002, p. 21.

群体活动和文化实践没有违背社会基本的公共目的。另一位自由主义学者库克瑟提出了"消极容忍"学说，承认非正义的文化群体存在，即便如此，也并不希望国家充当正义者的角色，直接干预少数群体，以期消除其内部的压迫和不平等方面的非正义。[1] 多元文化主义发展到后期，研究者逐渐将焦点移至性别、性取向和种族等问题上，杨便是一位具有代表性的人物。[2] 她对自由主义的普适公民身份进行批评，在此基础上提出了有差别的公民身份设想，要通过制度设计给予弱势群体不同于优势群体的权利。杨在多元文化主义方面的女性主义学说，同样遭到了研究者的批评。金里卡批评其没有区分少数群体与新社会运动的弱势群体之间要求的不同，前者要求反对被同化到多数群体文化中，后者则希望获得与多数群体一样的权利和地位。特玻尔批评杨的学说试图超越自由主义和社群主义，但是没有实现其目标，反而理论建构并没有跳出自由主义的框框。[3] 南希·伏拉瑟尔作为另一位女性主义学者，主张提高弱势群体的文化价值，使其与主流群体获得同等的文化价值分量和存在。[4] 但是她忽视了承认差异和承认同一之间的区别，少数群体或者弱势群体不仅希望获得与多数群体一样的权利和机会，还需要多数群体能够承认弱势群体或少数群体的独特性。

可是好景不长，到21世纪第二个十年之初，多元文化主义公民身份就不再风光。在对多元文化主义的众多声讨中，主要有这样几种

---

[1] Kukathas, Chandran, *The Liberal Archipelago: A Theory of Diversity and Freedom*, New York: Oxford University Press, 2003, pp. 260–261.

[2] Young and Iris Marion, *Justice and the Politics of Difference*, Princeton: Princeton University Press, 1990, p. 176.

[3] Tebble, Adam James, "What Is the Politics of Difference?", *Political Theory*, Vol. 30, No. 2, p. 2002.

[4] Fraster Nancy, "From Redistribution to Recognition? Dilemmas of Justice in a 'post-socialist' age", in Anne Philips ed., *Feminism and Politics*, New York: Oxford University Press, 2009, pp. 430–460.

观点①：一是多元文化主义对本土文化是一个挑战。保守主义者指出，多元文化主义对少数群体的文化及其身份认同的过分强调，将会助长少数群体的偏狭和反民主的一面，也会使少数群体把多数群体的所作所为看作是种族中心主义，其最终必然削弱原来的本土文化。二是多元文化主义不利于妇女地位的提升和保护。在奥金（Susan M. Okin）看来，多元文化主义认为所有的文化群体都应当获得平等的权利，妇女作为多元文化主义视野中的一个文化群体，她们理应受到特殊对待、获得特殊权利。因为文化、传统和宗教的原因，她们往往遭受不公的待遇，比如教育机会、参政权利、继承权利等方面。多元文化主义所极力追求的权利平等，与女性群体的特殊权利之间容易形成冲突。三是多元文化主义削弱了社会凝聚力。古德哈特和马里克（Kenan Malik）认为，有关少数群体的文化和身份认同政策，不利于多数群体或者民族国家的文化和身份认同的形成，造成了民族国家文化的文化碎片化。布鲁贝克（Rogers Brubaker）和乔普克（Christian Joppke）也指出，多元文化主义政策不仅没有促进对少数群体文化差异的承认，促进融合和公民平等权利的发展，反而导致不同群体成员之间的冷漠以及平行生活，客观上造成了社会凝聚力的弱化，凡此种种，都表明融合政策的失败，也是多元文化主义政策的失败。四是多元文化主义在重视群体文化差异的过程中，对群体经济因素的关注显得不足。在欧洲的改革者看来，多元文化主义过分强调少数群体的文化差异，对少数群体的经济地位却缺少足够的关注，而事实上经济地位恰恰是少数群体遭受歧视和排斥的真正原因。要使少数群体摆脱被歧视的状况，除了对少数群体的文化给予承认之外，还要借助于经济方面的再分配手段，例如就业、教育、住房、健康和福利等。

多元文化主义在当今政治领导人尤其是欧洲主要国家的政治人物那里，不太受欢迎，但是多元文化主义的存在在全球化时代已经

---

① ［意］恩佐·科伦波：《多元文化主义：西方社会有关多元文化的争论概述》，郭莲译，《国外理论动态》2017年第4期。

是无法回避的现实问题。首先,多元文化主义已死的声音之所以在21世纪以后响起,原因是欧洲主要国家由移民引发的一系列问题无法得到有效解决。安全问题引发的社会恐慌,经济衰退及由其导致的灾难对社会产生深刻影响,迫使欧洲国家领导人采取对移民流动的严格限制政策,并积极推出同化主义策略。所以,当欧洲领导人宣布多元文化主义失败的时候,多半是针对移民这个少数群体而言的,而对于其他的文化群体并没有过多的涉及。诚然,以移民为主要对象的多元文化主义所谓失败,势必对其他文化群体的多元文化政策产生负面影响。但是,莱辛斯卡(Magdalena Lesinska)在研究了多元文化主义与欧洲的移民态度之后,认为在对移民有着开放和包容传统的欧洲,同化主义取代了多元主义的主导地位,只是暂时的现象,当境况改变时两者的关系将会逆转。① 其次,多元文化主义是全球一体化社会的一个特征。在民族国家范围内关照少数群体与优势群体的关系,这是多元文化主义的一个重要目标。但是,如果仅仅把多元文化主义适用对象确定为民族国家,显然是有些狭隘了。尼克·史蒂文森在其著作《文化公民身份:全球一体的问题》中说道:"现代社会的特点是存在多样移民和返回移民,他们反对谈论难民和移民时所用的简单逻辑。"② 这个简单的逻辑显然把问题局限于民族国家之中去思考。伊辛和伍德在其研究中给出了一个"离散公民身份"概念③,意欲表达的也是国际移民的存在构成了当代国际社会的重要特点。事实上,民族国家当前经常无法回避来自国际机构人权方面的压力,也还要受到其他国家的政策和民众要求的影响。这些观点无疑都在表明全球化时代的多元文化主义的国际特征。最后,多元文化主义尽管在欧洲遭到了抵制,但是在其他一

---

① [波]马格达莱纳·莱辛斯卡:《移民与多元文化主义:欧洲的抵制》,宋阳旨译,《国外理论动态》2016年第1期。
② [英]尼克·史蒂文森:《文化公民身份:全球一体的问题》,王晓燕、王丽娜译,北京大学出版社2011年版,第69—70页。
③ 同上书,第70页。

些国家依然发挥着重要作用。澳大利亚可以说是其中的代表国家。澳大利亚的多元文化主义政策，倡导相互融合、互惠互利和尊重多数，尽管受到欧洲政治家的言论连带伤害，内部对其也有批评的声音，但是目前尚没有任何迹象表明有放弃多元文化主义的迹象，他们仍然支持大规模的移民。① 多元文化主义作为研究公民身份的视角，直到今天依然具有其思想价值和实践意义。

第四，世界主义成为全球化时期公民精神研究的新方向。西方世界主义的源头历史比较悠久，可以追溯到古希腊的犬儒主义和斯多葛学派、古罗马皇帝马可·奥勒留和近代德国哲学家伊曼纽尔·康德那里。但是，在社会科学中它是一个新概念，David Held、Ulrich Beck 和 Kwame Appiah 等人认为其在现代的出现具有重要作用。全球化时代的世界主义理论，是在扩展公民社会理论和公民身份的过程中产生的。② 世界主义到 20 世纪 90 年代，已经成为一个显而易见的思想，并且变得相对成熟。世界主义的特点在于交互性，就其定义来说最基本的一点是：当我们彼此相遇时，我们内心产生了什么感觉，这种感觉又让我们发生了何种改变。③ 也有学者在进一步研究的基础上指出，世界主义有三个要素④：一是个人主义。认为个人是世界主义关怀的终极单位，而不是什么组织或群体。二是普遍性。作为终极关怀对象的个人，在地位上人人平等，不分种族和性别。三是普适性。世界主义所倡导的人人平等的原则，适用于全球范围内的所有人。在世界主义理论中，其重要主张有：认为民族国家在全球化时代不仅无法承载全球性思想和行动，甚至就其对世界主义发展和实践来说还是有害

---

① ［澳］简·帕库尔斯基、［波］斯蒂芬·马可夫斯基：《全球化、移民和多元文化主义：欧洲和澳大利亚的经验》，冯红译，《国外理论动态》2016 年第 1 期。
② ［美］托马斯·雅诺斯基：《世界主义与公民身份：世界与民族的折中》，李思旸译，郭忠华校，载肖滨、郭忠华《公民身份研究》第 1 卷，上海人民出版社 2015 年版，第 168 页。
③ ［英］杰拉德·德兰迪：《世界主义背景下的公民身份》，载郭忠华《变动社会中的公民身份——与吉登斯、基恩等人的对话》，广东人民出版社 2011 年版，第 247 页。
④ Thomas W. Pogge, "Cosmopolitanism and sovereignty", *Ethics*, Vol. 103, No. 1, 1992, pp. 48 – 49.

的；民族国家在国家和地方层面拥有的权力已经减弱，当然不同民族国家内部权力集中程度不同，其现实表现也有所不同；民族国家的地位遭到了全球经济力量和全球公民社会的挑战，后者填补了民族国家在治理中的不足和空隙。①

世界主义理论的发展，让人们不得不重新认识传统公民身份。贝克是现代世界主义理论主要贡献者之一，他认为全球性的风险社会创造了一个共享世界，在这个共享世界中难以区分自我与他者，不管承认与否，公民精神将在超越国家边界的基础上向着责任方向演进。②传统的公民身份是与民族国家紧紧相连的，超越国家边界的世界主义显然是对这个传统观念的一个挑战。但是，研究专家德兰迪并不认为会有一个纯粹的世界主义公民身份的产生，世界主义只是对民族国家公民身份内涵的丰富和发展。③他在承认马歇尔所主张的公民权利、政治权利和社会权利的同时，还把公民权利和义务拓展到环境、性别和文化等领域，体现了世界主义对传统公民身份的发展要求，它与民族国家公民身份之间既有张力又有互补。同时，与传统国家公民身份的权利和义务的保障由国家提供相比，世界公民身份的权利和义务保障则来自道德强制力，通过作用于国家公民身份从而使其向着世界主义方向发展。托马斯·雅诺斯基的研究则对贝克和德兰迪的道德强制力的主张提出质疑，认为世界主义公民权利和义务如果仅仅靠公民美德提供保障容易受到严重侵蚀④，因此客观地说，世界性政府、国际公民社会（或者世界主义组织）和民族国家在保障公民权利和义务

---

① ［美］托马斯·雅诺斯基：《世界主义与公民身份：世界与民族的折中》，李思旸译，郭忠华校，载肖滨、郭忠华《公民身份研究》第 1 卷，上海人民出版社 2015 年版，第 169 页。

② ［德］贝克等：《风险社会与中国——与德国社会学家乌尔里希·贝克的对话》，《社会学研究》2010 年第 5 期。

③ ［英］杰拉德·德兰迪、郭忠华：《"世界主义"共同体如何形成——关于重大社会变迁问题的对话》，《学术月刊》2011 年第 7 期。

④ ［美］托马斯·雅诺斯基：《世界主义与公民身份：世界与民族的折中》，李思旸译，郭忠华校，载肖滨、郭忠华《公民身份研究》第 1 卷，上海人民出版社 2015 年版，第 187 页。

方面更具有现实性，国家对公民权利和义务的保障是基础，国际组织和世界政府主要发挥的是引导作用，使得公民精神在民族国家与世界主义之间找到折中的位置。仅从这一点来说，雅诺斯基关于世界主义公民精神论述，较之德兰迪更为清晰和深入。

　　当然，世界主义公民理论在学界也招致了批评。戴维·米勒对于世界主义的批判从民族主义出发：其一，世界主义所倡导的义务并没有给出清楚的阐释。世界主义主张对他人要有关心的义务，然而这个义务究竟是什么，它没有一个明确的、具体的概念。[①] 其二，批判世界主义把帮助贫困民族作为义务的主张。其理由是要尊重民族自决和自主，也包括民族对于自己作出的决定要负有责任。[②] 阿拉斯代尔·麦金泰尔和查尔斯·泰勒对世界主义的批判则选择了爱国主义的角度。根据前者的见解，爱国主义是对个体所在国家的忠诚，而世界主义则要求一种不偏不倚的道德立场，源自生活和信念的紧张，都会导致世界主义与爱国主义的冲突，这种冲突可能水火不容。[③] 查尔斯·泰勒尽管并不完全否定世界主义，但是反对用世界主义代替爱国主义的主张，认为爱国主义是现代公民的认同感和共同身份的来源，离开爱国主义不仅社会成员难以动员，而且自由民主社会建设也将面临困难。[④] 德里克·希特和迈克尔·沃尔泽都对全球公民身份提出批评，对世界主义的现实性严重质疑。在德里克·希特看来，全球公民身份是否存在，其关键在于主权的归属。即使在世界主义呈现复兴之势的当代，并没有能够建立世界政府，主权国家依然存在，世界主义情感也没有得到普遍的接受，所以主权国家已经消亡或者不再具有存在的

　　[①] David Miller, "Against Global Egalitarianism", *The Journal of Ethics*, No.1/2, 2005, p.67.
　　[②] [英]戴维·米勒：《论民族性》，刘曙辉译，译林出版社2010年版，第107—108页。
　　[③] Alasdair Macintyre, *Is Patriotism a Virtue? The Lindley Lecture*, Lawrence: The University of Kansas, 1984, pp.3–4.
　　[④] Charles Taylor, *Why Democracy Needs Patriotism*, Joshua Cohen (ed.). *For Love of Country?* Boston: Beacon Press, 2002, pp.119–121.

价值，都是不能让人认可的。①迈克尔·沃尔泽对世界主义教育持赞同的意见，但是否定全球公民身份的存在，因为世界主义不能解决一些现实的问题，如全球公民由谁授予，归化问题如何处理，个体如何进入世界制度结构中，全球公民的议事程序是什么，等等。②

虽然对世界主义的声讨掷地有声，但是对其支持的态度也比较鲜明。米勒的民族责任论和罗尔斯的国内因素致贫论似乎无懈可击，但是他们忽视了一个重要的前提条件，这就是公平的国际和国内发展环境，正如博格所洞见的那样，不公正的全球贸易规则也是制约那些谋求发展国家的不利因素③，此外国际资源特权能够让国内统治阶级处于对人民专制的位置，也能够使资源丰富的国家较之资源贫乏的国家更有发展可能。④查尔斯·琼斯针对麦金泰尔的排他性爱国主义，给出了爱国主义在世界主义下的新内涵，即在关注自己同胞的同时，也必须兼顾到其他国家同胞的利益需要和诉求⑤，当人们追求本国公民和本民族利益的时候，不能伤害其他国家公民和民族的利益，这也就是体现世界主义精神的爱国主义边界。批评者以世界主义虚幻和世界政府不可能为由，否定世界主义的现实意义。但是，世界主义维护者贝兹却不这么认为⑥，在其认识中世界主义分为制度世界主义和道德世界主义，制度世界主义与世界政府这样的政治组织有关，而道德世界主义则与制度或组织的道德基础有关。道德世界主义并不主张建立

---

① [英]德里克·希特：《公民身份》，郭台辉等译，吉林出版集团有限责任公司2010年版，第328—333页。

② Michael Walzer, "Spheres of Affection", in Joshua Cohen ed., *For Love of Country*? Boston: Beacon Press, 2002, p. 125.

③ Thomas Heberer, "Evolvement of Citizenship in Urban China or Authoritarian Communitarianism? Neighborhood Development, Community Participation, and Autonomy", *Journal of Contemporary China*, Vol. 18, No. 61, 2009, p. 219.

④ [美]托马斯·博格、[德]康德：《罗尔斯与世界主义》，刘莘等译，上海译文出版社2010年版，第469页。

⑤ Charles Jones. Global Justice, *Defending Cosmopolitanism*, Oxford: Oxford University Press, 1999, pp. 135–136.

⑥ Charles R. Beitz, "International Liberalism and Distributive Justice: a Survey of Recent Thought", *World Politics*, Vol. 51, No. 2, 1999, p. 287.

世界政府，世界政府的阙如也不能否认世界主义的存在及其形成的影响。与制度性世界主义相比，道德世界主义成为一种颇具吸引力的世界主义理念。

在国外公民精神研究的发展趋势中，有两个关键词引人注目，一个是"美德"；另一个是"权利"，国外公民精神就是在道德（包含义务）与权利的纠缠中逐步演进的。全球化时代的到来，人口的跨国流动日趋频繁，公民身份和公民精神如何确认是一个新的课题。西方从20世纪后期以来，关于跨国流动性人口的身份研究文献很多，其中最为有影响的当数行动主义公民理论。之所以说行动主义在众多的公民理论中具有非同凡响的意义，它根本上改变了传统的静态分析思维，主张把公民放在行动中考察，打破了以前民族国家地理范围的限制。但是，对于个人权利平等的强调，仍然是行动主义公民身份和公民精神的核心内容。多元文化主义理论聚焦也还是公民权利，只不过它对公民权利的讨论，不是从一般的个体出发而是从群体出发，寻求多数群体和少数群体的权利平衡。这种"平衡"与平等不同，研究者主张通过给予少数群体差异性权利，以实现少数群体与多数群体之间的权利平衡。西方世界主义的哲学基础是个人主义，它沿袭个人主义的一贯传统，把个人作为关照的基本单位，其理论核心也是权利的平等，并且还将平等从民族国家扩展到世界范围。与此对应的世界主义公民身份和公民精神，当然就被权利所主宰，然而这一权利由于在现实中缺乏有效的保障条件，又不得不在一定的层面转向道德领域寻找解决的办法。事实上，西方的一些理论家在思考现代社会发展中出现的严峻问题时，往往求助于道德的策略，贝克在分析晚期现代性的个体化与风险社会时就是如此，尽管其对此不一定具有十足的信心。不仅贝克把高度现代性时期社会问题的处理寄希望于道德，不少西方学者也开始把现代社会矛盾和冲突的消除求助于道德的路径。西方社会对于公民权利的过分强调，不但加剧了社会的紧张，而且由于对于公民美德的忽视造成了共同体意识的弱化。同时，公民平均分配财产的愿望，要求公民具有更高的道德素养。公民精神的道德转向，代表了西方公民精神发展的一个愿望，在自由主义思想处于绝对主导地位的前提下，公民精神要走向真正的道德方向，是一个异常艰难的现实问题。但是，不可否认的是，西方学界研究中所发现的公民精神发展走向，表明道德素质的培育是现代公民精神塑造的基本方向。同时，西方公民精神研究的行动主义、多元文化主义和世界主义思想，为中国公民精神研究提供了重要的视角，也明显地拓宽了公民精神研究的领域，让中国公民精神研究具有鲜明的时代特色。

（二）国内公民精神的研究趋势述评

目前国内关于公民精神主题的研究，成果越来越丰富，研究的深度和角度都有所发展，主要突出三个方面的主题，即公民抗争、积极公民研究和公民精神的领域发展。

第一，公民抗争的问题近些年来在学界受到越来越多学者的关注。在公民抗争的主题中，网络是信息化时代公民抗争的一个重要平台。目前中国社会组织并不发达，互联网交流平台的出现在一定程度上填补了这一不足。管兵的研究表明，借助焦点事件、通过多次博弈网络能够进行组织动员，公民的互联网维权行动显然促进了实体社会组织或准社会组织的形成，由此而产生的现实集体行动将对政府的政策、公民组织的行动能力和公共议题的设置产生影响。[1] 倪明胜则提出和诠释了"公民网络抗争动员"的概念，试图打破虚拟与现实的公民抗争之间的对立，通过深入分析公民网络抗争动员的内在机理和逻辑，进一步思考公民网络抗争动员与民主政治和社会治理之间的关系。[2]

从公民抗争的主体来看，学界研究的焦点大多在农民工、城市居民等。汪建华、孟泉着重分析了新生代农民工的抗争模式，他们提出了三种抗争模式，即以同事或同学关系为基础的增长型抗争、原子化

---

[1] 管兵：《中国网民的利益表达和抗争机制》，载肖滨《中国政治学年度评论（2012）》，上海人民出版社 2012 年版，第 129—146 页。
[2] 倪明胜：《公民网络抗争动员：从概念建构到关键性议题反思》，《天津社会科学》2017 年第 4 期。

的底线或增长型抗争、群体性骚乱。三种抗争模式的形成，与新生代农民工特定生产体制下的工作体验、团结纽带、动员方式以及过往生活经历都有密切关系。① 郭于华、沈原、陈鹏等把城市居民的拆迁维权作为公民抗争研究的重点，研究指出，维权市民首先是依据国家法律建构自身的权利，通过开展拆迁维权的共同行动来塑造公民身份，使维权者从市民蜕变为公民。② 在当下中国的现行体制下，行动者从现有的制度体系中努力争取抗争的资源，积极建构公民抗争的政治空间和制度空间。城市居民抗争行动的显著特点是"以法维权"，一定程度上体现了城市居民公民化过程中追求现代契约精神的努力。环境抗争是公民抗争中一个无法绕开的话题，近些年在现实中经常发生，金萍华通过研究发现，由 PM2.5 空气污染而引发的公民环境抗争，在社会化媒体中有日常生活化的现象，公民环境抗争属于解放政治的范畴，但是表现出转向生活政治的可能，要实现这种转变，政府需要展开与公民之间的持续协商，在协商中政府由公民抗争的对象转变为公民生态行动的引导者。③

第二，国内关于积极公民的研究，在整个公民理论研究中占有较大的比重。对于积极公民的理解，其经常与公共性、公民责任、公民义务和公民美德等名词相联系。研究者认为，形塑积极公民身份和形象，其产生的正面影响主要有这样几个方面：其一，应对当下公民普遍存在的为私主义和政治冷漠问题。④ 政治冷漠在国外公民中表现为从公共慎议中撤离，而重点关注个人的家庭、职业和事业等私人性事务。⑤ 公民政治参与在中国也让人出乎意料，尽管政府已经搭建了广

---

① 汪建华、孟泉：《新生代农民工的集体抗争模式》，《开放时代》2013年第1期。
② 郭于华、沈原、陈鹏：《居住的政治》，广西师范大学出版社2014年版，第277—335页。
③ 金萍华：《社会化媒体中的"日常环境抗争"——以"PM2.5"新抗争剧目建构为例》，《安徽大学学报》（哲学社会科学版）2014年第4期。
④ 肖滨、郭忠华、郭台辉：《现代政治中的公民身份》，上海人民出版社2010年版，第154页。
⑤ ［加］威尔·金里卡：《当代政治哲学》，刘莘译，上海三联书店2004年版，第523页。

泛的公众参与平台，开通了多元化公民参政议政的渠道，但是公民的参与率也不到三成。① 其二，有助于消解个体与共同体的矛盾，从而达到建设社会的目的。② 在自由主义主导的西方社会中，个体与社会之间存在明显的冲突。而积极公民身份则是要一改两者之间的零和博弈格局，让个体在社会的联合中实现自由③，从而形成自由个体和团结社会之间的有机联系。其三，公民责任观作为积极公民的构成核心要素之一，有利于社会主义核心价值观的确立和社会治理体制的创新。④ 构建当代中国社会的公民责任观，增强公民责任意识，是社会主义核心价值本身的要求，以社会主义核心价值观为引领的公民责任观的塑造，显然就是社会主义核心价值观理论运用和实践影响。社会治理体制创新是中国社会深化改革发展的重大命题，它需要政府、社会和公民等多方参与，公民责任观的建构适应了社会治理体制创新发展的需要。

  如何进一步理解积极公民，一些研究者给出不同角度的见解。许瑞芳、叶方兴认为公共性是积极公民的特质。⑤ 他们认为公共性是与私人性相对的，其表现为公民在共在状态下超越自我从而积极对待他者的方式。公共性的生活场景是公民之所以称其为公民的社会学前提，为积极公民的成长提供必要的环境。积极公民是人的公共化存在，通过履行对政治共同体的权利和义务，担负起公民应当承担的公共责任。共和主义积极公民有三大驱动机制⑥，在传统三大公民权利之外的共和权利，驱动公民主动参与公共政治生活，防止公共财产、公共财富私人化；公共美德或公共精神激励公民在公共领域进行交流

---

  ① 郭倩倩、秦龙：《政治冷漠与积极公民重塑》，《探索与争鸣》2016 年第 3 期。
  ② 王小章、冯婷：《积极公民身份与社会建设》，社会科学文献出版社 2017 年版。
  ③ 《马克思恩格斯文集》第 1 卷，人民出版社 2009 年版，第 571 页。
  ④ 邹长青、许江：《社会主义核心价值观与当代我国公民责任观的建构》，《辽宁大学学报》（哲学社会科学版）2018 年第 3 期。
  ⑤ 许瑞芳、叶方兴：《积极公民：一种公共性的分析理路》，《江西师范大学学报》（哲学社会科学版）2017 年第 5 期。
  ⑥ 肖滨、郭忠华、郭台辉：《现代政治中的公民身份》，上海人民出版社 2010 年版，第 158—167 页。

对话和展现美德，通过公民之间的竞争形成积极公民的另一驱动力量；公民爱国主义是积极公民的第三种驱动力，它把公民对共和国的自然感情、对国家的政治文化认同，与公民公共参与和公民自治统一起来。从而形成了以公民权利为依据、以公民竞争为激励、以公民认同为情感的积极公民驱动机制。

关于积极公民塑造的路径，也是学界研究的一个重要方面。在此路径的选择当中，教育依然被看作是一个基本选项。研究者考察了古典共和主义公民美德教育问题[1]，指出古典城邦是一个道德共同体，城邦公共生活的存在和维护主要依赖公民的美德，公民美德教育成为古典共和主义的核心任务。公民美德教育主要围绕公共善（公共性）维护、共同体认同、共同体义务和公民奉献精神培养、公共生活参与能力获得和提升等方面进行。吴威威则以现代大学生公民责任的教育作为研究方向[2]，提出要加强大学生法治意识教育，增强公民责任感；树立人类命运共同体理念，处理好维护国家利益与人类共同发展的关系；重视大学生公民道德教育与责任教育，在道德教育与养成的过程中增强公民责任；提高大学生的公民行动能力，在实践中提升道德认知水平和履行公民责任能力。针对当下学校的积极公民教育[3]，要加强公民知识、公民技能教育，尤其是突出公民美德教育；同时要加强历史与传统文化教育，培养公民的文化记忆、文化认同和归属。要发挥国家在公民是非和善恶方面的导向作用，保障边缘群体的利益表达权利，公民能力、文化、价值和行为方式的差异事实上造成公民之间的不平等，对此国家需要给予他们一定的代表权。

第三，国内学界对于公民精神的研究，开始由传统领域迈向新兴领域。传统的公民精神研究大多是在法律、政治和社会的范围内进行，这也就是马歇尔公民精神三要素所指涉的领域，而中国当下的公民精神研究出现了超越传统的趋势，开始涉足科技、生态、女性和世

---

[1] 冯建军：《古典共和主义公民身份与公民教育》，《高等教育研究》2013年第6期。
[2] 吴威威：《公民责任探析》，中国社会科学出版社2015年版。
[3] 郭倩倩、秦龙：《政治冷漠与积极公民重塑》，《探索与争鸣》2016年第3期。

界主义等多个新领域。在科技领域中，研究者借鉴西方社会风险和多元公民身份理论，对于科技公民精神主要进行了理论性的阐述。① 尽管他没有使用"科技公民精神"，但是他所论及的环境风险显然是与科技分不开的，并指出发达的科学技术不确定性及其应用对现代社会产生了社会环境风险。然而，原有的专家和技术官僚治理国家的方案，并没有化解社会环境风险。要打破这一僵局，需要赋予公众以科技公民精神，尊重公民常识知识的价值，让公民成为抵御社会风险知识的生产者和科技共同议题的设定者。国内当前科技公民精神的研究，大多结合一定的案例进行，如碘盐安全性争议②、转基因技术安全性担忧③和反对焚烧垃圾事件④等，反映了中国社会公民抗争中的突出问题。研究者对于公民生命安全和环境风险，都给出了共同的解决方案，即从科技公民权、科技公民精神的视野中，考虑通过公民参与专家和政府的科学技术研究和使用，以应对后常规科学技术的决策风险的不确定性、价值争议性和多元合法性。

国内学者关注生态公民及其精神，成为公民研究中不可忽视的一个视角。近几年的研究在阐述生态公民理论意义的时候，都把其与生态文明和生态文明建设结合起来，与国家的"五位一体"战略相联系，体现了研究者的问题意识和政治敏感性。生态公民作为一个概念不仅出现时间较迟，而且是从西方学习和借鉴过来的，因此研究者对其概念大多进行了界定。有的仅从人类与自然的关系层面理解⑤；有

---

① 张海柱：《科技论争与公民参与：环境风险研究中的公民身份议题》，《公共行政评论》2017年第5期。

② 杨萌、尚智丛：《科技公民身份视域下的科技争议》，《自然辩证法研究》2018年第2期。

③ 马奔、李珍珍：《后常规科学视野下转基因技术决策与协商式公民参与》，《江海学刊》2015年第2期。

④ 陈晓运：《争取科技公民权：为什么邻避从抗争转向社会运动——以中国城市反焚事件（2009—2013年）为例》，《甘肃行政学院学报》2017年第6期。

⑤ 黄爱宝：《生态型政府构建与生态公民养成的互动方式》，《行政学研究》2007年第5期。

的虽然也从人与自然角度释义，但是强调其特征的超地域性、超代际性①；而有的则从更广泛的角度诠释生态公民，认为其除了关涉根本的人与自然关系，还涉及社会系统之间的关系及其与自然的关系、人与人的关系。②生态公民精神研究的核心任务是养成问题，研究者从认识方面，强调要树立以自我与他者相互关联的世界观，深化对生态公民权利和义务的理解；从实践方面，培养公民生态生活方式，鼓励公民主动参加生态实践；从动力和制度方面，以生态市场激励生态公民精神养成，以生态环境法制规范生态公民行为，以政府指令方式推动生态公民精神养成。金萍华在社会化媒体的语境中，考察了生态公民行动的机理③，包括通过日常播报和议题设置进行公民的生态动员，通过舆论引导者的呼应从而建立公民居间的联系和声援，通过普通网络公民的诉求与舆论引导者的互动构建协同传播，政府通过合法性确认和制度性遣散回应公民生态诉求和行动。中国生态公民养成情况究竟如何，有研究者从生态公民意识和生态公民行动两个方面对大学生群体着手调查④，调查表明高校在大学生生态公民教育方面缺位，教师自身生态公民素养有待提高，校园文化活动对于生态保护和生态公民养成问题关注不够，大学生选择生态保护课程动力不足，生态环保知识缺乏，关于和谐生态关系认知出现年级、学科和城乡的差异性，大学生生态危机意识、生态责任意识和生态法律意识也呈现出相应的差异，生态行为也存在年级、性别和城乡的不同。

　　近些年来，随着执政党"推动构建人类命运共同体"理念和国家"一带一路"倡议的提出，全球公民教育引起了国内研究者的关注。从推动构建人类命运共同体的需要出发，学者把通过教育形成价值共识作为重要问题进行思考。⑤认为共同价值不同于西方的普世价值，

---

① 曾妮、班建武：《生态公民的内涵及其培育》，《教育学报》2015年第3期。
② 李娜：《生态公民的意蕴及其养成路径探析》，《理论导刊》2014年第10期。
③ 金萍华：《社会化媒体中的"日常环境抗争"——以"PM2.5"新抗争剧目建构为例》，《安徽大学学报》（哲学社会科学版）2014年第4期。
④ 景杰、杜运伟：《当代大学生生态公民素养分析》，《中国统计》2015年第9期。
⑤ 冯建军：《迈向人类命运共同体的价值教育》，《高等教育研究》2018年第1期。

前者是在承认国家价值的多样性前提下寻求人类价值的同一性。进行人类命运共同体的共同价值教育，其中包含人类社会共同价值教育、国家和民族的多元价值理解教育、全球公民责任教育、人与自然和谐教育。通过教育要培养适应人类命运共同体建构所需的世界公民，唤醒公众全球责任意识，建立主体间对话和理解的全球公民行动方式。① 构建人类命运共同体虽然已经为世界组织所认同和接受，写进了联合国的有关决议中，但是这个产生于中国的方案如何能够在世界范围广泛传播，尤其是在全球化时代的公民塑造中发挥作用，则需要将人类命运共同体理念与世界公民教育结合起来，用前者指导世界公民教育，不仅因为两者之间有着广泛的契合性，而且能够抵消西方价值的消极影响，消除西方世界公民理论的内在冲突。② "一带一路"倡议，力图与丝绸之路经济带以及沿线国家建立利益共同体、责任共同体和命运共同体，形塑与"一带一路"共同体相适应的文化公民身份，能够让共同体的公民产生归属感和认同感。这个文化公民身份是介于民族国家和全球公民身份之间的一种区域身份，它和该区域的历史传统、宗教和语言等密切相关③，是全球化条件下超出民族国家边界的公民身份，虽然还不能等同世界公民身份，但是毕竟与世界公民身份具有一些相似性。

总体而言，中国公民精神当前的发展有两个趋势，一个是公民从自身权利出发高度关注和维护自身的利益，公民行动具有一定的抗争性；另一个是国家对公民责任及其道德价值的高度认同，并对公民精神的塑造不断加强引导。公民抗争的出现，应该说是中国社会中反响强烈的社会现象，原因在于社会处于弱势地位，目前的公民抗争表明公民意识的觉醒和增强，显然对国家与社会的原有格局构成一定的挑

---

① 冯建军：《推动构建人类命运共同体：教育何为》，《教育研究》2018年第2期。
② 宋强：《新时代"人类命运共同体理念"引领世界公民教育思潮的理路》，《教育学报》2018年第3期。
③ 张劲松、卢巧妹：《文化身份建构：民族、全球化与"一带一路"》，《云南社会科学》2016年第2期。

战，这在现代社会应该是一种进步。事实上，中国公民精神从法律、政治和社会领域向科技、生态、女性领域的拓展，反映了中国公民抗争领域呈现多样化的趋势，公民抗争行为愈加频繁，也表明中国公民精神的不全面性和低层次性。公民抗争在现代社会初期的出现，固然有其积极的意义，但是如果公民行为仅限于极度追求自身的利益，则对社会良性发展和共同体建设极其不利。中国作为当下影响最大的社会主义国家，在价值观方面坚持集体主义，在国家与个人的关系中突出国家利益的重要性，因此中国的执政党和政府十分重视公民的道德建设和责任意识培养。从这个角度来看，积极公民的研究应该是契合了国家对公民精神塑造的需要。然而，个体化条件下公民精神的片面发展如何转向全面发展是需要认真思考的；公民精神如何增加公共性的成分学界的研究趋势反映不够；在全球化时代以及中国共产党构建人类命运共同体的伟大构想中，如何让中国公民精神在对国家和自身利益的高度关照中，能够体现世界主义的视野和关怀的研究尚显不足。另外，关于中国公民精神的学术研究，必须凸显中国的本土意识，既要体现中国公民精神在不同领域中的维权表现，更要研究中国公民精神的道德品德和政治素养，中国的历史、文化、政治等因素决定了公民精神的中国特色，不可能是西方公民精神的照搬，否则，中国公民精神培育可能无法适应社会共同体生活发展的需要，无法让公民获得幸福。

第三节　研究思路与研究方法

一　研究思路

当代中国公民精神的培育，作为一个研究问题提出，是基于个体成长悖论带来的困扰。个体成长的悖论，简而言之，就是个体成长对社会发展既有有利的一面，也有不利的一面，这两个方面的冲突，构成了个体成长的内在矛盾。中国社会的个体化，使每个人的活力得以释放，改变了以往被经济体制和政治体制牢牢束缚的状况，从而使个体成为市场经济生活中具有高度自主性和独立性的主体，有力地促进了市场经济乃至整个社会经济的发展，这一点已经被中国改革开放近40年的实践所证明。市场经济的特点是自由性、自主性、竞争性和规范性，因此，市场经济在塑造市场主体和社会组织的过程中起到了重要作用。从个体的层面来看，个体的自由、独立、自主、平等和法治等意识的逐步增强，在个体的身上可以看到公民主体性精神的初步发展。尽管公民主体性还不是公民精神的全部，因为在此之外还有公民的公共精神，但是，个体从体制性束缚的空间走出来，在市场经济的环境中得到主体性的塑造，无疑有助于中国特色社会主义发展，有助于中国在现代化的道路上不断前行。

然而，也要清楚地看到个体成长中出现的另一面问题，这就是精神信仰物质化、私人生活中心化和社会结构原子化。物质本是满足人们生活需要的一个基本条件，而信仰则是人们生活和发展的精神力量，也正是精神信仰的存在，让人与动物之间产生了界分，让人的生活具有一定的价值。而当物质一旦成为人们顶礼膜拜的对象时，人就已经失掉了精神信仰，从这个层面来说，人由立体的人也就变成了物化的人。私人生活中心化，意味着个体的私人生活已经来到了个人整个生活的中心，公共生活则遭到了严重排挤。私人生活、公共生活原本是个体生活的两大领域，它们之间既是相互依存的，也是相互促进的，共同构成了个体的生活。然而，公共生活在私人生活中心化的巨大压力下的衰落，将可能导致私人生活的失序，甚至"人与人之间的战争"。由物化性的人和私己性的人，是无法形成有机的社会的，但倒是可能制造出"原子化社会"。社会原子化发展的现象，早就引起涂尔干等人的高度关注。为此，涂尔干主张通过国家和职业伦理，来解决趋于离散社会的统合问题。在全球化和后工业化时代，社会主义中国的制度背景下，如何打破个体成长所产生的悖论，发展个体的公民公共性，在公民主体性与公共性的张力中，建立有机团结的现代社会，就是当代中国公民精神培育研究的应有之义。

当代中国公民精神培育的研究，必须首先检视当前中国公民精神所处的发展水平。公民以及由此派生的公民精神，并不是中国本土性的概念，而是源自西方的历史锻造。近代之前的中国，未曾出现公民的角色和概念，所有的只是臣民的身份。为此，要研究中国的公民精神，就不得不先考察西方的公民精神。西方的公民精神有两大基本流派，即共和主义公民精神和自由主义公民精神。以此为基础，随后又出现了多种公民精神，如新自由主义公民精神、新共和主义公民精神、社群主义公民精神、多元文化主义公民精神等，形成了异彩纷呈的局面。这些公民精神，是在西方启蒙思想的主导下发展起来的，其存在的制度环境是资本主义，自由和民主构成了其文化的核心。西方公民精神通过一定的形式传入中国，对中国社会的个体塑造产生了一定影响。然而，中国与西方不同的文化背景、社会发展水平等，决定了中国不可能照搬西方的公民精神。通过对中国近代以来个体成长的历史追溯，发现中国公民的成长经历了"新民""国民""人民"和"公民"的阶段，直到改革开放后，中国的公民精神才取得初步显现，尤其是公民权利的意识明显增强，公民主体性精神得到初步彰显。

改革开放后中国社会个体的成长，不仅产生了积极的社会影响，也造成了现代化发展中的问题，而公民精神无疑是医治现代性病症的一味良药。新中国成立后，经历了一段政治运动所造成的社会动荡期，计划经济所导致的物质贫乏期，让人们在反思中走进了改革开放的新时代。在这个新时代，国家推动了经济体制改革，打破了政治上中央集权、经济上国家统管的格局，在市场经济发展的过程中，把个体从农村的"队社"和城市的"单位"社会中解放出来，使个体获得了流动的自由、选择的自由和自我实现的自由，个体在经济生活中的活力被充分激发，与单位社会中的被束缚主体、消极主体和缺乏生气的主体，形成了鲜明的对比。富有自由、自主性的一个个鲜活个体，构成了当下中国社会的现实图景。然而，与西方现代性晚期的个体化社会相比，中国社会个体化具有诸多的不同之处。一是所处的历史发展阶段不同。中国个体社会发展还属于解放政治时期，此时的主题是改善自身待遇，增加生活机会，提高社会生活水平。而西方个体化的发展，已经走在了晚期现代性的道路上，也被西方思想家称为"第二现代性"阶段。二是关注的主题不同。中国个体社会的公民更多关注的是生活机会的问题，也就是如何让自己的生活在物质上有所改善。而西方个体化社会聚焦于公民的自我认同和自我实现问题，体现的是个性化的追求。三是国家影响不同。中国社会中的个体是在国家引导之下进行选择和行动的，而西方个体化社会里，个体的选择完全是自己的行为结果，与国家并无多少关联。中国社会个体的成长，应该说适应了市场经济的需要。但是，带来的社会问题也十分突出，如精神信仰物质化、私人生活中心化和社会结构原子化等。为此，需要从内容上建构中国公民精神，应对社会个体成长所造成的各种有害性的后果。

然而，在构建当代中国公民精神的内容之前，还要思考几个问题。一是"公民"是否还有存在的意义？对于中国个体成长中的社会而言，当下重要的任务是，如何让私己性的市民走向公共性的公民。公民发展的历史经验表明，公民的存在与发展需要一个公共生活场域。人类社会领域的分化，让私人生活、公共生活和日常生活分离，但是20世纪后期，公共部门市场化运作方式的出现，非政府性组织的不断涌现，私人事件对公共领域的侵占，导致了公共生活呈现衰落之态。加之全球化的发展，导致民族国家在一定程度上有所削弱。这种种情况的产生，都让人对"公民"的存在是否有意义产生疑问，但是目前民族国家在全球化时代，依然是国际关系和国际活动的主体，非政府性组织的发展，都表明公民的存在仍然必不可少，其公共性的政治生活形式正在悄然改变。二是妥善处理好三个关系，即市民与公民的关系、理性与激情的关系、国家公民与全球公民的关系。从领域分化的角度来看，市民与公民分属于私人领域和公共领域，领域是区分市民与公民的依据。理性与激情的关系，是要表明公民意识、态度和行动不能只是理性的，也要有激情的合理介入，这样有助于公民精神的迸发。国家公民与全球公民的划分，不是要用后者否定前者，也不是强调国家公民而忽视世界公民意识。世界公民究其本质而言，它不具有独立存在的可能，但是可以作为国家公民内涵丰富和发展的组成部分。三是要做到合理建构中国公民精神的内容，需要准确把握中国社会的优秀传统文化、社会主义意识形态、社会所处的历史阶段、全球化和个体化的影响。也就是说，关于当代中国公民精神内容的建构，不仅针对社会个体化带来的消极影响，还要兼顾中国的文化、政治、时代和发展的背景。也正因如此，当代中国公民精神内容应当涵盖四个方面，即价值理性精神、集体主义精神、公共参与精神和平等参与精神。

建构了当代中国公民精神的内容，继之而来的就是当代中国公民精神培育的问题。首先，是当代中国公民精神培育的现实性问题。其主要表现为可资利用的资源优势，具体而言，就是经济发展、民主政治建设、文化优秀因子及其发展所产生的优势。中国社会的经济发展水平不断提高，促进了国家的政治进步、法治建设和教育发展。政治进步体现为政府行政体制的改革、基层民主自治、党内民主发展等。政治进步也成为规避或者消除改革与发展所带来的消极后果的重要手段。法治建设的成果，体现在依法治国方略的确立和实际推进，表现在执政党思想和观念的变化，妥善处理法治与人治的关系、法治与德治的关系、党的领导与依法治国的关系。教育发展的现实表现，是教育投入的加大和人才培养数量的增长，高素质人才的不断涌现，这对于提高国家政治生活水平和公民政治素养具有重要作用。同时，教育本身也具有一定的政治属性，教育的发展也必然意味着政治的进步。中国民主政治生活的改善，也为公民政治参与能力和公共意识的提升创造了条件。而党内民主和社会民主的发展，是中国民主政治进步的重要表现。中国文化及其在当代的发展，为当代中国公民培育提供了另一个可能性。中国传统文化中的优秀因子，作为指导思想的马克思主义，中国特色社会主义的核心价值观，它们是中国目前文化的重要组成部分，都在不同程度上关涉公民精神的发展。

其次，在社会个体化的语境中，研究当代中国公民精神的培育问题，还要进一步思考培育主体、培育环境和培育路径。

一是培育主体中的国家、学校和个人。近代公民作为一个政治和法律身份，从其诞生的那刻起，就与政治国家休戚相关了。从国家方面看，公民的政治权利是由国家通过法律赋予并保障的，甚至公民资格首先是在国家或政府的法律中得到认可的。从公民方面看，公民政治参与意识强，公共事务处理能力高，公民公共性精神显著，对于一个国家的有效社会治理和社会良善秩序建立，具有不言而喻的意义。而社会的有效治理以及良善秩序的建立，对于以公共性职能为使命的国家来说，是其基本职责之所在。显然，公民精神的培育是有助于国家实现其公共性使命的，既然这样，公民精神的培育理应成为国家的一项基本任务。同时，国家承担公民精神培育的任务，还有其自身的宏观调控性、资源整合性、强力推进性的优势。学校教育之于公民精神培育的意义，早在近代以来西方公民教育的实践中体现。尽管学校公民精神培育的效果，距离精英分子的要求尚有差距，但是学校教育作为公民教育及其精神培育主要途径的事实并未改变。除了国家和学校可以作为公民精神培养的合理主体，个体自身也是公民精神培育的重要主体。在学术理论研究的领域中，把人本身既看作是艺术品也当成艺术家，是一个被越来越多的人接受的观点，对于公民精神的培育来说，也不例外。

二是当代中国公民精神培育的环境主要有家庭环境、社区环境和网络环境。家庭虽然属于私人生活的场所，但是家庭内部的语言交流、生活交往以及事务处理方面，都存在着影响公民成长的因素。社区是一个公共性的小型场域，社区里的业主维权、事务管理和公共服务，都在潜移默化中塑造着公民。网络是现代信息技术发展的产物，现已成为公民表达主张、政治参与和社会交往的又一重要平台。

三是当代中国公民精神培育的三个主要路径。它们与培育主体相对应，分别是国家的宏观推动、学校的中观教育和"生活政治"的微观润养。国家的宏观推动途径，侧重于国家对于公民精神培育政策和制度的规划、设计和推动；学校的中观教育层面，重点是通过各种手段来建构学校公共生活空间,在这个公共空间中增强公民意识,培养公民公共参与技能,培育公民的多元文化视野;"生活政治"是借用了吉登斯的政治理论,通过公民选择、自我认同和自我实现,重构现代化发展中缺失了的道德,同时用一种新的政治形式参与公共生活。

二 研究方法

社会科学的研究像自然科学一样,同样注重研究方法的运用。方法选用得当,有助于增强分析的深度、论证的力度以及研究的效度。"中国社会个体化语境中的当代公民精神培育研究",主要运用三种研究方法:历史与逻辑相统一的方法、建构主义方法、比较研究方法。

历史与逻辑相统一的方法,其实质就是主观与客观相一致的辩证法思维。这个研究方法首创者和使用者是黑格尔,对此恩格斯有过积极评价,"黑格尔的思维方式不同于所有其他哲学家的地方,就是他的思维方式有巨大的历史感做基础"[1]。马克思、恩格斯在唯物主义基础上,将其改造为科学的研究方法。在历史与逻辑相统一的研究方法中,历史有三种形式,即客观世界演化的历史、人类客观实践活动的历史、人类反映客观世界的认识历史,而逻辑指涉范畴、概念、理论和理念等。历史具有客观性,而逻辑属于主观性范畴,历史决定了逻辑的形成和发展,逻辑则反映了历史的规律和特点。在研究当代中国公民精神培育的课题时,就是把公民精神置于一个历史的背景中进行考察。研究当代中国公民精神,需要宏大的历史视野,不仅要关注中国公民精神近代以来的成长,还要关注对中国公民精神成长产生影响的西方公民精神。在研究西方公民精神时,并没有把它放在静态的位置上,而是从西方社会历史发展的过程中,把握西方公民精神的历史性和动态性特点,发现了异彩纷呈的公民精神:有以公民美德和公

---

[1] 《马克思恩格斯选集》第2卷,人民出版社1972年版,第121页。

共精神著称的公民共和主义，以个体自由和权利为旨归的自由主义，以自由的道德价值和社会正义为方向的新自由主义，以公共善和"无支配自由"为主张的新共和主义，以既关注个体利益又突出社群利益核心的社群主义等。在价值有着多元性取向的西方公民精神中，又具有共同性的特点，这就是对个体自由、独立和平等的尊重。西方公民精神的差异性，是在社会历史发展过程中出现的，适应了当时社会历史发展多样性的需要。逻辑的意义在于，从历史事实出发，明晰了一系列不同的公民精神概念和理念，并且还归纳了西方公民精神共有的内容，这就是公民的自由、独立、平等和权利。不仅在西方公民精神的研究中，能够自觉运用历史与逻辑相统一的辩证法，而且在中国公民成长和公民精神初步发展中，也同样使用了这个研究方法，在此就不再具体赘述。

在当代中国公民精神培育的研究中，建构主义方法发挥了重要作用。相传建构主义最早使用者是苏格拉底和柏拉图，其源头在知识论那里。建构主义是要告诉人们，世界不是发现的，而是借助一定的"结构"加以创造的，并且人们所获得的知识与世界之间，不是一一对应的关系，不是表征与被表征的关系。建构主义还表明，人的知识不应当是被动获得的，而应该是主体主动建构的结果，所以人们对于所谓常识性的知识要有质疑的态度。建构主义有个人建构主义与社会建构主义之分。个人建构主义是指个体对知识的建构，而社会建构主义则是在共同的社会历史和文化中，人与人之间通过交互作用进行知识建构，所建构的知识体现了所在环境的文化价值要求。就建构主义的发展趋势而言，个人建构主义正在转向社会建构主义。社会建构主义已经成为认识世界、获得新知识的新的哲学范式。在中国公民精神培育的研究中，其核心问题之一应该是公民精神，即公民精神为何的问题。在当代中国社会个体成长的语境中，个体活力的解放，确实适应了中国社会经济发展和现代化建设需要，但是也产生了与公共性发展相冲突的悖论。全球化和后工业化发展，都对中国公民精神的培育提出了要求。同时，中国还是一个不同于西方国家的社会主义国家,其对公民精神也有不同的期待。因此,在希望得到公民精神为何的答案之前,必须要考虑这些重要因素,这就是我们当今生活的共同社会文化,它决定了公民精神的价值指向。仅明白这些还不够,还面临一个新的问题,即如何才能形成期待中的中国公民精神,这就涉及"建构"这个话题。"建构"就其本意而言,"它既指向以前的制造物,又指向重组的进程"①。前述的这些共同文化就是"以前的制造物",现在要做的事情便是以公民精神概念、理论和理念为"结构",来开始重组的进程。于是,当代中国公民精神的内容应该由这样几个部分构成:与消除个体发展所造成负面影响相对应的理性精神(专指价值理性精神),与社会主义制度相契合的集体主义精神,与共同体生活相适应的公共参与精神,与后工业化发展相一致的平等合作精神。提出四个方面的公民精神,表面上看仅仅是研究者个人所为,但是无论价值理性精神、集体主义精神,还是公共参与精神和平等合作精神,无不源自"他者"的知识,与"他者"之间也在进行间接的互动。在构建中国公民精神中所做的,也就是一个"重组"性工作。由此看来,这应当属于社会建构主义的行动。

"要想认识自己,就是要把自己同别人进行比较",塔西佗的这句话,揭示了比较对于认识事物的重要性。比较研究作为一种思维和分析形式,在20世纪80年代,已经呈现出蓬勃发展之势,出现了一系列的比较学科。比较研究法,就是在事物或者人之间,寻找相似性或者差异性的研究方法,它也叫类比分析法。比较的目的在于,认识事物的本质和发展规律。比较研究法的运用,需要遵循几个原则,即可比性原则、横向比较与纵向比较相结合原则、相同性比较与相异性比较相结合原则。可比性原则包含两个方面内容,一是研究对象要有可比性,在本质上和背景上有相似之处;二是不同层次的要素之间进行比较,要有一定的对比标准。横向比较是指同

---

① 程倩:《论政府信任关系的历史类型》,光明日报出版社2009年版,第9页。

一时期在不同对象之间进行比较，纵向比较则是把同一对象放在不同的历史时期比较。相同性比较意在发现比较对象之间共性之处，从而有助于对事物的本质和特征进行认识；差异性比较是为了发现不同比较对象的不同之处，把握不同对象各自不同的特点。中国公民精神培育研究过程中，多次运用比较研究法。例如，在阐述西方公民精神演化时，就把共和主义公民精神与自由主义公民精神进行比较，把新自由主义公民精神与传统自由主义进行比较，把社群主义与传统自由主义公民精神进行比较，等等。它们之间不仅具有可比性，而且通过这种纵向的历史性比较，确实有助于对不同时期公民精神特点的精确分析。在论述中国个体发展情况时，把中国社会个体化与西方个体化社会相比较，这是相异性与相同性比较相结合的研究法运用，既可以认识中国个体社会与西方社会的不同特点，如政治制度、历史文化、社会发展阶段和国家福利水平等方面的不同，又能找到两者之间的共同点，发现社会个体自由、独立、平等发展的本质性特征。此外，在研究中国公民从近代到当下的成长过程时，也对"臣民""新民""国民""人民"与"公民"等角色概念及其内涵进行对比，在此基础上，形成了对中国公民成长阶段性特点的清晰理解，对中国公民整体的面貌也有了宏观的认识。总之，在比较研究法运用于中国公民精神培育研究的过程中，既有差异性比较也有相似性对比，既有纵向比较也有横向对比。

第四节　核心概念阐释

本选题的研究主题是"个体化语境下中国公民精神的培育研究"，从字面来看至少有两个核心的关键词，一个是"个体化"；另一个是"公民精神"。除此以外，研究还涉及特定的历史阶段和社会结构的变化，于是就出现了"领域分化"的概念。在此，仅就这两个核心名词进行阐释，以便于本选题研究的进一步展开。

一 个体化

要完整地认识个体化,需要把握以下四个方面问题:

第一,何谓"个体"。"个体"作为人来说,通常是指单个的个人,其具有两种属性,一种是生物性;另一种是社会性。"个体"生物性的存在,使得个体具有与其他生物相同的结群生活基因。这种结群生活的自然方式,为个体的社会性存在提供可能。所谓社会性存在,就是单个个体相互之间通过建立"交织性"①的关系而存在。在理解"个体"的时候,不能简单地把个体看作是自然而独立的个人,讲个体一般是指社会中的个体。不但是个体的相互联系建构了社会,而且维护社会秩序的规范又塑造了个体,"个体"与"社会"两个概念,构成了互相依存的关系。然而,人类进入现代社会以来,人们常常认为个体具有较高程度的自主性和自我决策能力,而社会作为个体的存在场域,要求个体的愿望和选择必须遵循组织的约束和调节,于是个体与社会之间形成了紧张的对立关系。现代自由主义发展导致的不良后果,甚至让"个体"背负了自私的骂名。可是,"个体"并不是生来就令人厌恶的,与社会的关系也不总是那么对立。"个体"意识的产生,与自我—认同有着非同寻常的关系,而"社会"观念的形成,更多是对我们—认同的关照。当自我—认同超过我们—认同时,个体的地位和作用会更多地得到彰显。如果自我—认同低于我们—认同,社会作为整体的力量会被突出。处于平衡状态时,个体与社会的紧张关系将会缓解或者消除,个体的权利和主张与社会的价值和要求容易取得一致。所以,理解"个体"应该在社会中进行,而不应孤立和片面地看待。

第二,关于个体化的初步印象。人们一般用传统社会与现代社会的二分法,来清晰地描述社会的发展水平。在传统社会里,社会成员

---

① [德]诺贝特·埃利亚斯:《个体的社会》,翟三江、陆兴华译,译林出版社2008年版,第39页。

并不是一个独立自主的个体,他们只是生活在家庭、宗族和地域中的被限制、被控制的对象,形成的是传统社会中的"我们"意识。现代思想的出现以及现代社会的发展,把社会成员从传统的社会形式中"拯救"出来,成为一个个自由、平等的主体,由此开启了现代性的个体化。在乌尔里希·贝克看来,"个体化"是"有关社会制度以及个体和社会关系的一个结构性的、社会学的转变"[①]。他把西方社会的现代性分为两个阶段,即第一现代性和第二现代性。第一现代性又称为简单现代性,这个时期的个体化,主要是个体从传统控制之网中挣脱,从而成为自足自主的个人,这有些类似于吉登斯的解放政治主张。而贝克所关注的个体化,则主要发生在西方第二现代性阶段。根据贝克、吉登斯和鲍曼对于个体化的研究,个体化进程有"四个特征"[②]:一是去传统化;二是个体的制度化抽离和重新嵌入;三是被迫寻求"为自己而活"的价值认同和生活方式;四是个体的自主选择伴随着风险的代价,造成系统风险的生平内在化。贝克认为,20世纪晚期,西方社会的全球化和后工业社会个体化,是并行发展的两个趋势,这两大趋势改变了既有社会的稳定性,使得晚期现代性呈现出流动的风险社会的特征。从第一现代性社会中抽离的个体,渐渐走出民族国家、阶级、组织、家庭和社区等社会组织框架,在自主、自决的选择自由中,走上"为自己而活"的道路,并独自忍受无法逃离的孤独,单独面对来自高度分化社会的风险。当然,发端于欧洲的现代性,其因为发展程度不同而存在一些变体,所以个体化不仅有欧洲的模式,也有欧洲以外的模式。贝克从经济生产与再生产、政治权威性质、社会文化整合三个维度,着重对欧洲现代性、美国现代性、中国现代性和伊斯兰现代性进行观照,发现了相应的个体化状态,即制度性个体化、不完整的制度性个体化和禁止个体化。中国的个体化就属于不完整的个体化。

---

① [德]乌尔里希·贝克、伊丽莎白·贝克-格恩斯海姆:《个体化》,李荣山等译,北京大学出版社2011年版,第235页。

② 同上书,第7页(中文版序)。

第三,关于个体化的消极后果。研究者对于个体化消极影响的描述应该不在少数,主要可以简单概括为:个体化加剧了社会的不平等,个体化用个体的特性取代了团体的生活,个体化充斥了道德腐败的味道,个体化加剧了彼此之间的隔离性,个体化弱化了公民的权利,个体化侵蚀了个人对集体的忠诚感。如此等等,不一而足。这里,仅就其中的两个问题稍加阐述。个体化尤其是晚期现代性个体化,对现代社会而言意味着什么?齐格蒙特·鲍曼提出,后现代时期(相当于贝克的第二现代性阶段),由于劳动雇佣的暂时性取代了职业终身制,职业的不稳定性导致个体对于生活信心的怀疑乃至丧失,因而个体对于参与政治和集体行动持着漠然处之的态度。个体在这种不稳定的动荡的生活中,不是培养对于集体的忠诚和信任,而是寻求瞬间的满足,并试图在瞬间的品味中获得永恒。不仅如此,个体化进程还对现代公民身份及其政治构成了严重威胁。托克维尔认为,个体是公民的头号敌人。个体的自由往往会导致对公共利益、社会公正和良好秩序等漠不关心,个体对个体聚集起来所从事的活动并不感兴趣,他们总是担心这样的聚集活动会妨碍个体目标的实现,个人的事情和当务之急是占据公共空间,把公共的东西从公共空间中驱赶出来,个体之"私"对公共空间实现殖民统治。公共的力量只是在两个方面还会引起人们的关注,一是保护个体从而使其能够自行其是;二是保护个体利益,使个体之间能够和平相处。因此,鲍曼指出:"个体化的另一面似乎是公民身份的腐蚀和逐渐瓦解。"[1]并且鲍曼悲观地指出,作为个体的行动者,要重新嵌入以公民为基础的共同体中,前景似乎是暗淡的。不仅如此,在被迫的个体化个体与个体自决能力之间,形成一道裂缝,并且这道裂缝难以弥补,因为个体始终处在现代性的风险和矛盾之中。

第四,个体化的积极"面相"。现代性早期的个体化,把社会成

---

[1] [德]乌尔里希·贝克、伊丽莎白·贝克-格恩斯海姆:《个体化》,李荣山等译,北京大学出版社2011年版,第26页(序言)。

员从前现代社会的控制之网中解放出来,由此转化为现代社会的个体,赋予个体以自由、平等的权利,不得不说这是一种进步。贝克对于个体化的理解,则主要是将其置身于第二现代性的时代背景下。斯科特·拉什评价道:贝克思想中的个体化,不同于占有式、自我本位的个体主义。当然,斯科特·拉什也没有把贝克的个体化等同于启蒙时期的个体化,因为后者具有伦理的、利他的特征。那么,贝克的第二现代性个体化积极面相体现在哪里呢?他认为,个体是民主体制、共和政体和政治组织的基本单元,是文化民主化、社会自我意识存在和发展的新形式,而旧有的观念总把个体看作是需要加以克服的东西,否则难以形成集体的认同,由此可见前后两者之间存在显著的不同。公民既有的政治生活形式将发生根本的改变,国家政治、政党政治将被弱化,代议制民主制度抑制个体自决作用的发挥,公民政治将由国家和政府层面,转移至区域和公民的日常生活,出现独特的"政治非政治化、非政治政治化"现象。所以贝克指出要重新评估"地区和自我负责的公民社会",尽管公民社会不太受到那些高度赞同专家治国论的政治家的待见,但是公民自组织和尝试性生活方式,将是个体化进程中人们更希望出现的。

贝克思想中的第二个个体化积极面相在于,个体化与利他主义并不是毫无建立联系的可能。贝克内心里并不认同在西方个体化与自私社会之间直接画上等号,通过他人的研究发现,相互团结、乐于助人和关心公共事务,在西方个体化社会中依然存在。不仅如此,贝克还指出个体化也同样发展出了利他主义伦理,现代社会个体与关心他人并不矛盾,生活在现代性中的个体需要保持高度的社会敏感性,这意味着个体既要懂得尊重他人、与他人友好相处,也要具有一种责任担当,这是维持个体生活正常化的前提条件。虽然个体化迫使人们从传统的集体模式中脱离出来,但是能够形成一种"我们感",这种"我们感"在晚期现代性阶段可能更加明显,这是由全球化、个体化进程的不稳定性和高度复杂性决定的。当高度现代性社会把人们推到重大事件面前时,能够激发个体之间的合作的愿望和激情。因此,在这个意义来说，第二现代性个体化社会的"我们感"，有些类似于"某种合作个体主义或利他个人主义"①。在道德高扬的社会中，个体正在设法与利他主义实现某种联合。此外，晚期现代性个体化社会中的个体，不再把收入、事业成功和社会地位看作生活的中心，而是把生活品质的提升作为他们的根本目标，休闲、娱乐、自决的工作形式、人际关系和家庭生活，占据了人们的主要生活空间，个体由对物质资源的争夺，转向了对稀缺的非物质资源的追求。尽管这在个体化社会中也许只是一种亚文化，一般不会被政治家认可，但是这不仅能让人享受生活，而且能够通过自组织的形式关心他人。当然，这些都是建立在道德主义高扬的基础上，而在文化悲观主义者那里恐怕又是另一番情形。

二　公民精神

"公民精神"作为本书研究的一个重要概念，有必要对其意蕴进行正确的释读和界定。"公民精神"一词由"公民"和"精神"构成，首先要简单阐述一下"公民"定义（本书在后面章节将详细论述，在此只作扼要说明）。"公民"一般通行的定义，是指在一定国家范围内享有成员资格并拥有法律保障的平等权利以及履行法律相应义务的个体。然而，在研究者那里"公民"的定义并没有一成不变，随着全球化以及现代社会治理理论的发展，公民不再只是在国家范围内言说的对象，公民在国家成员资格以外还有其他资格，公民的权利、义务、责任和行为有可能不再局限于国家的范围，因此，公民研究专家恩靳·艾辛，将"公民"定义为在一定领域中享有维持支配和赋权制度权力的对象。②"精神"在"公民精神"这个专有名词中

---

① ［德］乌尔里希·贝克、伊丽莎白·贝克-格恩斯海姆：《个体化》，李荣山等译，北京大学出版社2011年版，第246页。
② ［英］恩靳·艾辛：《公民身份的当代概览——与恩靳·艾辛的对话》，载郭忠华《变动社会中的公民身份——与吉登斯、基恩等人的对话》，广东人民出版社2011年版，第83页。

处于关键的地位,其含义比较丰富。"精神"在中国《辞海》(第六版)的词条中有多种释义,其一是指人的意识、思维活动和一般心理状态;其二是指个人心神的指向程度;其三是指精力或者活力;其四是指人的神采和韵味;其五是指内容的实质。在这五条解释中,第一条、第二条跟人有着密切的关系;第三条、第四条解释既可以用来指向物,也可以用来指向人;只有第五条是专门以事物作为描述对象的。前面所述是中国人对于"精神"所作的诠释,国外对"精神"的理解与中国人的角度有所不同。根据王坤庆的研究,国外关于"精神"的理解至少有四个方面[①]:一是与物质相对应的范畴,是指人的存在的主观性和社会性;二是与人的物质性身体相对应,指向人的灵魂和思想;三是与人的手工和操作相对应,是指人的心智和大脑活动;四是指人们当下的行为取向,它代表了人的精神实现化过程中所表现出来的意向和愿望,此时的"精神"通常用"mind"表示,而与宗教信仰有关的"精神"则使用"spirit"。西方人在理解"精神"的时候,习惯于用范畴比较的形式进行,第二条和第四条解释直接与人的精神相关,而第一条从世界构成的整体性来理解"精神",第三条更多的是从生物学或者心理学的层面释读"精神"。尽管中外对于"精神"意蕴的理解各有侧重,各自的理解颇为丰富,但是对于"公民精神"研究肯定大有裨益,至少可以让人明确应该选择何种角度和在什么范围来诠释公民精神。

目前学术界关于"公民精神"含义的理解可谓纷繁复杂,这些理解是否能够被接受,对此应当有一个态度。学界对于"公民精神"的理解主要有这样几个方面:一是语义学的角度,认为"civility"可译作"公民性""公民习性"或"公民精神",公民精神更为强调集体价值[②];二是伦理学的角度,把公民美德和公共善看作是公民精神,

---

[①] 王坤庆:《论精神与精神教育——一种教育哲学视角的当代教育反思》,《华中师范大学学报》(人文社会科学版) 2002 年第 3 期。

[②] 高丙中:《中国公民社会的发展状态——基于公民性的评价》,《探索与争鸣》2008 年第 2 期。

带有比较强的共和主义倾向；三是政治学的角度，提出公民精神最根本的表现在于民主的政治参与；四是公共行政学的角度，认为公民精神以公共性作为价值归依，后现代公共行政的民主理论，当代西方行政学的"善治"理论，都是公民精神的价值追求。客观地讲，以上关于"公民精神"内涵理解的四个方面，都反映了研究者一定的分析角度，都体现公民精神所追求的某个或某些价值取向，但是它们又都是不全面的。由前述的"精神"释义可知，其不仅可以在集体或整体的层面上使用，在个人的层面也可以适用，公民作为一个特定身份，其精神当然包含个人主体性和集体公共性价值。公民美德是共和主义的核心概念，其通常包含忠诚、义务和奉献等美德内容，作为公民精神无可厚非，但是从公民的定义来看，至少不应当忽视公民权利的部分。如果把公民精神仅仅解读为在民主条件下的公民政治参与活动，这作为政治学的角度是可以接受的，但是公民精神的内涵绝不只是指涉政治领域，还关涉法律、社会、生态、文化等领域。公共行政学关于公民精神内涵的表达，重点突出了公共性、民主、善治等，这只是公民精神的部分核心内容，这也不是公民精神的全部，比如公民人格、情感、能力等则是缺乏的。应该说学界目前对于"公民精神"意涵的把握，尽管仅是选择比较狭隘的视角，但是它们不同的诠释角度，无疑让人感觉到公民精神的内容丰富性和思维多样性，这些对于全面考察"公民精神"概念乃至形成定义都具有积极意义。

真正全面而准确地掌握"公民精神"内涵，需要从公民本身出发，抓住几个核心要素，这是有可能形成公民精神定义的基础。郭忠华在对国外公民理论研究的基础上，提出了关于公民身份的五个核心要素，即公民国籍、公民权利、公民义务、公民美德和公民行动。[①] 在民族国家依然是主要政治共同体的时代，国家是公民取得其成员资格的法律保障者，公民国籍的获得主要通过血统、属地、归化的方式。正是由于国家对公民资格的制度化确认，国家借助于"公民"

[①] 郭忠华：《公民身份的核心问题》，中央编译出版社2016年版，第52—58页。

这个特定的身份，在个人与国家之间建立联系，个人以公民的身份在国家那里获得权利，同时个人也以公民的名义向国家履行义务。只是公民的权利与义务，在不同政治流派中的地位有所不同，使得权利和义务难以获致平衡的状态。公民美德本质上是公民的心理认同问题，其关涉三个方面的认同，一是对于国家政治制度和历史文化等的认同，这是公民热爱国家、忠诚国家、奉献国家的美德形成的前提；二是公民对待其他公民的态度和行为，表现为对其他公民的关爱、信任，愿意与其他公民之间进行合作；三是公民对于自己的心理认同，具体来说就是个人是否具有勇敢、无私、坚毅、乐观和热情的品质。公民行为可以有两个理解，一是获得公民身份或者公民资格的个体，通过运用公民权利、履行公民义务，从而让"形式公民"变成"实质公民"；二是没有获得公民资格的个体或者群体，通过抗争行动而成为事实上的"行动公民"，或者"创新性公民"。除此以外，还不得不关注到"公民"在领域和层次上的发展趋势，在领域方面"公民"已经从传统的政治、法律、社会领域，延伸到环境、文化、女性、情感、性、网络、科技、企业等众多的领域；在层次方面"公民"由国家公民，向区域公民、世界公民、地方公民、城市公民扩展。公民的核心要素及公民的扩展性发展，为当下深入而准确地把握"公民精神"提供了重要参考。

那"公民精神"究竟指什么？在已有的研究中，关于"公民精神"林林总总的定义不在少数，其中有一个定义比较引人注目，认为公民精神"是指处理公共生活中公民在处理个人与他人、个人与社会、个人与国家关系中所形成和展现的精神气质，是现代公民所应具备的品质"①。这个公民精神的定义有几个可取之处：一是强调了公民的"公共活动"，没有把公民的活动限定在民族国家的范围内，体现了研究者对于公民的开放性态度；二是把公民的活动笼统地概述为

---

① 杜时忠、张敏：《重构学校制度生活 培养现代公民精神》，华中师范大学出版社2016年版，第15页。

人与人、人与社会、人与国家的关系，较好地运用了马克思关于人的本质的原理，即人是一切社会关系的总和；公民作为个人的一种身份，其当然也是各种关系的总和；三是将公民精神视为"精神气质"和一种"品质"，这说明在定义者的心中，"精神"具有心理学的属性。但是，其不足在于：忽视了对塑造公民自主性人格的强调；以公共性定性公民活动不够合理，严格来说公民自主性独立人格的培育就不具有公共性，他反映了公民个体性的一面；该定义把公民活动仅仅用上述三个关系囊括是不够的，公民除了与人发生关系，还会与自然界发生关系，与自然界之间发生物质和能量的输入和输出。

　　鉴于前面对于"精神"意蕴的探究，对于公民核心要素的阐述，对于其他学者的公民精神概念的批判性理解，本研究认为"公民精神"定义可作这样理解，它是指公民在其活动所及的范围内，处理与自身及其外部关系中所表现出来的，具有自主、平等、正义价值和公共性倾向的意识、态度、美德和行动。如果这个可以算作是一个定义的话，那么，显然它与单纯的法律和政治等视角界定的定义是不同的。法律的界定侧重于对公民资格的认定，然后才会有与之相关的公民权利和义务等。政治的界定前提往往是与政治制度有关，其重点在于强调公民在这种政治制度的地位，以及公民如何在政治制度中展开自己的政治生活。社会学的界定则聚焦于公民在政治共同体中社会福利等方面权利。而本书对于公民精神的界定，则是在继承传统公民精神的基础上，突出了公民精神的行动主义视角，公民处理的关系不再仅限于人与人的关系，而是扩大到人与自然。公民权利也不只是传统的政治、法律、社会，还有文化、生态等性质的权利。对公民资格的认定，也不再是把法律作为唯一的手段，而是开辟了一个全新的视角，那就是公民个人的行动，通过行动来考量公民是不是一个公民。如果非要从学科的角度对本书定义的公民精神加以区分，笔者觉得它是一个跨学科的定义，不能仅从某一学科的角度试图给它贴上标签。

　　公民精神是公民人格、公民能力、公民素养和公民美德等方面的正向卓越表现。公民精神具有层次性，由低到高依次是：其一独立自由精神，也是公民的主体性精神，它是公民精神生长的起点；其二权利平等精神，具有资格的公民和不具有资格的公民，都应当通过行动行使公民权利或争取公民权利；其三讲求义务精神，公民权利和公民义务构成了公民的核心内涵，两者缺一不可，否则就不能算是完整的公民；其四强化责任精神，公民作为一个普通个体，运用正当的手段获取一定的利益，是无可非议的，但是个体作为公民的身份出现在社会上的时候，就需要肩负起对他人和社会现在和未来的发展责任；其五塑造美德精神，培养自身坚毅、勇敢的品质，关心和信任他人，忠诚和服务国家。此处公民精神定义具有几个鲜明的特点：一是与时俱进，反映了公民理论发展的前沿动态；二是把公民主体精神的塑造纳入公民精神的总体框架中；三是公民活动范围从与人的关系，扩展到与物（自然界）的关系；四是公民精神指向比较清楚，直接表明"自主、平等和正义"的导向，突出了公民精神的主观性、心理性特征。

关于公民精神含义的理解，应当把握三个要点：第一，公民精神表现为公民积极向上的价值追求和内心信念。"精神"一词，在中国思想文化当中，常常具有一种积极向上的意义，因此才有"团结精神""拼搏精神""民族精神""五四精神""爱国精神"等各种表述。"精神"一词在西方同样具有正面的含义。费雷德里克森是新公共行政运动的先锋者，甚至扮演着旗手的角色。他主张"公共行政是建立在价值和信念基础上的，用'精神'这个概念描述这些价值和信念最合适不过了"[1]。公民同样也是建立在价值和信念基础之上的，那么"公民精神"这个表述也应该没有什么不妥之处了。因此，也就出现了"公民精神的观念与现代公共行政的缘起密切相关"[2]的论断。这表明"公民精神"的表述已经有了一定的历史，并不是为了满足时下需要而临时赶制的"应景之作"。公民精神如果作为一个概

---

[1] [美]H.乔治·弗雷德里克森：《公共行政的精神》，张成福等译，中国人民大学出版社2013年版，第10页。

[2] 同上书，第28页。

念并无什么问题,接着就要解决如何理解其体现的价值和信念。就共性而言,公民的价值信仰和内在信念,主要渗透在公民对待公共性的一贯态度,对公共事务的恒常责任。弗雷德里克森认为,具有公民精神的公务员与公民群体之间,日常里存在着积极的互动,在互动中公民直接参与治理,基于这个前提,"这种公民精神已经超越了政府,它是一种公共的精神"[①]。表现公民精神的价值追求和内心信念,是公民在长期的知识积累和社会实践活动中形成的内在力量,这种力量具有明确的目标指向性,并且具有比较强的稳定性。它是公民作出决策和开展行动的动力,告诉公民做什么以及为什么这样做。同时,它也要求公民在价值和信念的作用下信守承诺。

第二,公民精神通过公民及其组织的行为得以展现。公民精神既是内隐的也是外显的。内隐是因为它是一个抽象的概念,是存在于公民内心的价值和信念,无法直接示之以人。外显是由于公民的行为无时无刻不在表现公民的价值追求和内心信念。但是,公民的行为又不是都能被视为公民精神的,只有那些具有公共特性、公民美德、公民责任的行为,才被视为公民精神。"库珀认为,伦理、公民精神与公共行政的理论与实践之间存在着密不可分的关系。"[②] 公民美德的核心含义主要有公民参与、持续追求和认同共同的善。其主要标志是,对公共事务的关注和对公共事业的投入。[③] 由此可见,公民精神的共同特性在于公共性,无论是公民美德还是公民责任,均是围绕公共性展开的。体现公民精神的公民行为,也自然以公共性为指向,具体形式有政治参与、遵纪守法、爱国与忠诚、承认差异、合作共赢等。公民精神的行为主体可以是公民个人,也可以是群体(营利性组织、非营利性组织、志愿组织、准政府组织和政府组织)。

---

① [美] H. 乔治·弗雷德里克森:《公共行政的精神》,张成福等译,中国人民大学出版社 2013 年版,第 9 页。
② 同上书,第 10 页。
③ [英] 罗伯特·D. 帕南特:《使民主运转起来》,王列等译,江西人民出版社 2001 年版,第 100 页。

第三，公民精神的内容是不断变化的。公民是一个具有历史性的概念和名词，作为一种资格和身份的公民，在不同的社会发展阶段有不同的存在形态。J. G. A. 波考克是当代最重要的共和主义理论家之一，他指出，"法理学的发展使'公民'的概念从政治动物转向法律人"[1]，因此，公民被重新定义为一个法律存在，而非政治存在。雅典城邦公民从家庭的事务中走出来，进入公民与公民构成的政治生活，政治本身就是目的而不是手段。当时，政治生活本身被看作是一种善的行为方式，亚里士多德的人是天生的政治动物观点，即表明政治已经是公民生活的主要内容，公民的存在是一种政治存在。古罗马时期公民并没有摆脱与事物的联系，而是作用于事物，其目的是直接获得或者保持事物，于是在公民与事物之间形成了法律关系，这种关系便是公民的法律存在形式。17世纪到18世纪，随着自由主义公民身份逐步取代共和主义公民身份，权利成为公民身份的主要特征，并且在公民的政治权利、法律权利和社会权利之中，前两个权利经过长期的演进已经变得相对成熟，而社会权利则有待完善和发展，因此公民社会权利成了社会普遍的关注中心。沿用波考克的思维，对于这个时期的公民存在样态，不妨叙述为"社会存在"的形式。公民的社会存在形式与福利内容密切相关，其目的在于消除或者缩小自由市场经济带来的贫富分化，根本的价值取向是公民的平等问题。因而，它体现出的公民精神更多的是平等精神。借用威尔·吉姆利卡等人的观点，公民身份似乎有两大功能，一是整合正义的需要；二是整合共同体成员资格的需要。[2] 尽管自由主义公民范式在这两个方面取得了巨大的成功，但是还是有众多的群体（比如女性、少数民族、宗教、流动人口等群体），由于文化差异的原因被排除在外。于是，文化多元主义者提出差异性公民身份的设想，也可以称之为文化公民身份。全

---

[1] ［美］J. G. A. 波考克：《古典时期以降的公民理想》，吴冠军译，刘擎校，载许纪霖《共和、社群和公民》，江苏人民出版社2004年版，第41页。
[2] ［加］威尔·吉姆利卡、威妮·诺曼：《公民的回归——公民理论近作综述》，载许纪霖《共和、社群和公民》，江苏人民出版社2004年版，第236页。

球化和信息化的发展，加剧了不同文化间的冲突，文化问题成为摆在人们面前而无法回避的问题。这个时期的公民是以文化为主要的存在的形式，它要求公民具有承认差异、包容合作的精神。

公民精神在现代社会发展与进步中，具有重要的作用。从严格的意义上来说，公民不仅是一个现代性的概念，也是现代社会的一个角色，正是公民的整体力量推动了现代社会的发展，公民精神的发展水平决定了社会进步的程度。在帕特南看来，公民参与此类的公民精神是一种社会资本。资本最初是经济学领域的概念，其基本功能是能够带来附加值，基本的构成形态是物质。后来资本的形态进一步扩大，包含了物质和非物质的东西。帕特南把公民精神当作资本，是发现了公民精神可以产生社会价值。他在对意大利不同地区的制度绩效进行研究时，观察到公民参与性高、社团生活水平高的地区，管理制度的绩效也高，对于社会和谐发展具有重要意义。他继而指出，制度绩效高的地区，社会民主运转情况较好。由此可以看出，公民精神对于民主建设的重要作用。弗雷德里克森则是在公民精神和公共管理之间寻找关系，其在两者之间构想了四种关系，并从历史的角度加以论述，最终发现高水平公民精神对于高效行政管理的正向意义。不论是公民精神对于民主运转的作用，还是公民精神对于行政管理的价值，均体现了公民精神对社会秩序建构产生的影响。在现代个体化的社会里，个体脱离传统单位的倾向，对自己负责的自主性选择的推崇，导致社会由团结走向分裂，建立在鲍曼所说的"流沙"[①]上面。治理流沙化的社会，当代国家大多寄希望于公民精神的塑造，于是，关涉公民精神的公民教育、公民文化建设，依然是主要的选择。

---

① [英]齐格蒙特·鲍曼：《流动的恐惧》，谷蕾等译，江苏人民出版社2012年版，第145页。

第二章　中国社会个体化症候分析及公民精神培育的提出

　　对于社会个体的关注，无疑是人们讨论伦理价值体系建构和现代社会治理的前提。然而，资本主义常常把抽象的人作为它们政治话语的核心议题，而马克思主义则强调对现实的、真实的人的思考和观照。马克思恩格斯认为，"全部人类历史的第一个前提是有生命的个人的存在"。他们甚至承认"自从阶级对立产生以来，正是人的恶劣的情欲——贪欲和权欲成了历史发展的杠杆"[1]。但是，对于只是抽象谈论人的做法给予坚决否定，例如：他们批判费尔巴哈："他还从来没有看到现实存在着的、活动着的人，而是仅停留于抽象'人'，并且仅仅限于在感情范围内承认'现实的、单个的、肉体的人'。"[2] 马克思恩格斯关注现实人的思想主张，对中国社会的个体研究具有重要的指导意义。

　　个体化的实质是个体社会关系的建构或重塑，同时旧有社会结构发生根本性改变，传统的知识、价值和安全观被打破。关于中国社会个体化现象于何时出现，学者们观点比较多样，有的从春秋时代结束算起，许纪霖、冯莉等认为开始于20世纪初，阎云翔、张广利等则主张发生于新中国成立后，[3] 也有部分人认为中国个体化出现于改革开

---

[1] 《马克思恩格斯选集》第4卷，人民出版社1995年版，第237页。
[2] 《马克思恩格斯选集》第1卷，人民出版社1995年版，第78页。
[3] 参见熊万胜《个体化时代的中国式悖论及其出路——来自一个大都市的经验》，《开放时代》2012年第10期；冯莉《当代中国社会的个体化趋势及其政治意义》，《社会科学》2014年第12期；郑丹丹《个体化与一体化：三代视域下的代际关系》，《青年研究》2018年第1期；张广利等《个体化视域下的家庭结构与家庭关系演化研究》，《湖北社会科学》2018年第4期。

放后。客观地说，学者的观点都表明了中国社会在这些时间点上发生的不同程度变化，但是考察个体化基本是以现代化作为时代背景，在此背景中再观照社会结构是否发生了根本性变化。基于这样的前提考虑，中国个体化现象的出现时间确定为新中国成立后更为合理，改革开放则把中国社会带入巨大的转型之中，社会结构发生了显著变化。个体化不仅反映在生产的个体化方面，而且还表现在生活的个体化方面。然而，个体化的发展却是一个悖论，一方面个体的不断成长适应了市场经济和现代社会发展的需要；另一方面也导致了一些严重的社会后果。这些问题的解决，对中国公民精神的发展发出了呼唤。

第一节 个体化的呈现：生产个体化和生活个体化

生产关系和生产方式决定了人们的生活方式，个体化的发生通常会遵循这个规律，首先发生在生产领域，其次才是生活领域的个体化。中国社会便是如此，改革计划经济体制，把城乡劳动者从城市的企事业单位和农村的队社组织中释放出来，个人逐步获得了生产的自主性，实现了生产从单位的计划性向个体性转变。在这一转变过程中，人们为了适应生产方式变化的要求，产生了与之相一致的思想观念，其生活方式也开启了一种与新中国成立初期不太一样的个体化进程，家庭、私人生活空间和消费等方面都表现出个体化发展的新趋势。在这种意义上，中国个体化可以谓之是生产个体化和生活个体化的二重奏。

一 从"单位社会"到"个体社会"的生产个体化

"单位社会"是我国在改革开放前鲜明的社会特征，其适应了当时计划经济体制的需要，与当时中国共产党人对社会主义的认识和理解紧密相关。它是在社会主义建设探索时期的特殊的社会结构形式，不仅是社会生产单位、管理单位，也是人们的生活单位，其实行生产资料公有制，分配形式是按劳分配，在当时条件下社会福利比较优越,曾经也极大地激发了人们的劳动热情和对社会主义制度的拥护,对于发展经济和巩固社会主义制度确实发挥过积极作用。但是,随着社会生产力水平发展到一定阶段之后,它又阻碍了经济社会的继续发展。

(一)行政化的"单位社会"

中国社会在1949年之后到改革开放前,是一个个行政、事业和生产单位组成的独特社会,谓之"单位社会"[①]。苏联的传统社会主义模式,对中国的政治精英产生了重要影响,新中国成立后,把社会主义作为中国必然之路的共产党领导下的政府,启动了公有化的伟大工程。在城市通过转变工业经济组织的所有制性质,使得国有和集体企业数量呈现增长之势,到1958年"工业经济组织实现了几乎百分之百公有化"[②]。其间商业、服务业组织也经历了类似的转变。农村经过合作化和人民公社运动后,传统的家庭私人经营形式,也基本完成了向集体经营方式的转型。公有制的类型有两种,一种是国有制,另一种是集体制。前者是公有制的最高形式,而后者却是公有制的辅助形式。集体制主要存在于发展水平较低的经济领域,如农业、手工业和传统服务业,其公有制程度和战略性意义相对较低。公有化改造之后,国家作为出资人和所有人,使城市的经济组织变为服从国家计划经济体制的"单位"。经济组织就其基本的功能来说是经济活动,可是事实上,国家还赋予其政治功能和社会功能,具有了政府机构性的特征,于是本来仅具有一般指称意义上的单位,就被称为"单位社会"。经济组织所代表的"单位社会",有三个显著的特征,[③] 一是经济组织所有制形式的高度公有化;二是经济组织功能的高度复合化;三是经济组织运行的高度行政化。

单位社会的高度公有化,意味着国家控制了经济组织的资源来

[①] 此处的"单位社会",不仅仅指城市的企事业单位,还包含农村的"公社""大队"和"生产队"这样的行政单位和生产单位。
[②] 陆学艺:《当代中国社会结构》,社会科学文献出版社2010年版,第346页。
[③] 同上书,第345页。

源，包括企业的人力资源、生产资料以及产品销售和利益分配等，企业只是国家公有化制度的承担者，对政府具有高度的依赖性，其生产、销售和分配并没有自身的选择性。经济组织的功能高度复合化，表明企业功能不仅仅是经济生产功能，还兼有政治功能。其政治功能是通过党的一元化领导实现的，单位的任何决策都由党组织做出决定，然后交由行政机构执行，党组织不但负责企业的人事工作，而且还管理企业的生产经营活动。此外企业还具有思想宣传和政治动员的职能，动员企业员工完成国家的政治、经济和社会任务，参与国家重大政治运动。企业党组织客观上代表国家规定了员工的政治活动方向，向员工灌输意识形态。企业的社会功能主要是指经济组织承担与企业职工有关的社会服务职能，包括生老病死、衣食住行甚至精神生活，也就是通俗所说的"企业办社会"。企业的社会职能是以服务的形式表现出来的，其本质上造成了职工对企业的强烈依赖，由此，也可以说企业事实上变成国家对社会进行管理的重要单位。经济组织运行方面是高度的行政化，经济计划的决策高度集中在国家，国家把国民经济发展和国家政治发展需要作为计划制订依据，当然更主要的是要服务于国家政治发展需要。企业全部经济活动严格执行指令性计划，在计划体制中国家计划几乎具有法律的功能，不得随意更改。国家为了保证企业有效执行计划，把企业纳入国家行政组织管理体系，按照隶属关系明确行政级别，政府与企业之间形成了直接的上下级关系。至此，经济组织就成了国家社会控制体系的一个终端。

在企业这个微型的单位社会中，国家建立了相关制度保证这个微型社会的运转。第一，建立户籍制度。户籍制度是一种居住地登记制度，目的是加强人口登记和管理，了解人口数量变化和分布情况，做好社会治安管理，但是在"单位社会"中，户籍制度却成为限制城乡人口流动的屏障。国家优先发展工业化，城市的"单位社会"职工享有工资和各种福利政策，而广大的农村地区则在"单位社会"的发展中作出了一定的牺牲，也事实上造成城乡发展的明显差异。户籍制度的实施，则打消了农民自由进城的念头，将农民束缚在土地上生活。仅 1958 年，通过户籍管理制度，从城市共清理 2000 万职工返乡。[①] 与此同时，具有城市户籍的人口一旦获得了单位身份，就可以享受单位的一系列福利政策。第二，实行高就业政策。对于城市人口，宪法赋予其当然的就业权利，国家实行统包统配的政策，在人口出生的高峰期和知青返城时期，国家强行将 1500 万失业大军安置进国营单位和集体单位；在解决人口失业问题的同时，更是加强了对城市人口的控制，不让城市人轻易地沦为失去监管的体制外人员。第三，推行票证制度。城市居民的生活必需品通过票证实行定量供应，票证发放的依据是户口的性质，即农业户口还是非农户口，只有城市户口的居民，方有资格获得粮票、副食品票和其他生活日用品票等，这一方面表明国家社会资源的不足，另一方面也反映了国家以统购统销方式对社会资源的一种管制，在当时的条件下是要实现高积累、低消费。

　　强力的行政化运作机制，以及与行政化相配套的制度执行，使单位社会显现出割裂性、非契约性和依附性。在高度集中统一管理的计划体制下，经济组织被塑造成泛化的科层制组织，各企业单位依据行政隶属关系等具有相应的行政级别，企业的活动只对上级主管部门负责。不同企业之间不能进行资源交流，企业的活动被限定在单位范围内，如果企业之间需要资源流动，则需要上级政府帮助协调，因此，单位其实又是一个个割裂、封闭的小型社会，彼此之间缺少联系，更谈不上人员的流动。单位资源配置的非契约性或者不完全契约性，[②] 客观上存在契约主体的不平等，在单位与国家之间，国家作为出资人，理所当然地成为企业的所有者，而单位只是国家的委托管理人；在单位内部，也同样存在事实上的不平等，调动公有资源能力的大小，成为成员在单位内地位高低的衡量标准。单位身份是职工对单位强烈依赖的表现。单位社会一经形成，隶属于单位的职工的身份也就

[①] 周翼虎、杨晓民：《中国单位社会》，中国经济出版社 1999 年版，第 106 页。
[②] 同上书，第 62—63 页。

确定了，因为一个单位人在单位中所处的地位，单位在国家管理序列中位置是明确的，这种身份不妨称为"单位身份"。"单位身份"既可以为职工带来福利，也可以让职工走出单位，从结婚到住店等社会活动都需要它。正是由于"单位身份"是组织中的个人与外界发生联系的重要凭证，所以"单位身份"也就是个人的社会身份。个人对企业社会保障和福利制度的依赖，对"单位身份"的强烈依靠，个人安心于单位内的生活。个人如果脱离单位，将没有生活的保障，失去明确的身份标识，在社会上将无立足之地。在国家资源分配制度的引导下，城市中的每个人似乎都成了地地道道的"单位人"。可是，"单位人"却难以成为独立的"社会人"，因为他们缺乏走向社会的通道和必要的社会保障。在单位羽翼的呵护下，"单位人"在缺少自主性和进取性的环境中安然度日，对单位依赖的程度越大，"就越是加速个人生存和独立能力的退化"[①]。

"单位社会"的存在，客观上影响了国民经济发展。主要原因为：一是单位职工的兴趣没有得到充分尊重。个体能否进入单位往往体现的是组织的意志，是由组织安排和分配的。而政府考虑更多的是如何将城市居民纳入体制之中，在尽可能大的范围内实现对社会人员的整合，而职工在企业中是否专业对口并不是首要关心的问题。职工被当作一个"螺丝钉"安放于企业中，在没有兴趣的条件下工作，自然无法产生极大的工作热情和生产创造性。二是实行平均主义的分配政策。传统社会主义的显著特点之一就是平均主义，在企业以"单位"形式存在时期，平均主义普遍存在于各种类型的单位中，不论你能力高低和贡献大小，只要你是单位里的成员，便能拥有和其他人一样的获得分配的权利。平均主义滋养的是懒惰和散漫，企业员工缺乏生产的积极性。三是企业生产在国家计划控制下进行。企业本是经济领域中的主体，但是国家和政府代替企业做出决策，企业的经济活动过程几乎都在约束下进行，严重缺乏自主性，作为企业生命的效益并不是

[①] 雷升：《离开单位》，南方日报出版社2002年版，第9页。

其主要关注的对象，企业关注的常常是与行政级别有关的规模扩展。

"单位社会"成为国家权力的延伸，"更不利于现代社会的发展"①。国家是政治和权力得以表达和实施的组织空间，社会则是与国家相对的个体活跃的领地，国家如果毫无节制地全方面管控社会，将导致社会的衰弱和发展迟滞。首先，社会的过度行政化和政治化，将失去自主发展和独立生长的空间。"单位"作为国家实行集权统治的一种载体，它把经济职能、政治职能和社会职能集于一身，实际上是国家权力的无限伸展，用"单位社会"取代了市场，最终达到国家管理社会的目的，这势必出现社会行政化和政治化的局面。在国家超强、社会衰弱的格局中，单位和个人都不具有完整、独立的人格，表现出单位对国家的依赖和个人对单位的依赖。在这种单位与国家、个人与单位的强制性关系中，社会的发展空间比较有限，国家、市场和社会之间的平衡将无法实现。其次，国家通过单位制实行社会整合，社区发展受到严重制约。现代意义上的城市社区是个体发展和公民实践的重要环境，然而单位制的实行，国家通过发动运动和下达任务的方式，把劳动人口吸纳进单位之中，而城市社区中的人口极其有限，造成了社区组织自身的败落。加之，国家把资源最大限度地投入生产部门，主张单位办社会，而城乡社区资源投入却严重不足，社区促进个体发展和公民成长的功能得不到发挥。最后，难以形成公民发展的动力机制。单位制度将公民的利益表达限制在内部，并且诉求的解决也在单位内部处理，或者是通过报告制度向上级传递。由于单位社会割裂性的特点，公民的利益诉求很难在不同单位之间形成横向的共识，当然不能产生反映公民利益的公共领域，公民的成长缺乏来自社会的动力。

不可否认，国家依托单位制（包括农村政社合一制度）建立社会主义公有化体系，集中社会资源优先发展工业企业，既有巩固社会主义政权的考虑，也有与西方政治力量相抗衡的要求，其目的是加快社

---

① 陆学艺：《当代中国社会结构》，社会科学文献出版社2010年版，第349页。

会主义现代化的发展步伐,这背后传递的是对传统社会主义意识形态的坚持。在单位制的社会中,形成了个人对单位强烈的依附关系,在政治社会化和社会政治化的双向作用下,国家接管了社会的地盘,个体在以公有制为根本制度的国家中逐渐消失。

(二) 市场经济下的"个体社会"

中国的单位社会构建,是传统社会主义意识形态的一次实践,在现实社会中描绘了一种政治上、经济上和生活上的公有制图景。公有制单位对各种资源的占有、使用和分配,使单位中个人的生存不得不依赖于单位这个集体,除此以外个人的生存并无选择,甚至连个人是谁都无法确认,这种对单位和国家的严重依赖,形塑了"心灵的集体化"[1]。但是城市"单位社会"并没有展现一种生动活泼的生活画卷,也没有给国家提供充足的物质财富,充其量只是获得了一种低层次的、小范围的和谐。具有生活保障、社会福利特权的城市单位尚且如此,而为国家发展做出重大牺牲的广大农村,则生活在物质较为贫乏的环境中,农民在这种歧视性的政策之下和严峻的现实困难面前,不得不采取自保性的行动,这就是冲破体制性的束缚,充分发挥自主选择性从而改变个体的命运。贫困个体的自觉行动,开明官员的默许,国家路线方针政策的支持,政府强有力的推动,共同形成中国改革开放的合力,推动中国市场化改革的进程,迅猛的改革浪潮从农村波及城市,从而拉开中国社会由"单位社会"走向市场经济下"个体社会"的大幕。

在个体社会中,个体自然是关注的核心主题。在学术领域,关于个体的研究并不是新话题,但是关于个体化的探究则是一个新命题。[2] 涂尔干和韦伯两位著名社会学家,在个体与社会关系的研究方面形成了经典理论,对当代思潮产生了重要影响,但个体的研究

---

[1] 郭于华:《心灵的集体化:陕北骥村农村合作化的女性记忆》,《中国社会科学》2003年第4期。

[2] 阎云翔:《中国社会的个体化》,陆洋等译,上海译文出版社2012年版,第326—327页。

在西方并未停止,德国的诺贝特·埃利亚斯和英国的鲍曼等人依然将其作为重要的研究领域,这一方面表明现代社会个体影响的提升;另一方面体现了个体话题的历史性。而勾画个体在后现代时期发展样貌的个体化理论,则具有新颖性。个体化理论属于自反性现代化理论,也是德国社会学家贝克夫妇所描述的"第二现代性"理论,由三个重要命题组成,即个体化命题、风险社会命题、普世化命题。① 在理论领域,风险社会命题关注度较高,而个体化命题则相对较少。对个体化命题做出重大理论贡献的是贝克、鲍曼和吉登斯等。他们认为,个体化进程有四个基本特征:② 一是去传统化;二是个体的制度性抽离和再嵌入;三是被迫追求自己的生活,但却事与愿违地导致个体性的缺乏;四是个体面对不可靠的自由和不确定性,产生了风险内化或心理性的问题。个体化命题以西欧社会为言说的背景,因此民主文化、福利国家制度等成为其重要的社会前提条件,同时它还声称与新自由主义之间具有对立性。尽管个体化命题具有西欧社会的明显印记,但是这并不能表明该理论所描述的特征仅存在于西欧,"个体化显然是一个非常普遍的现象,可能会成为一个全球性的趋势"③。在阎云翔看来,中国社会虽然还处在现代化的进程中,但是中国社会却已经展现出第二现代性的个体发展特征。④ 由此可见,把个体化命题作为分析中国个体社会发展的工具,似乎是可行的。

新中国成立之前中国对个体的关注,基本仅存在于知识精英的话语层面。从19世纪与20世纪之交开始,中国精英知识分子就对个体给予高度的关注。那时梁启超就主张培育自律的个体,后来的精英们更是把个体置于国家和集体的对立面,此时的个体已经几乎完全等同

---

① [德]乌尔里希·贝克、伊丽莎白·贝克-格恩斯海姆:《个体化》,李荣山等译,北京大学出版社2011年版,第5页(序言)。
② 同上书,第7页(序言)。
③ 阎云翔:《中国社会的个体化》,陆洋等译,上海译文出版社2012年版,第327页。
④ 同上书,第4页(导论)。

于西方个人主义观念中的个体，认为个人是社会本位，国家和集体应当为个体的发展提供条件。"五四"时期，在个体观念统领下的民主和科学，成为对传统文化发起进攻的两面大旗，这为学习和借鉴西方思想政治文化扫清了障碍。然而，西方观念中的个体概念，在中国并没有存在过久，作为"五四"新文化运动领袖之一的陈独秀，在20世纪20年代对个人主义思潮的态度发生根本改变，调转"枪口"对此前倡导的"个人"的立场展开攻击，批判个人主义对社会不负责任。从中国共产党建立，到70年代的传统社会主义时期，个人主义差不多一直处于与集体主义对立的位置，个人主义已经被狭隘地理解为资本主义的、反社会的价值，其内涵仅仅被诠释为自私、不关心他人利益、缺乏组织纪律观念和及时行乐的享乐主义等。

而1949年之后到改革开放前，在经济、政治运动的裹挟之下，中国社会的个体得到部分发展。通过农业合作化运动，手工业和资本主义工商业的社会主义改造，国家基本消灭了私有制，在很大程度上关闭了自由市场，建立了传统社会主义的公有制，经济运行的方式是计划性和行政性的，从而把所有人都纳入城市单位和农村集体之中，使单独个体的存在有了经济空间。但是，同时也出现了一种现象，这种现象就是中国社会结构的根本性变迁，它超过了中国社会以往所发生的任何社会结构的变化。在传统社会主义意识形态的强烈刺激下，国家提前强制性地改变了个人的主要活动空间，将个人从家庭、亲属关系和社区中，迁移到城市单位和农村集体中，从而实现贝克所说的个体化发展中的制度化"抽离"和"再嵌入"。梁漱溟先生认为，中国传统社会是伦理本位的社会，以儒家文化为代表的传统文化，浸染了家庭、亲属关系和社区，在儒家伦理秩序的架构中，制造了家庭当中的高居权威地位的父权和夫权，家庭中的其他成员则要么服从父权，要么服从夫权。在家庭成员的心目中，个人存在的目的在于光宗耀祖、做强祖上的基业、延续家族的"香火"，个人往往为了让家业兴旺、门庭荣光而不得不牺牲自身的利益，而不是把个人获得发展作为最终的目标。① 因此，从这个角度来说，中国传统农业社会的基本单位，是具有小集体意义的一个个家庭，而没有独立的个人。国家把个人从家庭、宗族和其他等级网络中解放出来，在向儒家文化告别的同时，完成了去传统的过程，从而实现了制度化的抽离。国家把个人放置于单位或集体的社会组织管理体系中，则又实现了对个体进入新组织的"再嵌入"。可是这种"再嵌入"的组织不再是以前的组织，它带来了社会结构的变迁，其内部成员虽然由于组织性的依附失去了个人的自由，但是组织里的个人之间，在构建的目标中至少是平等的，尤其是女性的地位和权利获得了大幅的改善，取得了和男性在经济、政治和生活中的平等权利。因此，社会主义的城市单位制度和农村集体制度的建立，是由国家强制推动的、个体的集体发展进程，阎云翔将其表述为"部分的和集体式的个体化"②。

个人与国家共同推动中国体制对个人的"松绑"，经济领域的个体获得了发展的空间。对于中国的改革开放，许多学者过分阐述国家在其中的整体设计和方向引导作用，而对个体的作用则重视不够或者干脆忽略。其实，无论在农村经济体制改革中，还是城市经济体制改革中，个人敢于在体制外思考改变经济管理和运行方式，这对推动改革进程和坚定改革勇气，显然是有积极意义的。安徽小岗村18户村民为了摆脱贫困，冒着被惩罚的危险，自主发起将集体经营变为家庭承包，在保证完成国家粮食征购的基础上，他们将余粮在市场自由销售。这种将利益与责任相联系的方式，极大地调动了农民的生产积极性。此举不但没有受到批判，最终反而被中央政府认可，并在全国推开。20世纪80年代在城市也出现了要求变革现有制度的呼声，福建省55位国有企业领导，向政府递交公开信，希望更多地从政府手中

---

① 但如果就此认为中国传统社会是具有集体主义公德的社会，这是不正确的。梁启超曾经就尖锐地指出中国社会的弊病之一是无公德，而私德则较为兴盛。因此，如果把个人对家庭的牺牲上升到个人与集体关系的道德高度，无论如何都是不能接受的，家庭内部的道德规范说到底还是私德的范畴。

② 阎云翔：《中国社会的个体化》，陆洋等译，上海译文出版社2012年版，第357页。

获得管理权和经营权。这一行动体现了企业经营者对自由和权利的渴望，媒体赞誉其吹响了城市"企业改革的号角"①。在个体自主寻求冲破僵化体制的前提下，国家顺势而为，通过放权让利，相继推动农村和城市的市场化改革。在农村实行家庭联产承包责任制，取代以前的集体经济经营形式，1983年全国取消人民公社制度，除土地以外的集体财产私有化。农村改革释放出了市场空间，不仅调动了农民农业生产的积极性，而且也带来了个体经济、私营经济的迅猛发展，个人成为市场活动的自由和平等主体。农村改革不仅为下一步推进城市经济改革提供了经验，也提供了一个比较稳定的社会环境。国家对城市的经济体制改革的基本思路，仍然沿用放权让利的思路，可是在放权让利的空间随着时间推移越来越小的时候，中央又坚决进行国企重组的改革，通过破产、拍卖、兼并和收购等手段，将国有中小企业私有化，剩余大企业实行国有控股和国有独资。一直标示公有制性质的国有企业，在这轮改革之后部分被强制私有化，在公有制的领地上释放出一定的个人空间，一定程度上改变了企业生产效率低下、竞争力不强的颓势。

个体活力的迸发，在社会主义市场经济中充分发挥了自主性作用，中国经济令人惊叹的成就。陆学艺等人的研究成果显示，2002年至2012年中国经济保持了快速增长的态势。② 从国家宏观层面来看，国内生产总值、国家财政收入和外汇储备以及农业生产等，都有惊人表现。2001年国内生产总值为10.8万亿元，2011年是其2.77倍，③ 增加到47.2万亿元。这10年是改革开放以来国内生产总值增长最快的时期，并在此期间国内生产总值超过日本，成为第二大经济体。但是也有学者认为，如果按照购买力平价计算，中国1992年就已经成为世界第二大经济体了。国家财政收入持续快速增长，从

---

① 阎云翔：《中国社会的个体化》，陆洋等译，上海译文出版社2012年版，第359页。
② 陆学艺等：《2013年中国社会形势分析与预测》，社会科学文献出版社2012年版，第2—7页。
③ 按照1978年不变价格计算。

2001年到2011年，国家财政收入总额由16386.04亿元增加到103874.43亿元。如果按照1978年不变价格计算，这10年中，国家财政收入总额增长达到3倍多。国家外汇储备高速增长，2001年至2011年，从2121.65亿美元增至31811.48亿美元。其中，从2006年起，国家外汇储备在世界上居于第一位。同期，农业生产态势非常好，2011年粮食产量达到5.7亿吨，较之2001年增长了26.2%，为国民经济的稳步发展提供了基本保障。市场化和工业化发展加快了中国城市化发展的进程。2001年全国城镇人口占国家总人口的37.66%，而2011年的比重已经超过50%，是改革开放之初的近3倍。从微观层面考察，城乡居民收入和消费水平都有大幅提升。从2001年到2011年，全国城乡居民家庭可支配收入由6859.6元变为21809.8元；居民家庭纯收入从2366.4元升至6977.3元。如果按照1978年不变价格计算，年均增长分别为9.7%和7.8%。不考虑物价上涨因素，城乡居民年末储蓄存款余额10年增长了3.7倍。

二 家庭、消费和空间里的生活个体化

生活方面的个体化在中国的表现，是家庭个体化、消费个体化和空间个体化的发展。生产方面的个体化，让个人利益、个人选择和个人自由渐渐进入人们的观念之中，生产个体化形成的"个体"思维对民众的生活个体化产生了巨大的影响，具体来说，反映在家庭方面主要是家庭观念、家庭功能、家庭结构和家庭关系以及家庭成员地位的变化，反映在消费方面是通过个性化的消费来塑造社会身份标识，反映在空间上（包括物理空间、心理空间和网络空间）是个体纷纷从传统的社会结构中脱嵌，不断凸显私人空间的重要性。

（一）家庭个体化

中国社会生活个体化的表现之一是家庭个体化。

首先，家庭个体化反映在家庭观念和家庭功能转变上。传统的中国家庭观念，主要包含这样几个方面：一是以父权为中心构建家族体系，家庭成员可以扩大至同宗但不同居共财的亲属，在劳动分工上实

行"男主外女主内"的模式,女性完全依附于男性;二是用"孝道"建立晚辈对长辈的顺从关系,长辈处于绝对地位;三是家庭主要通过生育后代和祭祀祖先达到延续血脉的目的;四是家庭借助儒家思想进行建构,形成长幼有序、男女有别的社会关系,有助于传统社会秩序的维护。与传统的家庭观念紧密相关,传统的家庭功能主要有"生育功能、生产功能和政治宗教功能"[①]。然而,随着中国社会主义市场经济的发展,人们自主和独立意识的不断加强,尤其是年轻人在经济方面的独立自主,女性在社会中地位的迅速崛起,中国家庭出现了明显的个体化趋势。个体化在家庭观念方面主要的表现是:其一,父系家庭谱系虽然没有被完全打破,但是女性的地位却有了大幅度的提高。对于概念中家庭成员范围的界定尽管不同的家庭成员理解不同,然而身为家庭平等成员的女性却表达了自己的声音和认同。其二,在个体与家庭的关系中,传统社会把家庭作为家庭成员服务和牺牲的对象,而现在人们大多把个人的利益和发展作为家庭为之努力的目标。其三,家庭个体化对于"孝道"的理解也与传统不同。传统的"孝道"要求晚辈尊重和服从长辈,同时晚辈要为长辈提供一定的经济保障和情感关怀,通过生育和祭祀保持血缘的延续性,[②] 其根本的目的是让父辈甚至祖辈获得生活的满足和幸福。而当下中国家庭的幸福关注点却由父辈转向了儿女一辈,对于孝顺的理解无论在老人和年轻人那里都共同指向子代的幸福,不再强调家族兴旺和光耀门楣的责任,孝顺含义的变化清楚地表明个体已经成为家庭生活关注的中心。与此同时,家庭的功能由于个体化的塑造,由原有的生育功能、生产功能和政治宗教功能转向情感满足功能,生育不再是被迫之事,是夫妻情感发展成熟阶段的自觉选择;生产活动则在专门的生产场所发生;家庭的政治宗教功能出现了不同程度的削弱,夫妻的情感互动和代际的

[①] 张广利等:《个体化视野下的家庭结构和家庭关系演化研究》,《湖北社会科学》2018年第4期。

[②] 阎云翔:《社会自我主义:中国式亲密关系——中国北方农村的代际亲密关系与下行式家庭主义》,《探索与争鸣》2017年第7期。

亲密关系成为家庭生活的主题。

其次，能够反映家庭个体化显示度的是家庭结构的变化。家庭结构简单来说就是家庭成员的构成状况。传统的家庭与家族密不可分，其结构是由婚姻和血缘关系组成的亲属集团，甚至还包含与这个家族有关的仆役佣人，这个家族的轴心是父系家长，围绕父系家长形成家族成员谱系。在一些名人故居，常常会有世系图谱展示，它就是家族谱系的最好说明。新中国的成立对传统家庭结构产生了重要影响，封建私有制及其不平等的人与人关系被打破，庞大的家族体系纷纷解体，随后普遍建立了直系家庭，即有直接血缘关系的多代人共同生活在一个屋檐下。其中比较常见的是主干家庭的存在，通常是三代同堂，其基本构成是：祖代是一对中年以上夫妇，父代是其成年儿子及妻子，孙代是父代未成年的孩子。虽然这样的主干家庭是在新社会、新观念的环境中建立的，但是家庭中儒家"孝道"观念所造成的代际等级差异依然比较分明，男性在家庭中理所当然地处于家长或者户主的位置，女性的家庭地位虽有明显提升，但是浓厚的传统观念还是牢固地束缚着她们的婚姻观和家庭观。改革开放把个体从原有的政治、经济和社会体制中释放出来，个体在不断获得经济独立、自由平等思想的同时，渐渐对家庭个体化提出了要求，在此背景下家庭小型化成为普遍现象，家庭结构渐趋简单，家庭类型却变得比较多样化。一个个核心家庭纷纷出现，核心家庭的结构在两代人身上得以显现，即年轻夫妻和他们尚未成年的孩子。在核心家庭中，年轻的已婚男女由于居住空间的独立，在相当大的程度上摆脱了父辈思想观念的束缚以及对自己生活的干涉，可以按照自己的愿望和选择过上属于他们的爱情和私人生活。除此以外，还存在着隔代家庭、空巢家庭、单亲家庭、丁克家庭、同性家庭和未婚同居家庭等。与主干家庭相比较而言，隔代（跨代）家庭的祖父孙三代中间长期处于缺代状态，缺的往往是青壮年父母，因为他们长时间离家工作，导致祖孙两代长期相依为命。空巢家庭产生的原因是具备独立生活能力和条件的子女离开陪伴多年的父母，独自开始自己生活、建立自己的核心家庭。单亲家庭是由于夫妻双方感情、性格或者经济等原因而导致婚姻破裂所致。丁克家庭的夫妻在生育下一代问题上没有顺从中国传统的传宗接代观念，而是根据夫妻双方的共同意愿决定是否生育后代。同性家庭显然是打破了惯常的异性结成夫妻的模式，两个同性在相互爱慕的基础上建立家庭，这样的家庭在现代社会已经获得越来越多的包容和法律认同。当代未婚同居经常发生在具有恋爱关系的两性之间，他们或是出于延续两人的爱情生活的愿望（因为人们常说婚姻是爱情的坟墓），或是试图通过"试婚"的方式让两个人磨合得更好，所以迟迟不愿结婚。

最后，家庭个体化的考察指标还有家庭关系的变化。如果以"代"为单位来说，亲代的老年夫妻家庭地位下降，作为子代的年轻夫妻地位却在上升。老年夫妻当今处境的形成，无外乎这样几个缘由：一是老年夫妻的劳动和经济能力不断失去，有的甚至常常要靠子女给予生活支持；二是老年夫妻思想观念与当下社会发展要求存在诸多不相适应的地方，接受新思想、新观念能力较弱；三是自由、平等和民主已经成为社会的主导价值，深入社会生活的各个方面，让老年夫妻失去传统文化所赋予的家庭权威；四是老年夫妻在现代文化的冲击之下，选择主动放弃"家长"的位置，去过适合自己的生活，为年轻人的幸福生活留出必要的空间。较之父辈的老年夫妻，年轻夫妻的优势十分显著，家庭地位上升当然就在情理之中。青年人靠着较之老一辈的父母所具有一定的思想、知识和技能优势，获取社会资源和经济资源能力较强，让老年父母看到了子代超越自己的能力，自动将家庭的权力交给年轻人。年轻夫妻在家庭个体化的过程中，努力经营自己小家庭的生活，以及围绕小家庭生活而建立的社会关系。老年夫妻的亲友圈随着年龄增长不断缩小，年轻夫妻所形成的社会关系在家庭对外交往中逐步占据主导地位，在家庭中逐渐取得了更多的话语权。此外，在家庭个体化的过程中，无论老年人还是年轻人都有追求个人生活的愿望，但是客观上老年夫妻一旦与子女分开并独立生活的时候，尽管形式上发生了个体化，但是他们却大多面临情感重新嵌入的问题。中国家庭的幸福是建立在后代人幸福的基础上，这点不仅反映在老年夫妻那里，也反映在年轻的夫妻那里。因此，老年夫妻不得不回过头来在经济上支持、在情感上关爱年轻夫妻构成的核心家庭，在这个核心家庭中有着亲子两代共同呵护的对象即孙代，[①] 老年夫妻情感重新嵌入的结果，就是本质上以年轻夫妻为主所构成的核心家庭的地位上升。在祖、父和孙三代构成的血缘关系中，孙代是祖父两代情感投放的焦点，可是在孙辈的生活照顾和教育培养方面，祖父两代往往存在巨大分歧，因年轻夫妻是孙辈直接监护和养育人，并具有与时代发展相适应的一套养育方法，老年夫妻往往不得不丢掉自己的长辈尊严，最终屈服于年轻夫妻。综上所述，老年夫妻在家庭中逐渐失去了主导地位，年轻人在家庭中权力和地位的上升既成事实，这是对传统家长制和孝道文化的重大改变，放置在现代社会的背景下分析，这不得不说是家庭个体化的重要表现的一部分。

　　家庭关系的变化中，还有一个不容忽视的事实是女性的崛起，其表现为女性家庭认同模式地位的提升。家庭对于社会来说是一个客观存在的社会单元，对于个体来说就是其意识当中的认同。[②] 在家族主义时代，父系无可厚非地居于整个家族的核心位置，以男性为中轴书写着家族的历史。女性只能短暂地在其父系家庭生活一段时间，便通过婚姻的形式进入丈夫所在的父系家族中，然而其真正成为丈夫家族体系中的一员则是在生儿育女之后。家族主义时代的家庭显然是以男性的架构和认同为标准的。经历了一段市场化和个体化的发展历程之后，中国家庭发生了从伦理本位向个人本位的变化，个人的幸福取代了祖宗的荣耀，关于家庭成员的认同模式也出现了多样化的发展，其在城市家庭中表现尤为明显。沈奕斐通过研究发现，老年夫妻对家庭成员的认同范围最大，有两种类型：一种是规模稍小的家庭，成员主要包括夫妻二人及其自己所生的子女、子女的配偶和子女的下一代

[①] 这是阎云翔关于中国家庭研究中提出的"下行式家庭主义"的主张。
[②] 沈奕斐：《个体化视角下的城市家庭认同和女性崛起》，《学海》2013年第2期。

(不论他们是否实际住在一起);另一种是规模更大的家庭,即在前一种类型之外,还可能把丈夫或妻子的父母和兄弟姐妹计算进来。年轻的丈夫对于家庭成员的界定就要小于老年夫妻,他们头脑中对家庭成员的概念,也就是年轻夫妻本人及其子女,另外还包含其父母和兄弟姐妹。而年轻的妻子对家庭成员的认同则有所不同,她们更加认同"小家庭",这个"小家庭"通常就是年轻夫妻二人及其子女,不少年轻妻子还把自己的父母包含在内。从不同的家庭成员认同可以发现,年轻已婚女性对家庭的认同已经和传统的父系家庭认同模式有着根本的不同,女性从自己的直系血缘关系出发确立自己的家庭认同,并且这种认同模式还对自己配偶的家庭认同和家庭行为产生重要影响。同时,年轻女性和男性两种不同的家庭认同模式,经过相互冲突和较量,形成了动态而多元的家庭结构形式。① 女性家庭认同模式的出现,以及和男性家庭认同模式取得同等重要的地位,包括后来对家庭结构的影响,都表明了女性地位在城市家庭的崛起。

(二)消费个体化

生活领域的个体化表现之二是消费个体化。改革开放后,中国社会消费个体化可以通过三个角度来观察:个人消费方式的变化、个人身份的认同和个人消费欲望的强烈。

从传统社会到改革开放后的现代社会,个人的消费从分配消费变为自主消费。中国传统社会实行的是自给自足的自然经济,其发生在家庭这个基本社会单元中,生产与消费基本都在家庭内部进行。传统社会的家庭与今天的小型家庭不同,它是由血缘和姻亲关系组成的"大家庭",父权主义处于主导地位,儒家伦理纲常构成了家族主义文化的核心。父系男性作为家长在大家庭的经济、宗教和日常生活中具有决定权,家庭成员所生产的生活产品归整个大家族所有,然后由大家族的家长统筹考虑粮食和其他生活用品的分配,家族成员的生活所需消费品主要源于家长的分配,劳动者个人无法直接决定消费品的

---

① 沈奕斐:《个体化视角下的城市家庭认同和女性崛起》,《学海》2013年第2期。

分配。1949年中国从根本上对传统社会进行改造，逐步建立了社会主义的生产关系和计划经济体制，人们的生产活动基本是在集体或单位中进行，农村的公社和城市的单位统一分配劳动所得。新中国成立之初，经济发展水平比较落后，国家为了重点发展工业，努力改变经济落后状况，实行了"重积累、低消费"政策，重视生产资料的投入，对消费资料的生产则采取限制措施。在这样一种政策背景和经济背景下，国家的供需矛盾非常突出，也就是说生活产品的生产无法满足人民生活需要，于是实行统购统销的经济政策，具体而言，就是国家把人民公社和生产单位作为生活资料统一分配的一方，通过印发和使用票券从而控制生活资料的总量和分配，民众以此获得定额的生活消费品，城市生活基本处于温饱型状态，农村的生活水平则相对更低。民众作为消费主体的出现则是在中国实行市场经济之后，经济的市场化改革伴随着社会个体化的发展，个体不仅是社会生产的主体也是消费的主体。多年的市场经济发展，让中国的商品和服务越来越丰富，人民的生活水平显著提高，个体具有越来越大的能力考虑消费问题，并且从自己的需要、喜好和兴趣出发自行选择消费品。以前的分配式消费（包含传统社会的分配消费和计划经济体制下的分配消费）基本被自主式消费取代，个体可以决定消费方向、消费数量和消费档次，满足个人的实际生活需要，乃至对个性生活和幸福生活的追求，从而让自己成为快乐自主的消费者。消费自主性的兴起自然体现了消费的个体化发展走向。也许消费自主性受到国家倡导的传统家风影响，发展程度还不够高，但是相较于以前的分配性消费，现在消费自主性的存在和发展却是不争的事实。[①]

消费个体化的第二个考察角度，是个人把消费作为塑造自身身份的一个手段。全球化和个体化时代，人们越来越多的身份都是来自个人的塑造，个人对自身身份的塑造有多种形式，其中有一种是通过消

[①] 吴金海：《国家、家庭和消费者自主性》，《福建论坛》（人文社会科学版）2016年第10期。

费进行身份塑造,从而实现适合自己需要的身份认同。中国实行改革开放政策以后,市场化改革不断深入,改革涉及的领域不断扩大,从生产领域延伸至住房、教育和医疗等社会领域,同时,还存在着国家逐步从社会领域退出的现象。市场经济的发展给中国带来了经济繁荣和人民生活水平的极大提升,从而使个体在国家退出一些社会领域后能够有条件进行一定的消费,同时这种消费也是不得不发生的。加之生产领域的市场化运作,中国社会的消费成为一种显著的社会现象,有学者提出中国社会生产话语体系在向消费话语体系转变,个人由"苦行者"变成消费者。随着消费主导话语体系的产生,个体对其身份的认同也就转向了消费,这也就是鲍曼所说的消费者自己建构身份。米勒所表达的通过商品定义个体身份及其世界,传递的也是这个意思。通过消费形成个人的身份认同,可以分为这样三类:一般性身份消费、个性化消费和奢侈性消费。

一般性身份消费可以通过新生代农民工改变身份的行为得以透彻地理解。新生代农民工大多试图摆脱相对落后和单调的农村生活,希望在现代性城市生活中找到自己的位置,然而由于户籍限制和社会保障的差异,新生代农民工常常挣扎在城市生活的边缘,在实际身份上和心理上都与城市居民存在着较大落差。于是,新生代农民工一方面通过在城市购买住房,期望在空间上融入城市;另一方面改变消费习惯和消费方式,从而实现与城市市民的趋同,种种消费方面的努力和改变都是为了走向心中认同的市民身份,消除农民与市民的差距进而抹掉原来的农民身份。

个性化消费的目的主要是区别于想要远离的身份、趋向心仪的目标身份。个性化消费的实现主要得益于个体自由平等观念的确立和选择自主性的获得,通过个性化消费来获得身份认同,具有两个特征:一是满足个人的心理需求。消费本身不再仅仅为了维持生命延续的需要,而是为了满足个体的心理需求和感觉,突出消费品的独特性和新颖性,产生"人无我有、人有我新"的心理效果。二是更加关注商品的时尚性和内在品质。时尚消费代表的是消费的走向和潮流,在消费社会中最能区分消费者的身份,能够消费时尚商品的人引领了消费的当下潮流,常常被贴上"时尚达人"的身份标签,表明消费者具有了一定的经济实力、审美能力和文化鉴赏能力,在对商品内在品质的不断追求中,消费者陶醉在商品品质所带来由文化、审美和财富共同构成的身份满足中。

奢侈性消费也可以说是一种符号消费,以物为载体的符号构成了消费社会的"意识形态"[①],这个意识形态在潜移默化中深刻地影响人们的身份认同和社会地位。奢侈品与一般商品不同,一般商品满足人的使用价值需要,奢侈品满足的是人的一些欲望。奢侈消费一是实现对物的支配和对人的支配,[②] 二是改变人与人之间的平等关系,借助消费提升和巩固个体在社会中的地位,三是满足消费者的攀比和炫耀心理。顾名思义,奢侈品是十分昂贵的商品,只有少数拥有大量财富的人才具有消费的能力。这些富有的消费者直接支配手中的财富,用于购买依靠自然材料制成的奢侈商品,体现了一种对包含金钱在内的物的支配能力。同时,奢侈品的生产消耗了普通生产者的大量劳动,可是生产者却无力消受,出现了生产者与其生产商品之间的分离。在人群中占少部分的奢侈品消费者,实现了对多数一般劳动者的支配。从平等和公正的角度而言,健康和良性的社会是一个人人平等的社会,然而消费社会的一个基本特征是通过消费手段制造不平等,少数奢侈品消费者占有和使用奢侈品,形成消费的特权阶层,他们以此与普通消费者之间划清界限。在消费社会中,人们总是把物(广义的物)当作能够突出个人身份的符号,作为进入所谓理想团体的必备条件。[③] 一些人持续消费奢侈品不仅是为了获得进入这样的群体,也是为了进一步巩固自己在特殊消费群体中的位置,始终把自己和普通

[①] 王纵横:《哲学与当代中国的消费社会问题》,《北京大学学报》(哲学社会科学版) 2015 年第 6 期。

[②] 王国富:《当代中国社会奢侈品消费的权利诉求与反思》,《马克思主义与现实》2014 年第 5 期。

[③] [法] 鲍德里亚:《消费社会》,刘成富、全志刚译,南京大学出版社 2006 年版,第 34 页。

人区分开来。当然，对于奢侈品的消费，不少人是出于向他人炫耀的心理。中国社会近些年的经济生活确实发生了巨大的改变，但是人均国民收入与发达国家相比仍然具有很大的差距，即便如此，《2012年中国奢侈品市场消费统计报告》的数据显示，当年中国的奢侈品消费总量占到全球的25%，并且主要集中在30—40岁之间的人群。[①] 其实，他们往往并不都是高收入者，但是在攀比心理驱使下，宁愿顶着超前消费的巨大压力也要购买奢侈品。中国传统社会的面子文化同时也迎合了消费主导时期人们"以貌取人"的物质评价标准，当然这里的"貌"是指通过奢侈品和金钱所装点起来的外部面貌和所谓"尊贵"的身份。

（三）空间个体化

对于中国社会生活个体化的理解，除了家庭个体化和消费个体化之外，空间个体化也是一个重要表现。本书的空间个体化主要指的是物理空间个体化、心理（情感）空间个体化和网络空间个体化。

物理空间的个体化首先表现为个体对独立生活场所的需要和实际拥有。中国传统家庭是几代同堂、共同生活，年轻人和老年人都生活在一个空间，这个空间可能比较狭小，条件比较差的农村家庭甚至几个人（包含夫妻）共同睡在一张铺上。夫妻之间缺少独立的生活空间，他们不仅始终与孩子同吃同住，还要整天面对父母一辈苛求的眼光和过多关心的干涉。随着社会个体化的逐步发展，人们的自我意识不断增强，崇尚独立自主的爱情、婚姻和家庭生活成为社会主流，年轻人和老年人都希望拥有自己的生活及空间。不论农村还是城市的年轻人结婚，都期望拥有一套婚后独立生活的新房，从原生家庭中分离出来，建立以核心家庭为主要目标的小家庭。农村女青年大多将男方家庭是否能够提供结婚新房，作为能否嫁给男方的必要条件，这确实给娶妻的农村家庭造成了巨大的经济压力。但是，从另一面来看，这

[①] 王国富：《当代中国社会奢侈品消费的权利诉求与反思》，《马克思主义与现实》2014年第5期。

既反映了出嫁家庭对女儿的爱护,希望女儿的生活能够获得基本的住房保障,也反映了现代青年对独立的婚姻家庭生活的向往,因为在获取结婚新房问题上结婚的男女青年都不是局外人,他们往往不会提出不同意见,尽管提出购买或建造结婚新房要求的可能是家长,但是家长也只是代替年轻人表达诉求。城市男女青年结婚对于财物的要求也许没有农村那么直接,但是恋爱男女到了谈婚论嫁的年龄,准备一套结婚用房也是必不可少的。原来青年男女结婚一般是在父母家里举行,现在基本上是在结婚新房中进行,意味着青年人从结婚开始就离开了与父母曾经一起生活的家庭,在新的空间中继续他们的爱情,并展开一段新的家庭生活。

不仅年轻人大多在属于自己的空间里享受甜蜜的二人世界或者核心家庭生活,他们的父母一辈也越来越接受年轻人独立生活的主张,并且自身也产生了过上属于自己生活的愿望。逐渐年老的父母在子女婚前成长的过程中,付出了太多的时间、财力和精力,与已婚子女分开居住也正好契合了他们想要关注自身和开启自己生活的愿望,因为在与子女的共同生活中他们几乎忽略了自己,用尽所有的力量成全子女。所以,即便他们原来充满感情和记忆的房子被拆迁了,也不愿与已婚子女合住,而是选择在曾经生活和工作的地方购房自住。只要是身体健康状况和年龄条件容许,他们好像宁愿一直生活在自己的房子中。在已婚子女与父母分开生活中,虽然父母常常应已婚子女的要求帮助他们照顾刚出生的孩子,但是老年父母只是短期的居住,待到"第三代人"能够上学,或者逐渐获得自理能力的时候,父母一辈一般还是会回到自己的家中,父母与子女重新回到自己的住所空间。所以,在这一点上,并不是像有的学者说的那样——是主干家庭的重建。

物理空间个体化还表现为个体活动重心由家庭空间转向工作空间,以特定住房形式存在的"家",空置现象越发严重。在中国人的传统观念中,家是人们生活的主要场所,人的绝大部分时间是在家里度过的。《论语·里仁》中,有句话叫作"父母在,不远游,游必有方"。其意大致是当父母还健在的时候,不要长时间地离开家庭,如果真的要离开家，就要有确定的去处，免得父母牵挂和担忧。这固然代表传统社会儒家对"孝"的注解，但是也反映了传统社会父母与子女更多的是生活在家这个空间中的。市场经济改革让个体在社会中获得了自由流动的机会和权利，越来越多的农村村民离开主干家庭或核心家庭到外地打工谋生，或者是为了能够拥有一个富裕生活而奋斗。他们原本在出生地一般都有自己的"家"，通过一年年背井离乡地在外艰辛劳动，他们作为物质形式存在的家得到了明显改善，有的变得越来越漂亮甚至豪华，但是在外打工之人却长期不能在家居住，只能在工作之地租房居住。由此，对于农民工而言就出现了两个居住地，一个是其方便工作的租居地；另一个是其心目中的"家"之所在地。工作居住地虽然居住时间比较长，但是在农民工眼里它只是暂时栖息之地，尽管他们事实上居住时间不算太短，但是它不能取代家的位置。刻在农民工心底的那个家，基本是指存在于生之养之土地上的那个房子，虽然他们可能在一年中也不能住上几天，但是在农民工的心中它就是家，它就是他们为之奋斗的希望所在。农民工长期往返于心中之家与工作租居地的两个空间中，在家的空间体验人伦之乐和家庭幸福，在工作租居地实现自己追求财富的梦想。

城市的上班族虽然没有农民所面临的巨大经济和生活压力，然而现代化、城市化发展和现代人生活观念的改变，让更多的上班族在家的时间也越来越少，而在工作单位的时间逐渐增多。随着城市化发展而出现的城市规模不断扩展，以及城市交通拥堵而导致上班时间和车辆油耗产生的经济成本提高，中等以上城市的上班族大多选择中午在工作单位吃饭和休息。对于大部分家庭成员而言，家就变为早上离开和晚上回来休息的地方，家所承载的意义大为简化。本来家是可以用来享受天伦之乐的地方，但是由于亲代与子代独立生活的分离而不能如人所愿；本来家是具有烟火气息的地方，但是随着外卖服务和餐饮行业发展，在家庭生火做饭的次数逐步减少；家本来是享受男女爱情和甜蜜婚姻的地方，但是当男女主人在工作单位紧张忙碌一天之后，疲惫地回到家中就无法再有激情去营造浪漫情感生活。现今，家在许多人看来，就是一个为疲惫之人提供休憩之地。城市上班族与家在空间上的分离，与农民工的那种分离不同，农民工往往是夫妻一同外出工作，平时彼此生活上可以互相照顾，而城市上班族的分离则有两个含义，一个是上班者与家的分离；另一个是男性与女性上班者的分离，男女通常不可能在一个单位上班，他们分别处于两个工作空间。如果要除去睡眠时间，城市上班族在家庭度过的时间确实比较短暂，于是经常有人感慨：生活在一起的男女两个人，一般来说，一天下来也只有到晚上才能见上一面。城市上班族平时不仅要离开家庭空间去往工作空间，而且男女主人还被分隔在两个不同空间，在各自的空间中他们做着有可能与自己专业或兴趣相关的工作，通过共同劳动一起撑起一个具有精神信仰意义的家。

空间个体化除了表现为物理空间的个体化，也表现为心理空间的个体化，当然有时候心理空间个体化的实现需要物理空间给予保证。分析心理空间的个体化，可以从这样两个角度，即已婚的角度和非婚的角度。在此，先论述已婚者心理空间的个体化。现代适婚青年男女在内心里绝大多数主张拥有自己的住房，以期在心理上构筑家庭生活空间，专享他们的亲密感情世界，把自己的某些生活方式、亲密行为和生活环境在一定程度上作为隐私加以保护，免遭他人窥视和打扰。年轻人（尤其是女性）不希望因为自己不太良好的生活习惯（如爱赖床）被他们以外的人看到，更不愿被公公婆婆指责。年轻男女婚后在一起生活，处于爱情包裹中的年轻丈夫出于疼爱妻子考虑，可能会主动为妻子做饭、洗衣和购买生活用品（包括女性用品）。这种恩恩爱爱的夫妻关系，在年轻妻子看来可能是最正常不过的事情，却使得有些公婆心有不悦，认为女性在婚姻中的一些表现，与中国传统文化中妻子勤快贤惠的角色定位是格格不入的；同时认为男性可能在温柔的爱情之乡丢掉男性勇猛的气概，丧失进取心和事业心。[①] 独立生活

[①] 杨华：《私密生活的兴起与农村年轻女性的个体化构建》，《中国青年研究》2018年第7期。

空间的存在，为年轻夫妻之间相互磨合和情感生活的发展构建了心理安全空间。同时，年轻夫妻总希望他们比较私密的生活及其用品不要暴露在他人的目光之下，心理空间安全对于他们而言更为重要。比如现在年轻人在有足够经济条件的前提下，选房倾向于有独立卫生间的，不想在这样的私密空间让他人看到不该看见的内容。心理空间个体化还反映在与身体有关的衣物不想让夫妻以外的人接触，尤其是不同性别的人。传统家庭中作为晚辈的媳妇，经常为老人洗衣服，其中包括内衣。而现在的年轻媳妇一般不可能为公婆洗衣服，更不要说洗内衣了。话说回来，年轻媳妇也十分排斥公婆为自己洗贴身衣物，在她们眼中贴身衣物与她们的身体直接接触，自然具有明显的个人隐私性。另外，不愿意与父母一辈的亲友交往，也是年轻夫妻心理空间个体化的又一个表现。已婚子女家庭与父母相关的亲属交往，主要是碍于父母的情面，这种交往基本是礼节性的、形式化的，不愿与后者进行深入的交往，一是不想占用自己太多的个人生活时间；二是也担心这些亲友增加自己负担和干扰自己生活。总之，在年轻夫妻那里，他们的生活才是最为重要的，与周围人际关系的处理，以尽可能少地干扰当前的生活为原则，积极构建安全心理空间是他们十分注重的。

　　心理空间的个体化还可以从非婚的角度进行探究。此处的"非婚"，是指个体已经到了适婚年龄、想结婚而目前尚未结婚，但已经离开父母单独居住的生活状态。按照常识理解，男女到了成年之后，他们之间往往会心生爱慕，当爱慕发展到爱情、爱情成熟走向婚姻，自然会通过法律和礼俗的形式建立由两性组建的家庭。但是，现代社会发展已经让人们的思想观念和生活形式发生了很大的变化，以爱情为基础建立的两性家庭已经不是唯一的生活形式，出现了多种形式的"非婚生活"，个体的感情也在这些不同的生活形式中形成了与众不同的个体化情感空间，挑战了标准化的人生模式。这些非婚生活方式，既有选择抛弃爱情的独身生活，也有非婚同居和临时性亲密关系的生活，还有同性非婚生活。有学者提出，婚姻家庭从伦理视域来划分有三种类型：① 一是传统式生存型伦理，把婚姻家庭含义确定为建立亲属关系和完成传宗接代任务；二是革命式浪漫型伦理，突出了婚姻家庭中情感因素的重要性，为了获得个体需要的情感经常必须打破相应的阻碍力量；三是现代式理性型伦理，认为情感在婚姻家庭固然重要，但是婚姻家庭的理性计算更为重要，例如与谁结婚可能会带来更多的物质享受，明显具有一定的功利色彩。非婚生活方式或者私人生活的个体化情感空间的出现，主要是在传统式生存型和现代式理性型婚姻家庭伦理合力作用下催生的，在非婚状态中的个体对于婚姻家庭都有自己的主张，更多的是强调感情在婚姻家庭中的重要性，所以他们对于父母和亲朋好友的催婚，内心也会产生焦虑和矛盾，对于传统式生存型婚姻理论普遍采取拒斥的态度，但是他们对爱情的追求始终抱有浪漫主义情怀，在亲密关系的处理中倾向于开放的态度。然而，矛盾的是私人感情生活个体化的个体，他们往往对婚姻家庭持有一种怀疑的态度，于是他们把建构个人的独立情感空间当作一个审美价值追求，从而希望在个体的情感空间中发现自己、认识自己和肯定自己。

空间个体化还不应当忽略网络空间的个体化。人们对于空间的认识，是以人的活动为基础的，马克思的人学思想中勾画了三个空间，它们是自然空间、社会空间和历史空间。② 这三个空间都有一个共同的特性，这就是现实性。随着互联网技术的发展，出现了网络社交和购物平台等虚拟空间，虚拟空间与现实空间最为明显的不同，就是借助先进技术手段体现其即时性、匿名性和活动主体的自由平等性等特征，因此把网络空间看作是又一重要空间并不为过。

个体在离开现实的组织化空间以后，许多人迫不及待地在网络中塑造属于自己的空间。迪克对于网络中个体的关注，还是具有一定影

---

① 佟新、马丹：《非婚生活方式与对美好生活的建构》，《南京社会科学》2014 年第 11 期。

② 张康之：《基于人的活动的三重空间——马克思人学理论中的自然空间、社会空间和历史空间》，《中国人民大学学报》2009 年第 4 期。

响性的,其明确指出个体是网络世界最为重要的连接点,在网络空间"个人创造了一种非常灵活的生活方式和地理上分散关系的纵横交错"①。个体由于讨厌现实空间的组织规约和习俗限制,在网络空间呈现出去组织化的趋势,热衷于个人空间的构建,这些个人空间都被多少打上私人性和封闭性烙印。比如,个人开设网络博客,将其作为书写自己喜怒哀乐的私人空间;建立网络论坛,围绕个人感兴趣话题,展开纯属私人的交流和讨论;使用网络邮箱,用来收发个人邮件;构建网络QQ群、微信群,从个人偏好出发,在亲朋好友中挑选对象,形成自己专属的圈群。之所以给网络上此类的一个个空间贴上私人性和封闭性的标签,因为这些论坛、圈群、邮箱等都有其共同性:其建立都纯粹属于个人的行为,以自身的需要和喜好为出发点,并不受其他力量的约束;同时,他人如若希望进入这些空间,必须要经过空间主人的同意,否则既看不到网络空间主人的言论,更无法与空间主人之间展开交流;网络空间交流的话题个人化色彩鲜明,要么是与个人日常生活相关的事情,要么是只有在私人之间才能讨论的内容。虽然,网络圈群空间带有一定的公共性意味,但是就其本质来看,其私人性特征更为显著。网络圈群的形成是以个人意愿和偏好为前提,其成员以熟人为主体,网络圈群没有明确的目标和任务导向,也没有具有约束力的制度对成员进行规约,综合这些因素来判断,网络圈群私人性和个体化的成分十分显著。

个体网络空间的建构,为个体的自我表达创造了前提条件。网络空间的虚拟性和匿名性,使个体获得了现实空间难以得到的自由和个性,在网络空间按照个人的意愿展示自己,把平时不愿在现实生活当中示人的一面发送到网络上,并且这种展示不仅仅是书写的文字,也可能是拍摄的图片和视频。展示仅仅是个体在网络空间的一种外在的行为表现,其本质就是自我表达。个人在网络空间展示的目的有多

---

① [荷]简·梵·迪克:《网络社会——新媒体的社会层面》,蔡静译,清华大学出版社2014年版,第180页。

种，比较常见的是分享一些所见所闻，告诉他人自己身处何方、正在做什么，其目的多少有些炫耀的成分，希望让网友看到自己不为人知的技能，或者是目前生活的惬意和幸福状态。有的个体在网络空间推送图文，向他人诉说自己的真实心境，这种心境通常与自己当下的生活遭遇有关，或孤独、或失落、或彷徨、或无奈，这种不良的个人情绪会潜移默化地感染他人，让他人心情也随之一起产生共振，而心情传递者本人可能并不考虑他人心里的感受，只把网络空间当作个人情绪宣泄的场所。有的个人在网络圈群等社交平台，就时政、公益和维权等问题发表个人见解，希望引起他人的舆论共鸣并进而在行动上给予支持，把自己塑造成政治论坛的行家，或社会爱心达人，或维护社会公平的先锋。还有的个人在网络空间"晾晒"个人的衣着打扮、兴趣爱好和消费偏好，表明自己生活的雅致和品位，甚至显示个人与众不同的风格。个体的这些自我展示，往往少不了个人精心设计和挑选的成分，经过仔细斟酌让语言表达更合理，慎重挑选展示的内容，其意在按照个人的设想叙述自己，产生不同于"原生状态"或真实状态的自我形象，从而引起他人的关注和认同。当然，正是个体在网络空间展示的"精心"和"慎重"，也让他人对展示者个体的认识并不准确，最终可能导致展示者出现自我认知的幻觉。

第二节 比较视野中的中国个体化

改革开放后形成的个体社会，是中国个体化的现实反映。如果对此只是孤立地看，难以观察得比较透彻，也难以形成满意的判断，因此需要和其他社会的个体或个体化进行对照。"中西"比较的对象这里定位在西欧社会，基于的考虑是：西欧的个体化社会研究影响较大，比较具有代表性；西欧的个体化发展程度较高，以此作为参照，容易发现中国社会化的不足和差距，同时还可以从中得到社会治理的有益启示。从中西方个体化发展的背景、过程和影响来看，两者既有相同之处，也有迥异之处。

一 中外个体化的相似之处

中外个体化的相似之处，主要反映在个体化动力、个体化路径和遭遇、个体生活方式等层面。

第一，社会转型为中西方社会个体化提供了动力。中西方社会发展水平并非处于同一层次，中国当前尚处于现代社会发展的早期阶段，而西欧社会发展到20世纪下半叶已然进入晚期现代性阶段。但是，它们仍旧面临一个共同的问题，即社会转型，只不过社会转型的内容不一致。中国社会转型是指农业社会向工业社会转型，计划经济向市场经济转型，整体性社会向个体社会转型，集体主义价值向个人主义价值转型。中国社会转型的内涵比较丰富，需要比较长的时间才能完成，现在还处于转型的过程中。其中，计划经济向市场经济的转型最为重要，这个转型对其他几个转型都将产生直接的影响。众所周知，市场经济中最为基本的活动主体就是个人。市场经济中组织是放大了的个体，仍然是为个人服务的。以个人利益为中心，个人自主决定从事什么工作，个人自由选择在哪里工作，通过平等竞争的方式实现个人的利益目标。因此，要成为市场经济中的一分子，必须要从改革开放前国家与社会一体化的社会中分离出来，从城市的企事业单位、农村的人民公社和乡村家庭中走出来，因为只有个人才能适应市场经济的劳动力资源流动性、个体自主性、竞争性和平等性需要。诚然，中国的市场经济发展是在社会主义条件下政府推动的，政府进行市场经济改革的目的是要发展生产力，实现社会主义的共同富裕，在集体主义为基本道德原则的社会主义中，个体的发展并不是国家追求的目标，把它作为市场经济的"副产品"似乎更为合理。所以，把中国个体化的发展动力理解为市场经济，这个立论应该是经得起推敲的。

西欧社会现代性发展要远早于中国，其社会转型与中国也大不一样，但是对于西欧的个体化发展而言，西欧社会转型同样是重要的动力来源。西欧现代性的最早发生，应该是在17世纪，现如今西欧社会已经进入贝克所说的第二现代性阶段，也叫晚期现代性阶段。当代西方社会学标志性人物之一的贝克,在其著作中把西欧的现代性划分为两个阶段,即第一现代性和第二现代性,[①] 20 世纪下半叶为两个阶段之间的过渡时期。第一现代性阶段,也称简单现代性,相当于工业社会阶段,也就是人们通常所言说的超越传统的现代化阶段。第一现代性社会在启蒙个体主义[②]思想之下,建构起了民主政治制度、市场经济制度、科层管理制度;把"人"固定在主体的位置上,用其理性的思维方式和似乎一切尽在掌握的信念,去认识被称为客体的周围世界,努力获取真理性的知识和改造世界的方法。由此观之,第一现代性社会最为显著的特质便是确定性。对此,贝克将其阐述为秩序和行动逻辑的明确性,斯科特·拉什则将其描述为结构逻辑构成了第一现代性,并明确第一现代性社会是一个线性系统。第二现代性虽然还在"吟唱""现代性"主题曲,可是与第一现代性相比,显然发生了根本性的变化,进入了一个新的社会转型期。第二现代性社会面对的是第一现代性社会所带来的各种社会风险和现代性的副产品,个体被迫走出原有的社会结构,在变动不居的环境中独自承担个体行为的后果。第二现代性社会与第一现代性社会相反,最大的特点在于复杂性、不确定性。第二现代性社会系统是一个复杂系统,而非线性系统,由于个体的因素会导致系统的不平衡,这种不平衡会通过反馈环路作用于系统。个人在第二现代性下的思维方式不再是反思性的了,取而代之的是自反性。自反作用具有不确定性和紧迫性的属性,在自反性的条件下,个体的选择应该是快速的,而不是迟疑的或是自己随意安排的,个体没有足够的时间通过反思来建构自己的线性发展人生,于是个体的人生叙事只能是"修修补补"和"拼凑",在紧张的、被迫的自反性生存中充满了风险。不仅如此,与人相关的知识,

---

① [德]乌尔里希·贝克、伊丽莎白·贝克-格恩斯海姆:《个体化》,李荣山等译,北京大学出版社 2011 年版,第 5 页。
② 斯科特·拉什认为,个人真正成为个体,是在第二现代性阶段,个体主义也是到第二现代性才出现,而第一现代性阶段的个体主义只能是启蒙个体主义。(参见[德]乌尔里希·贝克、伊丽莎白·贝克-格恩斯海姆《个体化》,李荣山等译,北京大学出版社 2011 年版,第 14 页。)

也变得不再确定。由于第一现代性与第二现代性特征的根本不同，进入第二现代性显然是一种彻底的社会转型。21世纪初第二现代性已经取代了第一现代性，其自反性对自由选择的个体提出了不同于第一现代性的要求，否则人们将无法应对晚期现代性的各种风险和挑战。在这个意义上，将西欧社会进入第二现代性的社会转型，看作是个体化社会发展的动力，似在情理之中。

第二，中西社会个体化的路径和遭遇基本一致。个体化的基本含义包含两个方面，一个是个体从传统的社会结构当中脱离；另一个是脱离的个体再嵌入新的社会制度，形成新的社会结构。简而言之，个体化揭示的是人与社会关系的变化，其最终是与一定的制度相联系的，而不论现在是否已经为某种制度控制，正是在这个意义上，它又被叫作制度性的个体化。个体化在一个社会中发展的路径是什么呢？乌尔里希·贝克的研究提供了一个有力的解释。他曾经在其个体化理论中，提出了个体化的三个维度，即解放的维度、祛魅的维度和控制的维度。[①]简单地说，解放的维度是指个体从此前的传统社会结构和义务中抽离，从而获得个体自由和自主选择权利；祛魅的维度表明，以前传统社会的知识体系、精神信仰层面的东西不再具有效用，孤独的个体在所谓的自由和将来的未知中失去安全感；控制的维度也可说是重新嵌入的维度，个体化使个体从传统社会结构中获得自由，自由的个体如果要在新的社会形态中生存下来，就势必进入新制度，并在其控制中重建社会秩序。贝克关于个体化的"三维"论点，给考察个体化发展路径，提供了有益的视角，这就是个体解放、丢弃权威的祛魅和个体重新嵌入。

中国社会的个体化虽说还在过程中，但是与西欧一样，在发展路径上都正在经历个体解放、权威消解之下的祛魅。必须要说明的是，个体化不是西方第二现代性阶段的独特现象，其实整个现代社会的过程都伴随着个体化现象，只不过个体化的起点和水平不一样。根据吉

---

① U. Beck, *Risk Society towards a New Modernity*, London: Sage, 1992, p.127.

登斯研究结论来看，现代性早期的个体化，是对农业传统社会的否定，即去传统化，个体从传统社会的专制统治中逃脱，获得相对自由和独立的选择权，谓之解放政治的个体化；现代性晚期的个体化，则是从工业社会自由民主理念指导下的现代管理制度中抽离，以"为自己而活"作为生活模式，独自面对充满风险和不确定的人生，这是生活政治的个体化。中国个体化具有复杂性，这主要源于中国社会同时受到传统社会、简单现代社会和晚期现代性社会的影响，因此中国个体化是早期现代性个体化和晚期现代性个体化的并存和混合。在中国个体化的过程中，已然发生了解放政治的个体化和生活政治的个体化，这两个不同层次、不同发展阶段的个体化，都在经历着权威消解基础上的祛魅过程。此处的"祛魅"有两个理解，一个是对农业社会传统权威的反对和抛弃；另一个是对现代社会权威（相较于晚期现代性权威而言，它也可以看作是传统权威）的质疑和否定。对于第二种类型的祛魅，西方社会也正在发生。这里不得不说的是，基于背离现代社会权威的个体化祛魅，包含对现代社会权威知识和信仰的放弃。权威性知识不仅指现代性发展过程中积累起来的理论和实践知识体系，还应该包括现代性过程中人们的思维方式和社会制度体系等。现代社会的权威信仰除了对影响广泛宗教的信仰，还有对现代文化价值的信仰，例如对民族的热爱、对国家的忠诚、对组织的爱护、对公共事务的热心等。而当今，无论是中国还是西方，在个体化尤其是高度现代性个体化发展的趋势下，"为自己而活"的生活价值追求，让更多的人距离公民公共性特质越来越远，公共精神的渐趋缺失，对共同体生活和社会秩序构成严重威胁。对此，托克维尔早就意识到，他把自由的个体看作是公民的头号敌人，个体除了追求自己的利益之外，公共利益、社会正义似乎不在他们的考虑范围。[①] 鲍曼也深刻体认到：个体化弱化了个体与社会共同体之间的纽带，对公民身份以及

---

① ［德］乌尔里希·贝克、伊丽莎白·贝克－格恩斯海姆：《个体化》，李荣山等译，北京大学出版社 2011 年版，第 25 页。

基于公民身份的政治构成了挑战。

中西个体化不单共同面临"祛魅"带来的问题，也将一道面对"重新嵌入"的难题。诚然，"重新嵌入"的对象，已不再是个体化发生前的对象，而是要嵌入与新的社会发展阶段相适应的制度和结构之中。个体化的重新嵌入要求，来自个体抽离的那个社会制度基本不能满足个体的需要，能够服务于个体的只是对个体自由和选择的保护，除此以外不再能够提供其他保障了。旧制度的效用有限，或者即将失灵，但是新的制度又尚未建构，即便在西方高度现代性社会也是如此，不能不说这应该跟问题的难度有着很大关系。没有完成个体化进程中的个体"重新嵌入"，"重新嵌入"难度之大，这两个问题如今在中西个体化中同样存在。个体"重新嵌入"难度究竟有多大，从鲍曼和贝克所遭遇的困惑中可以得知。建立在对生产社会之后出现的消费社会研究的基础上，鲍曼的个体化思想遭遇到了这样的困境：个体化给了个体自由，但是不平等、不确定性也不期而至；消费社会为个体提供了更多的自由选择，但是对共同体而言却是灾难性的侵蚀。贝克的困惑看起来简单易懂，却异常深刻和冲突剧烈，这就是在"为自己而活"的个体主义时代，如何能够建立与他者的联系；如果利他是唯一的途径和希望，那么传统权威知识和信仰的丧失以及以自我为中心的社会，何以能够让利他成为可能。对于个体化时代社会制度的构建，不管鲍曼还是贝克，信心都不是那么足够，只不过贝克可能稍许强一点。尽管如此，诸如鲍曼和贝克一类的研究者并没有放弃寻找方案，这也许是学术研究者的执着精神使然，也可能是作为公民的良知和责任。实际上早在他们之前，被誉为西方三大著名社会学家之一的涂尔干，就对早期现代性个体化语境中的社会整合问题做过认真的研究。第一现代性阶段时期，涂尔干在个体与社会的关系中高度强调社会的价值，甚至认为必要时可以牺牲个体来成就社会，并以此为基础实现社会有机团结。鲍曼在明确指出个体的最终归宿不该是原子的同时，也发出了保卫社会的呼喊，主张在不牺牲自由的前提下个体要超越自我。贝克对于社会整合的主张，比鲍曼似乎要积极一些、明确一些，他提出用超验共识、共同利益和国族意识整合个体，并建议要保持个体的高度社会敏感性，将自我的权利和义务与他人相关联。保罗·霍普则高度重视个人主义时代地方和邻里共同体的建设，培育共同体建设所需要的公共精神。对于这些拯救个体化社会的方案，不应当简单地肯定或者否定，但是从贝克对利他个人主义的建构不够自信中，就可以想见个体化过程的"重新嵌入"前景是如何艰难了。

第三，中西个体化背景下"为自己而活"的个体生活价值，均反映在民众的主要生活方式中。个体化过程中获得自由的个体，自主选择生活成为可能。于是，在当代的中西方社会呈现了共性问题：把金钱、权力、地位和爱情（在一定程度上爱情被作为商品消费）等作为工作和奋进的动力，"为自己而活"不知不觉地成为人们生活的共同主题。贝克曾经把"为自己而活"诠释为15个方面，[①]它给分析个体化的这一个人生活模式提供了启示。高度分化的社会，形成了相互没有交互和连接的不同功能区域，自由的个体经常徘徊于不同的功能区域，只能部分或者暂时与社会之间整合，何时与社会发生关系取决于个体当时所扮演角色的需要，个体的生活就以"为自己而活"的方式呈现。个体化情境中的个体人生模式由标准化向选择性转变。标准化的人生模式是个体化之前社会的普遍现象，个体在教育训练、国家期待、社会习惯等综合因素作用下，做出与家庭、社会和国家设想相吻合的人生安排，并与绝大多数人保持一致。个体进入选择性的人生模式，显然具有选择的个性自由，但是这个选择也常常无法回避风险，在个体化浪潮任意击打中的个体缺乏自足性是其根本原因。"为自己而活"生活模式的选择，将个人由承担者变为责任者。前个体化社会中，个人是家庭、家族任务的承担者，个人也可能是组织（国家也包含在内）任务的承担者。而个体化所形塑的个体，自己则自行选择和完成处理一些事务，然而个体工作成败和努力的得失，责

---

① ［德］乌尔里希·贝克、伊丽莎白·贝克－格恩斯海姆：《个体化》，李荣山等译，北京大学出版社2011年版，第27—34页。

任全部归结为个体自己，个体成为其行为的唯一责任者。"为自己而活"的人生价值定位，也衍生了亚政治。个体化的影响无处不在，其存在于经济、社会和文化等多个领域。政治行为的个体化，迫使传统的政治组织逐渐式微，其表现为政治组织动员能力不断削弱，组织内试图通过协商而达成共识变得愈加困难。一边是传统组织政治的衰微；一边却是亚政治的兴起，以个人为政治主体的微政治不断出现，与个体距离较近的底层为主角的亚政治，在社会议题确定和行动选择中表现出主导之势。总之，个体的亚政治对系统政治构成了严重威胁，亚政治的碎片化现象也较为明显。当然，"为自己而活"在贝克那里的含义十分丰富，此处只是从选择性人生、作为责任者的个体和亚政治发展三个方面略作阐述。但是，两者更多的是差异性的存在。

二 中国个体化现象的独特性

较之西方的个体化，中国个体化现象有自身的独特性，表现在文化背景、社会发展阶段、个人与国家关系、个体发展程度等方面。通过中西方个体化差异性的分析，能够进一步展现中国社会个体的清晰样态，同时也防止用西方社会个体化理论来简单剪裁中国社会现实的文化殖民主义做法。

第一，中西方文化背景不同。中国社会个体化趋势的发展有两个重要阶段，一是1949年以后到20世纪70年代末，是中国社会个体的部分发展或集体发展时期；二是改革开放以后社会个体的迅速崛起。这两个阶段，虽然社会个体发展的程度不同，但是集体主义成为社会主义的主要文化价值之一。市场经济尽管催生了经济个人主义，然而在官方的意识形态中，集体主义的主导地位依然是不可以动摇的。集体主义在中国可谓是由来已久，在农耕经济时代就有"宗法集体主义"[①]，在这种个体湮没的集体主义中，片面主张集体的价值，

[①] 杨建义：《集体主义是培育和践行社会主义核心价值观不可或缺的原则》，《科学社会主义》2013年第5期。

倡导对家族的责任和国家的义务。改革开放前传统的集体主义价值观，把"大公无私"作为其核心要求，在个人与集体的关系中，强调个人服务和奉献于集体的价值取向，客观上导致个人几乎湮没于集体之中，个体的价值具有工具性的意味。实行改革开放的政策以后，市场经济的发展催生了社会利益主体的多元化，分配体制转变为以公有制为主体的多种分配方式并存的形式，个人利益成为社会主义在改革过程必须面对的问题，因此集体主义应当有新的解释和发展。此时集体主义总原则，仍然坚持集体利益高于个人利益。当集体利益与个人利益发生冲突，并使集体利益的受损可能无法避免时，只能牺牲少数人的个人利益。中国特色社会主义的集体主义价值观，主张集体利益与个人利益是辩证统一的关系。集体利益的增加会让个体受益，反过来个体利益的增加同样也会让集体利益增长，个人并非国家、社会、群体的工具。与传统的集体主义价值观明显不同，中国特色集体主义还重视和保障个人利益的实现，主张个人只有在集体中，其权利才能得到保障，才能获得正当的利益。在西欧社会，文化民主和福利国家制度是其重要背景。自由主义在西方的出现和发展，使得个人主义居于绝对主导的地位，个人权利和个人利益是一切理论和实践的出发点和落脚点，形成了以个人为中心的个人与国家结构关系。拥有独立、自由、平等和权利的个体，为民主政治制度的建构，创设了基础性条件，在长期的民主政治生活中，民主已经充斥在公民文化和社会关系准则中，而不再是一种政治体制。

第二，社会发展阶段不同。中国目前的社会发展，已经处于新型工业化发展阶段。总的来说，中国工业化经历了"三个发展阶段"[1]。中国工业化起步较晚，时间为洋务运动时期。一直到 20 世纪 40 年代末之前，国家的工业发展效果并不明显。新中国成立后，国家模仿苏联发展方式，实行优先发展重工业的"赶超战略"，到 70 年代后期，

---

[1] 周维富：《中国工业化的进展、突出问题和发展策略》，《经济纵横》2014 年第 12 期。

建立了独立和完整的工业体系，实现了从农业国向工业国的过渡。从1979年到2002年，国家实行对外开放政策，推动多种所有制经济共同发展，工业化水平迅速提高，世界工业大国地位初步确立。从2003年至今，中国在新型工业化发展理念的指导下，产业结构不断优化，工业化发展进入中后期。从总体上看，工业化发展已经成为中国社会的主要特征。但是城乡的明显差异还依然存在，农村地区仍然保留着传统农业社会的一些特点。与此同时，中国的开放性政策，又让自身逐步融入全球化的体系中，不得不面对全球化的挑战，迎接已经到来的后工业化社会。这就是中国现阶段社会发展所处的特殊阶段。因此，邓正来先生认为，决定中国当下行为的不仅是过去所形成的历史性经验，而且还包括"现实的未来"和"虚拟的未来"[①]。"现实的未来"是指中国工业化发展的走向，"虚拟的未来"主要是指已经在西方出现的后现代性的发展。这也就是中国目前发展"共时性问题"。而西欧国家已经处于贝克所说的"第二现代性"[②]阶段。第二现代性也可称为高度现代性，英国社会学家斯科特·拉什则将之看作是信息现代性。第二现代性是现代性发展到极限而出现的阶段，21世纪初的时候，它取代了"第一现代性"（即现代性）。第二现代性具有自反性的特点，对于第一现代性的成果不是理所当然的继承，相反，第一现代性下建立在明确边界和区分基础上的秩序和行动逻辑，以及由此形成的关于管辖权、资格和责任明确的制度，由清晰变得模糊，并被社会和政治现实的不确定原则所取代。这种不确定性，与曼纽尔·卡斯特所提出的流动逻辑意蕴具有一致性。[③]

第三，中国个体化现象与国家力量的干预有着密切联系，而西

---

① [德]乌尔里希·贝克、邓正来等：《风险社会与中国——与德国社会学家乌尔里希·贝克的对话》，《社会学研究》2010年第5期。
② [德]乌尔里希·贝克、伊丽莎白·贝克－格恩斯海姆：《个体化》，李荣山等译，北京大学出版社2011年版，第5页（序言）。
③ [英]斯科特·拉什：《非线性模型中的个体化》，李荣山等译，[德]乌尔里希·贝克、伊丽莎白·贝克－格恩斯海姆：《个体化》，北京大学出版社2011年版，第13页（序一）。

欧个体化则与此不同。从改革开放后中国个体成长的过程来看，个体发展离不开国家方针政策的支持，也离不开法律制度的保障，国家推动的制度变革对个体发展产生了重要影响。这种制度变革对个体化产生的作用，在西欧国家也同样存在。中国个体发展过程中的国家控制，是指国家通过一定的方式引导个体发展的走向，比如国家对个体进行赋权。赋权的内容有与经济活动相关的民事权，与社会保障和公共服务相关的社会权利。通过赋权把个体引导到经济领域和社会领域，同时在个人与家庭、社会和国家的关系构建中，更多承担对后者的责任。在政治领域中国家对个体则采取审慎的态度，政治改革中对个体的政治诉求抱着消极的态度。中国政治改革是一个渐进的过程，经过30多年的努力取得了一定的成效，政治体制已经走出高度集权和全面控制的集权主义和全能主义，推行政府主导的现代化模式，将经济发展与政治发展进行分离，限制政治参与，依靠国家的强制力量，维护政治稳定和中国权威，但是政府对社会无处不在的控制明显放松，个体在经济领域和社会领域获得了一定的自由空间。国家主张精英政治和精英民主，而对大众民主的态度不够积极。

西欧的个体化虽然也有被迫的性质，但是与发生在中国国家控制下的个体化发展不同。西欧国家的第二现代性，之所以是自反性的，是因为第一现代性的社会形式正在解体，像阶级、社会地位、性别角色、家庭和邻里等范畴不断弱化，高度现代性社会把新的要求、限制强加给了个体。自反性社会中的知识由确定变为不确定，"所谓知识，充其量只是一些不确定的概率，或者说'可能性'"[①]。个体赖以存在的稳定的社会形式和确定的知识逐渐失去，被迫面对一个快速运行和决策的世界，在这个世界中选择是个体必须要做出的，但是现代社会的高度复杂性和不确定性，并没有给个体的选择留下足够的时间和空

---

① ［英］斯科特·拉什：《非线性模型中的个体化》，李荣山等译，［德］乌尔里希·贝克、伊丽莎白·贝克－格恩斯海姆：《个体化》，北京大学出版社2011年版，第16页（序一）。

间，由于"从一开始，被塑造出来的个体就缺乏能与他人的困扰相结合的边界"[1]，所以个体被迫生活在孤独并充满风险的世界中，个体也成为第二现代性社会的基本单元。

第四，个体化发展的程度不同。中国个体化发展主要聚焦在解放政治领域，基本是围绕改善自身待遇、增加生活机会、提高生活水平和社会地位而展开的。小岗村农民之所以胆敢向体制发起挑战，就是要摆脱贫困的困扰。身份证制度的实施，城乡二元的封闭格局被打破，社会流动成为现实的可能，农村剩余劳动力纷纷涌向城市，出现了蔚为壮观的"民工潮"现象。进城农民工背井离乡，走进陌生的环境，忍受着"二等公民"的歧视，其目的就是改善家庭的经济条件，让自己活得更好。20世纪90年代在城市出现企事业单位人员"跳槽""兼职"和"下海"现象，在很大程度上也反映了他们对现实经济收入的不满，试图提高个人实际收入的愿望。此外，从中国社会的民众维权运动和抗争运动也可以看出，无论是从旧有集体体制下走出来的农民，还是从单位体制中被分离出来的市民，他们在维权中大多数是为了个人的现实经济利益。肖唐镖对中国民众维权和抗争做过案例研究，[2] 其研究发现，中国民众维权事件的议题有三种类型，即宗教信仰、国家利益和社会现实问题。社会现实问题种类较多，包括下岗和就业问题、生活保障问题、征地和补偿问题、乱收费和负担过重问题、拖欠工资问题、医疗纠纷问题，等等。这些社会现实问题，成为引发民众维权抗争的主要原因。宗教信仰和国家利益属于价值取向的问题，而社会现实问题尤其是经济问题属于利益取向的问题，由此可见中国个体依然是在解放政治的框架下思考问题，并采取相关行动。而欧洲的个体化则体现了生活政治或者自我政治的主题，通过生活方式的选择，达到自我实现的目标。安东尼·吉登斯提出，生活政治是在晚期现代性下的一种秩序，"在反思中把自我和身体与

---

[1] [英]齐格蒙特·鲍曼：《个体地结合起来》，李荣山等译，[德]乌尔里希·贝克、伊丽莎白·贝克－格恩斯海姆：《个体化》，北京大学出版社2011年版，第25页（序二）。

[2] 肖滨：《中国政治学年度评论》，上海人民出版社2012年版，第124—126页。

全球范围的系统连接在一起"①，其只有在高度现代性稳定之后才会出现，关涉的是自我实现过程中的政治问题，在全球化背景下塑造能够促进自我实现，并在道德上无可厚非的生活方式，它经常会提出"我们应该怎样生活"的问题，在选择的自由中进行政治决策。生活政治在西方的投射，表现在观念和行动上的变化，从"为他人而活"转向"为自己而活"，出现在后家庭时代的家庭，以选择性亲密关系取代需求共同体，预设的劳动分工、自我形象设计和生活计划受到个体化的挑战，家庭中产生了新的冲突。生育权的自我选择，致使生育率下降。基因技术时代的健康和责任，也成为生活政治的主题之一。

第三节　中国个体化现象的影响

中国计划经济体制的解体，原有的单位制和集体制的消失，导致国家对社会的控制明显减弱，单位和集体不再是国家行政权力的延伸，也不再是社会生活政治化的场所，个人的组织依附性不复存在，国家与社会合体的社会结构被打破，社会成为个体自由和自主生活的领域。个体化发展既建构了国家与社会的新型关系，激发了个人的自主发展的活力，也为公民的产生提供了可能，但是，也带来了现代社会的不良后果。

一　个体凸显有助于国家与社会关系的合理化

从单位制度中释放出来的个体，以个体和组织的形式构成了具有一定的独立性和自治性的社会空间，以此国家与社会同在的关系格局得以逐步构建，国家和社会在各自的领域中发挥着应有的功能，国家与社会的关系趋向明晰。

中国国家功能从多样化向简单化的转变，使政治功能进一步凸

---

① ［英］安东尼·吉登斯：《现代性与自我认同：现代晚期的自我与社会》，赵旭东、方文译，生活·读书·新知三联书店1998年版，第252页。

显，经济和社会功能弱化。国家作为概念早在古希腊时期就已出现，古希腊城邦中的政治生活用国家来指称，亚里士多德也正是在国家的政治概念下，考察城邦的生活和公民。也就是说，国家从概念的出现起，它就与政治生活紧紧相连了。中世纪千年之久的神权国家，出现了教会神权向国家俗权渗透并共存的格局，教会事实上统治着精神王国和世俗王国，俗权也不得不服从于神权。世俗王朝只是在神权与俗权媾和时，才能获得共享的社会治理权力。[①] 近代文艺复兴和宗教改革，掀起了脱离神权统治的斗争，在世俗权利与教会神权之间进行划分，同时指出教会精神权力的非强制性，而王朝的世俗权力则是强制性的权力，甚至可以对教会人物履行惩恶扬善之责，"也不管对象是教皇、主教、教士、修女，还是任何其他人"[②]。绝对国家将俗权与教权集于一身，终止了教会对社会的治理权力，君主获得了对精神王国和世俗王国的统治权。然而，绝对国家只是历史发展中的过渡阶段，后来的启蒙运动和资产阶级革命便造就了现代国家。西方的现代国家实行宪政制度，在国家与社会之间进行了明确的界分，国家被限定在政治领域，社会则是自由、自治的空间。历史演化表明，国家与权力和理性相联系，而社会往往与自由和非理性相关。中国在效仿苏联进行传统社会主义建设的探索时，不仅具有包括行政权力在内的政治职能，而且掌握整个社会发展的经济权力，国家将整个社会纳入高度集权的全能体制中，从而实现理想当中的公有制和平均主义。然而，全能的国家体制在实践中惨败，当体制改革大船的汽笛鸣响的时候，国家逐渐通过制度化的"松绑"，放弃了对社会的控制权力，卸掉了不堪负荷的重压，社会剥去了浓重的政治色彩，个体在社会中获得了活力，而国家则专司政治和服务职能，占据着作为政治设置的制度空间，为社会的宏观层面决策和个体的普遍利益提供支持和保障。中国国家功能的回归，不仅与国家职能演化的发展趋势相一致，更重

---

① 张康之、张乾友：《公共生活的发生》，高等教育出版社2010年版，第2页。
② [英] 斯金纳：《近代政治思想的基础》（下卷），奚瑞森、亚方译，商务印书馆2002年版，第21页。

要的是适应了国家现代化的发展要求。

国家通过放权和改革在社会领地上后撤，释放的是一个个自由的个体，出现的是一个独立和自治的社会。相对独立和自治的社会，由"非官方的公域和私域"①构成。非官方的公域是国家政治安排以外的空间，它并不是与国家不存在关系，而是能够对国家的立法和决策产生一定的影响。非官方公域中组织或个人，通过媒体表达观点，借助沙龙或者其他形式的集会交流思想，从而形成在社会中获得广泛承认的公众舆论。私域主要就是不受国家超常干预的市场经济领域，其以追求私利为价值目标，奉行自由、平等、效率、竞争的原则，具有非理性的特点。从社会的两个构成部分看，其具有两个鲜明的特征：首先，使市场经济成功运行的契约关系的存在，是社会的重要特征之一。契约关系的形成需要两个基本条件，一是社会中的一方有获取他方资源的自由；二是同时自己能够具有满足他方需要并能够让渡的资源。中国市场化改革把自由和产权赋予了个人、组织，因此他们获得了独立的法律人格，使个人和组织能够自由地从对方获得资源和权利，同时自己又能够用自己的资源满足对方的需要。这种契约关系一旦形成，便构成了对社会成员进行约束的空间。社会内部的联系既不依靠传统的血缘亲情关系，也不依靠垂直指令性的行政关系。其次，自愿原则是社会领域与国家分离之后的又一特征。每位社会成员不是在强迫下，而是在自我判断和自主选择中，确定自己的种种行动方向。从农村集体化体制走出的农民，有的从事个体、私营企业、乡镇企业经营活动，有的加入农民工大潮成为进城务工人员。摆脱单位制束缚的企业，能够根据企业自身特点、生产经营计划和市场实际情况出发，以整体性的个体身份出现在市场经济中，在与其他企业的自由竞争中，为自身赢得生存和发展的空间。此外，还有一部分在企事业单位中出现的所谓"跨体制的人员流动"，流动人员思想观念和行为方式已经与以前大不相同，打上了鲜明的自主性和自我负责行动后果

---

① 邓正来：《国家与社会：中国市民社会研究》，北京大学出版社2008年版，第9页。

的印记，个人的独立精神得到比较充分的彰显。无论是农村的农民还是城市的市民，都从自己的价值追求和实际情况，自主选择自己的职业生涯路径和目标。不仅经济生活领域中的自主选择成为普遍的做法，在结社方面也体现了自愿的原则，尊重个体的选择自由，有助于培养个体负责的态度和自我管理的能力与习惯。

关于国家与社会的关系，不同论者从自己所处的不同时代、不同角度、不同国家历史传统出发，形成了不同的国家与社会关系主张。其中，有两种最具代表性，一个是洛克的社会先于或外在于国家理论，另一个是黑格尔关于国家高于社会的思想。[1] 洛克是站在自由主义的立场上来看待国家与社会关系的。他认为人类最初的自然状态是一种完美的自由状态，在自由状态的每个人都具有生命、自由和财产三大基本权利，他们有权惩罚违反自然法的人。洛克指出，适应处理个人利益冲突之需要、维护社会秩序之要求而产生的国家，其代理机构"政府除了保护财产之外，没有其他目的"[2]。当然，他也承认国家对集团利益的协调和平衡作用。国家的权力来自民众权利的部分让渡，当国家滥用权力或违背契约时，民众则可以收回让渡的部分权利，直至推翻政府。在洛克的观念里，国家只是自然状态下社会发展的工具，社会和个人才是真正的目的。透过洛克对国家与社会关系的构想，可以发现他对国家的两个态度，一是担心国家的内在规定性将导致其与个人利益之间的冲突；二是对国家政治权利持怀疑态度。这客观上可能导致社会自绝于国家天然权利的结果，造成非政治化的盛行，从而走向无政府主义的迷途。所以，洛克对国家与社会关系的定位，其隐含的是对社会作用的夸大，传递了国家只是处于工具地位的思想。而黑格尔则完全走向与洛克不同的路向。黑格尔在私人经济活动领域来研究社会，并将这个领域称为"市民社会"，把"市民社

---

[1] 邓正来：《国家与社会：中国市民社会研究》，北京大学出版社 2008 年版，第 35 页。

[2] ［英］洛克：《政府论》（下篇），叶启芳、瞿菊农译，商务印书馆 1986 年版，第 58 页。

会"作为家庭与国家之纽带。他认为市民社会是追求个人利益的空间,个人的欲望驱使其具有非理性。从伦理层面看,市民社会处于一种无政府状态,具有非完美性。而国家则是伦理和理性的权威,市民社会道德和理性的不能自足,只能在国家中取得支持,国家是对市民社会的保护和超越,因此在这个意义上高于市民社会。国家与市民社会关系中,国家是目的而不是手段。但是"国家也仰仗从市民社会得到实现它所体现的道德宗旨所需的手段"①。黑格尔"国家高于社会"的理论架构,从根本上否定了早期自由主义关于国家只是世俗公益机构的主张,重新将国家置于神性光环中。同时,黑格尔理论中所表达的一切问题,都可以通过国家或政治进行解决,可能导致社会的过度政治化和国家集权统治的出现。

改革开放以来的中国,国家与社会关系形成了独特的架构形式。如果只从国家与社会彼此的力量强弱来看,有这样四种可能性情形:②强国家与弱社会、弱国家与强社会、弱国家与弱社会、强国家与强社会。但是,这仅仅是理论上的关系建立。在国家与社会关系发展较早的西方历史中,曾经出现洛克"社会先于或外在于国家"的理论,也出现过黑格尔"国家高于社会"的主张,但是这两者似乎走向了国家与社会关系的两个极端。洛克的理论中始终把社会作为中心,国家作为手段,甚至将国家看成是必要之恶,社会需要时时提防国家的侵害,国家与社会的关系具有对立的意味。黑格尔则高度赞美国家的作用,似乎社会问题在国家这里都可以迎刃而解,这有可能为集权主义和社会政治化的产生提供借口。中国改革开放取得的重大成果,现代化建设取得的重要进展,告诉世人中国不会再回到高度集权的体制之中,但是人们也不应忘记国家在改革和社会发展中的重要推动作用。同时,中国王朝兴亡的历史和近现代的革命经验,也告诫人们中国的发展离不开社会的稳定与和谐,而社会的稳定与和谐又需要国家

---

① [美]萨拜因:《政治学说史》,盛葵阳译,商务印书馆1987年版,第729页。
② 景跃进:《"市民社会与中国现代化"学术讨论会述要》,《中国社会科学季刊》1993年第5期。

深化改革来继续提供保障。因此，中国的国家与社会关系应当是一种良性互动关系，也就是中国论者在"良性互动说"①中表达的思想，而非洛克和黑格尔理论中表达出的两者对立关系。这与马克思国家与社会相统一的思想相一致。马克思主张"家庭和市民社会是国家的现实的构成部分，是意志的现实的精神存在，它们是国家的存在方式"②。无产阶级取得政权之后，"他们组成自己的力量去代替压迫他们的有组织的力量"③。国家对社会的影响，主要是通过经济手段和法律手段实现，而不是政治手段。其具体表现是：一是国家为社会发展创造必要的空间，并提供相应的政策和法律制度保障。国家市场经济制度改革的深化，社会服务制度的完善，深化改革决定和措施的出台和落实，为社会发展进一步创造良好的环境；二是国家对社会进行适度的干预和调节。国家作用体现在两个方面，一方面着力解决社会中出现的不平等和非正义的问题，像城乡差别、地区差别、行业差别等；另一方面保护和促进国家定义的普遍利益，如全面建成小康社会等问题。而社会对国家产生的作用，则表现为社会的发展为多元利益集团的出现和利益表达提供了可能，这为中国民主政治的发展奠定了一定的基础。同时，社会的发展也为市民通过政治参与影响国家重大决策安排了合适的通道，这在实际效果上也可能接近国家民主政治的目标。

二 对社会个体化现象负面影响的批判性分析

虽然中国社会主义市场经济体制的发展和完善，促进了个体的自主、平等、法治、权利等观念的生长，但是市场经济自身的"双面性"特点也带来了一定的负面影响。马克思在对西方以市场经济为经济生活形式的市民社会的批判中，曾尖锐地指出人权"无非市民社会

---

① 邓正来：《国家与社会：中国市民社会研究》，北京大学出版社2008年版，第127页。
② 《马克思恩格斯全集》第3卷，人民出版社2002年版，第11页。
③ 《马克思恩格斯选集》第3卷，人民出版社1995年版，第95页。

的成员的权利,即脱离了人的本质和共同体的利己主义的权利"①,国民经济学家将利己主义看作是交换的"动机"和价值观的"基础"②。尽管中国社会主义市场经济社会与西方资产阶级的市民社会具有显著不同,但是市场经济发展和个体化现象或者个体的崛起,也确实造成了一些不容忽视也无法回避的问题。党的十九大报告明确提出,进入新时代我国社会主要矛盾已经转化为人民日益增长的美好生活需要和发展不平衡不充分之间的矛盾。发展不平衡不充分反映在"五位一体"整体布局方面,就是"经济发展水平总体较好,但社会法治化水平不高,文化建设相对滞后,社会建设还有不少短板,生态文明建设问题较多"③。习近平总书记在党的十九大上回顾前五年工作成就的同时,清醒地指出还存在"发展不平衡不充分的一些突出问题尚未解决……社会文明水平尚需提高"④ 等问题。这里的文化建设和社会文明,具有内在统一性,都与人民及公民的思想觉悟、道德水准和文明素养密切相关,它们的建设和发展水平体现了公民成长状况。党的十九大指出:"我国社会主要矛盾的变化,没有改变我们对我国社会主义所处历史阶段的判断,我国仍处于并将长期处于社会主义初级阶段的基本国情没有变,我国是世界最大发展中国家的国际地位没有变。"⑤ 这意味着包含文化建设在内的"五位一体"协调发展和社会文明水平提高还有比较艰巨的任务。因此,就目前中国社会的个体来说,在一定程度上存在精神信仰物质化、私人生活中心化和社会结构原子化。

(一) 精神信仰物质化

中国人精神信仰的演化。精神信仰,顾名思义是与精神有关的概

---

① 《马克思恩格斯全集》第1卷,人民出版社1956年版,第437页。
② [德] 马克思:《1844年哲学经济学手稿》,人民出版社2000年版,第137、139页。
③ 《毛泽东思想和中国特色社会主义理论体系概论》编写组:《毛泽东思想和中国特色社会主义理论体系概论》,高等教育出版社2018年版,第179—180页。
④ 习近平:《决胜全面建成小康社会 夺取新时代中国特色社会主义伟大胜利——在中国共产党第十九次全国代表大会上的报告》,《党的十九大报告辅导读本》,人民出版社2017年版,第9页。
⑤ 同上书,第12页。

念，具有抽象性，属于形而上学的范畴。一般人理解精神信仰，会自然而然地将其与宗教联系起来。如果仅限于此，严格来讲中国人是不能算有信仰的。但是从广义角度来看，精神信仰可以扩到非宗教以外的精神领域。在这个层面，中国人则是有精神信仰的，可能其历史追溯起来还比较久远。历史上中国人的精神信仰表现为对"道"的膜拜，[1]这个"道"与道家的"道"不同，它表现为宇宙、社会、人生的运行规律，其中蕴含着真善美的精神和人文主义情怀。"道"的阐述是在儒释道的框架下进行的。其中，儒家以其强大的影响力，对佛教和道教进行改造，并形成儒释道合流的文化格局。对儒家的信仰，在古代中国从民间到官方都大多处于主流的地位。然而，中国到了近代时期，西方列强用坚船利炮打开了大门，由此开始了长达百年的中西文化冲突历史，近代的思想精英试图把科学与理性作为认识自然和社会的方法，也曾想把"知行合一"作为沟通自然世界和道德世界的桥梁，还曾试图把心灵和道德与民主和科学相结合，改造处于危难中的国家和社会，但是均没有实现预想的目标。新文化运动和社会主义建设时期，对以儒家文化思想为传统的中国文化，发动了猛烈的打击，终于在儒家文化的废墟上，建立起了马克思主义的思想文化阵地，从此马克思主义成为国家的主导意识形态，同时也成为全能体制下中国人的政治信仰。进入改革开放时期，中国市场导向下的改革，把中国人从政治生活更多地引到经济生活中，把经济置于人们的生活中心，在一定程度上动摇和淡化了个人政治信仰，马克思主义在新时期的中国化、时代化、大众化面临挑战。

个体发展时代精神信仰呈现出一定的物化表现。商品和货币本来是市场经济的两个构成要素，其使用价值是能够满足人的需要，服务于人的生产、交换、分配和消费，在人与物的关系中，显然前者是目的，而后者是工具。但是，在现实中却出现了关系倒置，物质（包括金钱）成为人们追求的终极价值，人只是达成这个目标的工具。正是

---

[1] 邵龙宝:《中国社会的信仰问题及其实质》,《江汉论坛》2015年第4期。

表现为商品的这些物质，成为人们追求的最高价值，在思想上和行为上对人进行统摄，从而具备了人的精神信仰作用。这种以物质代替精神，或者说物质被精神化，从而导致人的精神信仰的物化。在趋利为目的、竞争为手段的市场经济中，个体一切潜能的发挥，大多围绕利益展开，中国人的精神信仰在无处不在的利益追逐中，出现了普遍物化的倾向。

首先，主观评价方面表现出的物化倾向。在评价他人方面，以金钱作为衡量标准。其职业是否令人满意，评价的依据是赚钱多少；做的事情是否有价值，主要评估其能获得多少利益；一个人是否成功，判断的标准是其拥有多少财富。在评价自己方面，也是基本围绕物质进行。评价自己是否幸福，主要看票子多少、房子多大、车子豪华程度。评价爱情是否美满，权衡的是对方是否富有，颜值如何、是否年轻也是重要指标，现代爱情、婚姻的价值追求，出现从情感转向物化的金钱和美貌的趋势；评价自己在家庭和单位的地位，也是把个人的收入和权力作为依据，权力背后其实体现的还是财富的多寡。在评估人与人的关系上，把是否能够带来利益放在首位。传统的亲属关系如果不能满足个人一己私心的需要，交往就会变成一种表面的寒暄，不愿再深入下去；朋友关系如果不能为一方提供帮助，感情便会逐渐降温，直至名存实亡。在衡量学缘关系和业缘关系的重要程度时，更是把对方处于什么地位，拥有什么资源，作为进行人际交往和关系发展的考量依据。

其次，行为方面的物化表现。经济领域中企业以利益最大化为目标，制售假冒伪劣产品，让人置身于危险和不安之中，对人们的生活和健康构成严重威胁，虽然管制和处罚力度不断加大，但是依然没有杜绝。个人消费符号化，在攀比心理、媒体宣传、产品文化包装的共同作用下，个人消费不仅在于商品的使用价值，还在于附着在商品上面的特有品牌符号。同时，个人的消费欲望永远不会停止，只能被现代技术和消费文化不断激发。政治领域中官员权钱交易、权色交易问题曾经极其严重，甚至国家级领导也卷入贪腐的旋涡中，经过中央治理现在大为好转，但还远未达到彻底消除腐败的程度。社会领域中，通过垄断学术资源，从而变相地谋取个人利益；利用学术身份套取国家项目经费，与异性学生发生不正当两性关系；医疗卫生工作人员吃拿药品回扣，收取就医人员"红包"。文化领域中，消费低俗文化、"快餐"文化、娱乐文化，满足刺激个人感官需要，以填补因物质信仰而导致的精神空虚。

无论从主观上还是行为上，中国个体都表现出精神信仰物质化的趋势，其背后有几个重要原因。第一，中国社会的发展现在还处于工业化中后期阶段，这个阶段依然是以经济发展为中心，即没有摆脱"物"的主导。马克思曾从人的自由发展程度出发，把人类社会的发展分为三个阶段：其一是人对人的依赖关系阶段，依赖关系形成具有自发性，该阶段生产力水平低下；其二是人对物的依赖阶段，此时"才形成普遍的社会物质交换、全面的关系、多方面的需求以及全面的能力体系"①，这种特征表明人类进入了市场经济和工业社会发展时期；其三是人的全面自由发展阶段，也就是共产主义阶段。依据马克思的划分，中国社会现在仍然位于人对物的依赖阶段，因此马克思所批判的劳动的异化和商品拜物教现象，有一定程度的表现。

第二，市场经济原则向非经济领域的扩张，使得政治领域和社会领域未能完全避免市场的影响。"市场社会"与"市场经济"根本是两个完全不同的概念。② 市场经济由生产要素构成，尤其当劳动力、土地、货币成为生产要素，可以在市场作为商品交换时，市场经济才能出现。如果仅仅是消费品的交易，充其量是市场，而不是市场经济。市场经济观念如果改变非经济领域的运行机制，则制造出了市场社会。现代思想家迈克尔·桑德尔面对市场社会曾经发出这样的感

---

① 《马克思恩格斯全集》第46卷，人民出版社1979年版，第104页。
② 王绍光：《波兰尼〈大转型〉与中国的大转型》，生活·读书·新知三联书店2012年版，第17—19页。

叹："今天，几乎每样东西都在待价而沽。"① 市场价值观几乎以前所未有的方式，渗透到非经济领域，驱离了教育、医疗、体育、政府以及家庭生活和人际关系的原有正常机制，主宰了人们的整个生活，造成的直接后果是进一步强化了金钱在现代社会的重要地位，似乎有钱就可以买到一切，包括像代孕这类的别人身体的使用权，以及破坏自然环境的碳排放权。同时，也对人们的价值观造成了严重的侵蚀，比如为了鼓励孩子读书而给孩子零花钱，这有可能"教会了他们把读书视作挣钱的零活而非一种内在满足的源泉"②。

第三，消费社会的到来，进一步强化人们对商品以及商品所代表的符号的崇拜热情。根据当代社会理论家鲍德里亚的观点，现代社会已经从生产社会过渡到消费社会，"我们处在物的时代"③。消费社会是指通过消费活动把人们组织起来的社会形式，其消费的特点在于不仅消费商品的正常使用价值，而且消费商品所负载的符号意义，其后果是加速了社会的物化进程，物化的形式也从实体的商品向符号化的商品转变。个体"符号化消费"的目的，在于形塑自己独特的个性，尽管这种个性并不一定真实的存在。在西方个体化命题的专家看来，高度工业化条件下个体对独特个性的追求，应该是每个个体的共同愿望，然而事实却是出乎意料的，个性追求的结果才是人与人的相似性。同时，"符号化消费"的个体意义还在于实现自己的价值，也就是通过消费的方式，实现对个体自身地位的形塑和再造。

（二）私人生活中心化

"私人生活"并非指以个人的形式所进行的一切社会活动，它是在社会历史演化中出现的特有概念。从西方发展的历史来看，在农业社会向工业社会转变的过程中，伴随着社会领域分化的现象，社会由

---

① ［美］迈克尔·桑德尔：《金钱不能买什么：金钱与公正的正面交锋》，邓正来译，中信出版社2012年版，第Ⅰ页（引言）。
② 同上书，第ⅩⅥ页（引言）。
③ ［法］让·鲍德里亚：《消费社会》，刘成富、全志刚译，南京大学出版社2000年版，第1页。

一种混沌的状态,逐步走向国家与社会分离的二元结构。马克思与黑格尔是研究国家与社会关系比较有代表性的两位思想家,他们的相似之处在于,对国家和社会两个概念的诠释,国家毫无疑问是与政治生活相关联的,而社会是与经济活动联系在一起的。黑格尔对社会的指称是市民社会。两者都把社会定位于具有私人的性质。但是在国家与社会的关系上,马克思与黑格尔有着截然不同的态度。黑格尔认为社会伦理精神的发展有三个阶段,即家庭、市民社会和国家,[①] 国家社会伦理精神发展的最高阶段,是对市民社会的超越。而马克思则认为市民社会从事物质生产活动,其对国家具有决定作用。

而当代的思想家哈贝马斯与马克思和黑格尔不同,其使用"公共领域"和"私人领域"来叙述近代以来的社会分化。他言说的背景依然是西方的历史,提出"公共领域"由文学公共领域演化而来,前者具有明显的政治性质,通过公众舆论对国家和社会的需要产生影响。与"公共领域"相对的是"私人领域","私人领域"主要包括市民社会,也包括家庭及其私生活。[②] 哈贝马斯的"公共领域"反映的是公共生活,"私人领域"表达的是私人生活。公共生活能够协调私人生活中的矛盾,使之达到一种稳定和平衡的状态;私人生活能够影响公共生活的话题和发展。当然,哈贝马斯是在两个层面理解领域的分化,一个是国家与社会关系的层面;另一个是私人领域的层面。这两个层面尽管都存在公共生活与私人生活的划分,但是国家作为公共生活领域,是职业政治生活领域,其主体是国家权力机关。而在私人层面的公共生活领域,则是公民可以参与的领域。中国学者则从社会历史演化和领域分析的角度,提出了三个领域的主张,即公共领域、私人领域和日常生活领域,三者分别对应公共生活、私人生活和日常生活(家庭生活)。较哈贝马斯而言,中国学者私人生活领域的范围有所缩小,变为纯粹经济活动领域,而日常生活领域的单列,使

[①] 何增科:《葛兰西市民社会思想述评》,《马克思主义与现实》1993年第2期。
[②] [德]哈贝马斯:《公共领域的结构转型》,曹卫东等译,学林出版社1999年版,第35页。

人更加清楚地把握传统道德的生存之处。

　　国家影响下的个体发展方向，一定程度上不利于公共生活的发育，个体的生活中心投放在了私人领域。阎云翔在研究中国个体发展的过程中，发现中国的个体发展有着与西方不一样的路径，中国的个体发展是在国家管理和引导下进行的，通过"大量组织管理严密的旨在塑造社会主义新人和新社会的制度性转变"[1]，个体在顺应这些制度变化的时候，不知不觉地得到发展，顺应制度的过程也是个体接受国家引导的过程，由此确定了个体的发展方向。而西方的个体发展历史表明，个体化的进程是在市场的推动下进行的。尽管在这过程中，国家也发挥了积极的作用，但市民社会的发展则是更为重要的。中国个体在国家引导下的发展方向主要是在私人领域，也就是经济生活方面。因此，政府在考核地方发展业绩的时候，主要以 GDP 指标来衡量；评价家庭生活状况的时候，主要也是根据家庭成员的收入水平。近些年，政府的评价导向已经发生了一些改变，比如对一个地方的评价由单纯的经济指标，向包含社会发展指标在内的综合评价指标扩展，对个体的关注也开始转向幸福感，但是，经济仍然是作为核心指标。所以，在中国公民权利的发展方面，也是民事权利以及与民事权利高度关联的社会权利发展较快，而政治权利发展相对缓慢。改革开放中，邓小平同志提出的"发展才是硬道理"，既消除了政治上"姓社"与"姓资"的争论，更指明了中国社会以经济建设为中心的政治方向，也让更多民众从经济发展中得到了实惠。经济实惠的获得，又进一步激发了个体全心全意地投入经济活动，甚至是采取非正当手段谋取私利，带来的问题是物质文明和精神文明发展失衡，甚至以牺牲精神文明为代价，一切活动以个人利益为中心，出现了"无公德个人"[2]。后来国家提出的"两个文明"一起抓，公民道德建设纲要，社会主义核心价值观教育，应该说适应了社会发展的纠偏需要。

---

[1] 阎云翔：《中国社会的个体化》，陆洋等译，上海译文出版社 2012 年版，第 20 页。
[2] 同上书，第 21 页。

中国社会个体精神信仰的物化倾向,其后果是个人主义在私人生活中一定程度的泛滥,其目的是满足物质主义和享乐主义的欲求。竞争性个人主义思想的泛滥,导致竞争成为个体的私人生活的一种常态现象。在中国市场化改革和实践的过程中,西方自由主义思想也随之成为影响国人的主要思想之一。自由主义的核心是个人主义,其主导的价值是个人的自由、平等和权利,在个人与国家关系上,前者是国家的塑造者,而后者的使命是服务个人以及个人的社会。在早期自由主义思想家的构想中,个体是自然状态中孤立的个体,每个个体都是自由、平等的,正是这种自由和平等,可能导致每个个体都处于战争的冲突状态。霍布斯、洛克等都曾作出这样的理论设想,这个设想后来成为自由主义理论大厦的基石。自由主义理论的这个预设,产生极其严重的后果,那就是制造了既孤立而又竞争的个体。这个构想的后果后来在资本主义的发展历史中得到验证。这个理论遭到了社群主义的坚决批判。迈克尔·桑德尔提出了"环境的自我"概念,试图从根本上摧毁自由主义的哲学架构。他认为个体从来都不是孤立的,而是与社会现实有着密切的关系,不可能离开社会历史、政治经济地位、特定文化以及家庭生活的影响,自由主义的所谓混沌无知的孤立自我,完全是一种臆测,其不仅是对历史和现实的背叛,"也排除了公共生活的可能性,在这种公共生活中参与者的认同以及利益或好或坏都至关重要"[1]。尽管竞争性的个人主义从理论源头上,遭到思想家的严肃批评,但是其在现实中的影响仍然存在。中国社会也未能幸免,生活在市场领域甚至家庭领域的个体,从普通打工者到独居一方的公司老板,每个人都希望通过竞争获得以财富占有量为标志的所谓成功,但是在私人生活中获得成功的同时,远离公共生活的行为也在悄然进行,于是阿伦特发出了这样的追问:"个人的成功是否必然需要我们从世界撤离?"[2]

---

[1] 俞可平:《社会群主义》,东方出版社2015年版,第31页。
[2] 刘铁芳:《公共生活与公民教育:学校公民教育的内涵与目标》,《河南大学学报》(社会科学版)2014年第3期。

托克维尔曾经描述过沉醉于物质生活、热衷于个人利益的个体在现代社会的表现。在他看来，对个人利益和物质生活的贪婪，会把人引入陷阱。追求个人利益与文化发展以及自由习惯之间，应当有着合理的关系，如果人们不顾一切地攫取利益或者是物质，那可能带来一种不容乐观的结果，这就是"再也不去理会把他们个人幸福和全体繁荣联系起来的纽带"①，意味着个人自动放弃了公共生活的意愿和权利。所以，人们在日常生活的表现是：因为担心公共生活会花费时间，又没有什么收益，所以会对其敬而远之，而只愿意埋头在私人生活领域中奋斗。实际上，托克维尔在19世纪阐述的情况，在中国社会个体崛起的进程中，又何尝没有再现呢？通过中国2014年《政治参与蓝皮书》，②可以进一步得到分析。2013年国家民政部与中国社会科学院的相关部门，围绕"城镇社区建设居民与居民自治"和"农村社区建设与村民自治"，分别在全国范围展开问卷调查。调查报告显示，在问卷设计的"居民自治参与客观状况"的五个一级指标中，只有"居民自治程序认知"和"居民自治内容认知"两项指标得分率超过50%，而另外三项得分率均没有达到50%，它们分别是"居民自治参与"48.75%，"居民自治重要性认知"48.48%，"权利和途径认知"44.96%。对农村村民的调查依然是这五个指标，但是调查得分排序与城市不同，其得分排序由高到低分别是："村民自治内容认知""村民自治重要性认知""村民自治参与""权利与途径认知"和"村民自治程序认知"。总体得分情况较城市居民要低，只有排名第一的"村民自治内容认知"高于50%，其他四个指标均低于50%，其中村民自治参与一项得分略高于40%。尽管问卷不是直接对本人自治参与情况进行调查，但这也足以说明城乡公民自治参与的真实面貌了，即整体看来，中国公民自治发展空间还比较大，农村村民自治的参与情况较之城市尚有一定差距。公民自治和政治参与

---

① ［法］托克维尔：《论美国的民主》（下卷），董果良译，商务印书馆1988年版，第672页。

② 房宁：《中国政治参与报告（2014）》，社会科学文献出版社2014年版，第5页。

是公民公共生活的重要形式，上述的调查结果基本反映了中国公民的真实政治生活状态。

（三）社会结构原子化

关于社会原子化的问题，在马克思的著述中早有出现。马克思对资产阶级市民社会的个体自由曾做出了这样的深刻剖析："自由这项人权不是建立在人与人结合起来的基础上的，而是建立在人与人分离的基础上。这项权利就是这种分离的权利，是狭隘的、封闭在自身的个人的权利。"① 个体任意地、不受约束地使用和处理财产的权利，使"每个人都被看成孤独的单子"②。中国特色社会主义与资本主义有着本质的不同，但是马克思对自由市场社会人权的批判，对于当下分析个体化背景下的中国社会问题具有重要的启发性。

在政治学领域中，社群主义与"原子主义"，围绕个人及其权利与社会的关系展开论战。"原子主义"是社群主义者对极端的个人主义的自由主义的指称。在社群主义者看来，"原子主义"导致了社会严重问题的不断出现，如个体与个体之间关系的疏离，个体与公共生活或者与社群关系的疏远，公民责任和义务意识的消失，个体的颓废情绪不断增强，奉献精神显著衰弱，这种社会被称为原子化的社会。对"原子主义"的批评，最具代表性的人物是查尔斯·泰勒。③ 他认为原子主义的逻辑出发点是个体首位论，对于社会而言，个体和个体的权利是优先的。原子主义假设个体独立或者先于社会的命题，是建立在个体是自足的基础上的。而个体在现实中是无法做到自足的，人的理性能力的具备和权利义务的承担，只有在社会中才能获得。对于权利优先于社会的论调，也遭到泰勒的严厉指责，他指出无条件的权利是不存在的，总是同时还伴随着一些义务。当然对于"原子主义"有条件义务的主张，泰勒也是坚决反对的。因此，根据泰勒的主张，社会结构应该是以社会为中心的，这与原子主义的个体中心论显然不

---

① 《马克思恩格斯全集》第1卷，人民出版社1956年版，第438页。
② 同上书，第439页。
③ 俞可平：《社群主义》，东方出版社2015年版，第38页。

同。然而，现实中"原子主义"却与工具主义走到一起，对公共生活构成了严重的威胁。

其实，关于社会原子化问题，不仅是政治学领域关注的一个重要问题，也是社会学领域的一个重要命题，但是社会学则是以社会联结机制作为关注的核心。社会学自出现以来，就始终关注这个经典话题。认为社会原子化并不是一般所指的简单的人与人关系的疏远，而是指在社会重大转型过程中，原有的社会联结机制发生了解体或失效，导致个体的孤独和无助感，人与人关系的疏离，道德规范的失灵，并使社会出现总体性的危机。社会原子化有三个基本特征：个体与个体关系的疏离、个体与国家关系的疏远、道德规范失灵。[①] 中国社会从20世纪70年代末开始社会的大转型，农村通过实行家庭联产承包责任制，走出了人民公社的集体制度形式；城市通过企业改革，消解了集经济、社会乃至政治职能于一体的单位制度，从而使整个国家在经济上从计划经济向市场经济转变，在政治上由中央集权制向政治民主转变，在文化上由集体主义一元主导向价值多元转变。中国社会的大转型，与之伴随的是社会联结机制和社会结构的根本性变化。

在国家推动下的社会大转型，不仅为个体的发展创造了空间，也为工业化、市场化、城市化提供了动力。在此条件下中国社会原有组织走向解体，而新的组织尚未形成，社会结构表现了某种原子化的迹象。社会联结机制是体现个体与他者或公共体关系，社会保持有序发展的良性机制。传统社会有传统社会的机制，现代社会有现代社会的机制。传统社会的联结机制是建立在血缘关系和地理条件基础上的家庭制度，家庭不仅是生活单位，也是生产单位，还是社会的基本组织单元。梁漱溟把家族本位制度看作是中国文化的一大特征，认为国之本在家，家族制度构成中国社会的基本统治秩序。同时，他还引用他人的观点表达自己的主张，指出中国社会"轻个人而重家族，先家族

---

① 田毅鹏：《转型期中国社会原子化动向及其对社会工作的挑战》，《社会科学》2009年第7期。

而后国家"①，因为没有给予个人足够的权利和地位，所以自由主义在中国得不到彰显；因为把家庭和家族的利益放在优先于国家的位置，因此国家主义也难以发展。正因为这种"轻个人而重家族"的制度，也没有了西方社会中个体与社会之间的对立。家族本位这种中国传统社会的独特生活形式，它通过家庭生活以及亲戚朋友邻里关系这两重生活，确定了生活范围，形成相关伦理道德制度。建立在家庭基础上的家族制度，成为中国传统社会的基本联结机制，它是形成社会秩序的基础。而现代社会的联结机制，尤其是自由主义主导的社会中，应该是以个体为基础的民主制度。但是，民主制度也只是被看作"最不坏的制度"，似乎在人类社会的发展中已经做出了应有的贡献，在当代它时时面临着挑战，这也是其作为现代联结制度的危机所在。②例如，个体与个体在运动中分离所导致的布朗运动，社会在地理方面、社会方面、政治方面、婚姻方面的流动，让人对民主制度表现出忧虑。

而中国旧的社会联结机制消解，新的联结机制尚在形成中，这种困境导致了中国社会的某些原子化现象。首先是原有的联结机制的消解。中国伦理本位的社会塑造了极其稳固的家族制，使家族的每个人都能在家族的范围内各司其职、各安其位。家族制度作为中国社会的基本社会组织单位，也使得中国传统社会秩序长期不变。甚至神圣的宗教也奈何不得，梁漱溟指出，基督教在中国的影响不可谓不久，家族制度却依然不变；佛教在中国具有更长的历史，但是它不但没有改变、颠覆中国的家族制度，反而被家族制度改造。于是有外国学者认为，中国的礼俗制度类似于国外所称道的自然法，其实这也不无道理。但是，个体的发展带来了自我意识的觉醒，越来越多的个体走出家族生活，建立自己的核心家庭，寻求个人化的感情和生活。可是，

---

① 梁漱溟：《中国文化要义》，上海人民出版社 2011 年版，第 17 页。
② [美]迈克尔·沃尔泽：《社群主义对自由主义的批评》，毛兴贵译，刘训练校，载刘训练《共和的黄昏：自由主义、社群主义和共和主义》，吉林人民出版社 2007 年版，第 200—202 页。

在自由追求个人爱情和私人生活的过程中，出现了高婚外情、高离婚率的现象，并且有不断加剧之势，对家庭这种社会生活形式构成威胁。此外，个体从家族当中的独立，逐渐走进陌生人社会，使传统家族共同体得以延续的风俗、习惯、道德等社会规范逐步失灵，熟人社会的感情和信任关系不再存在，个人在陌生人社会中面临如何与其他人建立关系的问题。同样，走出单位制度的个体，来到国家和企业之外，也需要重新建构生活共同体。因为之前单位制度给每个人提供了经济和社会的庇护，个人生存的单位充满了人与人之间的协作、尊重、关心、团结，而在市场自由竞争的环境中，这些似乎逐渐远去。

原有社会结构的解体，获得解放的个体试图以新的形式进入社会，但是却常常事与愿违，新的社会联结机制无法形成。中国农村的原子化倾向有两个方面，一个是务农人员的情况；另一个是进城务工人员的情况。[1] 农村家庭联产承包责任制改革的率先施行，使中国乡村社会的结构发生了根本性的变迁，改革前作为村民相互联结和共同生活的村庄共同体逐步消失，从村庄共同体这个原来具有"准单位性质"的组织中走出的个体，获得了独立进行生产的自由，但是他们再也没有以前那种共同生活的环境，成为孤独的劳动者。从事非农经营的小规模农户，在当时被称为"个体户"，形象生动地表明了他们的生存状态。城乡二元对立格局打破后，出现了大量的农民工进城现象，但这些农民工面临着非常尴尬的处境，一方面充满信心地来到城市，希望通过劳动改变生活贫困的状况，也借此实现个人的人生价值；另一方面却遭遇城市的冷遇和排斥，比如社会保障权利、公共服务方面等，在离开家庭和城市排斥中的农民工变得没有着落，成为游走在乡村与城市之间悲苦的自由人。城市的个体生存状态，也并不令人满意。中国城市的单位制度，在现代化过程曾发挥过社会整合作用，把个人从传统家庭中解放出来，而改革开放为了打破原有体制对

---

[1] 田毅鹏：《转型期中国城市社会管理之痛——以社会原子化为分析视角》，《探索与争鸣》2012年第12期。

个人的束缚，把个体从单位中解放出来，获得了"社会人"的自由。但是，这些自由的个体社会人，他们面临在国家、企业和家庭之外"再组织化"①的问题。目前"再组织化"仍是一个未竟的事业，也就是说自由的个体还在漂泊之中。总之，全能主义政治体制下的国家—社会—个人社会结构不复存在，存在的仅仅是以个体为主体的原子化社会结构。

第四节 应对中国个体化症候的公民精神路向

中国的个体发展是在社会转型中实现的，它让人们获得了自由、独立、平等和权利等现代社会的品质，这不能不说是一种进步。然而，社会转型还在进行中，旧的社会秩序、生活方式、道德规范逐渐解构，而新的社会联结机制尚未形成，精神信仰的物质化、私人生活的中心化、社会结构的原子化趋势，导致整个社会也确实面临一定的现实挑战。历史的车轮滚滚向前，中国已经进入现代社会，世界的全球化、市场化还在进行中，现在已经无法再回到过去，也不应再回到过去，近现代的历史给中国人留下太多的伤痛，为此，人们只能选择向前行走。面对转型中的社会危机的挑战，更多的思考应该是，如何让以私利性生活为中心的市民性个体，向以公共生活为标志的公民性个体转化，塑造能够平衡个体和社会之间关系的现代公民精神。

一 国外研究者回应个体化后果的启示

自由且自主的个体满足了市场经济发展的需要，在市场利益的角逐中强化了个体的市民身份，市民通过经济交往关系构成了他们自己的私人生活领域。但是，这个领域如果只有个人利益存在，那就像西方近代早期思想家所设想的那样，成为人与人战争的战场，是一个道

---

① 何增科：《试析我国社会管理面临的新挑战》，《北京交通大学学报》（社会科学版）2009年第4期。

德缺失的世界,也是一个社会结构趋于离散的、原子化的状态。个体发展所产生的社会负面后果已经形成,当前应当如何消除其导致的危机,这是不得不面对的现实问题。

对于个体在私人经济领域过度追逐私利所导致的社会危机问题,不是当代中国现在才出现的问题,国外在近现代以来的市民社会发展中,也遭遇了同样的困惑,并且研究者还给出了自己的思考和解决方案。弗格森生活在西方近代的市民社会时期,他认为当时社会不再崇尚美德,社会公正似乎遭到了怀疑,社会的道德基础发生动摇。他还主张个人有欲望不是不能理解的,正因为有欲望才使人有了前进的动力,但是如果人要是纵欲无度,则可能远离幸福而走向堕落。他肯定商业发展对个人和国家的积极意义,但是个体在醉心于谋利的时候,牺牲个人的其他方面的追求,"对利益的渴望压制了对完美的热爱,私利使人想象力冷却了,使心灵变得冷酷无情"[1]。消除这些社会病症,弗格森抱着乐观的心态。他希望能够借助传统社会的道德,以形成解决近代社会种种问题的良药。其认为社会的诸多乱象,源于个人欲望的驱动,如果消除社会的病症,需要重新定义人与社会的关系。人是社会的天然成员,当个体利益与社会利益发生冲突时,则要牺牲个人保全社会。虽然个人能否或者在何种程度上牺牲个人利益,以成全社会利益,这可能是弗格森一厢情愿的想法,但是他的设想至少为人们思考今天的个体发展所产生的社会负面影响,提供了一个有益的启示。

涂尔干则从职业分途所致的社会联结弱化的视角,探究有机社会的构建问题。涂尔干把社会团结分为两种类型,即机械团结和有机团结。机械团结是前工业社会的社会团结形式,以个体的相似性和集体意识为基础,是一种社会相似性构成的总体。而有机团结是指在社会劳动分工的条件下,通过分工的功能性依赖所形成的社会有机整体。

---

[1] [英]弗格森:《文明社会史论》,林本椿、王绍祥译,辽宁教育出版社1999年版,第240页。

从机械团结走向有机团结，标志着传统社会向现代社会的转型。工业革命带来的机器化生产，对社会分工提出了要求。社会分工一方面使社会职能专业化特点更鲜明，个人获得的自由空间更多，传统社会的集体意识控制却减弱；另一方面在专业化背景下的社会联系纽带尚未建立，传统社会的集体意识又在消解，社会缺乏道德规范的约束，社会失范问题由此而生。集体意识衰落，社会分工造成个体分离，利己主义得到发展，而部分个体往往不能满足已经获得的成就，以及由此而产生的暂时感官的快乐，还要追求更高的目标，他们因此成为为自己欲望而活的奴隶，有的甚至为自己的失败而自杀。涂尔干认为，鉴于社会危机是因道德规范缺失而产生，所以在职业分殊的现代社会重建秩序要从道德维度着手。[①] 他选择了从国家和职业团体两个方面作为道德建设的路径。一方面国家要把个人从家庭、行会、公社等次级群体中解放出来，就要渗透到次级群体当中，用国家主义的普遍利益代替群体的特殊利益；另一方面国家对解放出来的个体负有教育使命，要让个体不能只是一个利己主义者，还要关注社会总体目标，在他人或者群体之间建立互惠和合作关系。从职业团体这方面来说，一方面可以通过社会分工对社会成员进行功能性整合，弥补国家在这方面整合能力的不足，从而使职业群体成为国家与个人之间的纽带，发挥职业群体向国家传递个人意见，以及组织社会经济活动的作用；另一方面通过制定职业规范，确定雇主与工人以及雇主之间的权责关系，同时遏制利己主义的膨胀发展，提升个体的职业道德水平和社会整合能力。涂尔干希望通过国家和职业社群加强社会道德建设，以此消除社会发展危机问题。

黑格尔与前面两位不同，他从个人特殊性与市民社会普遍性的关系中寻找公共性，以此解决市民社会出现的不道德问题。黑格尔首先提出何种行为具有道德性的问题。他认为，如果人的行为具备三个要

---

① [法]埃米尔·涂尔干：《职业伦理与公民道德》，渠东、付德根译，上海人民出版社2001年版，第9页。

素便是道德的，这三个要素是故意、意图和价值。也就是个体的行为如果是自身故意发出的，并且代表了个人的真实意图，它不仅对个体自身而且对其他人都具有普遍的价值，那么这个行为是道德行为。就个人的自利行为来说，其可能是道德的也可能是不道德的，但是它如果与普遍性的利益相关，就一定是道德的。然而，在黑格尔的辩证法中，作为特殊性的自利是前提，而作为互助的普遍性才是目的，自利的实现只有在互助中才能完成。"特殊的目的通过同他人的关系就取得了普遍的形式，并且在满足他人福利的同时，满足自己。"① 黑格尔用国家代表普遍性来纠正个体的特殊性，普遍价值既是手段，个人的特殊性在普遍性中才能实现，普遍性也是目的，是特殊性所追求的真理性所在。市民社会作为个体与国家之间的中介，个体只有通过市民社会进入国家，从而实现普遍性价值。从这个意义上来说，国家显然具有了公共性的意义。黑格尔尽管没有提出"公共性"的概念，却开辟了在市民社会中探究公共性的先河。②

应该说，面对市民社会的危机，无论是弗格森对古典社会美德的向往，涂尔干从国家和职业群体两个方面构建道德的设想，还是黑格尔对国家所代表的公共性的探求，都对如何从危机中突围进行了思考，这些为今天中国在个体成长的背景中处理社会危机提供了一定的启示。在中国特色社会主义制度下，国家发展市场经济，致力于实现国家富强、人民幸福的目标，这个目标就是国家相对于个人私利所体现的普遍性价值。国家要最终实现这个目标，就要在社会发展过程中，构建社会个体独立与自由发展条件下的社会联结机制，这个机制不仅包括社会团体的培育、公共生活的营造，还包括道德规范体系的建立。国家不仅要释放个体，更要对个体进行塑造，要用普遍主义的价值引导个人特殊主义价值的追求，让个体学会处理个人利益和社会共同利益的关系。实际上，这里所涉及的社会团体、公共生活、道德

---

① ［德］黑格尔：《法哲学原理》，贺麟、王久兴译，商务印书馆1979年版，第197页。
② 张康之、张乾友：《在市民社会中阅读道德——从弗格森、亚当·斯密到黑格尔》，《学习与探索》2009年第5期。

规范、个体与社会关系这些范畴,都和个体的塑造有着密切的关系,都和公民精神密不可分。所以,中国要应对个体化之弊,需要从塑造公民精神的角度加以思考。

二 公民精神之于个人幸福和共同体建设的价值

公民精神作为公民的内在品质,更为关注精神层面愿望和需要的实现和满足,经常从他者的角度出发处理各种关系,其在两个方面产生重要影响:一是个人层面关涉公民的幸福与否,二是社会层面关乎共同体的建设问题。而当今中国社会的个体化趋势,所制造的"副产品",如公民精神信仰趋向弱化,公民公共生活缺少活力,社会共同体面临离散的危险,集中表现为个人对物质和利益的过度追求,社会共同体遭到了社会原子化的挑战。个人疯狂的物质欲望和物质占有,常常导致心灵的荒凉和孤独,尽管获得一时的感官满足,却无法获得真正幸福的人生。在个体以自我为中心的社会关系架构中,人与人之间缺乏足够的信任,个人不仅无暇参与公共活动,而且也缺少公共生活的热情,社会原子化的离散危险将逐渐加剧。而以公民主体性精神为基础,以公民义务及公共精神为价值旨归的公民精神,则对个人幸福的创造和共同体的维护和建设具有重要价值和作用,显然这对个体化消极后果的消除无疑是有益的。

首先,公民精神的培育和确立,有助于个人获得幸福感。人生的目的在于对幸福的追逐,这应该是没有什么争议的命题。然而对于什么是幸福,却是不同人有着不同的领悟。从内容上区分大致有两种代表性观点:其一,幸福是德性。例如古希腊的苏格拉底和柏拉图就是秉持德性论的著名人物。在柏拉图眼中幸福便是至善,要获得至善就要克制自己的情欲,不能单纯追求肉体感官的快乐。其二,快乐就是幸福,伊壁鸠鲁就是快乐论最早的代表人物,其主张"快乐是幸福生活的开始和目的。……我们的一切取舍都从快乐出发"[1]。从时间上

---

[1] 周辅成:《西方伦理学名著选辑》,商务印书馆1987年版,第366页。

划分也有两种主张：一种主张认为幸福在于未来，这个主张受到宗教影响比较大，它把人的幸福更多安放在未来的彼岸世界。中国文化究其总体而言，是一个在儒家文化熏染下的世俗社会，幸福的追求主要着眼于现实社会。但是在佛教传入之后，连同其他传统文化的影响，中国人幸福观也曾发生过从注重现实到寄托彼岸的变化。① 另一种主张是幸福在于当下，比方说"及时行乐"，就最具代表性。那究竟什么是幸福呢？

如果以定义的形式理解，幸福是指"人们在社会实践过程中，由于感受到人生价值的实现而形成的一种精神上满足"②。由此可见，幸福是人在社会活动过程中的一种主观的精神体验；它同时也是一种现实的存在，具有客观性。可是，在现实生活中人的体验可以划入积极情绪类型的有多种，除了幸福以外还有快乐、愉悦③，它们都代表了个人体验的不同层次。假如将这三种体验按照由低到高的层次进行排序，首先是人的快乐体验，它跟人的自然欲望紧密相连。诸如人的生存欲望、安全欲望和支配欲望等，都属于人的自然欲望，因此自然欲望包含人对物质的占有和支配，也指涉人对利益的追求和贪婪，自然欲望具有动物的本能性，其区别在于人的自然欲望较之动物欲望具有一定的理性控制。人的自然欲望的满足，让人获得的是感官的刺激，通过感官刺激产生快感，这就是人的快乐体验。其次是愉悦的体验，它与人的理性④有关。理性是心智和人格健全的人的一个基本特征，它通过对人的欲望产生作用，将其升腾为一种有价值的目标，从而让人以此为根据来选择自身的行为，并从中体验人生的价值和意义，最终理性精神赋予了人们充实、自豪和愉悦。此时，愉悦作为理性作用下的个人体验，显然已经超越了具有自然性、当下性和局部性

---

① 鲍吾刚：《中国人的幸福观》，严蓓雯等译，江苏人民出版社 2004 年版，第 10 页。
② 高兆明：《存在与自由：伦理学引论》，南京师范大学出版社 2004 年版，第 255 页。
③ 同上书，第 257—264 页。
④ 理性可以划分为工具理性和价值理性，此处与人的愉悦相关的理性，应当是指后者，即价值理性。

特点的快乐。最后是幸福的体验层次,它是超越理性的一种非理性体验。幸福作为人之体验的最高层次,其目标是指向人的自由、全面和健康发展,人不再仅仅注重物质和感官的满足,而是按照真正的人的图式去生活。尽管现实生活中存在诸多让人不满之事,但幸福就存在于人们追求圆满人生的过程中。那什么是真正的人的生活图式呢?

实际上,如果要整体理解所谓的人的图式,就要明白幸福的构成要件。亚里士多德的主张是中等财富、健康体魄和优美灵魂,而现代的学者认为有五个,即除了亚里士多德提出的三个以外,又增加了潜能发挥和人际和谐。[①] 一定的财富是人们身心健康的保障,也是人们快乐体验获得的前提,快乐经过理性的作用可以提升到幸福的高度,所以财富与幸福之间具有一定的联系。"健康体魄"是人们追求幸福生活的生物条件,如果没有健康体魄,人们则无法追求幸福和体验幸福。如果从精神和物质的划分标准加以区分,"中等财富"和"健康体魄"显然属于物质性的条件。然而对于人的幸福而言,后面三者则更具有根本性的价值。"优美灵魂"就是指人的高尚精神,人们具有精神支柱,才能避免沉沦于物欲横流的生活,才能改变其物质生活条件进而努力实现人生的幸福。人们在改造物质世界和精神世界的过程中,由于现实条件的限制,其能力很难得到全面发展,因此要实现自我价值并获得幸福,就要发挥人的潜能,努力做到全面发展与有序发展的统一,这就涉及构成要件中的"潜能发挥"。"幸福"说到底是人们如何处理与物的关系和人的关系,并实现物与人之间平衡的问题。幸福的人总是内心充实、精神饱满和富有热情的人,能够重视和按照真正人的方式生活,人与人之间的关系以感情作为基础,最终形成融洽的人际关系。所以,"人际和谐"也就构成"幸福"的一个要素。

由前面的阐述可见,个人幸福与公民精神具有明显的相似之处,

[①] 高兆明:《存在与自由:伦理学引论》,南京师范大学出版社2004年版,第265—267页。

同时两者之间也具有较强的关联性，公民精神的培育必然有利于个人获得幸福生活，而个人幸福感的获得和幸福生活的创造，对于纠正个体化过程中个人过度物欲和以自我为中心的倾向无疑是极为重要的。个人幸福与公民精神的相似之处，即都与物质或利益有关，但是又有一个逐渐提升而超越物质或利益的要求。从个人体验的三层次看，快乐是与物质或利益直接相关的，体现的是个人的自然欲望和感官满足，幸福则强调个人精神生活层面的要求，超越了人在理性主导下对人生价值的追求而获得的愉悦。从幸福的构成要件看，财富和身体两个要件都具有物质的属性，而灵魂、能力和人际关系都应该纳入精神之中，幸福的五个构成要件也同样表现出物质和精神的要求，以及从物质到精神的不断提升的层次性。公民精神也有类似的构成特点，公民权利在很大程度上满足的是公民的物质需要或者维持生命体存续需要，例如公民的财产权利、生命权利、社会权利、环境权利等，他们都与物质（含生物体）和经济利益的获得密不可分。而公民精神中以义务、责任、美德等公共活动表现出精神的一面。不论是从个人体验的层次性看待幸福，或者从幸福的构成要件读懂其内涵，还是公民精神的内涵理解出发，三者都共同包含了物质和精神的内容，都展现了它们发展和提升的要求。同时，公民精神的培育必然伴随着公民主体精神和公共精神的提升，公民主体精神在经济生活中将以公民自主、独立的形式呈现出来，符合市场经济对于个体的基本要求，显然对于物质生活的改善和提高具有积极意义，这也构建了个人幸福的物质基础。公民公共精神在价值方面需要公民跳出个人利益的圈子，把公民责任、公民义务和公民美德作为行为的主要内容，具有明确的公共、兼顾他者乃至利他色彩，这与个人幸福的优美灵魂、潜能发挥和人际和谐构成要件价值取向相同，公民公共精神培育对个人获得幸福体验具有非凡的意义。总之，公民精神与个人幸福具有重要关联，公民精神的形塑显然将对实现人生价值和人生目标大有裨益，将促进个人真正拥有幸福生活，让个人摆脱个体化物质和自私欲望的困扰。

其次，公民精神的培育将促进当代社会共同体的建设，有效应对个体化所带来的社会原子化倾向。在个体化和全球化发展的时代，虽然个体独立的生存样式越来越凸显，但是共同体在资本主义批判者那里得到高度的认可，即使是自由主义者也无法忽视其存在的意义。马克思认为共同体是人类社会的存在形式，根据人类社会的历史发展水平和未来趋势，他将人类社会划分为三个共同体阶段：一是自然共同体阶段，这个共同体存在于前现代时期，以人与人的关系为主要特征，其形成基础是血缘、地缘、语言和习惯等。二是虚幻共同体或者抽象共同体阶段，此时人们在私有制条件下进行自由交换，一改自然共同体中人与人之间的自然性的联系纽带，而是通过货币或资本把人们联结起来，形成了抽象共同体，国家和阶级则因代表和维护私人利益而沦为虚幻共同体。虚幻共同体以人对物的依赖关系为特征。三是真正共同体的阶段，即共产主义阶段，是尚未实现的阶段，其代表了人类社会未来发展的方向。在真正的共同体中，个人实现了自由且全面的发展，"自由"是指个人主体性在由低级到高级的发展中得到充分体现，"全面"是指个人关系和个人能力的全面性和普遍性。此时生产力高度发达，物质极大丰富，文化道德水平极高，人们已经摆脱了人对物的依赖，社会成为自由人的联合体。以个人自由、平等为核心价值的自由主义，虽然在个人与共同体的关系中更强调前者的重要性，但是也没有能够否定共同体的存在。在自由主义看来，共同体至少为公民个人权利提供了法律保障、政治保障和社会保障，这不仅可以从马歇尔的三大公民权利主张的实现中可见，也可以从自由主义思想家的国家是公民守夜人的观点里读出。不仅如此，自由主义者甚至也意识到必须让公民权利与义务处于一种合理的水平，不能听任公民权利过分张扬而公民义务不断弱化，其用意在于遏制共同体持续走向衰落的颓势。由此，不难得出这样的结论：无论是以自由主义作为主导价值的资本主义，还是把资本主义作为批判对象的思想家，在其理论探索中都各自为共同体留出了应有的位置。

现代共同体通过民主的生活方式得以维持，而民主的生活方式需要具有公民精神的个体。共同体尽管没有一个统一、确切的定义，然而借助马克思关于共同体的思想，可以作出这样的理解：它是人们在生产和生活过程中，由特定的自然关系、文化关系和制度关系所联系起来的一定范围内的人群。不同时期的共同体，其维系方式不同，自然共同体对应的是集权，现代共同体对应的是民主，真正的共同体或者合作共同体对应的是合作。在此，主要以现代共同体作为分析对象，着重考察当下共同体的维系手段及其产生的影响。基思·福克斯在阐发关于共同体的维系时，认为文化在其中的作用无关紧要，而以公民为主体的民主则是维系的主要纽带。[①] 虽然其对文化的否定并不能够令人信服，但是至少清楚地表达了民主在共同体维系中的作用。在现代社会中，个体作为自主性的主体逐渐成长起来，每个个体都有自己的愿望和要求，民主就是在不同的利益诉求主体之间寻求共识，试图把这些松散的个体置于一个有着同一性的共同体之中。如果希望民主在现实中具有可能性，需要个体在民主的生活中实现向公民的蜕变。个体以公民的身份才能进入公共生活，才能参与到社会的治理当中，这是民主的治理制度对公民参与精神的期待。中国社会在深化改革过程中提出的治理现代化目标，就是要求公民参与到由执政党、政府和社会组成的多方治理体系中。正是现代化的治理制度让共同体的存在和延续具有可能，同时也让公民在治理的过程中通过相互沟通缩小了分歧，增强了对共同体的认同感和责任感，为孤立的个体走向团结进而维系共同体提供了机会。在公民的民主治理活动中，从两个方面对公民精神提出了要求，一个是以公民权利的争取和使用为主要内容的公民精神，这是公民参与民主治理的资格条件；另一个是以公民义务和责任为价值要义的公民精神，它为公民的治理活动提供方向引导。可是，现实的民主生活中，由于共同体不少制度的运行远离公民，公民在其生活中又偏爱权利（无论国内还是国外，在现代化的过程中公民都表现出这样的特征），导致公民在其权利和义务的一对关

---

① ［美］基思·福克斯：《公民身份》，郭忠华译，吉林出版集团有限责任公司2009年版，第91页。

系中总是容易偏向权利。这种偏向的后果，往往是因为公民义务的不足破坏了共同体的基础。要想共同体的基础不至于被毁坏，就要通过强制的方式来保证公民义务的履行（这在自由主义那里也得到了谅解），这其实也就是以公民义务为主题的公民精神的塑造。公民精神不仅在民主生活的维系和改善中必不可少，在弥补公民义务不足、巩固共同体基础方面也不能缺位。"在这个越来越个体化的时代，公民身份在重建社会认同方面必须发挥某种重要的作用。"[1] 这是基思·福克斯面对个体化发展所导致的社会危机时给出的主张，生长于公民身份之中的公民精神显然需要担当大任。

共同体的维系和巩固，对于孤独和分离的原子化个人而言，意味着过上了真正人的生活，对于抵御社会原子化趋势意义非凡。从人类发展的历史来看，人总是习惯在群体当中生活。例如原始社会的部落生活，农业社会的家庭、宗族生活。现代社会随着个体化的不断发展，形成了与熟人社会相对的陌生人社会，但是人们依然在这样的社会中，根据一定的条件并通过一定的方式构筑自己的熟人社会。比方说借助于新媒体建立朋友圈；鼓励公民主动参与到社区治理中，打造社区生活共同体。人与动物的本质区别在于，人除了动物本能性的需要外，还有精神满足的愿望。人的精神生活内容比较丰富，包含关注与尊敬他人、爱与被爱、奉献与服务以及自由和归属等。共同体之所以能够成为人们的梦想之地或是关注之处（即便是在自由主义那里，共同体也有其对于个体而言的工具性价值），在于其能够满足人的诸多精神需要。一是安全的需要。在人们生存能力较低的社会发展阶段，人与人需要依靠结群来对抗自然界的各种威胁。即使到了科学技术高度发达的现代社会，人们还是无法脱离共同体的庇护，依赖共同体避免"人与人之间的战争"和获得基本社会生活保障。与自由主义对立的政治力量大多认为，共同体是一个能够自足的系统，依靠内

---

[1] ［美］基思·福克斯：《公民身份》，郭忠华译，吉林出版集团有限责任公司2009年版，第91页。

部成员的相互协作，能够满足其日常生活对物质的需要。二是爱的需要。从社区到民族、宗教和国家，这些不同类型的共同体中都有不同的爱存在，满足了人们的不同需要。社区里提倡乐于助人、关系融洽和幸福生活的友好之爱，民族中流淌的是血浓于水、生死相依和荣辱与共的同胞之爱，宗教中普遍存在的是信徒对神灵博大而神圣之爱的崇拜，国家中传递的是公民忠诚和国家庇佑之爱。三是价值观形成的需要。个人是社会构成的基本元素，其价值观的取向和形成，多半受到生活于其中的共同体的左右。共同体中拥有比较多的相似元素，比如共同的语言、共同的文化和共同的道德体系等。尽管自由主义者并不认同这样的观点，给出了一些辩解的理由，但是最终还是不那么令人信服。[1] 共同体中蕴含的安全、情感和道德，强烈地吸引共同体成员，它们成为形成个体归属感的重要前提，对于抵御个体化和社会离散化的趋势具有举足轻重的作用。

三 公民精神培育：个体化时代国家的普遍选择

客观地说，现代化的发展过程伴随着个体化的演变，从早期现代化到今天高度现代化阶段概莫能外。从整体的层面，有的学者将个体化的演变大致分为两个阶段[2]，第一波是肇始于现代早期的个体化。此时个人为了适应现代社会市场经济和生产方式的要求，不得不从传统的共同体中脱嵌，个人俨然变成独立自主的个体，社会的价值系统由原来的个人依附共同体转变为个人先于社会。第二波个体化从20世纪晚期算起。这个个体化存在于贝克、鲍曼、吉登斯等人描述的全球化和第二现代性时期。虽然关于第二波个体化的原因有着不同的见解[3]，但是其共同之处是个体继续从共同体之中脱离，个人不得不独

---

[1] ［英］保罗·霍普：《个人主义时代之共同体重建》，沈毅译，浙江大学出版社2009年版，第141—142页。

[2] 王小章、冯婷：《积极公民身份与社会建设》，社会科学文献出版社2017年版，第17页。

[3] 鲍曼将个体化的原因归结为国家从公共领域的不断撤退和集体性防御体系的功能衰退，而贝克则把问题的分析引向国家以个体为导向的福利制度设计和意识形态构建。

自应对涣散社会的处境和个体的生存问题，个体的自由为个人选择性生活提供了便利，以前的"标准化人生"为现在的"选择性人生"所取代，个人独自对自己的选择后果。第一波个体化阶段可以提供一定保障的国家和社会组织，而在第二波个体化阶段它们已经不能发挥主要作用，社会涣散和原子化的特征进一步加剧。

面对个体化对社会解体的威胁，发达国家基本通过公民精神培育的途径加以应对。欧美及太平洋的主要发达国家，政府高度重视公民精神培育工作，以面对全球化和个体化的挑战。在此主要以英国、美国、澳大利亚三个发达国家为例，对此进行具体阐述。公民精神培育的主要载体是公民教育，因此考察公民精神培育情况无法离开对公民教育的关注。当代三个国家的公民精神培育都在国家主导下，在关照的主体方面呈现由个体转向群体的趋势，公民美德和公共性进一步得到彰显，它们公民精神教育政策的转变或出台，大多是对基于个体化和全球化所带来的各种问题的考虑。

英国公民教育的真正开始并不算早，与其工业革命最早发端的历史并不协调，但是自20世纪末开始，公民教育几乎成为历届政府的重要工作任务。20世纪英国发生了五次重大的教育改革，对青少年的公民教育具有重要的促进作用。[①]《1988年教育改革法案》是英国在应对世界多元化和交融发展的背景下出台的，其中的《公民教育》明确了公民教育的目标，包含公民知识、公民技能、公民态度和行为价值四个方面。作为官方机构的公民委员会还发表了《鼓励公民教育》报告书，开始思考公民教育问题。1993年英国全国课程委员会又发表一篇关于公民教育的报告，报告对公民教育进行了较为全面的阐明，关涉公民教育与公民个人和共同体的关系、公民的权利和责任、公民在共同体的发展机会等。同时提出将中小学公民教育纳入国家课程体系，把公民教育作为学校教学中必修的核心课程。该报告后来成为英国政府制定中小学公民教育的重要政

---

① 李丁：《英国青少年公民教育研究》，人民教育出版社2012年版，第186页。

策依据。① 1998 年英国发布《科瑞克报告》，标志着当代英国公民精神教育的开始。资格与课程局发表国家课程复审意见，表达对修订国家课程的意见和实施公民教育的意义，提出了公民教育的基本框架。2007 年英国教育与技能部发表白皮书，总结和分析近几年英国公民教育实施情况，并提出中小学公民教育改革建议。布莱尔执政时期实施《教育与督学法案》，旨在推动公民教育的进一步发展。布朗政府通过所谓的教育"新思维"，确定教育改革的目标，积极调整国家教育政策，以期实现公民教育的新一轮发展。2010 年卡梅伦政府以"大社会"理念指导教育改革，主要做法是：发挥非政府成员作用，启动"国家公民服务"等战略，进一步加强世界性教育合作与交流。

美国公民教育自 20 世纪 70 年代以来面临两难处境，既要服务于政治自由和政治多样性社会的要求，又要满足社会统一的需要。② 进入现代化高级发展时期，美国公民教育理念中社群主义思想取得主导地位。1990 年老布什政府成立国家与社区委员会，该委员会在《你能为你的国家做些什么》报告中，对公民教育社区服务计划给予高度的肯定。政府还颁布《1990 年国家和社会服务法案》，以此促进公民责任的复兴。1993 年克林顿政府成立国家服务团，其用意在于支持社区服务各项计划。小布什政府于 2001 年签署《不让一个孩子掉队》法案，重申服务学习的重要性，后来又发布《2002 年公民服务法》，再次表明服务学习对公民责任和社区精神复兴的重要作用。同时，在美国政府大力推动下，积极开展公民品格教育。1987 年美国国家学校联合会提出"在公立学校塑造品格"计划，1990 年政府签署《关于全美教育目标的报告》，要求学生参与能够表现公民意识和公民责任的活动，学习公民品格的有关课程。为推动公民品格教育的开展，

---

① Kerry J. Kennedy ed., "Citizenship education in England", In *Citizenship Education and the Modern State*, London: Washington D. C. The Falmer Press, 1997, pp. 88 – 134.

② Engle S. H., Anna S. Ochoa, *Education for Democratic Citizenship*, New York: Teachers College Press, 1988, p. 28.

国家成立了相应工作组织，即"品格关注联盟"和"品格教育伙伴组织"。白宫还通过召开"民主与公民社会的品格建构"会议，研讨品格教育，并重申其优先发展要求。同时，美国的部分州政府联合发表"品格教育宣言"，强调品格教育的社会意义。进入21世纪，美国政府重视公民品格教育经费的投入问题，制定教育发展战略规划进一步明确公民品格教育目标。

在公民精神培育方面，"澳大利亚政府在过去二十年间制定了两项影响非常大的教育政策"①。其中一项是以培育好公民为设想的"探索民主项目"。但该项目评估报告的评估却表明，项目的实施效果远不尽如人意，最终不得不以终止项目而结束。另外一项是"价值教育项目"。澳大利亚早在1999年签署的《阿德莱德宣言》中，就提出价值教育项目，2002年该国教育部对此项目进行资助，其目标是要通过学校教育促进学生的公民道德与伦理发展。其后政府委托"课程机构"设计价值教育研究项目，《澳大利亚学校价值教育国家框架》（以下简称《价值教育国家框架》）作为研究成果，得到国家批准并在学校中执行，目标是提高学校价值教育的水平。价值教育研究项目的实施，为学校公民价值教育的开展奠定了基础。澳大利亚价值教育项目时间跨度是从2004年到2010年，包含了四个资助项目，即《价值教育国家框架》、优秀试点学校第一阶段、优秀试点学校第二阶段和行动学校的价值评估。《价值教育国家框架》规定了学校公民教育的价值，主要体现为九条价值观，其中有"关心和同情""公平对待""诚实守信"和"责任"等。价值教育优秀试点学校第一阶段为期三年，重点是在政府教育行政部门的资助下开展基础性的工作，比如，开发价值教育网站，进行课程和学习资源建设，开展学校价值教育论坛，举行价值教育项目合作等。优秀试点学校第二阶段主要是形成价值教育成功经验，并能够辨明经验和传播经验。价值评估

---

① ［澳］默里·普云特：《澳大利亚的价值教育与"好公民"的培育》，胡君进译，林可、檀传宝校，檀传宝、［澳］默里·普云特《培育好公民：中外公民教育比较研究》，浙江教育出版社2016年版，第51页。

阶段是依据生成价值教育项目并反映公民变化的故事，考察价值教育产生的实际效果。

东亚的日本、韩国和新加坡也是发达国家，其政治制度和文化价值深受西方影响，同时它们又同属儒家文化圈[①]，为了应对现代化发展中个体化的消极影响，它们都十分重视当代公民教育。三个国家虽然政策不同，但是都形成了公民教育的共同特点，这就是在战后经济恢复时期把儒家文化边缘化，而到经济上升期又重新引入或恢复儒家文化在公民教育中的地位，再到全球化时期策略性地推广儒家文化。[②]日本经济崛起之后，针对青少年中出现的以自我为中心的享乐主义倾向，加强公民的勤勉、节俭和谦虚等道德品质教育，并建议复兴明治以前的传统文化，重视人与人、人与整体之间关系的正确处理，以此区别于欧美的个人本位主义。现实中，中小学教育不仅重视培养学生家庭、学校和社会中的生活品质，也重视将这些道德品质升华为爱国精神。进入全球化阶段，日本政府强行推行包含儒家文化在内的传统文化教育，其目标是强化公民的国家认同感。日本政府采取的主要措施有：突出道德教育的重要性，发挥其在学校教育中的核心作用；通过修改《教育基本法》，使得传统文化与道德教育建立制度联系；将非正式课程的道德教育时间调整为正式课程时间，同时努力推动道德教育的学科化发展，将道德课程置于特别重要的位置，并编写了相应的道德教科书。

韩国现代的发展自经济上升期以来，不仅明显加强了公民教育，而且其显著的特点是把儒家文化作为教育的重要内容。从国家建设的目的出发，朴正熙执政时期在公民教育中重点进行儒家忠孝观和实用主义教育，实行"道义教育"，主要培养公民权威意识以及集体观和

[①] 杜维明在其著作《儒学第三期发展的前景问题》（杜维明，2013）中，表达了日本、韩国和新加坡同属儒家文化圈的观点。

[②] 徐淑芹：《公民教育、国家建设与文化政治：对日本、新加坡和韩国公民教育政策的比较分析》，载肖滨、郭忠华《公民身份研究》第3卷，人民教育出版社2018年版，第99—110页。

伦理观。韩国政府后来把公民教育命名为"道德科",培养能够报效国家的有文化之人,服务于国家的统一和发展。韩国中小学依托"道德科"和"国民伦理科",培养学生的国家精神和服从权威的意识。针对韩国经济发展中出现的物质主义和青少年犯罪等问题,政府提倡开展儒家思想道德教育,除了以前政府倡导的忠孝观教育,还增加了儒家文化中的纪律约束和公共精神教育。不论中学还是小学的公民教育都增加了儒家思想的成分,伦理教育得到普遍重视,其内容关涉人与伦理、社会与伦理、国家与伦理等多个方面。20世纪后期,韩国政治体制由威权体制转变为民主体制,在推进民主化政治思想的同时也推广儒家思想。此时主要引导学生正确认识传统与现代的道德和伦理,除了对学生加强民主主义的理想信念教育,还注重传统文化教育和伦理道德教育,培养学生热爱传统文化的热情和服务民主社会的国民意识。面对全球化对国家认同和个体化进一步发展的挑战,韩国仍然坚持把传统思想作为国民教育的指导思想,同时继续加强公民教育。这个阶段的公民教育突出了强化道德素养的要求,私德方面培养学生正直、诚实、孝顺、友爱和节制等品格,公德方面培养学生遵纪守法和爱国等品质。改革道德教育课程,在个人板块、社会板块、国家板块和家庭板块中,平衡全球化道德伦理要求和儒家文化的道德规范,但是客观上后者的分量应该更重一些。[1]

处于现代化发展中的新加坡,始终清楚地意识到公民教育对于国家认同的意义,整个社会形成了以儒家思想为基础的共同价值。20世纪70年代的新加坡在经济腾飞的同时,出现了比较严重的社会问题,个人主义、物质主义、功利主义和颓废主义让青少年深受其害,青年人的不断西化导致其对国家认同的严重下降。为了让新加坡人找

---

[1] 徐淑芹:《公民教育、国家建设与文化政治:对日本、新加坡和韩国公民教育政策的比较分析》,载肖滨、郭忠华《公民身份研究》第3卷,上海人民出版社2018年版,第110页。

到他们的"根"之所在,政府推崇儒家价值观①,将其视为进行亚洲传统美德教育的文化资源。李光耀把新加坡定位在一个"东亚儒教为基础的社会",以此区别于西方的自由民主社会,这也成为新加坡构建共同价值的导向。因此,政府一方面确立儒家思想是新加坡文化之根的理念,并向公众进行明确阐述;另一方面大力推进儒家文化教育,培养儒家价值观。培养公民敬业、乐群、和谐和仁爱的思想道德,引导公民正确处理个人与社会和国家的关系、家庭与国家的关系、不同宗教信仰之间的关系。1979年发表的《王鼎昌道德教育报告书》,针对青少年道德思想存在的问题和国家公民教育的不足,提出用儒家"修身、齐家、治国、平天下"的伦理道德要求,指导个人加强内在的道德品质培养,明确个人对国家的义务和责任。政府后来不仅将儒家伦理加入宗教课程中,还推进课程开发工作。政府对儒家伦理教育的高度重视,引起了种族之间的冲突和非华夏种族的忧虑,因而儒家思想教育由直接转入间接进行,融进新加坡的公民教育中。但是,儒家思想依然是新加坡抵制西化的思想资源,也是其共同价值观的理论基础,所以在公民教育中仍然没有让儒家伦理缺位,从《公民与道德教育课程纲要》确定的一系列价值观中,可以明显发现儒家思想的存在,后来公民教育的教材编写也包含了比较多的儒家思想。

中国公民精神培育虽然没有发达国家那样明确、系统和深入,但是中国社会的现代化发展已然对它提出了要求,并且已经进入党和国家的政策领域和学术界的研究视野。改革开放让中国社会进入了现代化的快速发展阶段,同时伴随着经济、政治、社会和文化等方面不同程度的转型。中国的经济转型是从高度集中的计划经济向市场经济转型,从根本上解放了生产力,适应了我国现代化快速发展的需要。然而实践表明,市场经济的健康发展,离不开独立自主、平等竞争和遵

---

① Tan T. W., "Moral Education in Singapore: A Critical Appraisal", *Journal of Moral Education*, No. 1, 1994, pp. 61 – 73.

纪守法的个体。顺应市场经济改革发展的要求，中国的政治转型也开始由高度集中的政治转向民主法治政治，建设社会主义法治国家和实现国家治理现代化业已成为政治共识。法治国家建设有利于改变权大于法的传统思维，遏制和消除由此导致的公权滥用、权力寻租和贪污腐败现象。但是法治社会建设仅仅从制度层面思考是不够的，还需要培养具有法治意识、法治能力的公民。此外，国家治理从原来的社会管理向社会治理转变，由国家通过政府管理社会的单一模式，转变为"党委领导、政府负责、社会协同、公民参与、法治保障"①的共同治理体制，公民显然在这个多方参与的现代治理中具有不可或缺的地位。中国的社会转型一改改革开放前的"单位社会"为个体社会，在计划经济时期城镇的单位和农村的社队，在个人与国家之间具有联结纽带的作用，而随着单位和社队中介作用的弱化，整个社会的凝聚力也变得明显减弱。如果要改变这种格局，就需要重新寻找可以联系个人和国家的桥梁，培育公民精神、塑造公民角色应该是不二的选择。中国文化转型就价值的多样化，除了集体利益至高无上以外，个人利益也得到尊重和鼓励，并在市场经济领域中具有重要的导向作用；从个人绝对服从集体的关系，到集体和个人两者兼顾的关系；从重义轻利的道德标准，到"义"和"利"兼具，个体利益观在向着个人的方向发展。个体利益观的不断强化，容易形成个人主义、享乐主义和功利主义，对公共精神和国家利益的维护都是一个威胁。对此，在目前条件下，似乎只有公民教育和公民精神培育，才能"明晰私人伦理与公共伦理的边界"②，才能"抵制国家主义，又抵制私己主义"③，把个人认同与集体认同乃至国家认同结合起来。因此，从中国当下正在进行的四个方面转型来看，公民和公民精神培育依然成为社会发展的现实需要。

---

① 《党的十九大报告辅导读本》，人民出版社2017年版，第48页。
② 刘争先：《社会转型视野下的公民教育》，《教育科学研究》2014年第8期。
③ 金生鈜：《国民抑或公民：教育中的人如何命名》，《高等教育研究》2014年第5期。

目前，公民精神培育作为中国转型发展的需要，已经进入政治话语和国家政策中。严格地说，公民教育在中国目前并没有形成真正的教育计划和完整的体系①，其在政治话语和政策文本中主要体现的是"德性化的诠释倾向"②，甚至可能存在事实的"公民教育的误读和偏见"③。可是，公民精神培育成为政治话语或政策构想的一个部分却是不争的事实。1949年新中国成立后，在将近40年的时间里，公民和公民精神没有能够成为教育培养的目标，尽管作为一个法律名词的"公民"已经出现在宪法中。最早提及公民培养的是1988年《中共中央关于改革和加强中小学德育工作的通知》④，其指出"把全体学生培养成为爱国的具有社会公德、文明行为习惯和遵纪守法的好公民"，把文明道德和遵纪守法作为好公民的要求。后来公民教育的出现，首先是在2007年党的十七大报告中，《报告》明确提出要"加强公民意识教育，树立社会主义民主法治、自由平等、公平正义理念，培养社会主义合格公民"⑤。通过党的正式报告形式，在社会主义制度框架中阐述公民意识教育，将公民培养提高到一个新高度。为了贯彻党的十七大报告关于培养合格公民的精神，《国家中长期教育改革和发展规划纲要（2010—2020年）》制定并实施，其重申加强公民意识教育的要求。党的十八大首次完整阐述了社会主义核心价值观，把公民层面的价值观确定为"爱国、敬业、诚信、友善"，为社会主义公民的培育指明价值观方向。党的十九大报告关于文化自信的

---

① 胡君进、刘争先：《中国大陆地区公民教育研究文献述评（2011—2015年）：取向、对象与方法》，载檀传宝《中国公民教育评论（2016）：国民身份认同研究》，社会科学文献出版社2016年版，第142页。

② 薛晓阳：《公民德育的德性化诠释及危机与认识——公民教育在德育政策层面的价值设计和政策反思》，《华东师范大学学报》（教育科学版）2012年第1期。

③ 檀传宝：《何为"公民意识"？——中国"公民意识"概念的官方定义及其特征分析》，《全球教育展望》2015年第5期。

④ 杜时忠等：《重构学校制度生活 培养现代公民精神》，华中师范大学出版社2016年版，第7页。

⑤ 胡锦涛：《高举中国特色社会主义伟大旗帜 为夺取全面建设小康社会新胜利而奋斗——在中国共产党第十七次全国代表大会上的报告》，http：//politics.people.com.cn/GB/1024/6429094.html.，2007年10月24日。

阐明中，提出要"深入实施公民道德建设工程"[1]，推进社会公德、职业道德、家庭美德和个人品德建设，引导和激励人们向上向善、孝老爱亲、忠于祖国、忠于人民。由此可见，公民精神培育的重点在于思想道德建设。整体观之，公民精神培育已经出现在政治话语和教育宏观政策中，表明在治国精英那里获得了认同，但是公民教育和公民精神培育基本存在于政治号召和政策规划中，并且着重强调的是公民义务和美德，并没有在教育中全面系统地推行和扎根。

执政党关于公民精神培育的政治话语，为学术界的公民研究提供了舆论和政治氛围，研究者大多从社会发展现实和教育理论出发提出了公民教育主张，诚然，这些主张事关公民精神的培育问题。通过对中国社会发展现实的观察和分析，研究者指出，要实现中国社会主义现代化，必须紧紧围绕三个关键性的方面进行，即大力发展社会主义市场经济，努力建设社会主义民主政治，积极培养符合现代化需要的人。这三个方面要求的真正落实，对于教育领域而言，"最直接、最重要的实现途径就只能是实施合适的现代公民教育"[2]。社会主义民主政治的发展，有助于政治体制改革和国家治理现代化推进，它不仅提出了"公民培养的政治要求"[3]，又提供了公民培养的政治环境。法治社会建设不仅要进行制度的科学架构和设计，还要教育和培养具有法治意识的现代公民，它是"当前中国社会主义法治建设和整体文明进步的迫切需要和基础工程"[4]。从教育理论研究的角度，学界对选择和开展公民教育发表个人的见解。他们认为，在教育目标的理解上，公民教育总是处于核心地位[5]，其目的是要培养合格公民。合格

---

[1] 《党的十九大报告辅导读本》，人民出版社2017年版，第42页。
[2] 檀传宝等：《公民教育引论——国际经验、历史变迁与中国公民教育的选择》，人民出版社2011年版，第185页。
[3] 杜时忠等：《重构学校制度生活 培养现代公民精神》，华中师范大学出版社2016年版，第8—9页。
[4] 檀传宝、[澳]默里·普云特：《培育好公民：中外公民教育比较研究》，浙江教育出版社2016年版，第II页（总序）。
[5] 万明钢：《论公民教育》，《教育研究》2003年第9期。

公民的培养是教育目标理解的基础,适应国家治理和社会共同体建设的需要,因此公民教育也是国家对教育的基本要求。从现代教育的历史和现实看,公民教育应该是教育的终极目标,较之传统教育它是教育性质的根本性转变,意味着全部教育的转型[①]和整个社会的彻底改造。虽然执政党和政府都倡导加强公民意识教育、实施公民道德建设,但是现实中公民教育和公民精神培育只是学校德育或教育的一个组成部分,其地位没有得到充分的凸显,客观上压缩了公民精神培育的空间,降低了公民精神培育的效果。在当前教育发展的新背景下,中国德育政策面临多重挑战,有的来自德育理论和实践,有的来自公民教育的世界整体发展潮流,对此在教育政策的设计中进行公民性建构,是一个无法回避的现实。[②]

---

① 檀传宝等:《公民教育引论——国际经验、历史变迁与中国公民教育的选择》,人民出版社2011年版,第183页。
② 翟楠:《德育政策中的公民教育:文本分析与政策建构》,《教育科学》2011年第5期。

第三章　公民精神的缘起及其理论嬗变

研究公民精神，有必要追溯公民精神在国外的发展源头。对其进行历史性的观察和分析，有助于清晰地看到公民精神嬗变的全貌，体认公民精神的不同类型，并且对不同类型公民精神的内涵和本质，形成一个全面和准确的认识。中国公民精神的考察和培育，也需要从西方公民精神嬗变中，获得必要的知识背景和借鉴。

第一节　公民精神的缘起

根据价值导向的差异，学界认为公民存在两种基本的传统范式，即公民共和主义和自由主义。与此相关，公民在意识、价值和行动中所展现出来的公民精神，也分为共和主义和自由主义两大流派。要完整地认识这两大流派的公民精神，需要向其源头做必要的追溯。

一　崇尚美德的传统共和主义公民精神

描述传统共和主义思想的发展历程，有助于准确理解与其相应的公民精神的要义。传统公民共和主义作为一种有着悠久历史的思想政治形态，其经历了从古代到近代漫长的阶段。在这个过程中，传统共和主义发生了一定的转向和变化，以共和主义为主导的公民精神，也随之出现一定的改变。但是，传统共和主义公民精神的核心价值并未根本改变，成为公民精神的两大基本流派之一。

传统共和主义包含古典共和主义和现代共和主义两个部分。古典共和主义思想和实践，存在于古希腊雅典、斯巴达城邦以及古罗马共和国的历史中。城邦的共和主义思想突出反映在公民共同体的政治活动中，城邦中只有具有知名家族背景或拥有奴隶的男性才能成为公民，而在家庭中从事生产或其他家庭生活的奴隶和女人则没有公民资格。公民在城邦中既是统治者又是被统治者，公民一起参与决策，尊重其他人的权威，服从已经做出的公民决策。在城邦时代，城邦和家庭分别被赋予公共和私人的性质，具有私人性质的家庭为公民提供了物质保障，公民在城邦之中专注于公共的政治活动，活动涉及城邦的战争事务和商业事务、公民权威和美德等。城邦政治本身被定义为一种善，即公共善，而不是一种工具。只有从事物的世界中走出来并进入政治世界的人，方能拥有这种善。人也只有在政治行动中获得完整的人性，实现作为人的价值。在亚里士多德的定义中，人天生就是政治生活的动物，此定义直到今天依然被西方社会所接受。而在物质世界中从事物质、生产、家庭活动的人，与政治世界中的人有着明显的不同，从人性上来说是不完整的，也不具备公民身份。然而，到了罗马共和国时期，对人的定义发生了变化，从政治人转向法律人，政治存在的公民变为法律存在的公民。在古罗马的法学家看来，人作用于事物，其目的是获得或保持事物，在此过程中人们之间形成一定的关系，而关系的调节离不开法律作用的发挥，因此，古罗马的公民是受法律保护并拥有自由权利的人。尽管不同的法律会给予其对象不同的权利，但是"人性通过与事物的世界之互动而变为现实，法律则变成了调节互动和现实的规则"①。不管是古希腊以政治人为中心的共和主义，还是古罗马以法律人为轴心的共和主义，它们的共同之处在于：公民应当具有对共同体的忠诚和义务感，具备良善的行为，积极直接参与公共事务，能够为公民、共同体和国家做出贡献。

与古典共和主义颂扬公民美德一样，现代共和主义对公民美德也

---

① [英] J. G. A. 波考克：《古典时期以降的公民理想》，吴冠军译，刘擎校，载许纪霖《共和、社群与公民》，江苏人民出版社 2004 年版，第 44 页。

高度推崇。现代共和主义思想的代表人物发展了古典共和主义公民美德，赋予后者以新的内容。马基雅维里主张公民除了要具有古典的公民美德外，还应当有坚韧不拔的道德品质，其培养需要通过军事生活方式获得，军事生活能够遏制人的邪恶，从而塑造富有德性和具有爱国情怀的公民。以《社会契约论》而著称的卢梭，也对公民道德赞扬有加，提出"没有美德，自由便不可能存在；没有美德，公民便不可能存在"[①]。在契约论中，他探讨政府和公民之间如何建立一种有机的联系，即政府能够满足公民安全保障的需要，同时公民在政府的保障中又不失去自由。他认为问题的解决途径在于公意，所谓公意就是公民通过良善的决策方式，形成对共同体全体成员都有益的判断和选择，而公意的形成有赖于公民的道德水平，尤其是对国家的情感。

　　共和主义思想，在经历比较悠长的历史之后，呈现出明显的衰老之态。共和主义的主流价值导向是公民对公共事务的参与，与市民社会中市民偏重家庭生活、热衷于经济生活的现实产生冲突。共和主义树立的公民美德标杆，如公民积极参与公共事务，可能会有侵害私人领域之嫌。同时，公民参与公共事务不但需要时间和精力，而且还需要必要的知识水平，一般公民可能因为忙于私人生活、缺少能力而无法参与公共事务，因此公共领域有可能沦为富人和教育良好的人的王国，精英的盘踞造成了对其他人的排斥。共和主义公民的公共事务参与，表现了鲜明的政治性，这种公共性的政治行动，发生在国家层面的公共领域。而市民社会中逐步发展起来的公共领域，尽管由于参与人员的数量有限而政治性相对较弱，但是其仍然是一个带有公共性特点的领域。共和主义的公共生活专注于国家层面，市民社会层面的公共领域则被忽视。与此相关，由于男性公民"更容易参与正式政治活动……女性更容易参与公民社会"[②]，共和主义对正式政治生活的关切，客观上造成了对女性政治权利的剥夺。加之共和主义公民身份的

---

　　① ［英］德里克·希特：《何谓公民身份》，郭忠华译，吉林出版集团有限责任公司2007年版，第51页。

　　② 同上书，第75页。

设计和公民实践活动，处处打上男性的烙印，招致了女性主义的憎恨和反对。此外，公民的培育一般是通过教育和宗教实现的，正是教育和宗教把普通社会成员塑造为公民，使公民在美德和公民精神的追求中主动参与公共事务，这个过程看似顺理成章，然而其中可能隐藏着教育和宗教对公民意志的绑架，导致公民被迫进入共和主义政治体系，从而在共同体的生活中失去个人自由、个人主张和个人的批判精神。从前述种种迹象来看，共和主义似乎难以挪动蹒跚的步履。在随后出现的自由主义竞争和排挤中，共和主义在19世纪中期不得不谢幕。

然而共和主义在退出的同时，也在自由主义的舞台上留下了难以挥去的印象。回顾古典共和主义便可发现，亚里士多德主义主张公民要远离事务，应当在纯粹的人与人互动中，开始公共的政治生活。与此不同，古罗马法学家盖尤斯以个体作为共和主义理论的出发点，并把公民对事物的所有权，作为考察人与人相互关系的对象，把法律作为调节手段，在古典共和主义与自由主义之间建立了联系，"罗马公民既可以通过道德责任、职位担任和战争荣誉来体现积极的公民身份，也可以没有古希腊人的道德义务、立法素质、参展能力，甚至不关心公共生活就拥有商业利益和诉讼权利"①。民主共和主义的集大成者卢梭，其主张在公民与政府之间构建契约关系，政府要保障公民的自由权利，公民要赋权于政府并使之成为民主政府，从而服从政府的管理，真正实现公民既是统治者又是被统治者，把共同体整体受益的公意视为最高价值，优先于个人的权利和宪政体制。卢梭的契约论思想不仅是共和主义发展的思想高峰，也是自由主义成长的重要养分。而孟德斯鸠所开启的宪政共和主义，则把自由置于价值的核心地位，希冀通过建构宪政体制，为全体国民的政治自由提供一种保护，反对民主共和主义的可能引发专制的多数人票决，宪政共和主义显然与自由主义比较容易调和。综合看来，共和主义"肉体"虽黯然离

---

① 肖滨等：《现代政治中的公民身份》，上海人民出版社2010年版，第172页。

去，其内在的一些精神却为自由主义提供了滋养。

二 彰显个人的古典自由主义公民精神

对自由主义的追溯，有助于把握古典自由主义公民精神的要旨。在自由主义发展的历史中，自由主义并没有一种完全统一的形态，它包含古典自由主义，也包括新自由主义和新古典主义，它们的共同价值在于对个人自由、个人权利的高度关注。古典自由主义也可以称作传统自由主义，是近代一个重要的政治思想，较之传统共和主义，出现时间晚了许多。

西方学者一般认为，自由主义理论开始于洛克的自然权利理论，而素有"自由主义评论家"之称的英国著名政治哲学家约翰·格雷，则认为在此之前还有两位堪称自由主义先驱的人物不应被忽视，一位是霍布斯，另一位是斯诺宾莎。霍布斯的思想与自由主义的相关之处，一方面是毫不妥协的个人主义；另一方面是对人的平等的自由权利的肯定，以及对世袭政治权威的否定。霍布斯有一个著名的假设，即近代社会是在自然状态中的一切人对一切人的战争，而战争状态的消除是通过公民联合体实现的。从其假设可以发现，每个人行动的出发点都是其自身利益，这与共和主义所主张的共同体利益明显不同。

霍布斯和斯诺宾莎尽管获得了自由主义先驱的尊荣，但是系统阐述古典自由主义理论的则是洛克。洛克被阿那森誉为自由主义殿堂的第一位思想家。洛克的主要贡献在于，为自由主义大厦提供了两块重要的基石，一是个人的自然权利理论，二是政府的有限权力理论。[①] 洛克提出在自然状态下的个人是自由和平等的，每个人都拥有生命、自由、财产权利，这些权利具有天赋的性质。洛克自然权利理论的提出，对后来自由主义思想的发展产生重要影响，美国生命权、自由权和追求幸福权利的主张，应该是在很大程度上继承了洛克思想的衣钵。洛克是最早论证财产私有权合法的思想家，其认为财产权是人的

---

① 李强：《自由主义》，中国社会科学出版社1998年版，第55页。

最基本权利，人由于对自身拥有所有权，所以个人劳动所得应当归个人所有。个人财产权主张成为自由主义理论的重要组成部分。洛克的另一个重大贡献是有限政府理论，该理论指出政府权力的有限性有两个表现，一个是政府不得干涉个人的自由和权利；另一个是政府在行使有限权力的时候，需得到权利让渡者即个人的同意。有限政府理论也回答了政治哲学的核心问题，即"权威的合法性和个人服从权威的义务问题"[①]。

孟德斯鸠是法国启蒙运动的代表人物，其学说发展了洛克的自由主义思想。在其经典著作《论法的精神》（1748年）中，提出了建构法治下的宪政制度以反对各种形式的专制和暴政的主张。孟德斯鸠的主要理论贡献，在于自由与权力的论述，认为个人的自由是由法律保障的，任何人都没有超越法律的权力，专制制度是对自由构成威胁的主要原因。专制制度意味着没有法律，统治者的命令取代了法律，在专制制度中只有统治者是自由的。在批判专制主义基础上，孟德斯鸠发展了分权理论，该理论认为对自由的最大侵害就是对权力的滥用，而一切有权力的人都会滥用权力，解决难题的最好办法就是以权力制约权力。为此，他将国家权力划分为立法权、司法权和行政权。

托克维尔把从贡斯当以来的自由主义对大众民主的恐惧，发展为一套系统的理论。[②] 对于自由与民主，在启蒙时期人们一度持有乐观的态度，但是法国大革命让人们看到了大众民主而导致的暴政，自由与民主是否相互兼容让人产生了怀疑。托克维尔对民主的态度是矛盾的，一方面美国民主的发展让其看到了社会发展未来走向，另一方面他担心大众民主能够对个人的自由构成威胁。民主在托克维尔看来，就是多数人的统治，多数人的绝对统治势必造成对个人自由的侵害。多数统治所导致的暴政与君主制的暴政相比，性质更为严重。君主暴政的影响在于政治，而多数暴政的影响不仅是政治，还包括了社会和

[①] 李强：《自由主义》，中国社会科学出版社1998年版，第58页。
[②] 同上书，第68—69页。

道德的方面，触及人们的灵魂。为了防止多数暴政的发生，托克维尔继承了此前自由主义者法制和分权的思想，同时还提出了社会制衡的主张，也就是发展由独立、自主的社团所组成的多元社会，并使之成为制约大众民主的重要力量。

美国没有出现系统而深刻的自由主义理论家，对自由主义的理论贡献非常有限，但是美国却把自由主义原则运用到宪法之中，开创了西方宪政主义的先河。① 美国的政治家主要在实际操作的探索中发现了自由主义。洛克的自然权利理论第一次在美国《独立宣言》及之后的宪法中得到实际运用，洛克提出的"生命、自由和财产权利"，发展为"生命、自由和追求幸福的权利"。洛克和孟德斯鸠的宪政、有限政府和分权思想，在美国被置于宪政、分权和制衡的实践中。此外，美国宪法还最早将自由、法治和民主在实践中进行了融合。古典自由主义中，自由和民主是彼此对立的，以卢梭为代表的民主主义者遭到其他自由主义的批驳。美国宪法自由与民主仍然处于冲突的状态，民主主张者认为应当给予民主更大的权威，减少约束；而自由主张者则提出要限制政府权力，民主实行的前提是法治，法律具有至高无上的地位。

约翰·格雷从身份辨识的角度指出，自由主义（指17世纪至20世纪70年代中期的古典自由主义）具有四个基本特征，那就是个人主义、平等主义、普世主义和社会向善论。② 个人主义确立了个人对抗集体的道德至上性，平等主义赋予个人以同样的道德地位和权利，普世主义显示了自由主义的道德同一性，社会向善论表明，在个人的理性运用中社会向善发展的趋势。格雷认为两个特征更为重要，不论人类社会的自由主义制度是否具有趋同性，但是这些制度都是人类社

---

① ［英］约翰·格雷：《自由主义》，曹海军等译，吉林人民出版社2005年版，第73—74页。

② 同上书，第127页。

会向善的唯一途径。① 可是，古典自由主义的发展并不是前景无限，一次大战的灾难性后果让存在了一个世纪的古典自由主义丰碑倒塌。

　　古典自由主义在发展的过程中，始终存在批判的声音。梅斯特尔是最早对自由主义进行系统批判的代表，其批判的核心是自由主义所宣扬的个人主义。他认为个人的行为具有非理性的特征，自由主义对每个个人都具有理性的假设是错误的，自由主义把个人从权威下解放出来的主张，将导致社会的无序。在个人与社会的关系上，他批驳自由主义关于社会存在之前就有自然权利个人的论题，并指出从来都没有孤立的、超社会的个人，个人的权利存在于一定的社会关系中。个人主义削弱了权威、宗教信仰、社群，它将对社会的稳定和秩序构成威胁。卡尔·斯密特是又一位批判自由主义的保守主义代表人物，其对自由主义的批评恐怕是最具学理性的批评之一。② 他批判自由主义关于国家中立的主张，认为国家代表着主权和公共利益，因而也高于社会，应该在现代社会和政治领域中发挥积极作用，而不是中立者的角色，国家必须垄断政治事务。霍尔姆斯将其对自由主义的批评概括为：自由主义在关键时候无法做出决断，其多元主义可能导致国家的内乱，还容易把个人引导到私人生活上，忽视对公共利益的关怀。③

　　社会主义作为一种思想流派，对现代性也积极地做出了回应，对自由主义提出了深刻的批判。社会主义揭露了自由主义思想主导下的工业社会的阶级不平等，发现被剥削者的悲惨生活，认为个人主义和新兴势力摧毁了公社式的社会生活。社会主义对自由主义中抽象个人主义采取批驳的态度，主张建构道德共同体的观念，反对自由主义的市民社会。修正主义的自由主义于19世纪80年代开始发挥其影响，反对大多数古典自由主义者所主张的消极的、免予干涉的自由观，提

---

① ［英］约翰·格雷：《自由主义》，曹海军等译，吉林人民出版社2005年版，第129页。
② 李强：《自由主义》，中国社会科学出版社1998年版，第255页。
③ 同上书，第246页。

倡有效的自由观，意味着要加强政府的行为和权威的辩护，对限制契约自由的措施给予支持。修正主义的自由主义在霍布豪斯的著作中有了系统的论述，其希望用分配正义和社会和谐代替自由体系的旧观念。

第二节　不同社会思潮中的公民精神嬗变

传统共和主义和古典自由主义，作为公民精神的两大基本源流，是人类在其发展特定阶段所产生的思想成果，但是历史和现实都表明，它们并不是静止不变的思想。公民精神适应时代发展需要，在公民权利与公民义务和美德的关系调整和平衡中，又衍生出新自由主义、新共和主义和社群主义等新的公民精神。

一　自我修正的新自由主义公民精神

对新自由主义进行简单的描绘，可以透视新自由主义公民精神发生的改变。古典自由主义特别注重对个人自由和权利的强调，而对国家干预持着敌视的态度，导致了马克思所揭示的社会阶级的分化，底层民众的生活和安全条件发生恶化。同时公民政治权利的发展，不仅促进了公民社会权利的发展，而且对其提出了现实的要求。正因如此，新自由主义思想家 L. T. 霍布豪斯形象地说，古典自由主义"信条好像正在僵化失效，变成化石"[①]。新自由主义则以其对自由性质、国家与社会功能的不同见解，出现在社会与政治哲学中。

牛津唯心主义代表人物 T. H. 格林的思想与古典自由主义基本处于对立的状态。他指出古典自由主义把自由与法律对立起来是错误的，法律和国家不仅能够限制自由，也能够扩大自由，国家民主化的实现，将使"我们所假想的立法的危险性，不论是代表特权阶级的利

[①] [英] 安东尼·阿巴拉斯特：《西方自由主义的兴衰》，曹海军等译，吉林人民出版社 2011 年版，第 377 页。

益还是增进特殊的宗教观点,都将消失"①。格林没有像古典自由主义那样,把自由简单地理解为摆脱束缚或强制的自由,而是把自由看成是"一种积极地作为或欣赏某些值得作为或欣赏的某件事情的力量或能力,而那也是我们与其他人共同作为或欣赏的事情"②。实际上,格林所倡导的自由即是"积极自由",与传统自由主义提倡的想做什么就做什么的消极自由,有着根本的区别。格林反对旧自由主义的本体论,认为以前自由主义个人第一位、社会第二位的思想应当被纠正,个人的权利只有在社会中才能存在。社会并不是个人的简单组合,而是有机整体,个人之间的联系就是通过个人对群体的忠诚实现的,个人在履行社会职责中获得人格的完善和内心的满足。由此可见,格林的政治主张从个人主义已经向集体主义转变。

凯恩斯是格林新自由主义思想的继任者,在经济领域实施国家干预计划,力图让资本主义摆脱"一战"后的困境。第一次世界大战对西方文明产生了强烈的冲击,自由主义的社会发展理想肥皂泡破灭,国家与国家之间的矛盾加剧,国家内部的阶级矛盾激化,此时,把国家作为化解矛盾的重要力量,成为西方思想家的主要方案。凯恩斯确信,需求无法通过有效的经济管理来激励是错误的,对经济萧条采取听之任之的态度是不足取的,相信人类对经济活动干预的可能性。他觉得如果人类的赚钱活动能够转向无害,财富的积累不再具有那么重要的社会性,资本主义基本上还是一个有益的体系,在宣布自由放任时代终结的同时,仍然对自由经济体系抱有信仰,但是此时的自由主义应当采取积极干预的政策,使得经济无政府状态向社会正义和社会稳定的状态转变。正是凯恩斯在经济上的新自由主义主张,西方学者甚至认为它为社会主义的渐进发展提供了理论基础,尽管这并不是凯恩斯的本意。究其根本,凯恩斯毕竟是一个自由主义者。凯恩斯的理论受到社会民主政党和工党的关

---

① [英]安东尼·阿巴拉斯特:《西方自由主义的兴衰》,曹海军等译,吉林人民出版社2011年版,第378页。
② 同上书,第379页。

注，其根本目的并不是要否定资本主义，更不是要用社会主义取代资本主义，而是通过对传统自由主义作出必要的调整，挽救资本主义表现出的颓势。

20世纪70年代，自由主义打破"二战"后的短暂沉寂，呈现了新的发展趋势，罗尔斯的正义论便是其代表。罗尔斯的正义论提出，理性的人在假设的原始状态下，能够做出最正义、最公正的选择，为此要具备两个原则：一是平等的自由原则，即每个人在自由体系中都享有平等的权利；二是有差别原则，也就是在正义原则下，经济和社会的不平等应使最少受惠者的利益最大，在机会平等的条件下，职务和地位向所有人开放。[1] 只要对社会中最少财富者有利，不平等的原则是可以被允许的，这是罗尔斯正义论原则之一，它在实践中具有潜在的再分配意义，这为政府的有限干预提供了理论依据。罗尔斯在追求所谓社会正义的过程中，依旧没有放弃个人的自由主义立场，依然坚持古典自由主义的本体论立场，即个人第一位，社会第二位，个人活动目的服务于自身的目标，社会是"为了相互利益而合作的冒险机制"[2]，个人理性就是通过利益的算计以最有效的手段达到个人所设定的目标。罗尔斯在传统自由主义基础上发展出来的正义论，遭到了来自自由主义内部的批评。罗伯特·诺齐克从最小国家和个人自主理论出发，对罗尔斯关于社会正义的学说进行发难，认为国家是自由的大敌，对个人私有财产的干预是对公民权利的侵害，同时为自由至上主义提供辩护，加强了原始资本主义的返祖性。不仅如此，罗尔斯的正义论还遭到社群主义的批评，批评主要集中在这样几个层面：一是罗尔斯的人的概念是抽象的并且缺乏价值观，同时认为人是先于社会而存在的；二是人是社会的动物，但罗尔斯却以此作为个人理论建构的出发点；三是罗尔斯认为正义论具有普遍的意义，忽略了不同文化的特殊性；四

---

[1] 李强：《自由主义》，东方出版社2015年版，第130—131页。
[2] [英]安东尼·阿巴拉斯特：《西方自由主义的兴衰》，曹海军等译，吉林人民出版社2011年版，第443页。

是正义论表明个人选择的善是主观的,否认善恶评价标准的客观性;五是正义论还提出国家在公民的善恶观念应该持中立态度,并没有对公民该过何种生活做出判断。①

自由主义在与封建势力的较量中是一种解放的力量,但是其活力并没有一直延续下来,而是在重新定位和诠释中遭受失败。"20世纪中期之前,自由主义已变得防守性和保守性,不再与当今激进的和革命性的运动相联系"②,不仅如此,自由主义还经常敌视后者,在这种意义上,自由主义与反共产主义几近等同。卡尔·马克思作为自由主义最坚决的批评者之一,肯定了自由主义在解放政治中的作用,但是也指出,自由主义对个人权力和利益的崇拜,造就了利己之人甚至自私自利之人,导致个人与共同体的疏离。个人主义作为自由主义的核心内容,造成了自由主义的先天缺陷和不足。因此,安东尼·阿巴拉斯特审慎地指出:"当激进分子从自由主义自身的历史和理论残骸中拯救出可能是它最有价值之原则和成就时,除了走出自由主义别无选择。"③

二 重释自由的新共和主义公民精神

传统共和主义在与自由主义不断较量中,产生了不同于前两者的新共和主义公民精神。当代政治理论家波考克、斯金纳、泰勒和佩迪特等,均被称为新共和主义者。他们所主张的新共和主义,在继承传统共和主义部分精神的同时,也在努力寻求一定的发展。

菲利普·佩迪特等人提出"无支配自由"的思想,成为新共和主义的核心理论。佩迪特的"无支配自由",是指公民不在他人控制之下,不屈从他人的意志,不受他人欲望变化的影响,可以做出自主选择和自我主张。"无支配自由"与消极自由观念有着重要的关联,它

---

① 李强:《自由主义》,东方出版社2015年版,第131—132页。
② [英]安东尼·阿巴拉斯特:《西方自由主义的兴衰》,曹海军等译,吉林人民出版社2011年版,第458页。
③ 同上书,第466页。

与积极自由（如理性的民主或民主的自治）并不相同。然而，无支配的自由与赛亚·伯林消极自由的主张又有着根本的区别。伯林将消极自由阐释为公民可以在一定的领域中，在没有他人干涉的情况下做自己想做的事情，其更多关注的是实际障碍的是否存在。佩迪特则坚定地主张，"自由确实蕴含着实际的干涉和掌握在别人手中可能的干涉的缺席"①。与伯林的消极自由观不同，佩迪特认为即使没有实际的干涉，但是一些潜在的干涉也会形成支配，迫使公民在制订计划和采取行动时，不得不采取讨好和屈服的态度。此外，在干涉的理解上，佩迪特也提出了不同的意见，认为不是所有的干涉都是支配并产生不自由。代表公民共同意志的法律，出于对普遍的公民自由保护，对他人的专断意志必须进行必要的干涉，这种干涉尽管在事实上会经常发生，可是它对我们而言，并不意味着自由的失去或者减少，相反倒是感觉到自由的稳定和可靠。

自由主义倡导的无干涉的自由，与民主或自治似乎没有内在联系，而新共和主义提出的无支配自由，则与民主之间具有一定的逻辑关系。即便如此，无支配的自由并不表示能够自治，无支配的自由毕竟是消极自由的观念，它与汉娜·阿伦特和迈克尔·桑德尔所主张的新雅典式的共和主义大异其趣，因为后者在自由与自治之间画了等号，也就是说自由可以带来自治，在政治生活中对共同目标的追求，公民德性能够得以展现。另一位共和主义者波考克，直接提出共和主义的自由观念是一种积极的自治观念，"人是天然的公民而且只有作为活跃的公民才能最充分地实现自己"②。自由主义的兴起，才把人们对公共生活中人与人之间关系的关注，转向人与物的关系，从德性领域转向权利领域。佩迪特把自治作为维护自由的手段，因此民主与自由的关系也就具有工具的性质，公民参与政治生活具有重要意义，

---

① ［美］查尔斯·拉莫尔：《自由主义的和共和主义的自由观》，应奇译，载应奇、刘训练《共和黄昏：自由主义、社群主义和共和主义》，吉林出版集团有限责任公司2007年版，第389页。

② 同上书，第392页。

对政治生活的塑造需要法律权威发挥作用，而不是仰仗个人的人格。共和政体的公民既要尊重法律，也要重视公共生活，发表公民的个人主张，还要始终保持对权力集中的高度警惕。

新共和主义者努力解决精英与民众的关系问题。约翰·波考克是"剑桥学派"的代表人物之一，他所塑造的共和主义的解释框架，试图解决自由主义弊端，其理论被一些共和主义学者所沿袭。约翰·波考克倾向精英共和主义模式，恰如其分地解释了亚里士多德的贵族精英理论。精英政府模式是一种竞争性的贤能政治，人民的美德既不在于反抗精英，也不在于抵御外来的侵略，而是对精英的顺从。精英需要在民众面前展现其美德，少数人的决策需要大多数人的认可。昆廷·斯金纳则主张在精英与民众之间建立平衡，单独强调精英的动机或者民众的动机，是同样危险的。菲利普·佩迪特认为选民可以通过必要的制度审查和修订精英的决策，针对可能出现的多数暴政，公民论争尤为重要。然而，菲利普·佩迪特并不主张公民参与，似乎担心平民主义和公民参与实践将导致多数暴政。菲利普·佩迪特指出，既然选举只能对政府最终支持的政策进行松散的控制，不能保证当选者对选举人的利益做出回应，在这种意义上，"选举上民主的国家可能是一种选举的专制；它可能代表多数人的暴政或者实际上代表某个利益集团的暴政"[①]。

新共和主义不仅极力表现出与自由主义的主张不同，而且对自由主义展开了尖锐的批评。昆廷·斯金纳批评了当代自由主义权利优先于义务的论调，指出如果坚持把权利作为王牌，那这将是公民的堕落，因为权利中也包含着"非理性的自我破坏行为"[②]；公共服务和公民参与是共和主义积极公民道德追求的目标，也是共和主义实现自

[①] 应奇、刘训练：《共和黄昏：自由主义、社群主义和共和主义》，吉林出版集团有限责任公司2007年版，第119页。
[②] ［美］艾伦·帕顿：《共和主义对自由主义的批判》，葛水林译，彭斌校，载应奇、刘训练《共和黄昏：自由主义、社群主义和共和主义》，吉林出版集团有限责任公司2007年版，第369页。

由信仰的要求。昆廷·斯金纳还发现了自由主义法律观念中的缺陷，即认为"法律本质上是通过强制他人来维持我们的自由"[1]。对此，共和主义的见解则有不同，其认为法律不但对他人要采取强制的方式，对我们也要采取强制的方式，这并没有什么例外。此外，昆廷·斯金纳还批评了自由主义对功利主义的敌视，在新共和主义看来，公民的共同善是实现自由社会的必不可少的要素。昆廷·斯金纳认为，像罗尔斯所主张的自由主义，把个人自由和个人利益置于整体利益之上，不会因为共同善而对个人自由施加种种限制，这与共和主义以共同善为价值目标截然不同。新共和主义另一个当代重要人物是查尔斯·泰勒，其指责自由主义没有认识到爱国主义对于维护社会自由的意义。爱国主义在共和主义思想中，与自由主义者罗尔斯力推的正义和正义的义务不同，虽然两者都被看作是公民美德，但是在查尔斯·泰勒的共和主义观念中，公民美德的本质就是爱国主义。当然，这种爱国主义当中，包含着公民的忠诚和身份认同，它们都共同指向国家这个政治共同体。泰勒指出，爱国主义应当理解为"我没有致力于随便捍卫哪一个人的自由，而是感受到在我们共同的事业中对我的同胞的血肉相连的感情"[2]。

三 超越个人的社群主义公民精神

社群主义公民精神作为以社群为关注中心的新类型，在理论上实现了对以个人为主题的自由主义的超越。社群主义产生于20世纪70年代，80年代得到进一步发展。但是，令人感到奇怪的是，被贴上社群主义标签的那些社群主义者，自己都没有标榜是社群主义者。也正因如此，有外国学者认为，所谓社群主义者，他们没有能够形成共

---

[1] [美]艾伦·帕顿：《共和主义对自由主义的批判》，葛水林译，彭斌校，载应奇、刘训练《共和黄昏：自由主义、社群主义和共和主义》，吉林出版集团有限责任公司2007年版，第371页。

[2] 应奇、刘训练：《共和黄昏：自由主义、社群主义和共和主义》，吉林出版集团有限责任公司2007年版，第377—388页。

同且内在一致的立场。① 然而事实上，社群主义对待自由主义的态度，基本都持批判的立场，尽管他们的角度不同。在公民精神的诠释方面，社群主义将自由主义置于对立面，提出了自己独特的见解。

社群主义强调公民作为主体的社会性特征，而自由主义认为个体是自在和自足的。公民就其概念的一般意义而言，是与国家相联系的。社群主义者把社群往往看作是政治社群，参与社群政治活动的成员便自然成为公民。社群主义者认为，社群成员和公民的成长，是在社会现实中进行的，社会的历史背景、文化传统以及个人的经济政治地位、家庭生活等都对其产生影响。社群成员通过社群生活，建立一定的社群成员关系和社群的归属感，这种社群成员关系具有不可选择性，社群的归属感能够超越"我们的价值和情感，融合成为我们的认同"②。这也是桑德尔"环境的自我"思想。可以说，在社群主义的观念中，社会既是考虑问题的出发点，也是一切活动的终点，每个人都深深地扎根于社会之中。而自由主义主张，在研究个体的时候，应当抛开个体的周围环境因素，从自然状态和原初状态出发来进行考察。其主要代表人物是约翰·罗尔斯，他假设了一种所谓"原初状态"，并在抽象的层面讨论人的属性。他认为处于"原初状态"中的人们，才能从具体的社会关系中分离出来，从永恒的角度和任何时空的角度，获得比较确定的对人一般情况的认识，才能形成一种中立的、不偏不倚的普适性的观点。自由主义认为，个体与其历史、社会地位、善恶观念和社会背景是无关的。因此，社群主义观念中的公民主体具有社会性质，而新自由主义的个体则是孤独和混沌无知的。

社群主义非常赞赏公民对社群的义务和责任。社群主义有激进社群主义和温和社群主义之分，激进社群主义对公民权利采取拒斥的态

---

① ［美］斯蒂芬·加德鲍姆：《法律、政治与社群的主张》，杨立峰译，应奇校，载应奇、刘训练《共和黄昏：自由主义、社群主义和共和主义》，吉林出版集团有限责任公司2007年版，第238页。

② 俞可平：《社群主义》，东方出版社2015年版，第31页。

度,温和社群主义虽不排斥公民权利,但是不承认公民权利的优先性。① 公民是社群的社会构成要素,当公民权利被忽略,或者并不具有优先性,那么社群的权利和利益将势必凸显出来,因此在公民这一边,反映出来的更多的是义务和责任。社群主义认为,由于公民生活在一定的社群中,公民依赖社群而存在,公民利益与社群利益具有一致性,社群规定了公民责任的内容,确定了公民的服务对象。公民对社群的责任,体现为社群目标的实现,社群公共利益的获得和维护。公民这种对社群所做的贡献,在行动上表现为公民美德,也可以说是公共的善。在麦金泰尔看来,公民在互相合作的美德中,在履行对所在社群的义务中,获得和体验其内在利益,也就是对生活意义的理解和行动价值的感悟。一般而言,社群由小到大,有家庭、社区、种族、民族和国家等这样几种形态,国家代表最大范围的公众利益,是最大的社群,它通过法律对公民的各种义务做了规定。除了这种法律规定义务之外,社群主义者还提出了一种可以称为"道德义务说"②的主张。所谓"道德义务说",每个社群的存在,都有其独特的共同传统、信仰、情感和价值等社群文化,公民社群行为的发生,不是取决于个人的欲望和偏好,而是受到社群共同文化的左右,社群文化中蕴含着共同道德,这些道德对社群成员的思想和行为的发生具有强制性。正是由于社群的共同道德的这种特点,对公民提出了对社群的爱和忠诚的要求。而这些爱和忠诚,从公民的角度理解,也便是对社群的义务和责任。社群主义者还强调,公民的责任和义务仅限于认知层面是不够的,还需要在公民与公民的共同实践中完成。

而自由主义则把公民权利放在优先考虑的位置,社群在个体面前的地位显著弱化。在自由主义的思想发展过程中,公民权利始终是一个核心话语,以罗尔斯为代表的新自由主义,更是把公民权利作为政

---

① [美]阿伦·布坎南:《评价社群主义对自由主义的批判》,曾纪茂等译,应奇校,载应奇、刘训练《共和黄昏:自由主义、社群主义和共和主义》,吉林出版集团有限责任公司2007年版,第159页。

② 俞可平:《社群主义》,东方出版社2015年版,第103页。

治学说的唯一基础。① 大部分自由主义者认为公民权利以自然法为依据，是一种天赋的自然权利。公民权利可以分为两大类，一是积极权利，二是消极权利。自由主义把公民权利作为其核心价值，突出强调公民个人的选择权利，免受其他力量的制约，公民权利表现为独立自决的能力，因而自由主义更加看重公民的消极权利，充分主张个人利益。自由主义对公民权利的过分强调，尤其是新自由主义的权利优先性主张，其长期的存在导致了可怕的现代性后果，主要表现是现代人普遍以自我为中心，每个人心中充满无节制的贪婪，而对公共政治却是无视和冷漠的态度，脱离社群已是一种基本常态，社会及其成员都具有无根的感觉。

社群作为一个政治概念应该说早已出现，从古代的柏拉图到现代的杜威，其内涵经历了一些变化②，而真正的社群主义却是出现在近代以来，青年马克思的著作便代表了批判性社群主义的早期形态。③客观地说，社群主义理论较之于自由主义理论，尚显得不够成熟，其更多的是提出一些不同的政治主张，但是内容和目标却不够明晰，也没有找到解决问题的方案。从反击社群主义的角度，自由主义指出，社群的规模和分层问题，在创立的社群中难以解决；道德教育和同质性是维持社群的重要途径，但是其施行的结果必将产生排斥性，这将导致现代社会风险性的出现，并且还可能会让公民付出代价。于是，社群主义被理解为"一种不能治病的药物"④。社群主义虽然没能唱响自由主义消亡的凯歌，但是社群主义对自由主义发起的挑战，却不得不让后者重新思考和解释其理论。就此情形来看，不能说哪一方取

---

① 俞可平：《社群主义》，东方出版社2015年版，第96页。
② 同上书，第41页。
③ [美]迈克尔·沃尔泽：《社群主义对自由主义的批判》，毛训贵译，刘训练校，载应奇、刘训练《共和黄昏：自由主义、社群主义和共和主义》，吉林出版集团有限责任公司2007年版，第195页。
④ [美] H. N. 赫希：《自由主义的挽歌：宪法自由与社群复活》，曾纪茂等译，应奇校，载应奇、刘训练《共和黄昏：自由主义、社群主义和共和主义》，吉林出版集团有限责任公司2007年版，第132页。

得了胜利,但是它们的思想博弈客观上促进了两者的发展和完善,这一点在当代影响最大的自由主义思想家那里得到了印证。不管是罗纳德·德沃金、乔·范伯格,还是约翰·罗尔斯,他们都同时把个人自主的价值和个人幸福的价值纳入政治论题,以幸福作为价值追求,自然离不开社群生活和共同目标的话题。①

第三节　多元文化主义中的公民精神厘析

关于公民资格和公民精神的探讨,无论此前的公民共和主义、自由主义,还是后来的新自由主义、新共和主义和社群主义,基本是在公民身份的传统维度(法律、政治、社会和美德)讨论公民精神。到20世纪中后期,新社会运动出现、信息社会发展和全球化兴起,公民精神发展的触角进入了一个新的领域,这就是文化领域。在这个新的领域中,公民精神呈现了多元主义的发展趋势。

一　指向文化领域的公民精神

当前公民精神的研究,由马歇尔公民的"三大权利"延伸到文化权利。对于公民和公民精神的关注,最初发生在政治领域,如古希腊古典公民的公共政治参与和对城邦国家的忠诚。到古罗马时期,公民和公民精神就与法律之间建立了联系,法律认可是获得公民资格的重要手段。近代公民诞生以来,在相当长的时间里关于公民的言说,是在政治和法律的层面展开的。当代社会学家T. H. 马歇尔,则将公民和公民精神的影响扩展至社会领域。如果说马歇尔公民权利学说所关涉的法律、政治和社会三大领域,因其被大多数公民研究者接受,而可以称之为传统领域的话,那么后来出现的文化领域则是一个新领域。通常来说,公民资格是借助抽象的法律制度进行界定的,规定谁

---

① [美]阿伦·布坎南:《评价社群主义对自由主义的批判》,曾纪茂等译,应奇校,载应奇、刘训练《共和黄昏:自由主义、社群主义和共和主义》,吉林出版集团有限责任公司2007年版,第187—188页。

在共同体之内具有公共政治权利，谁可以获得民族国家提供的社会福利和保障。这种制度是在民族国家范围内运作的由政治精英设计的杰作，对处于社会边缘的少数群体往往造成事实上的不平等。布莱恩·S. 特纳和莫里斯·罗奇提出了发展公民文化权利的构想①，它对此前自由主义把文化与公民身份分离开来的思想是一种挑战。所谓文化权利，就是群体尤其是少数群体能够"不受阻碍地代表、不被边缘化地认同、不被标准化所扭曲地接受和整合"②。它是对马歇尔公民的民事权利、政治权利和社会权利的一种超越，是一种公民的文化身份和生活方式的权利。

公民文化权利是如何进入研究者的视野的呢？其实，马歇尔以权利为核心的自由主义公民理论，尽管是"二战"后构建的公民理论丰碑，但是仍旧诟病不少，不仅公民的民事权利和政治权利没有得到理想的解决，而且社会权利面临着实在的威胁。总体而言，公民权利、政治权利和社会权利呈现消退趋势，这可以看作是原因之一。西方以认同政治为目标的新社会运动和批判思潮的出现，种族、女性、同性恋、残疾人等少数群体，纷纷挑战已经广泛存在并在社会中占优势地位的文化符号，在主流政党之外的组织对主要议题的确定构成了巨大的社会压力，公民的活动与日常生活相关性不断扩大，对此前政治精英所塑造的公民身份进行解构。差异性和包容性公民呼声的出现，这是原因之二。大众媒体的发展应该可以看作是第三个原因。20世纪出版业、无线广播和电视的发展，为公民的对话提供了更多的媒体通道。尤其是主导媒体电视视觉符号和节目的发展，对支配性的制度和文化议事日程，构成了显而易见的冲击。公民如果要适应时代的要求，在文化领域中享有权利，就要关注和参与地方、国家和世界的公共事务。第四个原因是全球化的发展。全球化对文化的影响比较复杂，既存在经济和工具理性对文化的渗透，也有大型文化产品企业对

---

① ［英］尼克·史蒂文森：《文化与公民身份》，陈志杰译，潘华凌校，吉林出版集团有限责任公司2007年版，第1页。

② 同上书，第8页。

世界市场的主宰。新的文化融合冲毁了之前同质性的文化,导致了原来文化主体对文化权利的要求。

在公民的文化权利中,"文化"有着特殊的含义。在文化领域中兴起公民权利、公民精神研究,应该是新近的事情,时间也就一二十年。这里的"文化"究竟是什么,不同的学者回答是不同的。有的认为是国家通过对国民进行规训而形成的国族文化,有的认为是少数族裔的文化,有的认为是所有少数群体的文化诉求,有的认为是传播媒体和消费主义发展所形成的以生活方式为主要内容的文化。如果把"文化"直接理解为群体的价值观和信仰,或者是艺术家的专业活动,这是没有多少实际意义的。威廉斯认为,文化既是生活方式,又是艺术实践中的美学创造力。[①] 他与马歇尔强调公民的赋权不同,主张给予处在主流文化和政治之外的公民必要的交流渠道,在这样的文化民主模型中体现社会的包容性,为少数群体提供参与共同体文化塑造的机会。实际上,如何定义文化,也就涉及如何理解公民和公民精神的问题。汤普森对于"文化"的解读则倾向于其象征性,认为"文化是体现在行动、言语和各种富有意义的客体等象征形式中的各种意义模式,个人通过这些形式与他人交流和分享经验、观念和信仰"[②]。由此可见,文化作为一个意义表征系统,事物本身所蕴含的意义是理解事物的关键之处;文化作为一种符号,是动态而不是静止的,公民对于某种文化的解读,与其观念、知识背景有着密切关系。同时,也要注意到"文化"在全球一体的时代,其在多种联结的不同网络中的游移。公民与文化的结合,其旨趣在于打破支配性文化的主导地位,挑战支配文化所形成的符号给人们的刻板印象,从而重建边缘化对象的新形象,让少数群体被看到、被听到和找到归属。

既然在文化与公民之间发现了联系,那么接下来就应当思考和诠释多元主义的"多元"问题。文化的"多元"是与"一元"相对的。

---

① [英]尼克·史蒂文森:《文化公民身份:全球一体问题》,王晓燕、王丽娜译,北京大学出版社 2011 年版,第 10 页。
② 同上书,第 20—21 页。

自由主义公民在较长的时间内，基本生活在主流文化所主导的一元文化中，随着20世纪五六十年代新社会运动的兴起，原来以平等为原则的一元文化社会出现了多元文化的呐喊。20世纪80年代至90年代，大致形成多元文化主义。① 理解多元文化主义的"多元"，主要表现在中心文化与边缘文化、不同少数文化所构成的多样性。具体来说：一是土著文化与次国家民族群体文化。土著居民处于政治、经济和社会生活的边缘，他们参与社会活动的能力经常被给予负面评价和偏见性限制，然而他们试图实现自治性，要求得到习惯法的承认和政治方面的代表性；对于次国家民族群体，通过给予区域自治权利，确保像语言之类的独特文化能在官方的场合得到体现。二是与种族和性别有关的受歧视的少数群体文化。在自由民主国家中，少数民族与女性的平等权利是最难解决的两个问题，他们尽管获得了形式上的权利，但是在实质上他们却被排斥在外，在社会生活中缺少代表性，也经常面临失业的压力。因而，他们经常采取反歧视的政策，不愿接受低能、无知和非理性的标签，并希望在教育、政治等活动中获得额外配额的政策。三是移民文化。后移民时代的移民，对于文化的同化主义和殖民主义保持高度的警惕，他们希望在不需要完全接受主流文化的前提下，就能取得正常公民所应有的权利。抵达这一目标的路径，是推行一定的文化政策，比如国家资助母语教育，取消着装限制，保护民族传统等。

二 多元文化主义公民精神的理论主张

关于群体差异、多元文化以及少数群体权利的言说，在多元文化主义理论体系独立出现以前，大多在自由主义和社群主义两大思想中进行。个体与群体哪个更具有道德优先性，成为区分自由主义和社群主义的重要依据。文化差异和群体权利最初是社群主义的重要主张，

---

① 夏瑛：《差异、群体权利和多元文化主义》，载肖滨、郭忠华主编《公民身份研究》第1卷，上海人民出版社2015年版，第115页。

然而20世纪末,随着移民问题和少数群体权利成为自由主义国家主要社会矛盾,这一重要社会现实不得不迫使自由主义面对文化差异和群体权利问题。他们为了解决这个重大社会难题,把文化多元和群体权利纳入自由主义的理论体系之中,于是在20世纪90年代形成了自由主义的文化主义。到20世纪末期,在金利卡发表的一系列多元文化主义论著之后,多元文化主义取代了自由主义的文化主义[1],他的理论也奠定了多元文化主义的理论基础。

个体自主是金利卡多元文化主义理论建构的基础,并因此把多元文化嫁接到自由主义之中。金利卡在阐发其多元文化主义理论时,所提出的群体差异或者文化多元,都是从一定的民族背景下出发的。在他看来,民族是由一定领土、独特语言、相同文化所构成的共同体,少数民族即少数群体往往被动纳入主流社会,对于融入主流社会抱着拒斥的态度,而以移民为主的"族类"则主动希望融入主流社会,获得与多数公民相同的平等权利。金利卡认为,为了保持少数民族的完整性和独立性,一方面要限制自由主义公民的权利和自由,不让公民普遍主义摧残少数群体权利;另一方面需要区别对待少数群体资源和权利的分配,给予少数群体特殊的权利,即自治权利、多族类权利和特别代表权。那么,少数群体的特权是否会导致群体对内部成员的压迫,这是金利卡在自由主义框架内的多元文化主义理论又一个重要问题。自由主义对于少数群体特殊权利,心存忧虑和不满,金利卡为此提出了自己的主张,认为少数群体权利可以分为两类,一类是内部限制性权利;另一类是外部保护性权利。内部限制性权利是限制群体内部成员的部分权利,保护少数群体的独特性;而外部保护性权利是保护少数群体免遭外部社会的侵害,使群体内部成员享有自由和自主权利。金利卡反对内部限制性权利,内部限制性权利对于民族国家的整合具有负面的影响。而外部保护性权利有助于体现公民自主性,这

---

[1] 夏瑛:《差异、群体权利和多元文化主义》,载肖滨、郭忠华主编《公民身份研究》第1卷,上海人民出版社2015年版,第122页。

与自由主义的基本思想相一致,因而外部保护权利也是金利卡所赞同的。金利卡的多元文化主义需要解决的另一个难题是:少数群体特殊权利与自由主义平等原则的冲突。为了化解这个冲突,金利卡运用社群主义对自由主义进行改良,通过对"个体选择自由"与"个体选择集合"、"政治社群"与"文化社群"、"选择"与"境遇"和"国家中立"等概念的对比和阐述,诠释其公民文化成员身份和少数群体权利的观点,批评当代自由主义将主流自由主义推到了多元文化主义的对立面。

当然,金利卡的多元文化主义理论不论论证得多么缜密,还是没有逃脱被其他自由主义学者批评的命运。金利卡多元文化主义阐发群体差异和群体权利,是以个人自主这个自由主义基本价值为前提的,但是对于非自由主义少数群体,又当如何处理它们与多数群体的关系,如何合理赋予它们群体权利,金利卡并没有做出回应。威廉·盖尔斯顿的"合理差异"理论,试图对此给出自己的回答。该理论提出,文化差异只要在合理范围内,国家都不应当进行干预,而是对群体的文化差异报以宽容的态度。这与金利卡国家干预的多元文化主义主张形成鲜明对比,盖尔斯顿合理差异理论体现了独特的创新性,其关键之处在于合理范围的设定和把握。合理差异理论的合理范围,是指那些不违背自由社会基本公共目的的实践活动,其包括保护人类的生命、促进人类基本能力的正常发展、培养和提升人类理性等。[1] 盖尔斯顿合理差异理论不仅没有像金利卡那样,强制少数群体认同和实践自由主义精神,而且进一步扩大了包容差异的范围(包含非自由主义群体)。库克瑟的多元文化主义路向,也与金利卡不大相同。其理论主张容忍差异,国家在主流文化与边缘文化之间处于中立的位置。由于该理论认为即便存在文化非正义现象,即群体内部有压迫和不平等,国家也不要以权威的身份进行干预,而是鼓励和帮助少数文化群

---

[1] Galston, William A, *Liberal Pluralism: The Implications of Value Pluralism for Political Theory and Practices*, New York: Cambridge University Press, 2002, 23-24.

体自行规制和内部调整，因此库克瑟的这一理论又被称为"消极容忍"学说。根据其对消极容忍学说的论证，库克瑟的这一学说不大具有说服力。金利卡、盖尔斯顿和库克瑟的三种多元文化主义理论，都与自由主义思想建立了某种关系，只不过它们的连接点有所不同，金利卡看重个人自主，盖尔斯顿倡导容忍差异的自由主义古老传统，库克瑟则强调国家中立的立场。

与自由主义的多元文化主义相对立的，是社群主义的多元文化主义。社群主义自打诞生之日起，就是以自由主义的批判者身份出现的，社群主义的多元文化主义继承了这一衣钵，对自由主义的多元文化主义的挑战依然是其主要使命。社群主义与自由主义交战的焦点在于：群体与个体，哪个具有道德的优先性。社群主义的多元文化主义仍然沿袭这样一个思维，并在此思维指导下建构多元文化主义的理论。社群主义批评自由主义的平等原则，认为后者只是形式的平等，并没有将群体差异真正考虑进来。社群主义的标志性人物泰勒，主张用"承认政治"解决群体文化的差异和多元问题。"承认政治"的要义是：对于不同的群体文化，给予同等分量的承认，这是包容群体文化差异的真正做法。他批评自由主义以"多文化"和"多元化"为幌子，认为其实质是忽视少数群体的特殊利益，而社群主义的"多元文化主义"则正视不同群体的文化差异，承认群体文化的多元性。他还指出，承认差异与认同平等同样重要，都是人类的基本需要。其观念中的"承认"有两个含义，一个是认可个体与他者之间的相同点，如甲与乙同样具有公民的平等权；另一个是认同不同主体之间的差异。后一种对于差异的承认，构成了社群主义的多元文化主义的基础。

社群主义的多元文化主义初衷，是对自由主义的多元文化主义进行矫正，其结果是遭到包括自由主义在内的一系列质疑。首先是对社群主义元理论的质疑。自由主义认为，社群主义有可能造成群体之间的压迫，或者群体对内部成员的压迫。其次是对社群主义核心理论的挑战。社群主义的多元文化主义理论核心，在于保护少数群体免遭自由主义的多数群体侵蚀。对此，自由主义表达了反驳性意见，认为对少数群体文化差异的过分关注，将导致少数群体与社会整体的疏离，不利于整个社会的整合。最后是对社群主义代表人物学说的反驳。泰勒主张对不同文化群体给予同等尊重，其成为反对者的重要攻击目标。批驳意见可以归纳为：一是群体文化如何测量；二是不同群体文化如何比较；三是群体文化内部要素对总体价值的影响如何衡量[1]，四是泰勒从承认差异出发，最终还是回到了承认平等。所以，社群主义的多元文化主义理论，听起来动听和美好，但是实际上难以操作，解决社会正义问题的可能性较小，不但没有实现对自由主义的超越和替代，反而又走回到自由主义的老路上。

而女性主义的多元文化主义，则超越了自由主义和社群主义，冲出民族文化的框架。不管是不被看好的社群主义，还是突出公民个体权利的自由主义，它们对群体文化差异的研究都以民族文化作为对象。虽然这些理论关涉的民族文化都是少数群体文化，但是它们又都没有把其他少数群体文化囊括在内，艾瑞斯·杨则力图打破这个格局，把少数群体扩展到更大的范围内，比如新社会运动所高度关注的女性群体、同性恋群体和残疾人群体等。杨反对自由主义的普适性公民身份，认为公民身份应该具有差异性。她说自由主义公民理论告诉人们：政治共同体内的所有公民，在法律上都是平等的，而无关财富、权力和地位差异问题。然而事实却明白不过地表明，公民在政治生活和社会生活中并不平等，还存在弱势群体或者少数群体在优势群体或多数群体面前被排挤的情况，自由主义的所谓正义目标没有实现，因此处于道德高地的普遍公民身份，应当向差异公民身份转化。杨对自由主义的不满，还表现在后者认为作为个体的公民是纯粹孤立存在的。而事实是个体公民与所在的群体都有某种关系，他们的成长和经验以及对其他群体公民的看法，都与其生活社群的身份与经验有

---

[1] Lawrence Blum, "Recognition, Value, and Equality: a Critical of Charles Taylor's and Nancy Fraster's Accounts of Multiculturalism", *Constellations*, No. 1, 1998, pp. 51 – 68.

关，个体经验和观念具有某个社群的烙印。由主流社会创制并通过制度所维护的公民平等价值，并未考虑和重视少数群体的要求和利益，反而造成了少数群体的认同贬损，最终可能迫使少数群体被同化乃至消失。

在多元文化方面，杨不仅对自由主义的批判态度比较鲜明，对社群主义也持反对观点。杨认为，社群主义通常假定社群内部成员之间是直接的面对面关系，社群成员在相互交往和了解中，分享社群共同历史和文化，认识彼此的价值和偏好，使得社群内部具有同质性。其实，现实中社群内部成员之间的联系和沟通并非直接进行，而是通过中间协调机制得以实现的，时间和空间的阻隔让直接的交流变得不再可能，因此，即使同在一个社群内的公民，他们之间也可能存在差异，而差异的存在又导致了强势群体和弱势群体的压迫，并由此产生不同的文化。同时，杨还批评指出，社群主义总是把某个公民定位在一个社群内部，还假设所有的公民都归属于一定的群体，可事实表明，个体公民通常从属不同群体，或者有的公民根本不属于任何群体。由此而言，社群中个体公民不是同质的，他们因为社群的重叠和个体在社群归属中落单，而出现难以消除的差异。为了防止一个社会群体对另一个社会群体的压迫，杨主张要承认社会群体的差异，并根据群体的强弱，给予不同的权利。

20世纪70年代，多元文化主义开始在欧洲国家逐步得到承认，在90年代末欧洲"左"倾化发展到达高峰，可是这个发展势头并没有维持多久。西方国家的社会分裂、生活平行化和恐怖主义的出现，在世纪之交引发了众多的放弃多元文化主义的声音。像城市移民及其子女挑起的骚乱事件，有移民背景的公民发动的恐怖袭击事件等，让人们开始怀疑把多元文化主义作为西方国家的理念和政策的做法。[①]但是，学界新近的研究成果又在告诉我们，21世纪的第一个10年

---

① [意]恩佐·科伦波：《多元文化主义：西方社会有关多元文化的争论概述》，郭莲译，《国外理论动态》2017年第4期。

中，大多数实行多元文化主义政策的国家，其多元文化主义项目不但没有减少，反而不少国家还有所增加；多元文化政策的实施，在经济公平程度高的社会，能够改善社会信任和社会差距；多元文化主义政策没有削弱福利国家，也没有对移民的集体行动和政治参与产生消极影响；不大可能形成种族中心主义，而是形成多样性文化认同的可能性较大，等等。总之，不论回归文化同质性社会的声音多么响亮，新技术发展带来多少标准性文化，不同文化的诉求都客观地存在于全球化社会中，"人们可以确定无疑地断定，社会在文化层次和身份层次上还将继续多样化"[①]。对此，除了继续探讨文化多元主义的理论和实践问题，把公民精神的生成建立在文化多样性和社会公平之上，别无他法。

[①] ［比］马尔蒂尼埃罗：《多元文化与民主：公民身份、多样性与社会公正》，尹明明等译，社会科学出版社2015年版，第127页。

第四章　中国社会发展中的个体考察及公民精神探析

中国公民如果从塑造国人的"新民"主张的提出算起，到改革开放后公民身份的真正出场，前后跨越了三个世纪，经历了艰难曲折的过程。中国社会长期处于传统的农业社会阶段，君主专制统治下的社会民众，始终没有脱离臣民的身份。近代西方列强对中国的侵略和瓜分，将中华民族置于亡国的境地。为挽救民族危亡，严复、梁启超等开启了不同于技术和制度救国的"新民"之路，以西方现代政治理论为内容的新民启蒙思潮为中国公民的塑造提供了参照，然而，"新民"的倡导者没能一直走下去。民国初期，中国国民的改造行动在孙中山、蔡元培等人的推动下，获得了较快的发展。可是之后的军阀混战和抗日战争，让国民改造运动基本停滞。1949年新中国成立后，"人民"和"公民"两种身份同时出现，"人民"身份是政治舞台的主角。改革开放让中国经济、社会和政治进入转型发展时期，为公民成长获得了必要的环境，公民身上的公民精神初步显现，与此同时，"人民"以政治话语和意识形态的形式仍然活跃。

第一节　清末塑造"新民"的主张

清朝末年，当时的中国知识分子为挽救即将倾覆的旧制度大厦，以西方现代性为参照，力图改造旧国民、塑造新国民，这是在立宪君主制改革失败之后的又一项新构想，作为维新运动核心人物之一的梁启超,也由原来的改革者变成了启蒙者。

一 中国能否产生类似西方的公民

西方现代公民的产生,最早是在中世纪晚期的城市共和国,城市为公民的出现提供了自由的空气,城市市民的自由和自主特性,为公民的生成奠定了角色基础。西方近代启蒙运动的兴起,更是让人从神的宰制中释放出来,使人能够获得自由、平等和权利的理性思想,从而促进了现代公民的发展。历经2000余年专制统治的中国社会,能否产生类似西方的公民,却是令人怀疑的。这种怀疑不仅来自西方的偏见,而且也来自中国内部的批评。

中国人的素质显然与能否成为公民是休戚相关的,但是中国人的素质在历史上却遭到西方的根本否定。这些评价中国人素质的西方人,主要是清朝时期来自英美国家的传教士。他们对中国人印象大致有四个方面:一是中国人非常贫穷,不讲卫生;二是中国人野蛮和粗鲁,饮食上食用猫狗等动物肉;三是中国人迷信思想重;四是中国人不讲尊严,但是好面子。在这些负面评价的传教士中,美国人明恩溥[1]最让人印象深刻。他于1894年出版了一本书,即《中国人的素质》,这本书当年对鲁迅先生产生了极大的影响,并促使鲁迅致力于揭露和改造国人的国民性。在这本书中,明恩溥把中国人的素质分为多个方面进行描述,对于每一个阅读了的中国人来说,都会感到灵魂震颤。

现摘取其中一些观点,以表明明恩溥对中国人素质的一些主张。这些主张不少明显带有片面性,但仍然不失为解读中国人素质的一些视角。其一是中国人缺乏公共精神。[2] 他给出一些证据,比如中国人用马车装卸货物,经常会把马车停在路中央,不顾此举是否挡道,路

---

[1] 明恩溥的英文名是 Arthur Smith,翻译为中文为亚瑟·史密斯。其所写的《中国人的素质》一书,有的翻译为《支那人气质》,如在鲁迅对此书的评价中,有的翻译为《中国人的气质》,或者《中国人的性格》等。

[2] [美] 明恩溥:《中国人的素质》,林欣译,京华出版社2002年版,第102—108页。

人要打此路通过，只能是等待货物装卸完成后才能通过。不仅个人缺乏公共意识，政府也是如此。他又说道，中国的交通要道不少已经荒废，已经成为出门旅行的障碍，但是政府没有去维修，好像也没有维修的意思，其原因应该不是时间的问题。其二是中国人言而无信。[1]他认为在中国的生意中间普遍存在欺骗，买东西时可能会少付一个铜板，同时还可能告知对方原因是没钱了，但事实却是不愿付给这一块铜板。假秤、假尺、假货、假钱等现象，在中国的买卖中都是难以避免的。其三是中国人缺乏同情。[2] 明恩溥指出，中国人对待残疾人的态度，最能反映中国人同情心的缺失。对于先天或是后天残疾的盲人、聋哑人等，一般是远远地避开。不仅如此，残疾人还会被人用言语描述，以引起他人的关注，更有甚者，还会把残疾人作为取笑和玩乐的对象。从明恩溥所观察的现象和分析结论来看，尽管存在因文化差异导致的偏见，但是清末国民的表现确实与现代公民素质有着极为明显的差距。

不仅外国牧师抨击中国人的素质，国人也不乏批评声音，但是其出发点显然不同。对中国人的国民性分析和批判最为深刻的当属鲁迅先生。鲁迅之所以把国民性作为他所关注的核心问题，是基于其立国先立人的这个基本认识。在鲁迅看来，仅有物质丰富、技术发展和议会民主，不能表明就具备了一个现代国家的条件；要想真正成为现代文明国家，还需要有个体的、精神自由的人，而中国人的国民性又存在一些明显的病根。对于国民性的关注，鲁迅早就开始了。1902年，他与许寿裳先生探讨何谓理性的人性，中国国民性的弱点是什么，1905年提出中国需要个体独立和精神自由的人。对中国人传统国民性的批判，主要反映在这样几个方面：奴性、漠视生命、隐瞒和欺骗、不认真。[3]鲁迅揭示的国人奴性，主要表现为：其一，明明自己

---

[1] ［美］明恩溥：《中国人的素质》林欣译，京华出版社2002年版，第254—272页。
[2] 同上书，第188—206页。
[3] 此处提出的鲁迅关于国民性批判的四个方面，参照钱理群教授在"新民说年度文化沙龙暨凤凰网读书盛典"第二场的发言。此次沙龙的主题是"'国家'中'国民性'——以胡适和鲁迅为中心"，资料来源http：//book.ifeng.com/shuhua/ detail/2014-01-15。

是奴隶,自己却浑然不觉;其二,容易变为奴隶,但变为奴隶之后还喜不自胜;其三,真要做了奴隶,也能泰然处之;其四,即便做奴隶,但是还得讲面子;其五,运用精神胜利法,让受挫的自己得到安慰。中国人的奴性具有"主奴互换"的特点,简单地说,就是对上是奴隶,而对下却是主子。中国人产生奴性的原因,在于当时中国社会不断产生着奴隶关系,中国人是传统统治者和传统文化的奴隶;中国人是西方列强和现代文明的奴隶;本来充满希望的革命,让少数奴隶成为主子,让普通的国民成为奴隶的奴隶。中国人漠视生命,应该是人性中的一大弱点,在鲁迅关于中国社会是"吃人"社会的主张中表现出来。这里的"吃人"主要是指礼教对人生命的戕害,在忠孝伦理的指使下,人把自己的生命贡献出去。另外,还有借形形色色革命的名义除掉异己,这是赤裸裸的杀害生命;剥夺个体的自主性和精神自由,这是一种精神屠杀。关于隐瞒和欺骗,其造成的直接后果,是人们不敢正视现实,因此也就没有不满、没有不平、没有反抗。其实,人们明明知道你在说谎,但是还得假装愿意相信你的谎言;明明知道你在欺骗,但是还是选择相信你的欺骗。否则揭开这层面纱,就会落得被灭掉或是排斥的下场。鲁迅所谓国人不认真的态度,是指人们对待任何事情都抱着游戏人生的方式,不愿清楚表达真实的想法,在行动上不想做出自己的判断,通常的做法是哈哈一笑,不置可否。整体观之,鲁迅对当时国人国民性的揭露不可谓不深刻,即便不是全部针对清末时期的国人,也基本反映了清末国人的人性。

　　清朝末期的国人素质既已至此,那中国还能塑造出现代公民吗?这个答案在西方那里基本是否定的。西方思想史似乎告诉人们,公民是西方独特政治和文化的产物,而像中国这样的东方社会不但与公民无缘,而且是专制、压迫和奴役的摇篮。① 对于东方社会专制的论述,可以追溯到遥远的亚里士多德那里,他认为亚洲民族比欧洲民族更具

---

① Engin F. Isin, "Citizenship After Orientalism", in Engin F. Isin and Bryan S. Turner ed. , *Handbook of Citizenship Studies*, London: Sage Publication Ltd. , 2002, pp. 117 – 119.

有奴性，所以能够忍受专制而不起来反抗。① 其思想对后世众多把亚洲或中国作为对象的研究者，产生了重要的引导性影响。孟德斯鸠、魏特夫等从地理和气候方面，阐述东方社会专制的原因；还有一些学者从人种的角度来说明东方社会的专制与情感。② 马克斯·韦伯对于中国能否产生公民，也是采取了否定的态度。他提出，公民作为一种观念，越往世界的东方越是少见，在中国这样的国家"国家公民的观念是向所未闻的"③。对此，韦伯的理由是中国不存在像西方那样的自由城市，也没有在这样城市生活的市民。他提出，东方社会的帝王武装导致政治专制，帝王武装使官僚阶级和其他阶级形成了对帝王的依赖。大型水利工程的修建，一方面造成了底层民众对官僚和国王的依附；另一方面依附又给国王和官僚提供了权力集中和军事垄断的机会。同时，中国此时尽管出现了一些城市，但是城市中缺乏自由贸易体制，也没有形成中产阶级和市民社会④，城市的社会活动掌控在皇帝和贵族手中。除此以外，韦伯还深入研究了中国城市社会的思想基础。他把地中海城市居民与亚洲居民进行比较，发现亚洲（包含中国和印度）巫术、泛灵论的种姓和氏族制度对城市居民产生了深刻的影响，从而形成了一些禁忌性的束缚，这种束缚又导致了城市居民理性思想的匮乏。理性的匮乏不代表就完全没有理性，但是这些理性除了适应现代化，对现代化的实现并没有什么实际意义。⑤

虽然中国公民的形成并不被看好，然而在清朝末年具有公民意味的概念还是一度盛行，至少在知识分子中是如此，即使具有被动的意味。

---

① Aristotle, Politics, *Translate by Ernest Barker*, New York: Oxford University Press, 1995, p. 121.
② 郭忠华：《公民身份的核心问题》，中央编译出版社2016年版，第110页。
③ [德]马克斯·韦伯：《经济通史》，姚曾廙译，韦森校，上海三联书店2006年版，第198页。
④ [美]托马斯·雅诺斯基：《中国的公民身份与公民团体——对权利与公共领域的概述》，载郭忠华主编《中国公民身份：历史发展与当代实践》，上海人民出版社2014年版，第52页。
⑤ [英]杰克·古迪：《西方中的东方》，沈毅译，浙江大学出版社2012年版，第36页。

二 中国传统社会的个人身份

中国社会的公民及公民精神萌芽,建立在个体身份的历史演进基础上。中国个体发生多次变化,从臣民到国民,由国民到人民,再由人民到公民,最后是人民与公民共存。因此检视中国公民及公民精神的成长,还是应当把臣民身份作为起点。

中国传统社会的臣民身份与专制制度长期并存,其中有三个方面的因素,把"臣民"这个身份死死地控制在社会结构中。在文化方面,儒家思想不仅塑造了家庭内部的等级关系,而且还成就了君主政治体制下的等级秩序。儒家思想在父权家长制与皇权统治秩序之间,形成了贯通机制,"家国同构"政治体制赫然出现,"国无非是家的延续,家不过是国的微缩"。① 在儒家沉重的"三纲"统摄下,民众只能在伦理名分的战场上落败,始终处于效忠和顺从的臣民地位。在经济方面,传统农业社会中土地成为束缚农民的主要方式,农民依附于土地所有者以期生存。尽管在秦朝以后,中国农民与封建社会的农奴有着不同,在法律上和现实上前者可以卖出或买进土地,土地的束缚性有所减弱,但是由于农民购买能力极其有限②,所以只能毫无选择地依靠土地所有者生活。统治者凭借对土地的所有权,实现了对农民的实际占有,农民在经济上只能置身被奴役的境地。在政治方面,广大臣民处在中央专制统治的层层控制之下。一是以皇帝为首的最高统治者。他以天子自居,"天意"成为历朝历代天子治国和驭民的合法性理由。从底层到朝廷的重要事情,均由皇帝决断,所谓江山社稷皆为君王一人所有。二是等级分明、覆盖广泛的官僚机构。官僚制的本质是君主掌权的统治工具,行政官员被尊称为"父母官",而统治对象则被蔑称为"草民"。三是在专制统治中具有媒介作用的士绅阶

---

① 程倩:《论政府信任关系的历史类型》,光明日报出版社2011年版,第66页。
② 根据20世纪30年代毛泽东所作的《兴国调查》,"该县1%地主占有40%的土地,5%富农占有30%的土地,20%中农占有15%的土地,60%的贫农仅占5%的土地"。参见《毛泽东农村调查文集》,人民出版社1982年版,第199—200页。

层。士绅阶层上面对官僚机构负责，下面联系着平民百姓。士绅阶层在某种程度上代行了帝制统治机构的职责，对底层民众进行臣民思想引导、专制政治控制，它无疑也成为弱小臣民的另一个统治力量。中国传统社会文化、经济和政治方面的控制和奴役，使"臣民"这个烙印，深深地烙在被统治对象的心上。

"臣民""草民"和"庶民"，一直以来是贴在中国传统社会底层民众身上的标签，但是对于夹杂其中的"国民"，也许有些让人费解。提起"国民"，一下就让人想到现代的国民概念，然而"国民"概念在中国的历史当中，与现代国民概念相去甚远。有学者考证，"国民"一词早期是由中国传到日本，在日本被明治维新时期学者改造，后来经由梁启超等人又引入到中国[1]，引入后的"国民"概念不同于中国传统社会的概念，已经发生了一定程度的现代转换。那么，中国传统社会的"国民"究竟是何模样呢？郭忠华教授对此做出了一番研究。[2]"国民"以二字连用的方式，最早出现在《左传》之中，并且在后来的一些典籍中也屡屡出现。例如《左传》中有"先神命之，国民信之"的记载。此外，沈松桥研究发现，从《史记》到《明史》的正史文献中，"国民"出现达到14次，并且魏晋南北朝之前出现较多。虽然《清史稿》没有发现"国民"，但是清代《东西洋考每月编记传》《海国图志》两部文献中，"国民"作为词语也是经常出现。[3]根据"国民"在不同时期文献中的语境，其含义可以概括为三种，一是确指外国人，二是同时包含国家和百姓，三是直接单指百姓。可见，无论哪种"国民"，都不具有现代的义项。在启蒙国民思想的梁启超看来，中国传统社会的"国民"，也只能是"部民"，知有天下而不知有国家，知有一己而不知有国家，"视国事若于己无

---

[1] 郭忠华：《中国公民身份的兴起与国家建构》，载郭忠华主编《中国公民身份：历史发展与当代实践》，上海人民出版社2014年版，第6页。
[2] 郭忠华：《公民身份的核心问题》，中央编译出版社2016年版，第275—277页。
[3] 金观涛、刘青峰：《观念史研究》，法律出版社2009年版，第85页。

与焉，虽经国耻历国难，漠然不动其心"①。中国传统社会的"国民"，就其实质而言，与"臣民"身份并无二异。

近代西方文明的入侵，让更多的中国士大夫从强国的层面思考专制统治的延续，而王韬则能够从现代性视角描述中国的国民。毫不客气地说，中国传统社会长期以来，是缺乏具有现代性意蕴的国民的。作为中国传统社会统治思想基础的儒家文化，其强大的等级关系之网，紧紧地束缚每个社会成员。在帝王及其官僚机构与臣民构成的社会关系中，社会成员在臣民的身份中失去独立和自主的自我。当天朝帝国遭到西方现代军事力量的重创之后，王朝的不少所谓重臣首先关注的是朝廷安危。凡此种种，似乎让人们压根就看不到现代成分的国民存在，看不到有人思考现代国民问题。但是，到清朝王韬这里，情况才发生了些许变化，他关注和思考了中国社会的现代国民问题。王韬作为一名知识分子，既有深厚的儒家思想积淀，又有西方生活的体验，他是最早集中、全面、系统思考中国现代问题的思想家。② 尽管在王韬的著述当中看不到直接使用"现代性"术语，但是其对中国问题的关注和思考体现了某种现代的价值，并且涉及的领域相当广泛，比如经济、历史、政治、科技和教育等。在此，仅就其重民思想略作论述。由于王韬是中西文化碰撞交融、传统和现代冲突与转换时期的最具代表性的人物，其关于中国民众的认识和主张经历了一个曲折的发展过程。如果以其旅居香港和游历欧洲为时间界限，此前王韬的民众观显然还属于中国传统的民本思想范畴，但是此后西方公民思想则在他《重民》文章中有所反映。他认为富国强兵的根本在于民众，民众是国家之元气所在，同时还指出民心比民众的多寡更为重要，民众的地位在他的观念中达到了新的高度。王韬在提倡西方君民共治和议会制度的同时，为了消除专制制度所造成的君民分隔，建议进一步分配统治权力，给予民众一定的意见表达权利、表达机会和选

---

① 梁启超：《戊戌政变记》，广西师范大学出版社 2010 年版，第 179 页。
② 王一川：《王韬——中国最早的现代性问题思想家》，《南京大学学报》（哲学·人文·社会科学）1999 年第 3 期。

举监察官吏的权利,后来也提出了"重民"的思想主张,表明其开始从传统民本思想走向现代民主思想的方向。王韬在富民方面突破了传统以农足民的思想,主张发展工商业,教化民众掌握近代社会的谋生手段,其思想具有一定的近代资本主义气息。因此王人博说,中国社会把民众问题的思考和关怀置于现代民族国家的语境中,是从王韬开始的。①

然而,王韬作为改良派的先驱,其思想又未能免予明显的局限性,"几乎一致地排斥和否定资产阶级社会政治的理论思想,无保留地拥护中国封建主义的'纲常名教'"②,导致他无法与传统的统治思想划清界限。

三 严复和梁启超的"新民"观

如果说王韬开始在现代的语境中关注中国的民众问题,那么严复和梁启超两位近代著名人物,则对中国具有现代意味的"国民"进行了深入的思考和阐述,其主张主要包含在他们的"新民"观念中。

塑造"新民"是挽救民族危机和国家危亡的启蒙之举。在鸦片战争之前,中国天朝大国心态和文化中心地位的思想处于主导地位,但是当西方强权国家运用军事手段,强行打开中国大门的时候,让国人第一次感到清王朝与西方国家的差距,看到中国国力的薄弱。清朝洋务派官员力主通过自强运动提升国力,学习西方先进的军事技术和其他工业技术,然而一场中日甲午海战,让洋务派的努力付之东流。严复作为北洋水师学堂的一名总办,目睹昔日同事和学生在战争中惨死,痛心疾首。他痛定思痛之后发现,中国与敌国的差距在于文化,西方"黜伪而崇真"的自然科学方法,"屈私以为公"的民主制度,是把国家带向强大的根本。而中国的专制制度和极度贫困的社会现实,使得"作伪"和"自私"风气盛行。因此,严复提出国家富强

---

① 王人博:《中国如何构建现代国家》,http://www.aisixiang.com/data/74858.html,2014年5月9日。

② 李泽厚:《中国近代思想史论》,生活·读书·新知三联书店2008年版,第62页。

的出路在于"新民",以期改变中国人在长期历史中形成的品德缺陷和人格不足。由康有为、梁启超等人发起的戊戌变法,本希望通过制度的改良,从而确立具有西方政治色彩的君主立宪制度,然而变法最终以失败而告终,也让维新派从政治改革的幻想中彻底惊醒。梁启超认为,"欲其国之安富尊荣,则新民之道不可不讲"①。由此可见,不论是主张教育救国的严复,还是以宣传启蒙思想著称的梁启超,都把"新民"作为挽救国家危亡的主要路径,"新民"的意义在于服务国家的富强愿望。

"新民"的出现,非始于清末,它在不同之处的使用,其含义也有不同。"新民"的最早出现,应该是在儒家经典著作《大学》之中,其有文曰:"大学之道,在明明德,在亲民,在止于至善。"此处的"亲民",在北宋理学家二程看来,则应当为"新民"。朱熹对"新"作了注解,"新者,革其旧之谓也,言既明其明德,又当推己及人,使之亦有去其旧染之污也。"② 这里的"新"当作动词使用,其含义是革除陈旧的东西,也就是朱熹所说的去除"旧染之污"。《大学》中还有"作新民"的表述。这里的"新"从词性上理解应当是形容词,其意指"自新"。因此,"新民"至少有两层含义,一是使作为统治对象的民众除旧布新;二是自新的民众,它不应被简单地解读为"新式国民"。严复在1895年发表的文章《原强》里,有过"新民德"的主张,这里的"新"即是动词,取革除旧者之意,"新"与后面的"民德"构成动宾词组。梁启超则是直接使用"新民"一词,1902年他创办了《新民丛报》,在创刊号中申明:"本报取《大学》新民之意,以为欲维新吾国,当维新吾民,中国所以不振,由于公民公德缺乏,智慧不开,故本报专以此病而药治之。"后来他在《新民丛报》陆续发表一系列政论文章,这就是具有重要思想启蒙意义的《新民说》。梁启超心目中的"新民",尽管不再是一个复合词

---

① 袁洪亮、沈成飞:《"新民"思想新论》,《史学集刊》2010年第5期。
② 朱熹:《四书章句集注》,中华书局1983年版,第3页。

组，但是其保留了《大学》中"新民"除旧布新的内涵，在含义上更加接近现代国民的标准，意在表达改造臣民身份的愿望。

严复介绍西学、新学的整体理论水平，应该说无人能及，他是近代中国最早提出"新民"命题的人。甲午战争的失败，促使严复不得不思考救国自强的问题，他发表了《原强》《辟韩》和《救亡决论》等政论文章，首次主张"鼓民力，开民智，新民德"，以图国民性得到改造，国家能够自强。①"鼓民力"就是要增强国民体魄，废弃损害国民精神和健康的陈规陋习；"开民智"意指学习西学，废除八股取士制度，开展新式教育；"新民德"便是创立议院，建立官吏选举制度，改变专制制度，培养国民爱国公德，提倡西方自由平等、天赋人权观念，取代封建伦理纲常和等级制度。三者对于改造国民性都有必要性，但三者又绝不能等量齐观，严复指出："距今而言，不佞以为智育重于体育，而德育尤重于智育。"②透过严复"三民"的主张，可以看出"鼓民力"是前提，"开民智"是手段，而"新民德"是根本。严复认为要改变中国人在长期的专制制度中形成的劣根性，需要学习西方的思想政治文化，"以自由为体，以民主为用"，引进西方的自由和民主改造民众的观念。这也是严复把"新民德"置于核心地位的原因所在。严复"三民"主张的重要意义，在于对中国知识分子的重大思想启蒙作用，并在国民性的改造中突出了个人自由的重要性。虽然它不是一个实践活动，其思想的影响主要局限于主要知识分子群体，但是这并不能撼动严复作为近代中国教育救国先驱的历史地位。

梁启超则是直接用"新民"概念表达其主张的启蒙宣传家。对于"新民"的关注，梁启超早在戊戌之前就已开始，此时着力于"新

---

① 严复"三民"思想的产生，是在维新运动之前。严复在英国留学期间，广泛地研读了西方政治学术理论，并对英、法国家的社会状况进行了考察，对其自身思想的发展产生了巨大影响。
② 檀传宝等：《公民教育引论：国际经验、历史变迁与中国公民教育的选择》，人民出版社2011年版，第120页。

民"的民智方面,他多次在文章中强调开民智的重要性,同时,在办报中把开民智、求自强作为宗旨。戊戌变法失败后,梁启超流亡日本,其间他在《新民丛报》陆续发表了一系列政论文章,表达了其要将民众改造为新民的愿望,这些文章共同构成梁启超的《新民说》。梁启超提出,塑造"新民"不是要全部丢掉原来所拥有的东西,把别人的东西全部拿来,所谓"新",其有两层含义:"一曰淬厉其所本有而新之,二曰采补其所本无而新之。"①"上至道德法律,下至风俗习惯、文学美术"②,在一个国家之中有其独特之处,这也是民族主义赖以存在的根本,那些宏大、高尚、完美的部分应当予以保留,但保留的部分也不是任其自然发展,而是要"濯之拭之""锻之炼之""培之浚之",国民精神才能够保存和发达。然而,当时的世界已经不是此前的世界,需要用"国民身份"取代"部民身份"或者是"臣民身份",要实现国家和民族的自立,必须学习西方国家的自立之道,其根本在于培养民德、民智、民力,以塑造国民。由此观之,梁启超的思想显然是受到了严复的影响。

但是与严复不同的是,梁启超不仅明确提出了"新民"的概念,还对"新民"的内涵做出了深刻的阐述。他提出每个人可以通过自新的方式,抵制"精神奴隶",从而成为"新民"。"新民"是建立新制度和新国家的前提条件,梁启超从斯宾塞的社会有机体论出发,提出"国也者,积民而成,国之有民,犹身之有四肢、五脏、筋脉、血轮也"③。新民是国家的构成要件,要实现国家的富强和独立,则"新民"是不得不走的一条道路。因此,梁启超说道,"然则苟有新民,何患无新制度?无新政府?无新国家?"他的新民思想价值旨趣,在于具有民族主义性质的爱国主义教育,"新民"就是要求人们能够"爱国",可事实上中国人爱国之心之缺乏,为中国积弱之最大根源。爱国不是忠君,而是爱整个民族,爱民族便要具有"利群"的道德

---

① 侯宜杰:《新民时代:梁启超文选》,百花文艺出版社2002年版,第9页。
② 同上书,第49页。
③ 张品兴主编:《梁启超全集》,北京出版社1999年版,第655页。

规范，此时的道德则是与"私德"相对的"公德"。梁启超所极力主张的"新民"，首先，要具有国家思想和国民品格。所谓国家思想，就是个人的思考、言论和行动，要从群体（包含国家）出发，超越个人狭隘的利益范围；统治政权的建立要具有合法性，具有合法性的政权体制才能受到民众的拥护，拥护政权也就等同于爱国家；维护国家的主权和利益，不屈从他国的强权和武力；世界大同为心境之美，而不是历史之美，所以国家是最大的、最重要的群体，个人对国家的爱如果不足和过头都是不恰当的。国民要培养公民权利意识，国民要敢于向国家争取权利，如果把国家比喻为大树，则民众权利是"大树"的根。不过权利和义务是互相联系的，国民在争取权利的同时要向国家履行义务。要培育民众的政治能力，"吾以为今后之中国，非无思想以为患，而无能力之为患，凡百皆然。而政治尤其重要者也"[1]。就当时来讲，政治能力主要指民众的自治能力和团结协作能力。其次，倡导公德意识。梁启超把道德分为两类，即公德与私德。他认为中国传统社会的民众注重私德修养，而公德则比较缺乏，"我国民所最缺者，公德其一端也"[2]。两种道德虽然都比较重要，但是公德的重要性则更加突出，无私德则不能立，而无公德则不能团，"道德之立，所以利群也"[3]。因此，要积极学习西方的公德观念，培养中国民众的公德，以弥补传统社会的公共道德缺失。最后，塑造奋发向上的民族精神。梁启超痛恨国人的散漫、怯懦、自私和愚昧，对国人责任性和血性缺失进行了严厉的批评。同时，他提出要改变国民的劣根性，需要培养民众自由独立之人格，中国几千年腐败的根源在于国民的奴隶性。国民要自尊自强、独立自由，不做古人的奴隶、世俗的奴隶，也不做境遇的奴隶和情欲的奴隶。在民族精神中还要有进取冒险精神，克服自身惰性，不断进取，敢于冒险，才能获得事业的成功，中国民众缺乏这种自强不息的冒险精神。此外新民还要拥有尚

---

[1] 张品兴主编：《梁启超全集》，北京出版社1999年版，第655页。
[2] 同上书，第660页。
[3] 同上书，第662页。

武精神,唯有如此,方能排御外辱。中国民众必须提高心力、胆力和体力,重振古代尚武之风。

严复的"三民"主张,梁启超的"新民"思想,理论上无疑具有先进性,在中国社会中,对个人的成长起到了重要的思想启蒙作用。可是,他们在现实中却表现出保守和"调适"的一面。严复的西学修养在近代史上首屈一指,其理论是最先进、最彻底的,可是就其政治主张而言,较之改良派的康有为和谭嗣同,却显得谨慎和保守,他反对君主专制,但又觉得时机未到,社会观念、风俗也尚未形成。他反对立即实行西方的民主政治,民主政治必须建立在国人自治自强基础上,而这一条件的获得,有赖于教育手段的运用。在戊戌变法走向高潮的时候,其政治主张却在后退,认为民智未开之时效仿西方民主制度,实质是大乱之道。他在揭示西方"三百年之进化,只做到利己杀人寡廉鲜耻八个字"①之后,背弃了其曾经高度赞扬的西学,完全回归中国以孔孟之道为代表的传统文化之中。梁启超的思想总体较之严复来说,具有明显的激进性,他不仅参与戊戌变法,而且在流亡日本期间表现出革命性的倾向。可是从美国考察回国后,他的思想转向保守,开始反对破坏主义,甚至到1906年还提出了"开明专制论"的主张,希望以"强制但开明的君主,来训练人民,培养国民资格和立宪所需要的各种条件,然后再实现民主共和"②。梁启超在思想上的调适,使得原来支持其理论的人士纷纷背离了他,不仅如此,还招致后来评说者的批评。当以建立现代政府为目标的革命潮流逐渐处于主导地位的时候,严复和梁启超的新民构想则不断黯淡。

第二节 民国成立前后"国民"改造的主张与实践

民国建立前后的时间跨度,大约从20世纪的第一个10年到1937

---

① 李泽厚:《中国近代思想史论》,生活·读书·新知三联书店2008年版,第291页。
② 黄克武:《一个被放弃的选择:梁启超调适思想之研究》,新星出版社2006年版,第171页。

年全面抗日战争爆发。民国建立前后国民改造的主张与实践，可以从政治思想、国民教育和国民语义变化等方面进行考察。

一 从政治思想主张到现代国家建设

孙中山是近代中国民主革命的先行者，其提出的"三民主义"主张共和主义思想，对改变中国近代政治和国民生活产生了重要影响。早在辛亥革命之前，孙中山为了争取更多的反清革命力量的支持，加强了对革命活动的指导，建构了著名的具有现代资产阶级性质的"三民主义"思想理论。民族主义具有共和主义色彩，既反对清朝统治，又反对帝国主义的殖民统治；民权主义体现了平等主义的思想，其保障条件是"五权宪法"[1]，是对儒家伦理身份等级制度的否定；民生主义提倡用单一的土地税控制土地价格的增长，遏制投机和暴利，其与传统的不同，是用西方单一税取代传统的平均地权。此外，孙中山还提出了革命"三阶段"思想，即第一阶段实行军政府统治，逐步实现县级地方自治；第二阶段实现由临时宪法指导下的训政；第三阶段在宪法的框架内，选举总统和内阁。孙中山的现代革命思想，较之梁启超的渐进性改良和实现君主立宪制，更为深入人心。中华民国成立后，孙中山为了抵制帝制的复辟，提高国民的权利意识，启蒙政治思想，写作了《民权初步》。在借鉴了林肯"民之所有，民之所治，民之所享"的共和理念之后，孙中山提出了"四大民权"，人民有选举官吏之权，罢免官吏之权，创法案之权，复议法案之权。《民权初步》实际上是一本有关集会的程序操作手册，其学理性并不明显。但是该书通过介绍民主集会，以训练和培养民权，是学习民主基本程序和态度的一种比较理想的形式。[2] 孙中山的三民主义思想主张和民主革命思想，都与国民的培育有着重要的联系，虽然民国建立之后的短

---

[1] "五权宪法"是孙中山的创造性构想。"五权"，包括行政权、立法权、司法权、选举权和考试权，它既借鉴了美国的民主体制（如前三项权利），又保留了中国由来已久的政治传统（诸如选举权和考试权）。

[2] 孙中山：《建国方略》，辽宁人民出版社1994年版，第15页（序）。

期内，没有取得其预想的效果，但是其产生的影响却是不容小觑的。

军阀割据时代虽然导致近代中国社会出现较为混乱的局面，但是与此同时也出现了多种形式国民改造思想和实践。首先是以北大为中心掀起的新思潮。北大校长蔡元培鼓励师生自由发表观点，并允许师生以个人身份独立参加政治活动。北大国文系主任陈独秀，在其创办的刊物《新青年》上向国民发出呐喊，要独立而不要奴隶，要进步而不要保守，要放眼世界而不要自我封闭。胡适则发起了白话文运动，亦即新文化运动，希望创造全新的文体以适应现代思维方式，创造反映现实生活的文学作品服务大众，摧毁儒家道德和道教迷信来解放个体。与此同时，盛行于欧洲和日本的各种思想得以在此汇集，它们包括"现实主义、功利主义、实用主义、自由主义、个人主义、社会主义、无政府主义、达尔文主义和唯物主义，等等"①。也正是在各种思想对中国社会传统批判的基础上，产生了具有现代性标志的"科学"与"民主"思想。其次是以民族主义为指向的"五四"学生爱国运动。从日本与袁世凯政府签订"二十一条"，到北洋政府秘密签订承认日本在山东权益的协议，中国社会各界的爱国热情被不断点燃，当巴黎和会决定保留日本的山东权益时，北京爱国学生3000余人终于举行了游行示威，强烈表达对北洋军阀政府的极大不满。这个爱国壮举对国内其他地区的学生产生示范和鼓舞作用，最终演化为一场全国性爱国主义运动。新文化运动与"五四"爱国运动，共同构成"五四运动"，它直接的影响是，迎来了中国在20世纪20年代"新民族主义的蓬勃发展"。②

南京国民政府十年统治时期，现代国家建设的推进，对现代国民的形成产生了一定的影响。从1928年军阀割据在北伐战争的胜利中终结，到1937年日本全面侵华战争，是南京国民政府统治史上较为特殊的十年。在此之前，中国曾出现过各种现代思想比较活跃的现

---

① [美]费正清：《中国：传统与变迁》，张沛等译，吉林出版集团有限责任公司2008年版，第333页。

② 同上书，第334—335页。

象，现代的民主政治制度有了一定的渗透和影响，国民的现代民族主义观念不断增强。即便如此，"现代"这个标示西方近代文明的重要概念，对于中国而言，"是轻敷在古老文明表面的一层粉饰"[①]。而南京政府在早期统治的十年当中，向西方国家全面开放[②]，通过师法西方以寻求建国良策，它的现代化发展规划几乎是全盘西化（当然其中也不乏向中国传统寻找治国之法）。历史表明，尽管南京政府与西方展开全面接触，但是由于国际和国内的原因没有取得实际意义。即使这样，费正清还是认为，"南京政权开头的10年是1912年以来最充满希望的时期"[③]，南京政府也是"中国前所未有的最现代的政府"[④]。南京国民政府沿用了孙中山的"五权分立制"，即设立行政院、立法院、司法院、考试院和监察院。国民党中央执行委员会是最高政治权威机构，政府高级官员是由其遴选而产生。民族主义思想在收回统治权力的过程中，进一步得到发展。具体表现为：逐步取消国外与中国签订的一系列不平等条约，公布新的民法和刑法，恢复关税自主权，开始收回外国在中国的租界。加强了对地方的行政管理，取代了传统社会的士绅制度。南京政府保留了县级行政设置，但是县长与中央政府直接接触。在县级行政单位下面，设立了乡、区、分区、保和甲等，通过这样细致的行政机构设置，有利于国民政府开展训政，也便于实行地方自治。在后来的地方政府改组中，各户可以自由结社组成保甲，"保"民主推选两名代表参加村镇的会议，以村镇会议的形式选举村镇行政领导，而村镇则成为社团组织的法人。但是，也要看到南京国民政府以党代政、一党专政、军事干政等问题，以及政府主要领导的军人政客和极权统治特点，这与国民成长所需的环境是极不协调的。

---

① ［美］费正清：《美国与中国》，张理京译，世界知识出版社2000年版，第228页。
② ［美］费正清：《中国：传统与变迁》，张沛等译，吉林出版集团有限责任公司2008年版，第349页。
③ ［美］费正清：《美国与中国》，张理京译，世界知识出版社2000年版，第228页。
④ 同上书，第230页。

二 民国早期国民教育的"速写"

民国早期中国对社会成员的教育,重在培养现代国民而不是真正的公民。尽管在民国早期"公民"一词经常出现,不论是在孙中山那里、蔡元培那里,还是在南京国民政府那里,但是从民国早期的教育主张变化、教育机构更名和现实的教育实践,可以得到的一个基本结论是:现代国民教育得到逐步发展,而公民教育的声音和影响依然比较微弱。

著名教育家蔡元培先生,不仅在民国初期力推国民教育改革,还积极开展新教育运动。蔡元培将国家教育目的诠释为"培养共和国国民健全之人格",并提出了"五育并举"的教育主张。"五育"即军国民主义教育、实利主义教育、公民道德教育、世界观教育及美感教育。其中,军国民主义是要解决国民"弱"的问题,实利主义是要国民摆脱"贫"的处境,两者共同为国民的自由、平等和博爱的教育目标服务。在"五育"中,"美感教育和世界观教育才是蔡元培本人的主张"[①],其意在追求一种永恒的道德和宗教精神,创立世界主义与人文主义的国民教育观。"五育"共同构成了蔡元培所期待的国民"健全之人格"。然而,蔡元培的国民世界观教育和美德教育,超越了时代的需求,招致了批评的声音。1912年,中华民国政府在颁布教育宗旨时,舍弃了"世界观教育",同时还把"公民道德教育"中的"公民"一词隐去。尽管如此,蔡元培的教育主张还是得到最大限度的落实,并对民国国民教育产生了深远影响。与新文化运动几乎齐名的新教育运动,始于蔡元培倡导的教育改革,在新文化运动的推动下进入高潮。新教育运动企图用教育社会化取代教育国家化,主张教育不应以国家遮蔽个人,而应当更多地关注作为教育对象的个人的全面发展,并从科学和民主两方面对学校教育和课程进行改革。新

---

① 陈华:《中国近代公民教育课程的孕育》,北京师范大学出版社2014年版,第68页。

教育运动借鉴欧美新教育的观念，批判传统的课堂教学以教师为中心，或者以书本为中心，提出"新教育"要以儿童为中心，培养学生民主自由意识和独立个性，主张学生应当关注生活，学校教育要突出社会化功能。

除了蔡元培以外，梁启超在经历政治与思想的转变后，继续为民国的国民塑造进行国家主义的探索。与《新民说》对"新民"形象的主观想象不同，《国民浅训》则是在共和政体实践的教训中，反思国民素质问题。梁启超认为，要再造被袁世凯所践踏的共和，需要唤起国民的立宪共和意识，使国民尊重、遵守和维护宪法。在阐述国民素质时，梁启超依然延续了他的主要思想导向，即国家主义的倾向。论述国民的权利和义务，其侧重于国民对国家的责任和义务。在《国民浅训》里，始终贯穿着梁启超关于"公"的思想，当然，梁启超所一再主张的"公"，是与国家联系在一起的。这与中国传统文化中"公"作为一个政治共同体的概念，几乎是一致的，往往伦理和规范的意味较浓。而西方的"公"既与国家相关，又与社会关系密切，如哈贝马斯对公共领域的阐释。

在民国社会精英的国民培育主张之外，政府国民素质的培养政策也是考察民国初期国民培养状况不可忽略的视角。1912年中华民国教育部发布训令，用《教育宗旨》彻底取代清末"尊孔忠君"的教育宗旨。《教育宗旨》提出，"注重道德教育，以实利教育、军国民教育辅之。更以美感教育完成其道德"[①]。此后，教育部又颁布课程标准，规定小学和中学仍然开设"修身科"，但是此时的课程内容已经发生变化，开始出现政治化和社会化的特征。袁世凯当政期间，一改民初的教育宗旨，提出培养具有国家思想的国民。这套教育宗旨称为《颁定教育宗旨》，主张以"忠、孝、节、义"为基础，培养大仁、大智、大勇的国民，同时还包含"法孔孟"的复古内容。它虽

---

① 舒新城主编：《中国近代教育史资料》（上册），人民教育出版社1981年版，第223页。

然并未明确提出尊孔忠君，但是与清末的教育宗旨差别不大，绝对国家主义的印记鲜明。袁世凯抛弃民主共和复辟帝制，加之第一次世界大战所造成的巨大灾难，使国人尤其是知识界人士，对国家主义心生警惕乃至恐惧。

北洋政府顺势而为，于1922年颁布并施行学校系统改革案，史称《壬戌学制》，提出适应社会变化之需要、发挥平民教育精神、谋个性之发展、注意生活教育等七项指导原则。七项指导原则中，平民教育、个性发展和生活教育等，主要是受到了欧美新教育和杜威教育思想的影响。此后不久，教育部又通令试行《新学制课程标准纲要》，在初小与初中阶段设立社会科，它包含公民、历史、地理等内容，高小和高中阶段则单独设立公民科。很多出版社围绕新学制的精神编制教科书，课程内容突出公民知识，其不仅有选举、守法等，而且还有杜威实用主义所倡导的团体生活。公民科强调学生要培养适应现代生活的能力，其价值追求中包含了罗素世界主义思想的成分。然而，《新学制课程标准纲要》只是教育部通令试行的一项政策，并未取得其应有的地位，因此公民科设置本身的合法性也随之降低。这就带来不可避免的问题，一是学校开设公民科的状况不容乐观；二是公民科遭到怠慢、漠视和误解。[①]

从政府层面来讲，民初现代国民培养取得的成效比较有限，但是由知识精英发起的乡村建设运动，却在乡村中开创了现代国民培养风气的先河。乡村建设运动包括晏阳初的平民教育运动、陶行知的乡村师范学校实验、梁漱溟的乡村运动。晏阳初的平民教育运动，以识字教育为基础，联合家庭、学校和社会，对平民进行"四大教育"，即文艺教育、生计教育、卫生教育和公民教育。其中，"公民教育"包含国族精神教育、农村自治研究和公民知识教育，旨在教授农民最低限度的公民常识，增强团结意识，启发民族觉悟，训练自治能力，培

[①] 陈华：《中国近代公民教育课程的孕育》，北京师范大学出版社2014年版，第110—113页。

养法治精神。① 陶行知的乡村师范学校实验,由学校开始,然后波及乡农乡政,主要是实践其生活教育理论。梁漱溟则是"办乡农学校,改进乡村",把两者均作为"解决中国整个问题之手段"。② 然而20世纪20年代的中国乡村,农民经济生活水平低下,对政府统治明显存在不满情绪,在这样的条件下开展国民教育,不能不说是一个巨大的挑战。乡村建设运动把识字教育和生产教育作为基本的教育内容,严格来说离真正的现代公民教育相去甚远,但是对于当时的中国乡村是具有重要意义的,因为它是国民教育的基础,是民众现代性精神培养的前提。

第三节 中华人民共和国成立后"人民"身份的兴起

中华人民共和国的成立,揭开了中国历史崭新的一页,建立了人民民主专政的政权,人民当家作主成为基本的政治制度,"人民"作为政治身份取得至高无上的地位。与此同时,国家在法律上尽管规定了国民的公民身份,可是新中国成立后较长一段时间,"公民"只是作为法律身份隐退于"人民"之后。改革开放为中国公民的意识觉醒及其成长提供了空间,"公民"在政治话语中占有一定的地位,但是与"社会主义建设者和接班人"相比,则显然不在一个层面,在"以人民为中心"的发展思想面前,更加显得有些黯然失色。

一 "人民"身份的主导

1949年中华人民共和国成立,在人民民主专政的政权框架下,"人民"的政治身份得以在全国范围内确立和凸显,并始终处于主导性地位。当然,同样是"人民"身份的主导,从新中国成立到改革开放后的今天,可以分为两个不同的阶段:一是以阶级斗争为主要任

---

① 檀传宝等:《公民教育引论:国际经验、历史变迁与中国公民教育的选择》,人民出版社2011年版,第133页。

② 陈青之:《中国教育史》,中国社会科学出版社2009年版,第722页。

务的社会主义革命和建设时期,"人民"的政治身份得以塑造,并在政治运动中得到强化;二是改革开放后以经济发展为中心的基本路线指导下,"人民"的政治身份在经济社会发展中仍然处于主导性位置,但是其意义却发生了显著的变化。当然,在"人民"作为主导性政治身份期间,"公民"以不同的形式,不同程度地存在于中国社会当中,但是却始终置于"人民"政治身份的光芒下。

共和国的成立是近代以来中国革命的主要目标,与这个共同体目标相适应的个人角色设计,是一个无法回避的问题。中国历史上出现两个共和国,一个是孙中山先生领导中国资产阶级建立的中华民国;另一个是毛泽东同志领导中国共产党建立的中华人民共和国。其实,这两个共和国的建立,显然是与学习国外政治文化有着一定关系。中华民国的国家成员角色设计是"公民",这从《中华民国临时约法》(1912年)和《中华民国宪法》(1946年)中可以看出。可是,事实上真正的角色则是现代"国民",这不仅因为"公民"在当时缺乏足够的成长空间,也因为当时的政治领袖(如孙中山)还是从排他的意义上使用"公民"概念。在新中国成立之初,与中华人民共和国相适应的国家成员角色设计也是"公民",至少在毛泽东与他的领导集体那里是这样,当然此时的"公民"具有国家主义内涵。[1] 然而,在新中国成立的30年内,尤其是20世纪50年代晚期到70年代晚期,中国的"公民"角色退居"人民"之后,"从'大跃进'时代开始,公民这一术语很少在官方的谈话中受到重视"[2]。尽管这个时期"公民"术语也在使用,但是此时的"公民"仅仅指先进阶级,对于落后阶级则是排斥的,其不具有普遍的意义。即便如此,从20世纪70年代早期到"文化大革命"结束,国家宪法关于公民和国民的权利与责任的条款,数量上从十九条减为三条。

"公民"逐步隐退的过程,也是"人民"角色不断凸显的时期,

---

[1] [印尼]彼得·哈里斯:《现代中国的公民概念》,郭台辉、余慧元译,载郭台辉《历史中的公民概念》,天津人民出版社2013年版,第277页。

[2] 同上。

政治成为人民的生活主题。早在新中国成立前,历史学家范文澜在北京大学的演讲中,提出了人民是历史的主人这个命题,其对大众常识性知识产生了学理性的影响。范文澜关于"人民"的论述,被看作是"人民"话语主导人与人之间关系的开始。具有宪法作用的《中国人民政治协商会议共同纲领》,明确将"人民"作为当时民众的基本身份,并且确定了共和国政权性质是人民民主专政。[①] 由此,"人民"成为我国社会成员的元身份,与政治就紧紧地连在一起。在理论上把"人民"确定为元身份,但是其从理论要转化为现实,还需要经济基础的支撑。人民民主制度要求以整体的形式掌握国家权力,实现当家做主,为此需要建立与此相适应的经济制度,主要是生产资料的公有制,否则人民当家做主就失去了基础。中共决定实行"一化三改造"总路线,对农业、手工业和资本主义工商业进行社会主义改造,其根本考虑在于改造私有制和实行公有制。在高昂的社会主义热情鼓舞下,中国提前完成社会主义改造,为人民民主制度和"人民"身份的确立创造了条件。后来经过50年代的阶级成分划分和"反右斗争",到60年代的"文化大革命",人民在阶级斗争的不断升级和发展中,作为一个集合体不断获得政治体验,"人民"当家做主的意识得到强化,因此其逐步成为最为重要的政治身份。在阶级斗争作为核心任务的特殊时期,人民成为对敌斗争的重要力量,整个社会成员被划分为两个相互敌对的部分,即革命群众与阶级敌人,革命群众主要是指人民大众,而阶级敌人则是人民民主要斗争的对象,通过政治斗争人民打败异己力量或敌对势力,巩固人民民主政权。由此可见,在改革开放前的这段时间,"人民"政治身份的确立和发展,是通过生产资料的所有制改造和阶级斗争实现的。但是,也要清楚地看到两个事实,一是在社会主义改造和建设时期,尽管斗争是政治生活的中心,但生产力和社会经济也取得了一定的发展,尽管还不能满足人民物质生活的需要;二是政治斗争确实起到消灭反动势力或者社会落后

[①] 杨四海:《社会个体身份演化与公民意识的成长》,《学海》2017年第2期。

分子的目的，然而斗争经常出现扩大化的趋势，打击和迫害了不少无辜的人，严重地侵害了法律赋予的公民权利，破坏了正常的社会生产和生活秩序。

改革开放把发展作为压倒一切的主题，其意在实现人民的共同富裕，巩固人民民主制度的经济基础，这样"人民"就与发展联系在一起，并在中国特色社会主义建设中处于主导地位。坦白地说，国家在计划经济时期，虽然提供了在当时条件下难得的社会福利和保障政策，但是根本无法满足人民的生活需要。邓小平同志正是基于人民对富裕生活的渴望，以及对原有经济政治体制的反思，大胆地提出了"贫穷不是社会主义"[1]的科学论断，打破人们对于传统社会主义旧有认识，并指出社会主义的根本任务是解放和发展生产力。他还从生产力发展、综合国力增强和人民生活水平提高三个方面，提出"三个有利于"的判断工作是非得失的标准。在这个判断标准中，充分突出"人民"在中国共产党人心目中的地位。江泽民同志通过"三个代表"重要思想，深刻阐明中国共产党是最广大人民的根本利益代表者，意味着党的路线方针政策制定，要能够有利于广大人民利益的实现，体现了党对"全心全意为人民服务"宗旨高度的实践自觉。胡锦涛同志在阐明其提出的"科学发展观"时指出，科学发展观的第一要义是发展，核心是以人为本，表明国家不仅要坚持发展这个中心不动摇，而且要坚持发展的全面协调可持续的基本要求，让人民在更合理、更科学的发展中获得幸福感。从邓小平到江泽民再到胡锦涛，发展理念中没有离开"人民"二字，把"人民"作为思考和制定国家发展战略的起点和最终落脚点，党的"为人民服务"宗旨在改革发展中得以充分体现，并成为中国发展的时代特征。[2]站在深化改革和社会转型的新的历史起点上，坚持马克思主义的人民历史观和发展观，以习近平同志为核心的党中央，提出了"以人民为中心"的发

---

[1] 《邓小平文选》第3卷，人民出版社1993年版，第116页。
[2] 郭广银、王月清：《论坚持"以人民为中心"的发展思想》，《理论学刊》2017年第4期。

展思想,其内涵可以具体表述为:"发展为了人民、发展依靠人民、发展成果与人民共享。"①"发展为了人民"指出了发展的目的在于人民,中国共产党来自人民,又服务于人民,发展要满足人民当下的多样化要求。"发展依靠人民"明确了发展的依靠力量,人民民主决定了国家的政治制度形式,人民是建设国家和管理国家的主体,发展当然离不开人民的广泛参与。同时,马克思主义的唯物史观也告诉人们,人民群众是历史的创造者和推动社会进步的力量。因此改革和发展持续推进,需要人民群众的创造性。"发展成果与人民共享"目标的实现,需要改革成果共享的体制机制,建设成果共享的政策和法规制度体系,实现成果共享的机会平等。

二 主导性"人民"身份的形成原因

中华人民共和国成立以来,"人民"处于政治生活、改革与发展的中心,让"人民"成为主导性身份,这是由人民民主专政的国体决定,当然也有其他方面的原因。

第一,革命思维治国与高昂的政治热情同时存在,让"人民"在新中国成立后的阶级斗争时期处于主导性地位。对共产主义目标的执着追求,激发了党内部分领导人的极大政治热情,在经济政策、政治方针的制定上,大多具有"左"的特点。新中国成立之初,我国面临的矛盾和问题较多,经历了短暂的新民主主义发展,战后经济得到恢复,国家经济结构也发生了重大变化,国家垄断程度和国营成分比例的发展,取得了意想不到的效果。但是,农村土改以后出现新中农、新雇农,让部分领导人担心农民有可能走到资本主义的道路上。同时,国内资产阶级存在贿赂、偷税漏税、偷工减料等"五毒"行为,对于革命干部形成腐蚀。"集革命模式、阶级斗争与战争方式于一体的群众运动"②,这种战争年代形成的发动人民群众开展斗争的

---

① 《习近平总书记重要讲话文章选编》,党建读物出版社2016年版,第401页。
② 萧冬连:《国步艰难:中国社会主义路径的五次选择》,社会科学文献出版社2013年版,第251页。

思维，被再次用来解决社会主义建设过程中的问题。从1951年至1952年，在全党发动了"三反"斗争，这场斗争被当作"无产阶级与资产阶级的大战争"①；在全国各大城市开展了针对资产阶级的"五反"运动。从当时的历史情况来看，对资产阶级问题的严重性估计偏大，运动的打击面过宽，打击力度过大，这是新中国成立后党发动人民群众对资本主义的第一次斗争。在赶超思想的鼓舞和指导下，党提前结束了新民主主义存续时间，加速进行农村合作化改造，轰轰烈烈地发动了"大跃进"和人民公社化运动。"大跃进"失败后，在思想和政治领域继续发动革命，最终导致十年浩劫的出现。人民群众在政治热情的鼓舞下，在"人民是历史的主人"思想支持下，许多"政治运动"本身都毫无疑问地获得了正当性，但是，由于当时对发展中出现的问题估计过于严重，敌我斗争的思维处于主导地位，使人民群众以"主人的身份"满怀激情地投身到各种政治运动中。在一场场运动中趋于失去理智的人民群众，其行为有的演化为暴力，不仅违背了社会发展规律，破坏了国家法律制度，也让党和国家蒙受了巨大损失，让人民群众自己付出了惨重的代价。

第二，新中国成立后身份社会的建构，使"人民"获得了至高无上的地位。新中国成立后，以阶级划分为基础形成的政治身份，以城乡二元分立为前提产生的户籍身份，以人事制度为依据出现的具有等级意味的内部身份，共同构成了中国的身份社会。② 在众多的身份中，政治身份和户籍身份又是最为根本的身份，因为它们决定了国民的权利、待遇和义务，也决定了国民能否获得其他的身份。因此，此处想就政治身份进行详细的阐述。新中国以阶级划分为基础的政治身份，具有明确的敌我的二元思维，"我"显然就是"人民"的那个部分，而"敌"便是那些需要强制改造和被剥夺权利的对象。当时的政治身份建构分为两个阶段，一是1956年以前以经济为标准的阶级分层，

---

① 《建国以来毛泽东文稿》第2册，中央文献出版社1988年版，第646页。
② 王爱云：《试析新中国成立后我国身份社会的形成及其影响》，《中共党史研究》2011年第12期。

二是1956年到1978年间以政治为主要依据的阶级分层。在前一阶段，农村的阶级划分主要有两个评价指标，一个是劳动者占有生产资料的状况，另一个是劳动者在生产关系中的地位。结合中央领导的讲话精神和有关文件规定，农村划分出五大成分，即地主、富农、中农、贫农和工人（含雇农），此外，对富裕中农、反动富农和破产地主等阶级划分，还作出了详细的认定。在这一时期，城市的阶级划分也在进行，对所有人员进行摸底和调查，重点是掌握城市人员的家庭出身，以及以前的职业和经历；在对私营工商业进行赎买的前提下，将领取利息的人员界定为资本家。尽管对18岁以下人员和在校青年学生没有进行阶级划分，但是家庭出身的标签还是使其分属于不同的阶级类别。随着"左"的思想出现和发展，阶级斗争成为政治和经济领域的重要主题，中国社会的阶级划分由经济转向政治。1957年以后，除了继续保留地主阶级和资产阶级的成分外，又从政治立场和政治观点等角度，划分出三大阶级，一是革命阶级，这个阶级包含工人、农民、干部、军人等；二是中间阶级，其由中农、知识分子、自由职业者、小商、小贩等组成；三是阶级敌人，它是指地主、富农、反革命分子、右派分子、走资派等。

如果说以经济分层的阶级划分，尽管他们受到一定的区别对待，但是在新中国成立初期，这种区别对待的影响还是有限的。但是在以政治分层为标准的阶级划分出现后，国民政治身份的符号被明确下来，国民的政治地位、政治权利以及相关待遇全部都发生了根本的变化，作为中间阶级的国民，被限制和剥夺了一些权利和机会；作为"阶级敌人"的对象，不仅被剥夺了政治权利和社会权利，还被剥夺了生命权利和自由权利。而处于先进阶级的"人民"则获得了所有的政治权利和社会权利，并且在政治斗争中"人民"成为主力军。尽管如此，"人民"并没有获得真正的自由和自主，他们的政治权利是有限的，只能是在国家允许或者是划定的范围内行使。"人民"在政治运动中的参与，是政治鼓动的结果，不具有真正的自主性。"人民"在新中国成立初期地位的上升，并在最终取代"公民"成为主导性话语，在于建构人民民主专政政权的需要，在于阶级斗争的需要，人民被赋予民主政治的合法性，赋予了各种群众运动的正当性。

第三，中国共产党始终坚持以人民为本位的国家观。共和民主有两个基本内涵：一是强调国家共同体属于全体国民，国家保障人民当家做主的权利；二是国家不能随意干涉个人的自由和权利，人们通过参与国家公共生活，实现个人的自由和民主权利。中国的"共和民主"与西方"民主共和"有着明显区别，"形成了政党与民主共和国家相伴相生的政治形态"[1]，其核心原则是人民掌握国家政权，国家保障人民的自由和平等。中国共产党作为执政党，是凝聚全体人民力量的核心，对人民当家做主的政治制度具有保障作用。中国现代国家的建设与转型，不能简单地从国家与社会分离的角度思考，而是要从"政党与民众、国家与社会的二维四元结构"[2]考虑。中国的社会主义道路，是由中国的社会、历史和文化决定的，其根本之处是坚持人民当家做主，坚持以人民为本位。在马克思的理论之中，"人民"不是一般的社会成员集合体，而是指"在共同占有生产力总和中形成的不可分解的'全体个人'"[3]。正因为以人民为本位，使得社会主义不同于以个人为本位的资本主义。人类政治文明的发展过程中，先后出现了古典国家和现代国家两种形态，"古典国家"意味着人类从野蛮走向文明，从自然形成的"群的存在"，走向以公共权力、公共意志为基础的共同体存在；而"现代国家"则是指人们相对于共同体来说有了自主权，因此人们的存在也就从共同体存在演化为个体的存在。然而，个体的独立和自由只是相对于权力的控制来说，个体依然没有摆脱对物质和雇佣关系的依赖。这个问题的解决，只能是在马克思所构想的共产主义的现实运动中[4]，最终实现所有人的全面而自由

---

[1] 林尚立：《当代中国政治：基础与发展》，中国大百科全书出版社2016年版，第68页。
[2] 同上书，第70页。
[3] 同上书，第74页。
[4] 恩格斯：《费尔巴哈论》，载《马克思恩格斯选集》第1卷，人民出版社1995年版，第87页。

的发展。科学社会主义在资本主义发展的基础上，担负着把现代化引导到共产主义方向的重大使命，以人民为本位是其根本的价值追求，也是共和民主国家的基本要求。

三 "人民"身份与"公民"身份的异同

"人民"作为政治身份，既然是中国 1949 年到 1978 年前实际存在的主要角色，这就不得不让人好奇它与"公民"的异同之处。先分析两者的相同点：其一，"人民"和"公民"在现代社会主要指人们的政治身份。它们通常是作为民主政治的主体出现，是现代国家构建民主政治制度的轴心，以"人民"为基础建立"人民民主"制度，实现人民当家做主，例如中国就属于这种类型；以"公民"为基础建立的现代民主政治制度，在西方国家统称为自由民主制度，在中国则是社会主义民主政治。其二，"人民"与"公民"这两个称谓，都赋予了资格获得者相应的权利，使权利所有者的言行具有合法性和神圣性。只要被划入"人民"之列，或者被授以"公民"资格，成员的所作所为就具有无可辩驳的正当性。其三，从两者所指涉的对象而言，它们应该拥有重叠之处。"人民"就其本身来说，有多个指向或含义，其中有一个含义是指国家政治共同体的全体成员。而"公民"是指具有一定国籍并拥有法律所规定的具有权利和义务的人，如果不考虑特殊情况，符合这两个条件的社会个体，和基本包含全体社会成员的"人民"是吻合的。其四，如果从指代部分对象的角度理解，"人民"与"公民"具有相似性。"人民"是指整体当中的先进成员，尤其是思想政治先进的成员，落后分子和敌对分子则被排除在外。"公民"是指共同体中具有现代平等权利、能够履行义务和自主行动的那部分国民。从西方公民演化历史来看，早期公民资格的获得者是男性成员，女性成员公民权利的获得相对较晚。尽管后来在名义上法律赋予每个社会成员相同的公民资格，但是在一段时间内事实上仍然存在不平等，女性、少数族群及其他社会弱势群体依然作为"二等公民"身份存在。

那么,"人民"与"公民"的不同之处在哪儿呢?其一,"人民"一词在使用中,大多是对整体的指称,是全民的集合体①或者阶级的集合体。而"公民"通常是指一个国家单个的社会成员,个体性的特征明显。在中国"人民民主"的政治制度中就关涉这样两个主体,一个是整体性存在的"人民",另一个是个体性存在的"公民"②,前者建立国家制度、掌管国家权力,后者在国家范围内以自由个体的形式参与政治活动。其二,就中国而言,"人民"经常与平民或劳动者相联系,而"公民"是指具有一国法律规定的国籍资格的所有社会成员。"马克思使用'人民'把革命力量联为一体"③,这里的革命力量主要是指劳动者。马克思在揭示资产阶级与无产阶级矛盾时,始终是把资产阶级放在无产阶级或者劳动阶级的对立面,人民根本不可能包含具有剥削和压迫性质的资产阶级。"公民"作为一个现代概念,则与西方近代的自然法和契约论相关,它是建立现代民主制度的必要主体,其所主张的人与人之间关系是自由和平等的关系。"人民"正是由于其阶级性特点,决定了其在内部实行团结和联合,共同掌握国家政权;对外则把压迫的力量作为敌对势力,运用暴力的手段改造或消灭对方。"公民"则是把不同的成员视为合作的力量,经常通过沟通和民主的方式与不同的成员建立关系。其三,在中国官方的观念中,"人民"的意识形态特征比较明显,而"公民"的意识形态特征相对较弱。社会主义的中国,从国家名称、国体、民主形式和执政理念等,都突出人民的主人地位和主体地位,"人民"作为一个有机整体掌握国家政权。同时,"人民"这个整体的凝聚和形成,是通过执政的中国共产党领导而实现的,社会主义是其选择的政治道路。而"公民"虽然是从西方传播过来的概念,它是西方社会公共生活的主

---

① [澳]凯尔森:《法与国家的一般理论》,沈宗灵译,中国大百科全书出版社1996年版,第260页。
② 林尚立:《当代中国政治:基础与发展》,中国大百科全书出版社2016年版,第330页。
③ 高丙中:《民间文化与公民社会:中国现代历程的文化研究》,北京大学出版社2008年版,第313页。

角,但是,随着中西方文化碰撞和交流的发展,"公民"概念逐渐被中国社会改造和吸收,其更多的是在国民道德品质、法律身份方面言说"公民",如今它已进入中国的法律、文化和教育中。因此,在这里可以洞察"公民"呈现出来的去意识形态化。

第四节 改革开放后"公民"意识觉醒及公民精神萌动和局限

"公民"作为现代社会中的主要角色之一,其在中国的觉醒是改革开放之后,与此同时是公民意识的逐步觉醒和公民精神的初步萌动,但是公民精神具有明显的不成熟性和局限性。

一 改革开放前"公民"的缺位

在我国个体身份的历史转换中,作为名词性的"公民"多次出现,但是真正的"公民"尚未出场,公民精神更是无从谈起。根据杨才林的研究,康有为是中国较早使用带有现代含义的"公民"概念的人。[1] 1902年他在《新民丛报》发表了《公民自治篇》,文章对"公民"这一概念作出这样的诠释:"人人有议政之权,人人有忧国之职,故名之曰公民。"应该说,康有为对公民的理解,受到了西方公民理论的影响,其内容已经关涉公民的责任意识、平等意识和参与意识。孟昭常在康有为之后,撰写了一篇《论公民学堂》,认为"公民者,皆农工商贾各执业以自养者也。且年在二十五岁以上,则皆有家屋妻子之累"[2],指出公民赖以生存的手段是各种职业,公民具有从事相关职业的权利。1939年国民政府在《县各级组织纲要》中,

---

[1] 参见杨才林《论民国时期的公民概念及其公民教育》,《历史教学》2010年第10期。当然,在中国古代也有"公民"一说,如《韩非子·五蠹》一文,就有"是以公民少而私人众矣"。汉代刘向《列女传·齐伤槐女》中,"妾父衍,幸得充城郭为公民。"这里的"公民"与今天的"公民"概念大相径庭,前者多指为公之民和公家之民的意思。

[2] 中华民国教育部教育年鉴编撰委员会编:《丙编教育概况:第一次中国教育年鉴》,开明书店1934年版,第600页。

明确提出"公民"的概念。该文件规定,"中华民国人民,无论男女,在县区域内居住六个月以上或有住所达一年以上,满二十岁者,为县公民,有依法行使选举、罢免、创制、复决之权"。此处的"公民"概念,已然改写了男女不平等的历史,对公民年龄、住地和权利都给予具体的规定。然而,在1946年《中华民国宪法》中,仍旧沿袭以前的表述,即"中华民国国籍者,为中华民国国民"。因此,民国时期"公民"的出现,更为主要的意义在于,加强对地方的政治统治和社会秩序的控制。1939年《县各级组织纲要》中,对剥夺公民资格的相关规定便可以作为证据。该法规规定"有下列情形之一者,不得有公民资格:(一)褫夺公权者,(二)亏欠公款者,(三)曾因藏私处罚有案者,(四)禁治产者,(五)吸食鸦片或代用品者"①。新中国成立之后,我国在社会成员的身份设计上把"人民"作为元身份,用这样的元身份可以对众多身份的合法性和效率作出解释。著名历史学家范文澜先生认为人民是历史的主人。这个观点对我国民众后来的身份认定产生了重要影响②,《共同纲领》明确将"人民"作为当时人们的基本身份。通过阶级划分、"反右斗争"、"文化大革命",以及1975年的国家宪法,使"人民"这个身份得到进一步的强化。虽然1975年我国宪法使用了"公民"的称谓,但"公民"更多的只是概念上的意义,现实中真正意义上的公民还未出现,谈论公民精神也就没有任何现实意义。

20世纪50年代中国进入传统社会主义时期,公民性社会组织缺位成为这个时期的显著特征。③ 所谓"传统社会主义",也称为"斯大林模式",是20世纪共产党执政国家普遍采用的社会制度。其主要特征是实行高度的集权制度,在消灭私有制的前提下实行生产资料公有制,建立计划经济体制,对生产者进行按劳分配,比较严格地控制

---

① 龚启昌:《公民教育学》,正中书局1948年版,第2页。
② 高丙中:《"公民社会"概念与中国现实》,《思想战线》2012年第1期。
③ [荷]皮特·何、[美]瑞志·安德蒙:《嵌入式行动主义在中国:社会行动的机遇与约束》,李婵娟译,社会科学文献出版社2012年版,第9页。

思想舆论。国家实际控制了社会的所有资源，在国家强有力的控制中社会遭到强行排挤，处于边缘或者边缘之外的位置，国家把个人置于一定的区域和单位之中进行管理。人们通过国家"得到了某种安全保障，却以失去自由为代价"[1]。马克思曾经设想在消灭私有制之后，人们可以摆脱物质对人的奴役，从而实现人的全面发展。然而，中国在 1956 年完成生产资料所有制的社会主义改造后，建立了公有制，实行计划经济体制，人们由此落入无所不在的体制中。生活在体制中的国民，生活上依赖国家的安排和庇护，思想上在意识形态的主导之下，个人缺乏主体性和选择的自由。传统社会主义把"革命的乌托邦理想和实践事业作为终极的价值"[2]，个人只不过是这个伟大理想和实践中的一个微不足道的"螺丝钉"，因而也常常成为各种思想和政治运动或斗争的工具，饱尝暴力滥用甚至人身伤害之苦。在这种高度的权利集中的绝对领导体制中，具有自由、平等与民主等现代价值的普遍公民失去了生存的空间。传统社会主义消灭了私有经济，实现国民在经济地位方面的平等；彻底批判传统的儒家思想，并用社会主义思想对其进行改造，历史性地实现了中国社会的男女地位平等，这个意义是十分巨大的；对城市居民提供了从出生到坟墓的社会保障，其建立的前提是城乡对立的二元结构，这让广大农民付出了巨大的代价。然而，传统社会主义既没有让人们走向"自由人的联合体"，也没有使人过上衣食无忧的生活，理想的乌托邦和高尚的道德殿堂，并没有使人放弃对物质的追求和对自身存在方式的关照。

二 改革开放后公民意识的逐步觉醒

改革开放后公民意识的觉醒，首先是个体观念由"公"到"私"的变化。国家主导下的市场经济改革，将民众从"私"的忌惮中解放出来，民众的观念中除了"公"的观念，私人利益的获取成为一

---

[1] 萧冬连：《国步艰难：中国社会主义路径的五次选择》，社会科学文献出版社 2013 年版，第 216 页。

[2] 许纪霖：《当代中国的启蒙与反启蒙》，社会科学文献出版社 2011 年版，第 38 页。

种合理性存在。与资本主义的"私"相对应的是社会主义的"公",在社会主义建设的探索时期,以这个"公"为终极价值,我国发动过乌托邦式的大规模运动,其结果是对经济社会发展造成了重大的负面影响。中国20世纪80年代的思想启蒙,其上承70年代末开始的思想解放运动,如真理标准的大讨论,党的十一届三中全会确定的改革开放路线,下启90年代,思想界的分化和组合,几乎都可以从中找到源头。80年代中后期新启蒙指向的对象不是国家而是个人,人的自由和解放是其讨论的核心问题,从这种意义上来说,它"成为当代中国的又一个'五四'"①,引导国民摆脱蒙昧、迷信等思想的束缚。从1978年国务院首次提出在城镇发展一部分个体经济,1980年中共中央会议鼓励和扶持个体经济适当发展,到1984年雇工和私营企业主的大批出现,1987年党的十三大给予私营经济合理的政治地位,1988年国家允许私营企业在法律规定的范围内存在和发展,并依法保护私营经济的合法权利,再到90年代党的十四大确立的社会主义市场经济目标,经济改革的重点从体制外转向了体制内,国有企业改革的开启,展开了"国退民进"的进程,市场经济框架最终得以基本形成。

其次是我国社会个体意识的苏醒。表现之一:农民秘密签订生产关系文件,签约人成为自主选择和责任承担的个体。20世纪70年代后期,安徽省小岗村18位农民秘密签订包干保证书,决定将集体经营改为家庭承包,同时规定了相关的风险责任,一旦有人因为参与秘密承包制而受到惩罚,其他人要共同将其子女抚养到成年。参加会议的每位村民均在保证书上按下鲜红的手印。这表明村民已经开始运用个人的选择权,并且也对事件的结果做好了心理准备,愿意独立承担由此带来的风险责任。表现之二:个体经济开始出现,经济利益成为个人追求的目标。1979年国家工商管理局会议第一次宣布,各地可以批准一些有正式户口的闲散劳动力从事修

---

① 许纪霖:《当代中国的启蒙与反启蒙》,社会科学文献出版社2011年版,第4页。

理、服务和手工业个体劳动。当年年底,在家门口摆摊叫卖小商品的温州姑娘章华妹,领取了个体营业执照,成为全国第一个个体工商户。随着一个又一个个体经济的诞生,"个体户"的名称逐渐为人们接纳。尽管"个体户"的社会地位和声誉,无法与国企工作人员的身份相比,但是"个体户"的自由生产方式和取得的经济收益,却对长期生活在集体和单位中的个体产生了冲击。表现之三:国企改革启动试点工作,个人劳动积极性极大提高。国家体制性改革的实行,把个体从单位制度中释放出来。1982年中央农村工作1号文件出台,确定了家庭联产承包责任制的合法性。次年农业集体化几乎消失,"除了土地,几乎所有集体财产都私有化了"[①]。农村改革将个体的生产积极性激发起来之后,改革从农村走向了城市。1984年中共中央做出了关于经济体制改革的决定,提出了以城市为重点的整个经济体制改革的必要性和紧迫性,明确提出社会主义经济是有计划的商品经济。中央要求处理好两个关系:确立国家和全民所有制企业之间的正确关系,扩大企业自主权;确立职工和企业之间的正确关系,保证劳动者在企业中的主人翁地位。不论是相对国家而言以整体形式存在的"企业个体",还是相对企业而言以个人形式存在的"职工个体",都从国家的统管中和对国家的依赖中得到释放,个体的选择权、决定权以及应当承担的责任,都明显得到增强,经济效益大为好转。

最后是个人的权利意识不断增强。主要表现在:一是追求私人生活的权利。在情感方面,青年人希望自由恋爱,按照自己的意愿选择意中人。尽管现在青年人也会就正式确定的恋爱关系,通知各自的父母,但是这仅仅是告知事情本身的存在,而非征求长辈的意见。[②] 在

[①] 阎云翔:《中国社会的个体化》,陆洋等译,上海译文出版社2012年版,第5页。
[②] 现代中国子女姻亲关系的建立,除了少数借助传统的媒妁之言外,绝大多数男女通过交往产生初步感情,然后再征得父母的同意,方可确立正式男女恋人关系。后来随着子女个体意识的进一步发展,他们普遍把个人的情感生活看成是自己的事情,认为应当自己做主,他人不应干涉。

家庭结构方面,更多青年选择核心家庭。阎云翔通过对一个农村行政村的研究发现,以夫妻为中心的核心家庭成为发展新趋势,青年人希望家庭能够充分发展亲密关系,同时希望家庭的事情自己做主,家庭越来越变成一个夫妻生活的私人场所。[1] 二是个体维权行动逐渐常态化。最早的维权行动,是农民联合反抗政府和开发商强征他们的土地。之后,个体性维权时常出现,1991年倪培璐、王颖以人格受到侮辱为名,状告超市因怀疑两人夹带未付费商品而实施的强制性检查。维权行为还有以单位和行政部门为起诉对象的,2001年乔占祥就火车票涨价问题对铁道部提起行政诉讼。群体性维权行动也不断增多,它与个体维权相比,具有非组织化的聚众行动的特征,民众行动和维权指向的议题大多有三类:价值信仰层面的宗教纠纷;涉及国家利益或主权的国际争端问题;现实的社会问题,如就业、医疗、环境等内容。[2] 群体行为和维权主要议题集中在现实的社会问题,这类问题利益取向的特点比较明显,最终还是归结为个人的经济问题。三是法律的修订和制定,从侧面可以表明个体权利意识的增强。为保护个人的财产权利,使其免遭各种侵犯,2004年国家修改宪法,把原有的"国家保护公民的合法收入、储蓄、房屋和其他合法财产的所有权",修改为"公民的合法的私有财产不受侵犯",实现了"私产入宪"。2007年,全国人大又通过《物权法》,进一步对个人的产权做出了规定。重庆最牛"钉子户",就是借助《物权法》的作用,维护了自己的合法权益。"私产入宪"和《物权法》实施,是共和国历史上的标志性事件,其承认个人的私有财产,有助于人民过上有尊严的生活。

改革开放以后,公民身份已经基本发展成为"共和国成员的元身份"[3],这标志现代公民在我国的诞生。1978年中央为"右派"平

---

[1] 阎云翔:《中国社会的个体化》,陆洋等译,上海译文出版社2012年版,第94—99页。
[2] 肖唐镖:《当代中国的"群体性事件":概念、类型与性质辨析》,载肖滨《中国政治学年度评论》(2012),上海人民出版社2012年版,第124页。
[3] 高丙中:《"公民社会"概念与中国现实》,《思想战线》2012年第1期。

反,第二年决定为"地主富农分子"摘帽,公民身份普遍化程度得到提高。20世纪80年代初,人民是历史创造者的观点遭到质疑,"人民"的话语影响力被削弱。80年代末以来,公民的政治参与和社会的公平正义,成为主流社会共同关注的热点话题,同时中国在经济、文化等方面加快了与国际社会接轨的速度。中国依法治国的推进和第三部门的兴起,逐步确立了公民对于每个人的价值。"公民"作为一种社会成员的角色概念,不仅被认可和接受,而且公民作为社会的个体,在实践中不断得到磨炼和发展。2008年,有人称其为"中国公民社会的元年",也有人认为此时的中国"已经迈进了公民社会的门槛"。[①] 尽管"公民社会"的提法在学术界颇具争议,但是"公民"的到来却是不争的事实。

三 主体性和公共性公民精神的萌动

我国市场经济为公民精神的孕育提供了可能和机遇。邓正来对中国市民社会的发展和影响做过比较系统性和理论性的研究[②],对理解我国公民精神的成长提供了重要的启示。我国在从计划经济向市场经济转变的过程中,逐步放松了对经济领域和社会领域的控制。与此同时,在原来由国家把持的领域,出现了一个新的主体,它便是市民。市民的存在依赖于市场经济的建立,在市场经济的主体当中,企业家和知识分子更是其中的中坚分子。企业家在市场交易中,一边要获取自身的利益,另一边也要尊重他人获利的权利,这就是契约平等精神。同时,在市场上互动的双方发生交易前,必须通过契约明确市民的财产所有权,否则市民在获得他人利益的时候,无法让渡自己的利益。根据马歇尔的公民理论进行分析,市民通过这种契约获得了"公民权利",也就是公民在法律上的财产权利。另外,活动在市场上的个人、团体和组织,他们都有必要的自主权,具有独立的法律人格,

---

① 高丙中:《"公民社会"概念与中国现实》,《思想战线》2012第1期。
② 邓正来:《国家与社会:中国市民社会研究》,北京大学出版社2008年版,第6—13页。

其活动具有高度的自治性质，国家只是在必要的时候给予干涉。高度的自治性，有助于公民自治精神的磨炼。邓正来还指出，市民社会培育出了多元利益集团，他们发展到一定阶段，为了给自己的利益集团赢得好的发展机遇和环境，就会在政治方面表达他们的利益诉求，在各自诉求的表达中具有了民主政治的意味。同时，利益集团通过一定的渠道对国家的决策施加影响，从而使得决策行为在某种程度上向民主化迈进。

另外，朱建刚在研究中国大陆社会的"第三部门"时，清楚地阐述了"第三部门"的特征[1]，透过这些特征的描述，不难看到公民精神在"第三部门"的闪现。他认为组织的自主性特征，强调自主招收成员，自主筹集经费，自主开展活动，彰显了公民的自主精神；组织的自治性特征要求，领导人自行产生而非政府任命，组织内部事务由组织自行管理，展示了公民的自治精神；组织的公益性特征，主张活动不以营利为目的，而是以公益性为理念，体现了公民利他精神；组织的公民性特征，倡导尊重公民的各种权利，包容不同的价值观，承担公民的参与责任，表明了公民的包容精神和责任精神。前述这些特征，虽然目前在相当大的程度上，还尚未成为一种现实，但是这些已"基本成为许多NGO在能力建设转变后的逻辑方向，也是组织在意识形态上认同的目标"[2]。

除此以外，公民精神的成长，还包含在基层民主政治中。改革开放以来，我国基层民主不断发展，已经建立了基层民主自治体系，以推进农村村民委员会、城市居民委员会和企业职工代表大会民主制度和实践为主要任务。公民在城乡基层自治组织中，依法享有民主选举、民主决策、民主管理和民主监督的权利；在企业内部事务中具有参与权、监督权，其劳动权益得到保障。同时，乡镇基层政权建设取得显著成效，乡镇长选举制度进一步完善，政务公开工作积极推行，

---

[1] 朱建刚：《大陆公民社会的能力建设：话语与实践》，《台湾社会研究季刊》2009年，第434—435页。

[2] 同上书，第435页。

乡镇人大的监督功能得到强化。基层民主建设成效的取得，对我国公民精神的培育产生了十分重要的影响，表现为公民民主意识和法制意识迅速提高，参政议政能力有了增强，行使民主权利的理性显著加强；促进了国家和社会治理方式的合理转变，国家和社会逐步走向分权；基层民主的不断推进，既有利于社会政治的稳定，也有利于积累民主政治的经验。[①]

此外，透过中国志愿服务的渐进式发展，同样可以看到公民精神的现实表现。谭建光等认为，中国志愿服务改革后经历五个发展阶段，即公益转型、自发探索、组织推动、多元发展和全民参与。[②] 2008年汶川地震，造成了巨大的人员伤亡和财产损失；北京奥运会的举办，圆了中国人的百年梦想，一悲一喜两件大事极大地引发了志愿者的热情和爱心。2009年国务院新闻办《中国减灾行动》白皮书显示，深入汶川地震灾区的国内外志愿者超过300万人，在后方的志愿者更是达到1000万人以上。除了救灾志愿者数量的迅速增长，其身份和职业也趋于多样化。联合国中国项目官员曾这样评价，"2008年将是中国志愿服务元年"。[③] 当然，中国志愿服务事业仍然处在发展中，有许多需要完善的地方，但是其产生的影响不容小觑。在组织管理和运作上，志愿服务与传统组织相去甚远，前者为建立公民的公共生活奠定了基础；在精神层面上，志愿者乐于助人、甘于奉献、富有爱心的精神，对于培养现代公民人格而言，具有极其重要的实践价值；在功能意义上，志愿服务弥补了政府和市场的不足，有利于公民组织的发展壮大。

四　当前中国公民精神的局限性

当前中国公民精神的呈现，明显具有早期性和低水平的特点，其

[①] 俞可平：《中国治理变迁30年（1978—2008）》，《吉林大学社会科学学报》2008年第3期。

[②] 谭建光、周宏峰：《中国志愿者：从青年到全民——改革开放30年志愿服务发展分析》，《中国青年研究》2009年第1期。

[③] 同上。

具体表现为公民权利发展的非均衡性、社会组织存在一定的依附性、公民行动的个人利益导向。

（一）国家主导下的公民权利非均衡发展

市场经济的发展，为个体自主性的出现创造必要的条件，中国公民精神的成长有了一定的基础。这种市场经济的影响，被肖滨教授描述为"市场经济推动逻辑"①，它不仅促进了个体的平等和自由流动，也给予个体契约签订的自主性选择，而且对公共权力的开放性提出了要求。这对个体的知情权、表达权、参与权和监督权的发展，具有积极意义。个体的成长对中国的社会结构产生了深刻影响，国家控制社会的格局被国家和社会共存的形态逐渐打破。

市场经济体制的基本形成，为个体的出现、社会的发展创造了必要空间，公民和公民权利也随之出现并获得初步的发展。中国的改革包括市场经济改革由国家主导，最初是通过放权让利的方式实现的，其实质就是给予个体自由和获取利益的权利，以此激发个体在经济社会发展中的活力。但是个体或者说市民利益的维护以及利益冲突的化解，有赖于公共意识的形成、共同体意志的产生和强制力量的保护，在这个过程中，个体就不再是一般的个体，而是具有公共情怀的公民。正是国家在改革中的放权，让公民获得了一定的权利。根据英国社会学家 T. H. 马歇尔的理论，公民权利有三个要素，即民事权利、政治权利和社会权利②，这一理论成为当代公民权利研究的基本理论框架。考察中国公民权利的成长，也不妨借用这个理论。

公民"三项权利"在当代中国发展的基本状况。改革开放后，由于市场化运动的倒逼，中国公民民事权利发展比较早一些，其始于

---

① 肖滨：《改革开放以来中国公民权利成长的历史轨迹和结构形态》，《广东社会科学》2014 年第 1 期。
② 不同的学者对于公民权利的构成要素有不同的表达，公民研究专家英国尼克·史蒂文森和美国托马斯·雅诺斯基都认为，在 T. H. 马歇尔的权利三分法的基础上，还应有第四种权利，但是他们所说的第四种权利并不一致，史蒂文森主张文化权利，而雅诺斯基认为是参与权利。不管他们如何划分，都没有否定马歇尔公民权利三分法的学说。

20世纪80年代的初期，成长速度较为迅速。公民的人身自由权、居住自由权、择业自由权和财产权等民事权利，均有了较为明显的发展。国家相继出台了保障公民民事权利的法律，如2004年宪法修正案明确提出公民合法的私有财产不受侵犯，后来又出台了《著作权法》《物权法》等。同时，政府还加强了对侵犯公民民事权利行为的打击力度。80年代后期，中国公民政治权利开始逐步发展，在立法方面，国家通过修改和出台新的法律和法规，丰富公民政治参与的形式，不断完善民主制度，以实现公民的知情权、参与权、表达权和监督权。在实践方面，国家在中央和地方不同层面进行试点，切实推动公民政治权利的发展，如实行人大代表持证视察制度、接待选民制度、向选举单位的述职报告制度，为公民政治表达提供有效的通道；建立和落实政府官员引咎辞职制度和责任追究制度，防止政府侵害公民政治权利的行为发生；农村村民和城市居民通过选举直接产生村民委员会和居委会，公民的政治权利在乡村和城市的居委会得以较好实现。公民的社会权利，在国家着力倡导的社会稳定的思维指导下，进入21世纪取得了快速的发展。公民的义务教育政策逐步推开，覆盖了城乡和整个社会；公共卫生和基本医疗服务水平不断提高；中国特色的社会保障体系初步建立，"五险一金"的社会保障和救助制度基本形成，社会保障水平不断提升。雅诺斯基认为，"中国养老和医疗保障支出提升较快，远超同期的政治权利，与法律权利大体相当"[1]。

纵观国家主导下的当代中国公民权利发展过程，呈现三种不同的结构形态。[2] 第一种是三路向前的交叉式发展。公民民事权利、政治权利和社会权利三路发展，但是它们之间又是相互作用的，如公民民

---

[1] ［美］托马斯·雅诺斯基：《中国的公民身份与公民团体——对权利与公共领域的概述》，载郭忠华《中国公民身份：历史发展与当代实践》，上海人民出版社2014年版，第61页。

[2] 肖滨：《改革开放以来中国公民权利成长的历史轨迹和结构形态》，《广东社会科学》2014年第1期。

事权利的发展带来政治权利的发展,而公民政治权利的发展又导致社会权利的发展,中国农民的公民权利发展就呈现出交叉性的历史轨迹。第二种是有先后之分的选择性演进。中国公民权利的发展从时间上看,公民民事权利发展稍早,政治权利的发展紧随其后,而社会权利的发展则相对较晚。国家主导的公民权利发展格局,从市场经济的内在发展需要出发,从破除阻碍改革进一步发展的难题出发,从有利于建立良好的社会秩序出发,优先大力发展了公民的民事权利,高度重视发展公民的社会权利,而公民的政治权利发展则是相对滞后,因此中国公民权利的发展是一种选择性的发展。第三种是参差不齐的非均衡发展。国家主导的选择性的公民权利发展形态,其结果必然是公民三种权利的非均衡发展。雅诺斯基在数据分析之后,认为中国公民的民事权利或法律权利实现程度与社会权利大体相当,而政治权利则相对滞后。新加坡学者郑永年主张中国改革应当遵循这个基本逻辑,即"先经济改革、后社会改革,最后进行政治改革"[1],其主张与中国公民权利发展的结构形态,在逻辑上有不谋而合之处。尽管公民政治权利的低度发展,可能是出于稳定政治秩序的考虑,体现了执政党在政治改革方面的谨慎态度,但是公民政治权利的过分滞后,就会破坏"国家、市场与社会三大领域之间的良性互动格局,个人自由、民主政治与社会平等之间的紧张感也会愈发凸显"[2]。

(二) 公民性社会组织的二元性矛盾

如果说公民权利是从个体的角度对公民及其精神进行考察,那么现代性社会组织则是从团体的层面对公民及其精神进行勾画。在团体内部或者群体内部,公民与公民以及与团体之间的关系,团体与团体以及与政府之间的关系,都客观并且广泛地存在着,相互之间关系的

---

[1] 杨四海:《近十年中国公民精神的海外研究的评述》,《河海大学学报》(哲学社会科学版)2016年第4期。

[2] 肖滨:《改革开放以来中国公民权利成长的历史轨迹和结构形态》,《广东社会科学》2014年第1期。

处理就体现了公民精神的面貌。在现代社会的组织化时代，公民精神的载体就是社会组织。① 显然，检视中国改革开放以来社会组织的发展情况，无疑是一个重要的视角。

"社会组织"在这里不是一般意义的社会学概念，更多的是政治学的名词。在政治学领域理解"社会组织"，具有一定的复杂性，往往会有一系列的专有名词与其混合使用，如果不加辨析，则难以对"社会组织"概念有一个清晰的体认。与"社会组织"相关的专有词语有英文的"NGO"，中文的"民间组织"、"第三部门"、"非营利组织"（NPO）、"非政府组织"等②，除此以外，还有"人民团体""社会团体"等。实际上，现在中文当中的"非政府组织""非营利组织""第三部门"等，都是由英文名词翻译而来，它们均为国际上对于自愿结社组织的不同命名，但是理解的角度有所不同。俞可平和高丙中曾经撰文对有关名词进行辨析③，"社会组织"一般的理解是社会领域中的各种组织，广义上不仅包含政府组织、企业组织，也涵盖非政府组织和非营利组织。而狭义的"社会组织"则仅仅指涉其中的某个类型，公民性的社会组织只能是非政府组织或非营利组织，也可以是第三部门。"非政府组织"也就是英文缩写的"NGO"，强调组织的非官方性，不属于政府组织系统。在中国的语境中，它与政府之间的对立可能被过分夸大，这与中国的实际情况不太相符。"非营利组织"则侧重于从是否获利的角度，划清其与市场营利组织的界限。需要注意的是，非营利组织并不是没有任何营利，事实上为了维持其生存和发展，必要的营利还是存在的。"第三部门"是指处于政府组织这个第一部门，与被称为第二部门的市场组织之间的所有社会

---

① 高丙中：《日常生活中的文化与政治：见证公民性的成长》，社会科学文献出版社2012年版，第28页。

② 张紧跟：《从结构论证到行动分析：当代中国NGO研究述评》，载肖滨《中国政治学年度评论》（2014），上海人民出版社2014年版，第119页。

③ 参见俞可平《中国公民社会：概念、分类与制度环境》，《中国社会科学》2006年第1期；高丙中《日常生活中的文化与政治：见证公民性的成长》，社会科学文献出版社2012年版，第296页。

组织。它是公民社会活动的空间，既可以笼统地指称所有的社会组织，也可以特指某个具体的社会组织。"民间组织"是公民在政府组织以外为了实现共同的利益目标，而自愿结成的非营利性的社会组织，具有非政府性、非营利性、独立性和自愿性的特点。"人民团体"是中国特有的概念，其具有半政府的特征，它与公民自愿结社形成的社会组织不同，因此具有一定政治意味的"人民团体"外延比较有限。"社会团体"突出表现了公民组织的社会性或者民间性，在此"团体"与"组织"并没有不同。由此可见，除了人民团体之外，上述的这些概念之间没有实质性的区别，其仅存的区别主要在于对公民的各种社会组织特征的描述的侧重性不同。

由于政党和国家政策的影响，中国社会组织的发展经历了一个复杂的过程。改革开放以前，国家将仅存的工青妇等这样的人民团体政党化、政治化，人民团体事实上变成了中国共产党的外围组织[1]，同时还经常用党的组织代替社会组织，"文化大革命"当中人民团体甚至失去了存在的空间。改革开放成为中国社会组织发展的重要契机，1982年宪法为社会组织的生存提供了必要的法律空间，它不仅恢复了人民团体的地位，而且提出了"社会团体"的概念。但是此时的社会团体具有特定的指向，它是指在党和国家指导下建立的各种团体和组织，当时"人民团体"并不包含其中，公民自愿结社性的社会组织也被排除在外（也正因如此，民众自发的团体就被称为"民间组织"）。所以，出现了"社会团体"与"民间组织"两个名词混用的情况。1998年国务院颁布了新修订的《社会团体登记管理条例》，对"社会团体"作出了专门的解释，即它是由公民为实现共同意愿而自愿组成的非营利性组织。从中可以发现，"社会团体"就事实取代了以前的"民间组织"，公民的结社自由合法性得到承认，政府对社团的控制有了适当的放松。党的十七大强调了社会组织在基层自治

---

[1] 林尚立：《当代中国政治：基础与发展》，中国大百科全书出版社2016年版，第253页。

和社会治理当中的作用,第一次对社会组织给予了全面肯定,此后"社会组织"也顺理成章地成为通用语言。因此,从政府的角度来看,中国的公民团体经历了从"人民团体"到"社会团体",再从"社会团体"与"民间团体"并存到"社会组织"的发展过程。

在丰富多彩的社会活动中,社会组织的类型也多种多样。中国的社会组织分类标准不同,社会组织的类型也就不同。[①] 按照行政管理分类,有社会团体、民办非企业单位、基金会。这个分类没有包含人民团体,也不包括事实存在但没有获得承认的社会组织。依据社会组织与政府关系的远近,可以分为人民团体、登记注册的组织、在夹缝中生存的组织和"地下活动"的组织。根据社会组织的特征,又分为九个类型,即行业组织、慈善机构、学术团体、政治团体、社区组织、社会服务组织、公民互助组织、同人组织和咨询服务组织。这个分类不够清晰,有的组织类型相互之间有交叉部分。从法律的方面区分有两类,一是有法人身份的社会组织,二是没有法人身份的社会组织。判断有无法人身份的主要依据,就看是否在政府部门正式登记注册。从组织文化的视角出发,社会组织还划分为:西式社团形式的组织、政府机构形式的组织和传统形式的组织。这个类型划分的优势,在于把中国传统的社会组织也纳入公民团体中。在这些众多的社会组织分类中,行政管理分类是官方执行的分类标准,至今依然具有主导性的地位。

改革开放后,中国现代社会组织获得了良好的发展契机,经历了三个发展时期。[②] 第一个时期是1979年至1988年,公民的社会组织达到154000个;第二个时期是1989年至1998年,因突发政治事件影响,国家加强了对社会组织的管制,民间公民团体数量略有下降;

[①] 高丙中:《日常生活中的文化与政治:见证公民性的成长》,社会科学文献出版社2012年版,第296—298页。

[②] [美]托马斯·雅诺斯基:《中国的公民身份与公民团体——对权利与公共领域的概述》,载郭忠华《中国公民身份:历史发展与当代实践》,上海人民出版社2014年版,第64页。

第三个时期是1999年以来,社会组织又进入快速发展阶段。经过十年的发展,截至2009年,登记注册的民间团体大约431000个,还有未注册的私人非营利机构250000个。到2014年,中国社会组织又经过了5年发展,仅在政府部门登记注册的就达606000个,其中,社会团体约310000个,基金会4117个,民办非企业单位共290000个。① 当然,在注册的社会组织之外还有尚未注册的,这个数量到底有多大,现在无法做出准确的回答。不过根据王绍光等人在2008年发布的测算数据来看,当时把未登记的社会组织和免予登记的群众团体都计算在内,社会组织总数能够达到813万个。

  中国社会组织的发展,从一个侧面反映了中国公民精神的逐步发育,然而中国社会组织与西方公民团体相比,具有明显的差异性。在学术界关于社会组织的研究中,有的选择西方市民社会理论的视角,把西方理论作为衡量中国社会组织的标准。研究者的理由是,伴随着中国市场经济改革的持续推进,政府对社会的控制有所减弱,社会个体的活力得到显著增强,国家与社会的关系从前者对后者的控制,走向国家与社会相互共生。同时中国社会组织不仅大量涌现,发展空间日益扩大,而且组织自身日渐强大,这些都展示了市民社会的组织特征②和"准市民社会的组织化特征"③。但是,也有不少研究者认为,中国社会组织的发展,确实改变了原有的国家与社会的关系格局,但是并不意味着大多数社会组织都获得了相对于国家控制的自主性。不但如此,中国社会组织也没有反对政府,或是对政府主动施加压力,反而借助于国家来实现自己的发展,成为国家的组成部分。

  有的研究者还运用统合主义的理论,诠释中国社会组织的现状。统合主义理论与市民社会理论最为显著的不同,是认为国家或者政府

---

① 林尚立:《当代中国政治:基础与发展》,中国大百科全书出版社2016年版,第256页。

② Chen J., "Transnational Environmental Movement: Impacts on the Green Civil Society in China", *Journal of Contemporary China*, No. 19, 2010, pp. 503 – 523.

③ White etc.. *In Search of Civil Society: Market Reform and Social Change in Contemporary China*, . Oxford: Clarendon Press, 1996, p. 208.

与社会组织之间存在一定的关系，主张政府的适度干预以及与社会组织的相互信任和合作。中国改革开放前的全能主义政治体制，政府对社会的一贯控制，社团登记管理制度，国家确认社团的代表资格，都成为国家统合主义适用于中国社会组织分析的理由。但是统合主义对于中国而言，形式上存在而实际上并不存在。[①] 统合主义认为政治精英对社会组织的吸纳有明确的意图，而中国的政治精英没有这个意图。统合主义要求国家与社会具有稳定的关系，而中国的国家与社会关系则变化不定。统合主义范围的社会组织，具有义务性、科层组织性和辖区垄断性，这些在中国的社会组织中并不明显。[②] 前述的种种事实，都表明中国的社会组织不适宜套用统合主义理论加以简单释读。

中国社会组织自身形成的历史文化和现实特殊性，使得市民社会理论和统合主义理论都不能与之完美匹配，但是在研究者试图认识和分析的过程中，也让人逐步看清了中国社会组织的基本轮廓。国际上对社会组织的研究，有一个重要指标，这就是社会组织的自主性发展程度。与此相关，从社会组织自主性角度衡量国家与社会关系。实际上，无论是市民社会的分析理论，还是统合主义的分析理论，都是把国家与社会关系的分立作为理论研究的前提。可是，中国社会的现实是，在国家与社会关系中国家依然明显处于主导地位，并且国家与社会之间也不是西方那种对立的关系，而是一种既分化又整合的关系。因此，中国社会组织具有与西方 NGO 显著不同的"依附性自主性"[③]。具体而言，中国的社会组织一方面具有群体自愿和自治的发展趋势；另一方面又存在功能性分工、领域垄断和国家选择领导人现象。简而言之，中国社会组织没有获得完全的自主性，当然也没有完

---

① 转引自张紧跟《从结构论证到行动分析：当代中国 NGO 研究述评》，载肖滨《中国政治学年度评论》(2014)，上海人民出版社 2014 年版，第 121 页。

② Scott Kennedy, *The Business of Lobbying in China*, Cambridge: Harvard University Press, 2005, p.26.

③ 王诗宗、宋程成：《独立抑或自主：中国社会组织特征问题重思》，《中国社会科学》2013 年第 5 期。

全被政府所控制，它在政府内部的矛盾中寻找发展空间，其行动的策略是在组织的计划制订中，越来越迎合政府的需要，从而获得政府的支持。在社会组织内部，其大部分成员没有把寻求自治作为组织的行动目标，而是希望组织嵌入国家的政治体制中，从而实现组织利益的最大化。在社会组织与国家关系中，一方面是社会组织适应经济社会发展需要，逐渐从国家中分离出来；另一方面在分离的同时，社会组织与国家之间在承认合法性的基础上，通过各自要求的交换而形成互动。但是，这种交换和互动并不是平等的，社会组织表面上是自主和独立的，事实上却是国家体制的附属。社会组织与国家的关系是脆弱的互利关系，其脆弱性体现在它们之间的既相互怀疑又相互需要方面。[1] 社会组织并不寻求（事实也无法寻求）与政府之间形成潜在的、危险的对抗。

（三）以个体利益为导向的公民行动

如果说公民权利和公民社会组织的发展，更多的是从静态的视角标示公民精神，那么公民行动则是从动态的角度诠释公民精神。公民行动从体制的角度考虑，既有体制内的公民行动，如公民代议制、公民参与和公民协商，也有体制外公民行动，如社会抗争。这些源于西方的概念，后来都陆续进入中国，成为学界理论研究的工具，有的也成为政治制度建构的资源。对中国的公民行动加以考察，有助于发现公民行为中所闪现的公民精神，尽管这个公民精神还有些稚嫩。在中国的公民行动中，以人民代表大会制和党代表大会制为代表的代议制，已经成为基本的民主政治制度，政党主导的痕迹比较明显，政府的公共管理服务人员基本由公民间接选举产生，并且选举在公民参与理论中并不具有重要意义，因而公民行动所关注的重点，就落在了公民参与、公民协商和社会抗争。在此处，拟对体制内的公民参与和体制外的社会抗争进行论述。

---

[1] Spires Anthoy J., "Contingent Symbiosis and Civil Society in a Authoritarian State: Understanding the Survival of China's Grassroots NGOs", America Journal of Sociology, No. 1, 2011, pp. 1–45.

公民参与作为治理的一种形式，其在中国的出现与中国社会的发展密不可分。中国改革开放带来了国家与社会关系的重大变化，社会发展空间的扩大，为公民及其组织参与社会治理提供了契机。当然，对于公民参与是否能够在社会主义国家出现，一些西方研究者是明确否定的，其理由在于公民参与只适用于多元的民主政治体系，而共产党领导建立的国家政治制度并不具备这个条件。这一情况到20世纪70年代发生变化，对于公民参与的理解，撇开了所谓的民主制，公民的行动只要试图对统治者产生影响，就可以称之为公民参与。[1] 中国学界对于公民参与也有着多种多样的释读，有的认为公民参与就是与公共行动有利害关系的公民个人、公民团体，与政府一道共同参与公共决策、资源分配和合作治理。[2] 这个概念强调了公民与公共行动的利益关系和公民与政府的合作。公民参与概念的理解有几个关键的方面：一是公民参与的利益相关性。公共参与活动中的公民一定是与参与活动利益相关的公民。二是公民参与的直接性。也就是公民直接参与公共政策的制定和执行过程。三是公民参与的绩效性。一般而言，公民参与有助于解决实际的公共问题，有助于提高公共政策的合法性，有助于体现民主的价值。四是公民参与的地方性。由于公民参与是直接参与，官民之间互动密切，具有面对面的特点，其活动的舞台主要在地方。五是公民参与的政府主导性。公民参与与多中心的合作治理不太相同，其并未否定政府的主导作用，并且公民参与经常由地方政府发起，是一种治理制度实践和创新，是对政府治理"失灵"的回应。

在当下的中国，以政务公开为主要内容的政治透明化，与公民参与之间形成良性互动，为公民参与提供了前提条件，公民参与形式也呈现出多样化的特点。目前其主要有四种形式，即知情性公民参与、

---

[1] 陈振明、[加]桑克顿：《地方治理中的公民参与：中国与加拿大比较研究视角》，中国人民大学出版社2016年版，第188—190页。
[2] 陈剩勇、赵光勇：《"参与式治理"的研究述评》，《教学与研究》2009年第8期。

协商性公民参与、监督性公民参与和决策性公民参与。[①] 知情性公民参与，主要是公民为了获得公共信息而开展的自觉行动，例如要求政府公布政策、公开政务，便于公民与政府之间进行交流。在协商性公民参与中，政府作为公共行动的主要一方，主动邀请公民参与公共政策制定和决策的讨论，公民通过参与听证对某个方案发表意见，通过参与咨询对公共规划或者项目提出建议，通过参与对话让政府帮助公民个人解决目前所面临的现实问题。公民通过一定的途径，如网络或者信访，直接对政府的工作进行监督和评议，或发表相关意见，这是监督性公民参与。决策性公民参与主要发生在基层社会，公民通过法规确立的会议制度，进行基层公共事务决策。这些制度包括村民委员会制度、居民委员会制度和职工代表大会制度。

公民参与作为一个治理方式，自20世纪90年代进入中国，目前尚处于局部试点和实践研究阶段。公民参与试点的"局部"，既指局部地区，也指局部领域。中国社会当今公民参与的领域，主要有公共财政支出、民生工程、公共政策决策、政府绩效评估、社区治理等。[②] 在公共支出领域，公民通过部分或者全部参与预算支配和资金流向的决策，监督和影响公共支出，进而使公共支出更趋有效和合理。近些年来，公共支出领域的公民参与在一些地方开展试点，如浙江温岭、河南焦作、上海闵行和黑龙江哈尔滨。对于民生工程领域，在项目前期、过程和结束三个阶段，政府积极引导公民参与项目的评议和监督工作。项目前期是政府引导下的公民知情性参与，了解和关注项目的基本情况；项目过程中，政府为公民评议项目、决定项目优先性和实施监督提供机会；项目结束，政府组织公民评议项目实施情况和满意度。江苏省无锡市已经开展了民生工程评议和监督方面的公民监督。在公共政策决策方面，政府积极进行制度创新和设计，目前为公民参

---

① 林尚立：《建构民主——中国的理论、战略与议程》，复旦大学出版社2012年版，第310—313页。

② 赵光勇：《参与式治理：含义、应用与限度》，载肖滨《中国政治学年度评论》(2015)，上海人民出版社2015年版，第96—100页。

与打开一些通道,例如听证会、座谈会和民意测评等,让公民参与公共政策决策的全过程。浙江杭州的"开放式决策"和湖南长沙的"开放式政府",均为公共政策决策方面公民参与的创新之举。评价政府绩效的公民参与,也在各地的试点中。公民对政府评价的形式不仅通过调查问卷反映,也可以通过网络媒体进行表达,公民参与所形成的评价通常会占有一定的权重。公民参与政府绩效的评价,对于提高政府治理成效、防治官员腐败起到重要作用。在社区治理领域,公民参与分为城市社区的参与治理和农村社区的参与治理。城市社区包括公民参与在内的多主体治理机制,已经成为当前中国基层治理的有效形式。城市社区的公民参与行动,既包括非政府组织,也包括社区自身,它们都在政府的支持和引导下,在社区自我发展动力的推动下,通过开展市民培训、服务模式共建,和其他志愿服务共同进行城市社区治理。农村社区的公民参与表现在两个方面:一是项目参与,就是公民参与到项目的选择、实施和管理中,公民的选择权、决策权和受益权,在项目参与过程中得到实现。公民对于项目的参与试点,在云南、贵州都曾进行试验。二是农村社区的公民参与还体现在社会治理体系中,通过组织农民参与治理活动,推动和完善农村社区的自治制度。

除了体制内的公民参与,还有体制外的公民参与,中国体制外的公民参与,其中之一就是"社会抗争"[1]。如果以体制作为分界线,体制内的政治属于常规政治,体制外的政治则划归社会运动(西方经常使用"社会抗争"的名称)。体制外的成员如果要进入体制之内,集体抗争是唯一的选择,然而这个集体抗争依然是在理性的范围内进行。[2] 关于社会抗争何时出现于中国的问题,学界存在不同的主张。

---

[1] 对于此类公民参与,我国研究者有不同的称谓,使用较为频繁的有"群体性事件""社会冲突""集体抗争""集体行动""社会抗争"等。在政府文件中,经常使用"群体性事件"概念,而在我国学界则普遍接受"抗争政治"的概念。在本书中,沿用中国学界"抗争政治"概念。

[2] 赵鼎新:《社会与政治运动讲义》,中国社会科学出版社2006年版,第180页。

裴宜理认为中国社会抗争的历史比较悠久，可以追溯到陈胜、吴广起义。[①] 而另外一个观点认为，改革开放以后工业化和市场化的推进，引发越来越多的社会冲突和集体抗争，并呈现日常化和普遍化的趋势，成为"中国历史上一个崭新的现象"[②]。根据抗争政治研究的代表查尔斯·蒂利和西德尼·塔罗的观点，抗争政治是行动者提出一些影响他人利益的主张，或者为了实现共同利益而做出的协同努力，国家在其中是利益诉求的对象，或者是以第三方的身份参与进去（蒂利、塔罗，2010）。由此看来国家或者政府在社会抗争中是不可或缺的。而陈胜、吴广起义则是以推翻政权为目的的，与以国家作为诉求对象的社会抗争截然不同。同时，社会抗争的行动主体是具有独立和自主权利的公民，而这对于传统农业社会中的民众不可能奢望。所以，中国的社会抗争出现在改革开放之后的主张，更为合理。

改革开放之后，公民力量所形成的社会抗争比较频繁。国家对社会的控制虽然明显放松，但是国家在政治生活中依然处于主导的地位，公民表达政治诉求的渠道尽管存在一些，可是无法得到充分表达，或者表达之后没有引起政府的足够重视，这些都是中国社会抗争频发的主要原因。中国现阶段的社会抗争主要形式有"上访陈情、法律诉讼、集体行动、暴力冲突以及社会运动"[③]。社会抗争的个人主体以三类民众为主，即维护就业和社会保障权利的工人，保护土地征用和房屋拆迁补偿权利的农民，维护住房产权和业主权益的城市市民。社会抗争的组织有三种，即农民组织、业主自治组织和非政府组织。社会抗争原因的解释图式也有几种，一是具有高度道德性和合法性的国家，二是中国传统文化价值，三是因环境污染和健康威胁而产

[①] 陈晓运：《抗争政治研究：核心概念与中国经验》，载肖滨《中国政治学年度评论》（2012），上海人民出版社2012年版，第89页。

[②] 转引自吴方彦《中国政府如何应对社会抗争——对当前国内外学界相关研究的述评》，载郭忠华《中国公民身份：历史发展与当代实践》，上海人民出版社2014年版，第83页。

[③] 陈晓运：《抗争政治研究：核心概念与中国经验》，载肖滨《中国政治学年度评论》（2012），上海人民出版社2012年版，第89页。

生的风险话语，四是与女权主义相关的社会性别。

中国公民参与在中国存在的时间不长，还将面临不少问题，在公民参与中所展现的公民精神还处在早期阶段。就公民参与而言，其还存在一些需要解决的问题。一是公民参与的有关工作法规还不完善。即使存在开放性决策的公民参与形式，如听证会、座谈会和民意测评等，事实上这些公民参与形式理念的意义要大于实践的效果，其制度化和有效性都显得不足。① 公民参与式政府评价实践，在越来越多的地方得到试点和推广，但是其实践成效与制度设计的预期还有差距，缺少保障性的机制。还有些公民参与的条例比较笼统，可操作性不强，致使公民参与有流于形式之嫌。对公民参与的社会组织设置"门槛"较高，对公民参与的路径规定较少，不利于公民在社会治理中发挥参与作用。二是政府对于公民参与的认识和支持还不到位。政府引导公民参与公共事务的处理，其工具性目的往往比较明显，如帮助政府完成一些基层难以完成的事情，或是政府迫于社会多元治理的压力，在公民参与方面作秀。政府还没有在社会共同治理的关系中实现角色的真正转型，对于公民参与还有戒备心理，经常采取控制的管理方式。三是中国公民对于公共参与态度消极，对政府具有较强的依赖，公共参与大多看重权利、忽略责任。公民因其本身存在不长，其公共价值观念和公共参与技能均不够成熟，公民在公共事务中要么找出理由回避参与，要么需要政府进行引导，要么采取观望的态度。公民在现实中遇到问题，首先想到的是政府，缺少主动克服困难的意识。公民权利意识在市场经济发展中迅速觉醒，但是公民的责任和美德意识尚未完全确立，"公民"在民众那里还没有成为一个整体。

中国社会抗争虽然频次不少，但是还处在低水平的状态。学界诸多的研究表明，中国公民参与的社会抗争，锻造了公民品质，推动了公共政治的发展。然而，不应当忽视的是，中国的社会抗争层次还不

---

① 王锡梓:《参与式治理："微观民主"与"大国治理"》http://finance.ifeng.com/opinion/zjgc/20111208/5226185.Shtml.，2015年4月13日。

高。第一，公民在抗争中只有规则意识，而缺乏权利意识。公民抗争行动所使用的话语，来自国家的主导性话语和权威，抗争发生在国家权力结构的碎片化当中。具体而言，就是地方政府与中央政府之间并未做到完全一致，前者存在自身的利益考虑，公民的抗争所针对的基本都是对地方政府，而中央政府则是公民抗争的坚强有力的依托力量，而不是公民抗争的目标。第二，公民抗争行动大多不具有彻底性。以农民抗争为例，中国农民抗争借用中央政府和上级政府的方针、政策和话语，对抗地方政府或基层政府的错误决定和做法。然而，在行动中的意见表达和抗争，农民一般会给自己留有余地，不愿与地方政府或基层政府完全较真到底，在面对权利与利益的结构关系时，农民选择适可而止。这样产生的后果，可能是农民局部或眼前利益的满足，而政府在农民的退让中也可能心存侥幸，没有从根本上、深层次上彻底通过制度性的完善去解决问题。对此，学者应星认为中国农民抗争的组织处于软弱的状态，抗争的政治性比较模糊。[①] 实际上，工人由于其外来性和流动性的特点，抗争团体成员的团结性也相当脆弱。第三，社会抗争基本基于生存性的层次。这一点在中国工人的社会抗争中表现明显。改革开放之后，中国工人的生存面临着就业和外来人员竞争的双重压力，在此过程中，当工人的利益无法得到有效保障，从"国家主人"的政治架构中跌落的时候，他们就往往把社会抗争作为重要的维权手段，其首要的目标是解决自身的生存问题，因而社会抗争也就具有有限性。第四，社会抗争的公共性不够显著。中国城市业主阶层形成于市场化改革中，在绝大多数研究者的观念中他们是中产阶级。中国中产阶级有其独特的基本特征，其核心在于明确的规则意识和臣民义务感，同时既反对底层社会的激进行动，对上层社会的特权行为也心生怨恨。[②] 故此，业主阶层在社会抗议中

[①] 应星：《草根动员与农民群体利益的表达机制——四个个案的比较研究》，《社会学研究》2007年第2期。

[②] 庄文嘉：《跨越国家赋予的权利？对广州市业主抗争的个案研究》，《社会》2011年第3期。

关注的焦点，在于国家对自身权力和利益的满足，缺乏明显的公共情怀。第五，社会抗争具有基层性的特点。大量的社会实践告诉人们，近些年发生的一些社会抗争事件，绝大多数发生在基层。

第五章　新时代中国公民精神内容建构的理论观照和本土设想

个体化发展所附带的消极后果，是国家现代化过程中普遍存在的现象，其自身不但不能自行消失，还可能因为全球化和现代化的进一步发展而有所加剧。抵御社会个体化所产生的破坏性后果，也只能从公民和公民精神培育的角度寻找解决方案。然而，现在不得不面对的现实是：中国的公民精神才初步显现，其基本以公民权益的维护为主要目标，难以应对个体化所导致的精神信仰物质化、私人生活中心化、社会结构原子化问题。为此，需要在更高的水平上构建适应新时代发展要求的当代中国公民精神内容。

新时代，是党的十九大对我国发展所处历史方位作出的重大政治论断，表明中国特色社会主义进入了新的发展阶段。这个论断的提出，其前提是我国社会主要矛盾发生了新变化，进一步明确了"两个百年"目标的历史交汇期我国新的奋斗目标，我国国际环境正处于世界大发展大变革大调整时期。正是因为我国处于这样的"新时代"，才让人感觉到中国公民成长和公民精神培育对于人民日益增长的美好生活需要的意义，对于建成全面建成小康社会和建设社会主义现代化强国的价值，对于推进构建人类命运共同体和参与国际社会治理的作用。

第一节 基于共同体思想的公民再认识

对于共同体的理解和主张，无疑是马克思思想影响最大。马克思对人类社会的认识，始终贯穿着"共同体"这个主题。依据马克思的理论，可以将私有制产生前的共同体称为血缘共同体，私有制出现以后的共同体看作虚幻共同体，消灭私有制以后的共同体是真实共同体。资产阶级革命把个人从封建专治统治下解放出来，获得自由市民生存所必要的自由、平等、财产和安全权利，在资产阶级主导的国家政治生活中公民貌似具有了政治权。然而"正是由于特殊利益和共同利益之间的这种矛盾，共同利益才采取国家这种与实际的单个利益想脱离的独立形式，同时采取虚幻共同体的形式"①，资本主义社会共同体的实质是虚幻的。但尽管如此，"公民"依然是资本主义社会的个体身份，不过工具性的意义十分明显。真实共同体的出现只能是在消灭剥削、消除阶级对抗的社会，及社会主义和共产主义社会，个体只有在社会主义共同体中才能成为真正的公民，具有相应的公民精神。所以，今天研究公民问题，依然无法绕开共同体进行。虽然前面对此已有简单的论述，但是要认清公民的特性还是不够的，接下来将较为详细地进行分析。

从欧洲的政治发展史来看，公民从其最初的形态——古典公民开始，就具有了公共的属性。但是后来到了中世纪，无论是教权处于统治时期，还是王权处于主导阶段，公共生活就被私人的宗教生活和少数专制者的统治所代替。文艺复兴和启蒙运动，重新把人拉回到政治生活的中心，但是，以自由主义作为一种主导性的思想和文化，对政治和经济的全面控制，使国民只能在个人利益的范围内进行思考和生活，而公共生活没有得到充分的发展，市民的角色不仅存在于市场之中，而且突破了市场的界限，使得整个国家变成了"经济人"遍布

---

① 《马克思恩格斯文集》第1卷，人民出版社2009年版，第84页。

的社会。权力和利益成为人们追逐的对象和目标,对于人们共同的利益和生活则缺乏应有的关照。因此,自由和自私难以区别,平等无非是一切交换的保障手段,幸福的衡量是以物质满足的程度来进行的。"每一种使人们适合享乐主义和经济要求的企图都导致他过于不重视公民联系,也导致他过于鄙视共同体的参与。"[1] 由此,寻找和培育完整的意义上的公民和公民精神,只能在公共的政治生活中进行。

一 作为公共生活主体的公民

政治从其本质来说,具有显著的公共性特征。政治是一个司空见惯的术语,内涵究竟为何,并不是所有人都能准确理解。从广义的角度分析,政治首先可以被看作是群体的共同决策行动。既然是共同的决策,那就包含群体中的所有人,如果是个别人或者少数人的行为,那不能构成政治意义上的行动,并且这个公共决策适用于群体中的所有人。但是仅从是不是共同决策的角度,区分政治与非政治的行动并不容易,有的决策放在一个小群体中是政治,而放到更大范围看就不再是政治。因此,依据群体的不同,就可能出现家庭政治、公司政治和国家政治这样不同影响的政治。不管什么规模的群体,只要决策是在其内部共同做出的,并应用于群体的所有人,这个共同决策就是政治行动。但仅仅从这个层面是否就能认识政治的全部内涵呢?答案是否定的。政治的内涵的另一个方面,是一个人或者一部分人对另一个人或一部分人行使权力,使得后者能够按照前者的意志行事,简而言之,这就是作为权力行使的政治。权力行使有多种形式,可能是强迫性的威压手段,也可能是说服性的规劝手段,还可能是使其他选择变得没有价值的动机建构手段。这种作为权力行使的政治,还可以理解为"选择的政治",后者把政治结果看作是决策者的选择带来的。选择政治中仍然包含了权力,没有权力的运用,选择的结果还是不能产生。由此也可以看出,政治是满足需要的过程。综合上述的两个方面

---

[1] [美]本杰明·巴伯:《强势民主》,彭斌等译,吉林人民出版社2010年版,第25页。

的分析，可以作出这样的论述："政治是某个群体通过使用权力进行共同决策的过程。"① 透过这个概念，可以至少读出这样三个含义，一是政治针对的是群体中的共同问题；二是群体中的决策是共同进行的；三是政治包含了公共选择。正是这三个方面的含义，让政治的公共性色彩非常鲜明，政治的公共性也让政治成为一种名副其实的公共生活。当然，前面关于政治的言说都是站在广义的角度，政治还有其狭义的一面，那就是指国家、政府相关的政治。从纯粹的理论方面看，国家和政府都是代表公众的利益，其公共性的特征也是显而易见的。不论是广义的政治还是狭义的政治，公共性是其共同的、显著的特点，它是公共生活的一种表现形态。而生活在公共政治之中的个体便是公民。

公民因其安身于公共生活之中，从而获得了政治主体性的地位。不要说公民，其实就普通的人来说，其政治性在众多的思想家言论中都得到昭示。"人天生是一种政治动物"的命题，古希腊思想家亚里士多德就多次重申。中世纪神学家托马斯·阿奎拉也把人看作是社会和政治的动物，并指出人"注定比其他动物要过更多的合群生活"②。马克思更是把人的本质看作是一切社会关系的总和，突出了人的社会性特征，同时也提出"人是名副其实的政治动物"③ 的鲜明主张，同时也告知人们人是合群的动物。人的社会性现已成为人所共知的知识，它为人的政治性提供了前提条件。社会中的人要生存和发展，需要在群体中使用权力进行共同决策，这就使群体乃至整个社会中的人处于政治的生活之中，从而形成了人与政治的不可分离的关系。在人与政治的关系中，政治是客体，人是主体，人的政治主体性在这种关系中便得到体现。作为政治主体的人，其力图改变农业社会中人与人之间的主仆关系、统治与被统治关系，实现人与人之间的平等关系，也试图为政治的统治权术不良名声正名，把政治的重点转向对人的关

---

① [美] 本杰明·巴伯：《强势民主》，彭斌等译，吉林人民出版社2010年版，第13页。
② 《阿奎拉政治著作选》，马清槐译，商务印书馆1963年版，第44页。
③ 《马克思恩格斯选集》第4卷，人民出版社1995年版，第623页。

怀，建构一种公共的生活方式，以体现人的政治主体价值。这样的政治主体也就从普通的人转变为政治公民。

当然，参与政治的公共生活，成为政治生活主体的公民需要具备一定的条件。由欧洲古典共和主义公民的产生历史可知，能够进入公共生活中的人，需具备必要的私人生活条件，这样的人才能摆脱生活的奴役，获得参与公共政治生活的自由，古希腊城邦中古典公民的出现也是基于这个条件。不具备私人生活条件的人，尽管也生活在社会中，但是却无法参加公共政治生活，参加政治活动的只能是公民，公民才是政治生活中独一无二的主体。透过古希腊古典公民诞生及其成长的历史，可以发现成为政治生活中的公民，除了具备私人生活条件，还需要人与人之间的平等关系。欧洲中世纪神权和王权的专制统治，都没有给人们建立平等关系的机会，相反建立的是一种不平等的依附关系。这段时期如果说存在政治的话，它只存在于教会和王室中，并且政治沦为一种现实的统治权术，对于更为广大的国民来说，他们只是作为被控制和被统治的对象存在。近代资本主义市场经济的发展，对构建平等的人与人关系提出了要求，这在客观上促进了政治领域公民的发展，但是这个公民发展是有限的。权利、责任、美德等都是公民构成要素，可是得到发展的，主要是公民权利。此外，如果说从近代开始，人们摆脱了中世纪人对人的依附关系，那么在工业社会阶段对物质的普遍追求，又让人们走进了人对物的依赖中，并没有给公民留下充分的政治自由空间，让人们的政治生活主题，能够真正转换为对人自身的关怀和对公共生活本身的关注。这就是政治变异对公民公共生活造成的障碍。如何使政治生活成为一种体现公共价值的公共生活，还要进行艰难的探索。

由于现代公民的政治主体性特点，公共性政治也可以直接视为公民政治。20世纪后期，公民理论研究在国际上的兴起，加之中国对民主政治建设的探索需要，两股力量共同推动公民理论进入当代中国社会。90年代开始，有关公民政治的学术著作才在国内出现，公民政治由此进入人们的视野。关于公民政治概念本身，一部分学者进行了积极的诠释，不同的学者由于所在的角度不同，理解的含义也有所不同。主要的分歧在于公民政治的界限问题，即公民政治仅限于国家层面的政治，还是包括国家政治层面以外的政治？如一定社会组织或团体中的政治。从政治的广义内涵理解，显然既包括国家政治，也涵盖社会组织或团体中的政治。如果能够达成这样的共识，公民政治就可以给出比较完整的定义：公民政治是具有政治主体资格的公民，在公共政治生活中，通过公民主体性作用的发挥，实现维护公共社会秩序和公共利益目标，追求公民幸福和社会和谐的共同价值。公民政治是现代人类政治生活发展的一种必然要求，只有公民政治才能"满足民主的合法性、合理性、公共性和自主性"①。这表明公民政治是一种体现公民自由和自治精神的公共政治、程序政治，其结果具有正当性。与神学政治或者国家政治相比，公民政治更多表现的是公民的人性价值。近代理性主义思想的发展，为"人的回归"做出了必要的贡献，为人性价值的实现提供可能，它启发人们可以通过个人的理性力量，改变生活，实现愿望，从而获得自主性的能力。获得自主性能力的公民政治，其价值在于把公民作为现实关怀的政治主体和终极目标。其实现形式有代议制、宪政民主和协商民主，观念形式是公民的政治文化，主要是公民对于政治的理性分析和批判，以及在政治中对公民主体性和主体间性的强调。实践的路径之一是显示公民特性和美德的公民参与，路径之二是反映民主基础和目标的公民自治。

二 "公民"继续存在的可能性

公民政治的存在和发展，需要在特定的社会领域中言说。马克思把社会的本质看成是人与人社会关系的总和，显然这种社会关系不仅包含公共关系，也包含私人关系、日常生活的关系。也就是说社会在一般情况下，是由私人生活和公共生活构成的，哈贝马斯和

---

① 铁锴：《公民政治及其在当代中国的逻辑建构：主体性视野下的理性思考》，人民出版社2010年版，第43页。

阿伦特也都有这样的主张。公共生活构成公共领域，私人生活塑造了私人领域。公民的政治主体性属性，决定公民只能在公共生活即公共领域中活动，基本不可能在私人生活也就是私人领域中存在。因此，在考察公民、阐述公民政治的时候，必须要有一种领域的立场和意识。

早在中世纪晚期，领域分化就已经开始，后来在工业化和城市化进程中得到进一步发展。现代市场经济的发展，为社会与国家的分离提供了可能。这里的社会是指狭义的社会，其中既有私人的商品交换和生产活动，还有私人的家庭生活和亲密关系。广义的社会包含国家层面的公共活动和私人领域的活动。国家的司法、立法、行政及其他政治活动，公共目标性比较明确，国家具有鲜明的公共性。由此看来，国家与社会的分离，其实质就是公共领域与私人领域的分离。但是从国家这个方面来理解公共领域，在哈贝马斯这里还显得不够。哈贝马斯认为，在市民社会中还存在着私人组成的公共领域，公共组织或者群体便是这种类型的公共领域，而且这是"真正意义上的公共领域"[1]，它受到权力的干扰和制约较少，力图在与国家的交涉中，表达私人在商品交换和社会劳动领域中的一般交换规则的想法，缓和国家与社会之间的紧张关系。公共领域与私人领域的二分说，在学术和思想界几乎成为人所共知的观点。

然而从学术上来说，领域分化的问题并未就此止步，在领域二分法的基础上又出现了三分法的理论。哈贝马斯主张私人领域不仅包括狭义的市民社会，而且包括家庭以及其中的私生活。张康之教授则将哈贝马斯的私人领域进一步划分，分为私人领域和日常生活领域，于是"整个社会被分为公共领域、私人领域和日常生活领域"[2]。社会领域三分法的提出显然具有创新的意味，这应该不仅是受到黑格尔关于家庭主张的影响（黑格尔把家庭从私人领域中剔除

---

[1] ［德］哈贝马斯：《公共领域的结构转型》，曹卫东等译，学林出版社1990年版，第35页。

[2] 张康之：《论伦理精神》，江苏人民出版社2010年版，第102页。

了出去），而且也与阿伦特的思想不无关系，阿伦特也明确表达了家庭对过去传统的继承作用，对社会道德的积极影响。在社会领域的三分法中，公共领域主要是政治性领域，由公共部门和公众的交往所构成的公共空间；私人领域是经济活动领域，由市场和市民社会构成；日常生活领域是传统的伦理道德领域，由包括家庭在内的社会传统因素构成。

由领域分化所导致的三个不同性质的独立系统中，存在着三个不同的主体，其行为和观念有着显著的不同。[①] 公共领域的行为主体是公民，公共生活是其存在的基本形式，公共领域以维护公平正义和公共利益为主要使命，并为私人领域和日常生活领域提供正义帮助。但是，公共领域对私人领域和日常生活领域本身则是排斥的，如果私人领域的"理性经济人"的行为搬到公共领域，就会破坏公共领域的公共性和正义性。同样，如果日常生活领域的亲密关系运用到公共领域，可能也会导致公共领域的正义价值的丧失。私人领域的主体是市民，市民的重要特点在于理性的计算，计算个人在市场交易中的利益得失，这种类型的人被亚当·斯密称为理性经济人。日常生活领域的主体是个人，感情构成了人们生活的主要内容，也就是桑内特所说的"亲密的情感世界"[②]，而理性的地位不再显得那么重要，不再是处理问题的主要方式。所以，当人们说到公民的时候一定是以公共领域的公共生活为前提的，如果把公民放在私人领域、日常生活领域言说，显然是犯了主体性错误。虽然在学术界尤其是西方学术界，存在经济公民或是企业公民、亲密公民、性公民身份的表述，但这并不意味着公民就会存在于私人生活和日常生活之中，只是私人领域和日常生活领域的相关问题上升到公共政治层面之后，而进行的公民视角的反思和研究。作为公民，只能存在于公共领域的关切之中。社会领域的分化，让人们对公民活动空间看得更加真切。然而领域分化以来，各个

---

① 张康之：《地域、领域与领域融合——探讨人类社会治理的历史背景问题》，《新疆师范大学学报》2016年第4期。

② [美]桑内特：《公共人的衰落》，李继宏译，上海译文出版社2008年版，第7页。

领域的发展并没有齐头并进，自由资本主义时期以经济活动为主要内容的私人领域比较活跃，处于三个领域的中心位置，20世纪政府干预模式的出现，使得公共领域侵入了私人领域。但是日常生活领域进入现代社会以来，就始终处于边缘的位置，并且随着社会的进一步发展，以家庭为核心构成的日常生活领域，逐渐走向没落应该是不争的事实。

　　领域分化并没有能够持续下去，而是在20世纪后期发生了逆转，呈现出了融合的趋势。全球化和后工业化时代的到来，改变了社会领域分化的格局，不仅公共领域和私人领域相互融合，而且日常生活领域也向公共领域渗透。阿伦特在众多的思想家中较早发现了领域融合的趋势，她指出："自社会的兴起以及家庭和家务被纳入公共领域以来，一个不可抗拒的趋势在发展，在吞没较为古老的政治领域和私人领域以及新近建立的私人领域。"① 公共领域与私人领域相互融合，表现为公共领域的私人化和私人领域的公共化，两个领域的私人化和公共化交织在一起。美国的"新公共管理运动"，就是一个典型的案例。政府把市场化的手段运用到公共服务中，实行政府的企业化改革，把铁路、电力等公共产品供应部门私有化，这既可以理解为公共领域中的政府私有化迹象，从市场的一面来看则是私人领域与公共领域结合而出现的公共化趋势。同时，日常生活领域对公共领域的渗透也在进行，鲍曼对此有着深刻的洞见，"隐私和公开的通道已经被打开，先前区分两个空间的界线已经被取消"②。个人的思想和情感似乎不再是隐私，而是可以肆无忌惮地展示在众人面前，公共领域成为人们展示个人隐私的"T台"，而不再是集体事情独占的空间。不仅如此，现实中非政府、非营利性组织的出现，人口跨国流动的加剧，都在客观上进一步模糊领域之间的边界。此外，在公共领域与私人领

---

　　① 转引自张康之、张乾友《领域融合与公共生活的重建》，《中国人民大学学报》2008年第3期。
　　② ［英］齐格蒙特·鲍曼：《被围困的社会》，郇建立译，江苏人民出版社2005年版，第179页。

域相遇的时候，私人领域的影响要大于公共领域。人们生活在公共领域、私人领域和日常生活领域中，往往会将私人领域的规则和价值带入公共领域，从而使公共领域中无法避免一定的自利性；将日常生活领域的"人情味"带入公共领域，则往往使公共领域出现让人无奈的潜规则。应该说，这种种情况表明，公民赖以立足的公共生活领域被明显削弱。

公共领域地位的削弱，不免让人对公民能否存在发出疑问。市场化方式在公共领域特别是公共部门中的运用，非政府、非营利性组织等亚政治机构的出现，私人事件对公共领域的侵占，这些现象无一例外地表明，领域融合已经成为一种发展趋势，对国家层面的公共生活产生了进一步的弱化作用，人们对公民还能够存续下去发出疑问也在情理之中。但是，这并不能说明公民现在就已经失去了存在的可能和必要。包含国家政治在内的公共生活，其构成不仅有国家层面的公共生活，也应该有社会层面的公共生活，像亚政治形式的非政府组织、非营利性组织的活动。公民即使在国家层面的政治热情已经逐步降温，但是在社会组织环境中的公民却是逐渐活跃。中国当年汶川大地震中公民自愿救灾的激动人心情景，至今仍然留存于人们的记忆中。北京奥运会也涌现出大量的志愿服务者，他们为奥运会这一全世界的体育盛事成功举办，做出了不可磨灭的贡献，也得到了国际社会和国内各界的高度评价。

全球化使得人们在各国之间的流动变得越来越频繁，传统的以国籍为前提的公民身份正在遭受挑战。可是，不应当忽略的事实是，全球化的影响是双向的，一边是总体趋势促进民族国家的交流和文化发展；另一边是强化了国家主义和地方主义，其试图极力维护本国或本地的利益。同时，全球化时代人口在世界范围内的流动，现在仍然是以公民身份来标识的，不论在流出国还是流入国，公民身份是识别其身份的最为重要的方式。今天的世界经济处于低迷时期，美国等国家加强贸易保护主义，不能不说是强化国家主义的表现，从而达到保护自身的目的。以民族国家来标示的公民，在全球化的当下依然存在。然而马克思指出，"劳动阶级在发展进程中将创造一个消除阶级和阶级对立的联合体来代替旧的市民社会；从此再不会有原来意义的政权了"①。这表明在未来的某个时期国家终将消亡。从公民理论的角度来说，国家消亡意味着公民也将随之销声匿迹。目前，国际问题的解决和人类应对各种挑战，国家依然是国际社会的活动主体，仍然是各种政治活动的主要组织形式。在国家层面公共生活走向衰落的过程中，人们重建公共生活的努力已经开始。如果说农业社会是自发性秩序，低度复杂性、低度不确定性的工业社会是创制性秩序，那么高度复杂性、高度不确定性的后工业社会就是道德性秩序。② 道德秩序中的道德，不是农业社会道德的简单重现，道德秩序本身是超越工业社会工具理性的实践理性，其源之于人的道德能动性，为行动者的主体性发挥提供了空间。这个行动者其未来的身份现在还难以描述，但至少就目前来说还是公民。所以，国家现在仍是国际社会交往最重要的行动主体，公民仍是人的最主要身份标志。既然如此，研究公民精神和公民精神培育，当下仍然没有过时，依旧具有非常重要的价值。

　　实际上在新时代，中国共产党也是把"公民"主要放在国家之中进行观照的。党的十九大报告中唯一明确提到"公民"的地方，是推动中国特色社会主义文化繁荣这个部分。在谈到"加强思想道德建设"时，提出要"深入实施公民道德建设工程，推进社会公德、职业道德、家庭美德、个人品德建设"③，还特别提出要忠于祖国和人民，这充分说明新时代中国公民依然还有其不可替代的重要价值，还是社会主义文化建设和国家政治生活的主体。

---

　　①《马克思恩格斯选集》第1卷，人民出版社1995年版，第194页。
　　② 张康之、张乾友：《公共生活的发生》，高等教育出版社2010年版，第347—350页。
　　③《党的十九大报告辅导读本》编写组编著：《党的十九大报告辅导读本》，人民出版社2017年版，第42页。

第二节　新时代中国公民精神内容建构中的关系把握

新时代中国共产党对于公民的定位，明确地把公民作为思想道德建设的主体，潜在地把公民作为社会治理的主体（在打造社会治理新格局中使用了"公众"提法），作为推动建构人类命运共同体的全球治理主体。为此，就需要厘清与公民有关的三个关系，即市民与公民、公民理性与激情、国家公民与世界公民，对于确定当代中国公民精神内容建构的框架、维度和价值取向，都具有重要的理论启示。当然，这并不意味着当代中国公民精神内容的建构，可以脱离社会个体化演进的这个大背景。这里关于公民的三个关系研究，主要还是对公民本身的一个多维思考，其目的在于进一步消除对公民本身的一些误解，同时希望对公民精神内容的建构有些帮助。

一　市民与公民的关系

市民与公民分属两个不同的领域，即私人领域和公共领域。一般而言，市民及其构成的市民社会，是社会个体发展的结果。生活在私人领域中的市民，在市场经济的环境中，他们拥有一定的财产权和自由，在个人理性作用下，遵循市场的经济规则，进行产品的生产和交换，以获得个人利益的最大化为目标。市民社会中的个人，在私人利益的获取中，经常发生相互之间的冲突，因此黑格尔曾形象地说道："市民社会是个人利益的战场，是一切人反对一切人的战场，同样，市民社会也是私人利益跟特殊公共事务冲突的舞台。"[①] 在自由主义看来，市民正是通过契约关系进行商品所有权的交换，实现了个人的利益目标，从而形成了一定的社会秩序，并且这种社会秩序是自发的，无须国家的干涉。自由主义的经济学家哈耶克，尤其强调自由市

---

① ［德］黑格尔：《法哲学原理》，范扬、张企泰译，商务印书馆1982年版，第309页。

场经济的自身发展规律，建议对其不应给予人为的干扰。但是，思想界围绕市民社会和国家关系，有着明显的分歧。洛克对市民社会抱着肯定和支持的态度，并希望通过市民社会限制和制约国家的权力，而黑格尔则与洛克截然不同，主张运用国家的力量克服市民社会的不足。马克思在物质交往关系上使用市民社会的概念，批判黑格尔将国家与市民社会关系本末倒置的理论，马克思深刻地剖析了市民社会的根本性弊病，即市民社会作为私人性活动领域，"把别人看作工具，把自己也降为工具，成为外力随意摆布的玩物"[①]。市民生活反映了市民现实的经济关系，它只是人的一重生活。马克思认为，在这种尘世生活的市民社会之外，还有一重是天国的生活，也就是政治共同体的生活。

马克思认为，在政治共同体中的人是社会存在物，与以个体形式存在的市民有着显著的不同，其希望在一段时间内的政治生活中塑造一种公民的角色。不仅马克思把人类生活的世界区分为天国生活和尘世生活，即公民生活和市民生活，其实在黑格尔的思想中，他也把人所构成的社会进行了划分，提出了自然社会、市民社会和政治社会的分类主张。自然社会是指家庭生活领域，市民社会与个体的经济活动连在一起，政治社会则与国家相关，是公民政治生活的领域。哈贝马斯也继承了前人的思想成果，还是把人类社会分为两大领域，即公共领域和私人领域，应该说这两大领域的内涵基本没有明显变化，仍然还是政治生活领域和经济生活领域。但是，哈贝马斯与黑格尔对同样是政治生活领域的描述有所不同，前者把政治领域从国家层级的政治生活领域，扩展到社会上的团体或者是组织的政治生活。张康之将家庭生活从经济生活中独立出来，建构出了日常生活领域，这是其领域分化观点的独特之处。虽然领域分化过程中也存在领域融合，或者一个领域对另外一个领域的侵占，人类社会未来的长远发展可能会导致领域不再分化，但是今后相当长的一段时期，领域分化依然存在，不

[①] 《马克思恩格斯全集》第1卷，人民出版社1956年版，第428页。

会轻易地消失。因此,从领域分化的角度来看,人的生活也应当是丰富多彩的,有家庭生活、经济生活和政治生活,与此对应,人的角色也是富有多样性的,有家庭生活中的成员,有经济生活中的市民,还有政治生活中的公民。如果仅有市民的生活,只能满足其物质生活的需要,而不能满足个人情感的需要和政治生活的需要,它也无法解决人口的再生产和对爱的渴望问题,无法消除市民社会自身的利益之争。人的生活应该在家庭、经济和政治中获得一种平衡,个体不仅要扮演好市民的角色,也要扮演好家庭中的亲密角色和政治中的公民角色,任何一个正常的人都是多样性角色的集合体。

毫无疑问,公民是政治生活中的主体,但是不同的思想流派对公民的理解又不尽相同。在西方社会中,自由主义着力强调公民的权利要求,共和主义积极倡导公民的责任和义务,社群主义则着重关注个人与社群的关系,突出社群的价值目标。当然还有其他思想流派提出的公民主张,在此就不一一列举。不仅在公民诞生之地和公民文化起源之地的西方,不同思想流派对公民的诠释是不同的,在当今的中国,人们对公民的理解也存在着明显的分歧。在许纪霖看来,中国民众对公民理解的差异,主要通过自由主义和"新左派"的论战表现出来。[①] 自由主义心目中的公民,充满了"经济人"的意味,"经济人"的主要特点是自利性,自由主义认为政治领域的公民与经济领域的市民一样,都从个人的利益出发,奉行合理的利己主义原则,寻求个人利益的最大化,公民无非是市民的属性从私人领域向公共领域的转移而已。自由主义公民观与当代的公共选择理论极为相似,后者认为公民与市民都按照经济人的自利原则,在理性算计的基础上,在政治市场中选择自己的利益代理人,公民在他们看来完全变成了市民的一个复制版本。这种自由主义公民观,可能导致一些问题,既有"新左派"所担心的强者对弱者的控制或者压迫,也有当个人利益与公共利益缺少关联,或者选择成本太高时,而出现的公民政治冷漠,因此

---

① 许纪霖:《当代中国的启蒙与反启蒙》,社会科学文献出版社2011年版,第117页。

还会出现利益集团或政府机构操纵政治、垄断政策的现象。中国民国时期曾经出现的民主，就是自由主义公民观的一场生动实践。

与自由主义公民观相对立的是中国"新左派"的公民观。"新左派"的政治路向是激进民主，其心仪的社会主体不论是人民还是民众，都具有鲜明的政治性，具有有效的政治动员功能。实际上在某些方面，中国"新左派"和西方"新左翼"一样，他们都对共和主义公民这个政治主体表现出高度的认同。亚里士多德关于人天生是一个政治动物的观点，实际上是对共和主义公民的最好写照。如果早期的政治民主是为了保障公民的个人权利，那么在约翰·密尔之后，公民的政治活动被认为是有利于个性发展的，民主政治被看作是个体道德自我发展的机制，公民在政治活动中体现出了人的尊严，体现了人存在的道德意义。哈贝马斯解决了传统共和主义没有解决的公私关系问题，指出公民在公共领域中除了考虑个人的利益，还要有一种公共情怀。由于作为个体形式存在的公民，对于公共利益理解不同，需要进行公共交往，通过政治辩论达成共识。与传统共和主义公民观不承认私意在公意形成中的作用不同，哈贝马斯相信公意是在私意的相互冲突中产生的。哈贝马斯对于公共领域的理解，也与自由主义所谓政治市场不同，认为公共领域是具有判断能力的公众所从事的批判活动。公民不仅从自己的利益出发，而且从个人的价值、信仰和良知出发，发表对公共问题的看法，在辩论中形成公共舆论。公民的公共情怀来源于其公共理性，理性的运用就是公民将自己的深思熟虑的意见，勇敢地在公众面前表达。而公民在公共理性运用中所体现出来的是公民的德性，这种德性并不是整全性的共和主义美德，而是公共理性所必需的政治道德。公民在公共理性中所展现的是人的尊严和存在。当代中国自由主义与"新左派"之间发生的论战，为理解中国公民含义提供了有益的启示。但是，不管是自由主义还是"新左派"，其关于公民的论述都不能直接作为中国当代公民的主张。

二　公民理性与激情的关系

一般而言，人们对理性的理解是从近代开始的。人类社会在传统的农耕时代，一般都是在神权或者是世俗的高度集权统治之下，作为自然形式存在的个人缺乏自我意识，在这种情形下也根本不存在真正独立的个体。近代理性的出现，主要体现在启蒙精神之中。西方在15世纪兴起的文艺复兴运动，其实质并不是古希腊文化艺术的简单复兴，而是人本主义旋律的奏响，是一场人的价值观念的革命，高度颂扬人的个性解放，努力摆脱教会的控制和上帝的束缚。16世纪马丁·路德首倡的宗教改革运动，主张人可以通过自身的努力，在现实世俗的生活中取得成功，这其实是文艺复兴倡导的个性精神的延续。同时，宗教改革力图克服文艺复兴当中对道德的破坏，强调现世的人格完善，道德不再是上帝的事情，而是个人的事情，即个人对自己的人生负责，而非由上帝负责。近代科学的兴起是随着文艺复兴开始的，它对宗教神学构成了严重的挑战，并成为启蒙的重要武器，是人们通向自由的又一条道路。实际上，科学活动中所包含的精神，正是一种理性精神。蒙恬作为一位启蒙者，其怀疑主义思想无疑是最值得称道的。怀疑主义其实并不是对知识本身的怀疑，而是对人类认识能力的怀疑，其经常将斗争的矛头指向那些人们认为天经地义的东西，对人们能力自信的打击是极其沉重的。但是蒙恬的怀疑主义对理性主义的建构和发展则是积极有效的，被誉为西方近代哲学始祖的笛卡儿深受其影响。笛卡儿"我思故我在"的哲学主张，进一步突出人的独立与理性的意义，对近代理性主义产生的影响不言而喻。理性主义主要是给人以科学的思维和方法，克服人的成见和偏见，引导人独立思考，对事物的认识能够做到清楚。作为思想领域发展重要成果的理性主义，对西方近代以来的经济、政治、社会和文化发展，产生了重要的推动作用。当然，现代性所导致的种种对人类生存和可持续发展产生威胁的后果，使理性也成为人们反思和批判的对象。理性在人们看来似乎就是一种抑制本能的手段，对个人利益进行算计的工具，其意义在于对个人目标的追求。由此理性似乎也成为冷冰冰的工具，除了利益好像不再有别的成分，尤其是常常把情感或激情排斥在外。

其实，理性与激情互相交织在一起，无法分清彼此。激情是情感的一种特殊形式，它以感觉形式呈现出来，是与纯粹理念相对的精神状态。情感既包含愤怒、忧伤和欢愉，也包括欲望、嫌恶与依恋。愤怒、忧伤都属于情感当中的一种情绪，它可能成为人的决定和行动的动力，也可能对人的行为不产生驱动影响。而欲望则是决定和行动的动力，它常常被看作是未经反思的冲动。罗尔斯把激情与价值联系起来，认为激情就是对于价值的情感表达。①黑格尔对于激情的诠释，突出了三个关键的要素，一是激情的出发点是人们利己的动机，二是人们表现出来的态度几乎是倾其所能，三是这种激情最终是以人的意志呈现的，具有很强的坚定性。这也昭示了激情之中所包含的情感、欲望、态度和价值等因素。人们事业的成功离不开激情的驱动，在激情的驱动之下，人的行为才能是积极的而生动的。当然，黑格尔在给予激情足够关切的同时，并没有忘记道德和法律之类的理性，并从理性与激情相统一的角度去解读自由。他指出，当私人意志服从国家法律或者自由法规的时候，便是个人激情服从于理性控制之时。② 理性对激情的合理控制和约束，不是要排斥和否定激情，而是要把激情引导到合理的轨道上，从而能够产生具体、真实和积极的自由。这表明激情包含在理性之中，但是激情必须要受到道德和法律之类理性的教化，使人们身上兽性的恣意妄为转化为理性化的激情。因此，理性与激情之间应该是一种相互交织、辩证统一的关系，真正的激情必须是理性化的，真正的理性也不是冷漠和无生命的，而是内在地包含激情和冲动等要素。概括地说，就是理性激情化，激情理性化，这是一个双向发展的过程。

然而，事实上人们经常强调理性的作用，而忽视激情或者情感的作用。即便是黑格尔，如此关切理性与激情关系，但是"最终至少在形式上把理性置于激情之上，并且认为激情只不过是理性实现其目的

---

① Rawls, *Political Liberalism*, New York: Columbia University Press, 1993, p. 52.
② 杨寿堪：《黑格尔之谜——新黑格尔主义论黑格尔》，北京师范大学出版社1988年版，第42页。

所采用的'材料'"①。弗朗西斯·福山更是站在人们的对立面，认为"激情是人类邪恶的基本根源"②。激情最初是作为人们对自己的价值评价出现的，这种激情算是较为温和的形式，以此为基础能够产生人的自尊、自重。可是，人们对自己的价值评价很难始终保持在适度的范围内，一旦超出道德自我的界限，将产生优越意识，这种激情渴望更多的人甚至所有的人都给予承认，就表现为统治抑或专制的欲望。尽管如此，我们仍不能就此排斥或忽略激情，而是应当给激情一个公道，让其在与理性的关系中获得应有的位置。神经科学领域的研究成果告诉我们，在不动用感情的情况下，人的理性推理能力是值得怀疑的。③实验发现，如果人的大脑情感区受损，依然可能进行逻辑分析，但是其无法选择应当采取的行动路线。这表明，在实践中情感必然包含在具有行为导向的慎思中，同时在慎思这样的推理过程中，情感具有驱动行动和决定的作用。以此成果为基础，近年的政治学家也都强调，"对于决策制定而言，情感与理性一样是必不可少的"④。情感是实践合理性的一部分，其构成了关切的范围，因为情感与以前的学习及经验有关，并且形成了对一些重要问题的意识。同时，如果没有情感，人们也无法对实践成果进行反思。实际上，早在古希腊时期，苏格拉底就对个人的激情给予很高的评价，他说城邦中那些抵御外敌的护卫者，其勇敢和公共精神不可能来自自私的计算，而只能来自个人的激情。激情是维持政治共同体的政治美德，它引领个人走出自私、走向公共的善。⑤休谟有关道德情感与慎思的论述在斯密之前是最充分的，他把道德判断视为一种反思性的激情，提出思考与情感在深层

---

① 舒远招：《理性与激情》，湖南师范大学出版社1994年版，第120页。
② [美]弗朗西斯·福山：《历史的终结与最后的人》，陈高华译，孟凡礼校，广西师范大学出版社2014年版，第196页。
③ [美]莎伦·R.克劳斯：《公民的激情：道德情感与民主商议》，谭安奎译，译林出版社2015年版，第3页。
④ 同上书，第4页。
⑤ [美]弗朗西斯·福山：《历史的终结与最后的人》，陈高华译，孟凡礼校，广西师范大学出版社2014年版，第198页。

次上是融于一体的。同时，他对不偏不倚的慎思必须排除情感提出挑战。在现实中，人们通常认为，法律是通过冷静的认知来驾驭人的情感，但是同时也有另外一个问题，即法律如果赢得制约对象的忠诚，就必须要有人的情感关切，无法设想在情感缺失的条件下，人们如何能够理解并履行义务。

但是，也并非所有情感或激情对于理性而言都同样重要，都能够对实现理性的无偏倚性目标具有益处。在情感的构成中，既包含一般的情绪，也含有激烈的感情。激烈的感情就其性质而言，又有积极和消极之分。一般的情绪可能对决定和行动不会产生什么驱动，而只是人的一种不良的外在表现形态，比如说难过的情绪，它常常就是一种暂时的表现，经过外在和内在的调整之后，也许这种情绪就消失了。而激情，不论是积极的还是消极的，都会对理性产生影响。由合理的欲望、依恋所产生的积极激情，对人的思考和决定具有推动的作用，而愤怒、残忍等之类的激情，有可能冲破理性的规制，使理性失去其无偏倚性，从而产生破坏性的影响和结果。因此，对于消极的激情需要进行驯服。福山把激情的来源理解为寻求他人承认的优越意识，由优越意识又致使人们产生追求荣耀的愿望。近代思想家马基雅维利把优越意识看作是暴君政治野心背后的动因，由于追求荣耀的愿望不是个别现象，它使具有这种野心的人可能成为暴君，于是马基雅维利提出以激情对抗激情的策略，也就是用人民的激情制约君主的激情。西方自由主义的奠基人霍布斯、洛克则提出不同的解决方案，试图用理性和欲望将激情从理性中彻底清除，或者使激情变得软弱无力，但是这让许多思想家很难做到。既然激情不能够从理性中分离，那如何真正使理性行为和价值能够保持不偏不倚呢？这就是使情感文明化，让情感服务于无偏倚性的原则性标准和公共实践，要实现这一目标，显然需要包含公共的情感沟通能力和同情能力的公民商议。因此，需要进入公民激情政治之中，倡导反思性关切能力，而不是事不关己的理智。把"正义之意涵及其要求的不偏不倚的商议当作关键的政治义务和道德责任"①,培育公民对包容性以及不偏不倚的商议,具有足够敏感性的道德情感,让公民的激情政治在不偏不倚的商议与正义行动之间建立了联系。

三 世界公民与国家公民的关系

全球化和现代性的发展,使人们对世界公民充满好感和期待。要探究世界主义的起源,可以追溯到古罗马时期的斯多葛哲学流派,其原创性的思想贡献中,就包含了世界主义的理想,同时也包含众生平等的原则。在19世纪以前,国际性的世界观是普遍存在的。在杜威看来,"欧洲文艺复兴和启蒙运动为人类互联性意识的发展提供了基础"②。两大运动的作用,应该主要表现在对人文主义精神的倡导,对自由、平等、博爱等思想的追求。19世纪之后国家主义逐渐凸显,这与德国国家主义的影响应该不无关系,但是最为重要的影响是教育的国有化,打破了教会和慈善组织对教育权的垄断,教师被寄予忠诚于国家和进行爱国主义教育的厚望,俨然成为民族国家的代言人,国家中的教育对象被塑造为一个又一个的国家公民。20世纪的两次世界大战,给人类造成巨大的灾难和伤痛,核武器和环境灾难对人们始终构成威胁,它们共同促进了世界主义复兴。20世纪中后期以来,随着全球化和现代性的兴起和发展,国家公民身份出现了多元化的趋势,与民族国家的公民不同,出现了亚国家公民身份和超国家公民身份,这其中当然也有世界主义和世界公民的存在。世界主义和世界公民在人们心中能够占据一定的位置,显然与人们在当代面临的共同问题是息息相关的。世界秩序模型计划组织在其报告中提出,人类目前面临的公认的最具威胁性的挑战,在于"战争、贫困、社会的不公

---

① [美]莎伦·R.克劳斯:《公民的激情:道德情感与民主商议》,谭安奎译,译林出版社2015年版,第228页。
② [英]奥斯勒、斯塔基:《变革中的公民身份:教育中的民主与包容》,王啸、黄玮珊译,教育科学出版社2012年版,第19页。

正、环境的恶化和冷漠"①。其实,这五个问题可以化约为人道主义和环境问题。人们正是在对共同问题的感受和共同目标的追求中,产生了对世界主义和世界公民的认同。

但是,至今人们还是不能像描述国家公民概念那样描述世界公民的概念,因为世界公民缺乏像国家公民那样在法律和政治方面的准确性。② 因此,对世界公民的释读,也只能从其比较模糊的含义出发,尽可能向着精准的方向努力。最初世界公民只是一种名号,其体现的是对整个人类存在的认同感,后来则是指向个体对整个地球以及居住其上的人类和非人类的道德关切和责任。再向前发展,就是世界公民的法律意识和行为,表现为个体对超国家乃至普世性法律的遵从。最后,对世界公民的完美设想,就是超国家的政治权威和行动。"世界公民身份在理论上无法界定,在实际中并不存在,而且无论如何也是不可欲的。"③ 德里克·希特关于世界公民的这番话,对世界公民的现实处境作出了准确的描述,态度是极其中肯的。国家公民不仅是公民对国家政治制度和历史文化具有高度认同,而且其权利和义务在法律和政治上是明确的和有保障的。相比较而言,"世界公民"更多的是公民的一种多样性世界观的反映,"是公民思考、感觉和行动的一种方式"④,它并不是一种现实中独立存在的公民身份形态。因此,作为一种观念形式存在的世界公民,根本无法替代存在已久并在不断发展中的国家公民。

从实际情况来看,不仅世界公民无法取代国家公民,而且国家公民就目前来说还仍然是最重要的。20世纪70年代以来,全球化的出现带来了人们观念在地方化和超国家层面的双向发展,这也导致了公

---

① [英]德里克·希特:《公民身份:世界史、政治学与教育学中的公民理性》,郭台辉、余慧元译,吉林出版集团有限责任公司2010年版,第268页。

② [英]德里克·希特:《何谓公民身份》,郭忠华译,吉林出版集团有限责任公司2007年版,第139—140页。

③ 同上书,第138页。

④ [英]奥斯勒、斯塔基:《变革中的公民身份:教育中的民主与包容》,王啸、黄玮珊译,教育科学出版社2012年版,第25页。

民身份在这两个方向的相应发展。在地方化的层面,城市公民身份、地方公民身份意识在某种程度上得到强化;在超国家层面上,地区性公民身份、世界公民身份引起人们高度关注。同一时期,在对男性中心主义、工业主义、家庭中心主义等反思基础上兴起的新社会运动,使得公民在主体性和关注主题方面都发生了新的变化,出现了形形色色的"所谓公民身份"。[①] 例如:以女性权利为言说对象的女性公民身份,以情感为关照对象的亲密公民身份,以性和性取向为关注目标的性公民身份,以生态问题为研究主题的环境公民身份,以少数民族或种族权利为探讨话题的文化公民身份,以网络参与为关注重点的数字公民身份,如此等等,不一而足。传统的公民身份,是在国家的背景和范围内言说的,而当代公民身份呈现出越来越复杂化的趋势,不仅如此,新的公民身份的出现,在某种意义上也是对传统国家公民身份的超越。面对如此复杂的公民身份格局,人们难免出现困惑,乃至对公民身份的存在意义产生怀疑。例如,"公民身份什么都表示,但实际上什么也表示不了"[②]。不仅如此,在公民的认同方面,有一种"切割论"[③] 主张,认为公民认同不只有国家认同,还有其他的认同形式,同时以文化差异为借口,强调公民身份对其他民族的排斥性。此外,"切割论"还从全球化时代出发,提出在治理中国家和全球性组织共同发挥作用,国家不能单方面地维持世界秩序。另外全球问题的出现,其主张在脱离国家机制之后思考与其他共同体的合作和责任。总之,"切割论"意图分割公民与国家的传统关系,将公民认同扩展到国家之外,背离传统的国家认同。

其实,公民身份虽然在当下呈现出多元化发展的态势,但是许多

---

① 国内外均有学者因公民对某个核心问题的观照,而依此冠以公民身份的名称,如环境公民身份、女性公民身份等。对此观点不敢苟同。根据一般的习惯,公民身份的分类主要依据公民本身所包含的内涵,或者是公民资格的赋权主体,从内涵方面来说,有共和主义公民、自由主义公民、社群主义公民等;从赋权主体来说有国家公民身份、地方公民身份等。

② 郭忠华:《公民身份的核心问题》,中央编译出版社 2016 年版,第 13 页。

③ 同上书,第 204—205 页。

时候并没有离开现代国家这个背景。公民关注的主题内容更加丰富，反映了公民在当代社会依然没有抛弃公民权利和义务、公民情感，并且能够展开积极的公民行动，体现了公民身份在现代的生命力。公民关注的主题无论多么丰富，但是其言说的范围基本还是在国家内部，关注的主题都与国家有着千丝万缕的联系，表明公民依然是个体与国家之间的重要纽带。尽管公民身份的层次也愈加多样化，但是无论在现实中还是理论上，其他类型的公民身份影响和作用，都要位于国家公民身份之下，国家公民身份才是最重要的。"切割论"试图在公民与国家之间进行切割，从对立的立场出发，来思考公民与国家的关系，设计所谓适应全球化发展所需要的公民身份，从本质上暴露了其国家公民身份已经过时、民族时代似乎已经结束的错误认识。日本政治大学大前研一就有类似的言论，这个言论就现在来说还为时太早。世界两极政治格局的土崩瓦解，"民族国家的观念第一次为每一个人所接纳，他们都试图拥有自己的民族国家"①。这是吉登斯对当代民族国家的现实生存状态的准确分析。既然民族国家在人们心目中依然具有重要的位置，那么公民就仍然会把民族国家作为极其重要的认同对象。不仅如此，在客观上如果离开民族国家，人们在现代社会还难以找到立足之地，在出生所在国的本土国民如此，进入他国的移民也是如此。即便是宣誓放弃对自己祖国忠诚的联合国工作人员，其在联合国的开支，也要由各个作为成员国的民族国家来承担。

"切割论"将民族国家与包含世界公民在内的其他公民身份置于紧张对立的关系中既然行不通，那么在世界公民与国家公民之间是否存在相容性呢？国家公民由于生活在一个联系紧密、有着共同历史和文化的共同体中，因此比只在意识和观念中存在的世界公民情感强烈，世界公民即使有些体现责任的行动，那也是建立在较低的忠诚层次上。然而尽管如此，世界公民身份与国家公民身份之间还是具有一

---

① ［英］安东尼·吉登斯：《全球时代的民族国家》，郭忠华、何莉君译，《中山大学学报》2008年第1期。

些相容的地方。如果人们不否认未来的生活将变得越来越复杂,那人们适应多元公民身份发展趋势(当然有的只是在观念中存在的公民身份)并不是不可能,不少心理学家相信,个人的忠诚和认同潜能,会随着组织参与程度的增加而得到无限的提高,为此,人们不应将公民认同只投射到民族国家,而对除此之外包括世界公民的其他公民身份缺乏信心。实际上不仅如此,对于公民认同来说,在凸显其对国家认同的同时,并不一定排斥其他认同,还可能有亚国家认同或超国家认同。超国家公民认同可以通过欧盟的公民认同来说明。欧盟不仅借助于《马斯特里赫特条约》的颁布,正式确立欧盟的公民身份,还通过发行护照、设计盟歌和盟旗,培养公民的欧盟认同感。尽管目前认同程度并不均衡,但是能够确定无疑的是,它已经成为欧洲公民政治认同的一个部分。[1] 欧盟公民认同与世界公民认同并不能等量齐观,但是无疑在公民的超国家认同方面给了人们一些信心。

另外,公民作为一种社会身份,在经济与社会方面都被赋予了明确的权利,经济和社会权利也成为公民身份核心要素的组成部分,全球化时代世界公民在这些领域也是容易想象和认同的。目前移民已经成为一种极为常见的现象,移民的规模和移入地的范围都呈现出不断扩大之势,移民进入移入国被给予相应的经济和社会权利,也就同时获得被移入国承认的身份,即便是准公民的身份,这也足以表明传统国家公民,都拥有普世性的生存权利、发展权利和基于公平的社会权利,这让人可能产生一种全球共存、共有的意识,正如康德的世界法中所描述的那样,"所有人……(有)权共同享有地球的表面"[2]。从世界公民身份的一面来说,它的普世性的价值标准面向全球,显然也包含了民族国家。世界公民的普世价值强调的人类团结以及人权,关注人的平等权利,尊重人的尊严,这其实也是民族国家在国家范围为

---

[1] Maurice Roche, *Exploring the Sociology of Europe*, London: Sage, 2009, pp. 219–221.

[2] [英]德里克·希特:《何谓公民身份》,郭忠华译,吉林出版集团有限责任公司2007年版,第157页。

之努力的目标。移民问题已经使跨国社区和多元文化社会出现，21世纪的个人身份不应该是单一的国家公民身份，而是多元的公民身份，世界公民身份与国家公民身份之间能够获得某种相容的状态，甚至在某种特定的情况下取得暂时的平衡。然而，不能就此得出结论，世界公民与国家公民之间是完全统一的关系。"在多数情况下，世界主义总是作为爱国和国家主义的反面而出现"[①]。学校教育对国家主义公民身份观念的传播，国家政党把公民身份及其情感和责任依附于单一的国家，这都助长和强化了国家主义的意识形态，导致了对本国公民和外国人两种不同的态度和情感。

第三节 新时代中国公民精神内容建构的现实背景和本土设想

改革开放后中国公民精神虽然有了初步的显现，但是公民的行动主要是围绕个人利益进行的，公民公共性意识还不能适应社会发展要求，公民精神还明显不够成熟，无法抵御社会个体化发展的种种负面影响。因此，构建符合时代需要的中国公民精神便是现实之需。构建当代中国公民精神作为一个设想，将从三个方面展开论述，即公民精神内容建构的可欲性、历史阶段和设想。

一 当代中国公民精神内容建构的学理可能

从社会建构主义的理论来源、基本理论、思维方式及其理论发展来看，建构主义从具体的社会历史阶段出发，在反思和批判的基础上，不断进行知识、价值和制度等文化方面的建构。但是，知识、价值和制度是否都能够建构呢？在自由主义发展的过程中，罗尔斯的社会建构主义与哈耶克的社会自生自发秩序的主张，让人们对社会秩序

---

① ［英］奥斯勒、斯塔基：《变革中的公民身份：教育中的民主与包容》，王啸、黄玮珊译，教育科学出版社2012年版，第19页。

究竟是自发形成的还是人为建构的问题产生疑问。

　　罗尔斯著名的社会正义论，从原初状态的无知之幕出发，秉持正义原则，建构一个正义的社会制度。无知之幕是罗尔斯正义论的理论起点，它是罗尔斯在继承了启蒙思想家契约论思想基础上，建构的一个特殊社会状态，正义原则应该是正义论的程序性建构，正义性社会制度的建构是罗尔斯的最终目标。从罗尔斯正义论的整个逻辑过程来看，贯穿着建构主义的思维方式，因此，罗尔斯的正义论显然是建构主义方法在其理论中的实际运用。但是，是否能就此认为知识、价值和制度能够被建构呢？实际上，依托理性对理想生活和善的生活进行追求，早已有之，如柏拉图建构带有专制主义色彩的理想国。尤其是在启蒙运动理性的地位被充分凸显以后，理性更是在社会建构中发挥着重要作用，例如欧洲思想家提出的空想社会主义主张。20世纪是制度大规模建构的时期，计划经济体制是这一时期体现理性至上的重要经济制度。但是，这些理性建构的制度，并没有转化为社会现实，或者即使是转化为短暂的社会现实，但是终究还是不能长久存在。

　　自由主义经济的代表人物哈耶克，则提出社会秩序自生自发的思想。[①] 哈耶克对20世纪大规模的制度尤其是社会主义制度建构进行反思，并极力反对理性的制度设计。他认为在经济、社会、道德等领域秩序的形成是自然的过程，并不是人为建构的结果。他把以制度理性设计为核心的思想，称为建构论理性主义，其本身也不是完全反对理性主义，但他更认同渐进、自发演进的观点，所以哈耶克的思想被称作进化论建构主义。建构论理性主义有一个基本的理论假设，就是每个人都是有理性的并且有理性行动的倾向，依据理性个人可以根据偏好进行制度设计和建构，人们的制度建构体现着善的价值追求。而进化论理性主义把理性作为一种工具，认为其只能解决个人问题，引导个人在复杂的环境中把握一般规律，并以此为基础作出决策，同时指出社会秩序和制度自生自发的特点，而不是凭借人的理性就能够设计

---

① 龚群：《论建构主义的合理性》，《社会科学辑刊》2014年第4期。

和建构的。当然，哈耶克的进化论理性主义与建构论理性主义并不完全对立，它们之间也有缓和的地带。哈耶克将社会秩序划分为两种类型，即内部秩序和外部秩序，内部秩序是自发形成的，有其自身的发展规律，人为的因素是不能从根本上加以改变的，例如市场、道德、法律等，而外部秩序则是由人进行设计和建构的，如组织秩序。人为精心设计的秩序与自发形成的秩序分属两个不同的领域，前者并不能取代后者，可是建构论理性主义却常常抱有一种心理优势，其原因在于要么看不到它与进化论理性主义之间的差别，要么对自己的设计和建构抱有过分的好感。哈耶克反对理性的滥用，指出不是所有的制度都是可以人为建构的，对于理性无法建构的领域要持有保护的态度，但是这也并不意味着理性就没有一点作用，内部秩序领域还是为理性的发展和作用发挥提供了基础。哈耶克虽然反对建构论理性主义，主张社会秩序是不能整体建构的，但是其前提是建构要基于过去的历史文化传统，而不是不可以建构。另外，社会秩序和制度的建构，还要与先进的政治制度相衔接，那些在建构者看来所谓善的构想，往往是一厢情愿，那种专制主义的建构，或者建构万能的想法，都是不足取的。因此从实质上来说，哈耶克对于建构的态度是实际上并不排斥，只是强调建构不能脱离传统文化和具体的社会历史阶段，不能与先进的政治制度背道而驰。理想国、空想社会主义，只能在乌托邦的形态上存在。

  如果说理论和制度的建构是可能的，并且有文化传统的要求，那么中国公民精神的建构应该遵循何种价值呢？就社会建构主义本身来说，从其诞生之初就已经包含了对现实的反思和价值的观照。随着理性主义对现实问题的解释越来越显得力不从心，而以"意义哲学"为价值指向的建构主义，却在思想领域表现比较活跃，并把人们引导到追求生活意义的方向。理性是人区别于动物的根本特性，是人们发现规律从而认识世界的能力。人们对理性的认识最初的要求是能否思想，笛卡儿则将能否思想与个体连接起来，其著名的一句话是"我思故我在"。经过康德和黑格尔之后，理性不仅与思想与实践联系，而且成为西方哲学主导理念。但是，理性如果只是用来认识客观世界的规律，满足人们的物质需要，就走向了物质主义，忽略人的生活世界的意义。于是，在哲学领域人们开始考虑理性转向的问题，尼采提出了人创造了意义的思想。[①]那这种"意义"究竟是什么呢？这个意义应该是在实践活动中通过意识而形成的知识和文化，人存在的本质在于这些"意义"的结构化，它与理性主义将利益最大化作为行动目标是根本不同的。

不仅社会建构主义的发展体现了价值和意义的指向，公民精神本身发展和学术研究也表现出责任的转向。自由主义公民精神最初在近代西方的出现，是以公民的自由和权利作为价值旨趣的，并且公民权利成为衡量公民精神发展的重要标志，自由主义公民权利在 T. H. 马歇尔的社会学理论中，被诠释为民事权利、政治权利和社会权利。自由主义公民精神对公民权利的高度重视，其主要在于实现和维护个体利益，如公民的人身自由、言论、结社等权利，个人财产法律必须给予保护的权利，这些权利都与公民的自身利益获得和保护直接相关。选举权和被选举权以及政治参与权利，虽然表面上看来属于公共生活的范畴，但是其仍然表达的是个人利益，这与自由主义理论把个人作为一切行动的出发点和根本归宿是密切相关的。公民的社会权利也体现了公民的切身利益，比如对公共服务和社会福利等方面的享有权。不仅如此，社会权利在 20 世纪一度成为公民权利中颇受关注的权利。然而，社会权利的不断发展客观上产生了一些新的矛盾[②]：一是公民社会权利发展与公民独立性丧失的矛盾，这是由公民过分顺从国家而导致的；二是公民的社会权利发展与公民去道德化、去政治化的矛盾，造成了公民道德自主性的缺失和政治冷漠症；三是公民的社会权利发展与国家对公民的压迫性矛盾。自由主义关于公民的主张，遭到

---

① 秦亚青：《建构主义：思想渊源、理论流派与学术理念》，《国际政治研究》2006 年第 3 期。

② 杨四海、程倩：《T. H. 马歇尔社会权利理论的困境与公民身份的责任转向》，《江苏师范大学学报》（哲学社会科学版）2015 年第 2 期。

了公民研究专家基斯·福克斯的反对，劳伦斯·米德、露丝·里斯特等人也强调公民责任和义务的重要性，甚至对公民共和主义表现出欢迎的态度。为了克服和消除公民自由主义所引发的种种弊端，不同的政治流派进行了一定的尝试，于是从20世纪后期起，新共和主义、社群主义、新自由主义纷纷出现，这些政治思潮都对自由主义进行了批评和修正，它们共同的特点在于，都对公民责任和义务给予一定的关照，而不是采取漠视的态度。公民精神总体发展的责任和义务的价值取向，为中国公民精神的建构提供了良好的启示。

以义务、责任为导向的中国公民精神，其建构具有优越的文化条件。中国人的传统生活是以家庭或家族生活为中心的，人们在家庭或家族中形成的关系是农业社会的主要关系。伦理本位是中国传统社会的基本特征，在家庭中从血缘关系出发，最基本的是夫妇、父子、兄弟姐妹关系；在社会中，存在着以业缘关系为基础的师徒关系，以经济合作关系为基础的伙伴关系，以政治关系为基础的君臣和官民关系，以互帮互助为基础的乡里朋友关系。随着一个人社会活动范围的扩大，会有更多的社会关系。在众多的社会关系中，依据血缘关系而建构的家庭成员关系是基础，国家则是家庭的放大，或者说是巨型的家庭，社会关系明显具有家族化的色彩，也正是在这个意义上，梁漱溟才把伦理本位视作中国社会的特征之一。家庭或者家族中的成员，其角色固然具有自然性的特点，但是家族成员之间关系内涵的赋予和完善，则与儒家思想的形塑分不开。儒家思想作为一种为世俗社会服务的理论，在道德的价值指向上以义务为中心，为维护社会秩序提供理论支持和行为规范。尽管儒家学说也非常重视个人的内在品德的修养，但是其仍然是为世俗的社会统治服务，以实现齐家、治国、平天下的人生抱负。义务和责任作为核心的思想，贯穿在儒家理论的道德条目之中，君惠臣忠、父慈子孝、兄友弟悌、夫义妇顺、师信友敬等，就表明了伦理关系中不同角色所承担的义务和责任。应该说，中国传统文化中把个人义务置于道德的突出位置，这不同于西方个人权利优先的政治文化。今天在以个人利益为市场驱动力的时代,重新强调个人义务和责任的价值具有重要意义,这也是中国公民精神完整建构和未来发展应有之义,是中国传统文化精髓在当代的继承和发展。

此外,中国文化中理性的发展,为中国公民精神的建构提供了思维条件。中国文化中理性的发展要早于西方,西方的理性精神的确立和发展,是在近代的思想启蒙之后,理性使当时人们挣脱宗教精神的束缚,开始关注人的自身自由和权利,也正是人们所具有的理性使西方社会获得了科学精神和资本主义精神。而中国文化中的理性则早在隋唐时期就已存在,这就是金观涛所说的常识理性。[①] 所谓常识理性,包含常情合理和常识合理,即把人们所具有的自然感情视为合理性终极来源,同时人们也不去追问自然现象背后的原因。常识和常情合理实际上早已存在于先秦儒家文化中,只是没有作为独立的道德价值而存在。在经历了与不可欲的儒家意识形态分离之后,常识理性依附于逆反价值而得到一定的发展,但是逆反价值因其缺乏肯定现世的精神而遭到否定,当儒家学说再次成为可欲的意识形态时,肯定现世精神与常识合理结合到一起,后者得以逐步走向成熟,并成为中国文化的又一个层面和"意识形态后设层面"[②]。于是,中国文化的结构便具有了理性化的特征。[③] 中国原有的文化结构具有一体化的色彩,即儒家意识形态和政治社会一体化。常识合理性的发展成熟,不仅使常识合理性成为意识形态的后设层面,而且它与"天人合一"和"道德价值一元论"相结合,形成三种理性化的建构方案,即以知识性常识合理为基础,把常识合理原则运用到宇宙、社会和价值体系中;从人之常情的合理性出发,确立一种普遍的道德价值,并在普遍性道德的指导下,建立相应的家庭关系、社会制度等;依据人内心的道德感,

---

① 金观涛、刘青峰:《中国现代思想的起源:超稳定结构与中国政治文化的演变》,法律出版社 2011 年版,第 105—106 页。

② 人们在追求合理性的时候,不必受到社会规范和意识形态的限制,可以进行超越性的思考。

③ 金观涛、刘青峰:《中国现代思想的起源:超稳定结构与中国政治文化的演变》,法律出版社 2011 年版,第 147—151 页。

把宇宙看作是有道德价值的,然后由此推导出合理的人际关系和个人道德。中国文化的理性结构的出现,是以常识理性的成熟为标志的,常识理性的成熟是在魏晋南北朝时期的第一次融合,由此可见其由来已久。但是中国文化中的理性,基本表现在社会领域,在常识理性的宰治下,中国的科学精神和改造自然的思想没有形成,不过儒家在社会领域也并不像韦伯所说的那样,只是顺从和适应而没有改造。同样是理性精神,在中西方的作用不太相同。不管怎么说,理性在中国社会领域中的建构作用,已经成为传统文化的一个部分,这应该成为中国公民精神建构值得汲取的思维方式。

二 当代中国公民精神内容建构的社会发展和政治制度特征

尽管新时代已经清楚地表明了中国特色社会主义建设和发展所处的历史方位,也进一步指出我国仍将处在并将长期处在社会主义初级阶段的基本国情没有变,是世界上最大的发展中国家的地位没有变。[①]但是中国发展的不平衡性不充分性比较明显,整体发展程度高于发展中国家的平均水平,因此对中国社会分析需要更加细致和具体。

中国社会的个体成长所带来的种种问题,呼唤通过培育公民精神进行应对,而公民精神的内容建构及其培育,必须要关照其所处的历史阶段。公民精神就其本身而言,它是一个历史性的概念,其内涵在不同的历史阶段有着不同的内容。因此,建构当代中国的公民精神内容,必须从当代中国所处的时代特征出发。如果从社会发展和意识形态两个角度理解,当代中国面临两个主要的时代特征:一是中国在现代化发展过程中的共时性特征,传统社会、现代社会和后现代社会的特征和影响都不同程度地存在;二是中国还处在社会主义与资本主义两大意识形态的交锋中,中国特色社会主义道路是中国的现实制度选择。中国当代公民精神内容的建构,不能离开

---

① 中共中央宣传部编:《习近平新时代中国特色社会主义思想三十讲》,学习出版社2018年版,第72页。

这两个基本事实。

中国个体的成长不仅在经济领域产生了重要影响，同时也在政治、道德甚至日常生活方面形成了新的话语，工业化、市场化和城市化也在不断冲击传统的文化基因，一个现代中国跃然于世界之上。然而，现代中国的传统文化并没有彻底消失，不仅如此，它还塑造了不一样的现代中国，依然为中国社会转型提供一定的养分。"现代中国仍然保留着深刻的传统要素，'传统'并没有被'现代'完全消解。"[1] 如果还是用"传统与现代"的二元对立的结构来考察今天的中国，显然会落入化约主义的窠臼。因此，在讨论中国公民精神培育的问题之时，不能撇开中国的传统社会及其传统文化的影响。文化是人类社会所创造的一切物质和精神成果的总称，就其结构而言，可分为物质文化、制度文化和思想文化。在三者之中，思想文化是核心，它反映了文化的本质特征。因此，在此描述中国传统文化的基本情况，也是从思想文化方面着手的。李宗桂教授认为，中国传统文化一般是指1840年以前的中国古代文化，也可包含1840年以来到1949年之前的文化。中国传统文化由于形成于农业社会专制统治的历史时期，打上了一定的历史烙印，不少方面在今天看来已经严重落伍，与主流思想和价值观格格不入。张岱年指出，中国文化的缺陷在于四个方面：等级观念、浑论思维、近效取向、家族本位。[2] 等级观念不仅反映在统治制度，也存在于家族生活中，如汉代儒家提出"三纲"思想，设置了君为臣纲、父为子纲、夫为妻纲，存在着上下明确的等级界限。在思维方面，中国人偏重于辩证思维，而不善分析思维，阐述问题常常不够清晰。中国学术关注伦理生活和眼前的实际问题，缺乏探究真理的精神。中国传统社会是家族本位的社会，只有家族的利益而没有个人的利益，独立的个体湮没在家族中，这与西方的个人本位之社会截然不同。

---

[1] 刘擎：《批判语境主义视野下的现代中国》，载许纪霖、刘擎《何谓现代，谁之中国：现代中国的再阐释》，上海人民出版社2014年版，第28页。
[2] 张岱年：《文化与价值》，新华出版社2004年版，第222页。

当然，中国传统文化中的一些精粹思想，是历史演化中的古人智慧结晶，对社会和文化发展具有激励作用。张岱年将其进行高度的提炼，有这样几个方面：有机整体观、刚健自强思想、爱国观念[①]、以人为本观念、和为贵主张[②]。在传统社会中，国人把世界万物看作一个整体，包括人与自然在内，整体中各个部分既是相互联系又是运动变化的，其遵循对立与统一规律，这就是有机整体观。刚健自强思想主要来自儒家，对此道家有着相反的主张，但是儒家思想长期处于主导地位，刚健自强思想也就得以具有较大影响。"天行健，君子以自强不息"，是儒家学说的主张，意思是天体运行永远无休无止，人应当效法这个自然规律，具有不断进取的精神。此外，中国历史中有着丰富的爱国思想资源，在多民族的交流与冲突中，以汉民族文化为中心进行了多次抵抗其他民族侵略的战争，这些战争现在看来是民族之间的对抗，但在当时确实具有爱国主义的意义。张岱年认为以人为本观念：一是表达与以神为本位的对立，这从孔子怀疑鬼神的立场得以明见。孔子认为现实当中的问题应当通过实际的努力加以解决，而不应祈求鬼神。宋明理学更是不承认存在灵魂和鬼神的说法。二是说明以人为本是以人事为本，以社会生活为本。和为贵的主张，也是儒家思想重要内容，孔子的"和而不同"是指保留不同意见，不人云亦云；孟子的"人和"思想是主张人民团结。儒家以和为贵的思想在历史上促进了民族团结和社会发展。

尽管中国当前没有完全摆脱农业社会的影响，但是毕竟已经进入工业社会，工业社会的特征已经比较明显。中国现代化的起步是在鸦片战争之后，但是工业化的真正发展应该是新中国成立之后，改革开放更是逐步扫除了工业化、市场化发展的制度性障碍。一般而言，工业化发展的时期，与现代社会是一致的。对于现代社会的描述，西方不同的学者，有着不同的表述，在帕森斯那里是用"现代化"，在吉登

---

① 张岱年：《文化与价值》，新华出版社2004年版，第255页。
② 同上书，第212页。

第五章　新时代中国公民精神内容建构的理论观照和本土设想 / 267

斯这里则是"现代性"。吉登斯对现代性的理解，有三个维度，即工业主义、资本主义和民族国家。① 工业主义所代表的是在先进生产力中建立起来的社会关系，其标志是机器的广泛使用和职业分工的普遍存在。资本主义则是与竞争性市场经济建立和劳动力商品化有关。而民族国家则是一个显著不同的社会形式，其具有明确的领土范围、民主政治制度以及垄断性的国家暴力手段。现代性社会与前现代社会相比，它是一个有着明显速度感的社会，社会变迁的步伐显著加快，变迁的范围和深刻性也截然不同。吉登斯还进一步揭示了现代社会的发展动力，认为有三个方面因素：时空分离、社会制度的抽离化和现代性的内在反思性。② 在前现代社会中人们的时间和空间概念，是通过特定的地点联结到一起的。而现代社会的时间和空间上的符号化虚空，出现了时间与空间两者的分离，这为在不同场合进行某项活动提供时空重组的条件，现代性组织可以跨越无限的时空距离对社会关系进行规划和控制。抽离机制则是通过符号标志和专家系统，把地方性的社会关系切割出来，在无限的时空中进行重新联结。现代性的反思性是人们根据现代知识信息，对社会活动和人与自然关系作出修正的敏感性。对于现代社会的阐释，国内学者也提出了自己的见解。如金观涛提出的现代性三大要素，即工具理性、个人权利和民族认同。③ 其理论思路围绕契约论展开，先分析建立契约关系所需要的个体理性和权利，后分析以保护个体契约关系为前提而建构的现代民族国家。这与吉登斯对现代性的释读，有着不同的路径，不失为理解现代社会的又一视角。

中国的发展虽然还在工业化阶段，但是也同时身处全球化和后工业化的影响之中。所谓全球化，就是社会交往的洲际流动，其特征是规模的扩大、广度的增加、速度的递增和影响的深刻。④ 全球化时代

---

① ［英］安东尼·吉登斯：《现代性与自我认同：现代晚期的自我和社会》，赵旭东、方文译，生活·读书·新知三联书店出版社1998年版，第16—17页。
② 同上书，第17—23页。
③ 金观涛：《探索现代社会的起源》，社会科学文献出版社2010年版，第6—25页。
④ ［英］戴维·赫尔德等：《全球化与反全球化》，陈志刚译，社会科学出版社2004年版，第1页。

的人们逐渐打破了民族国家的界限，在交往中使整个世界的依赖性变得显著增强。全球化最初直接反映在经济领域中，经济的发展与合作，对社会生活中的政治和文化产生了有力的冲击。日益紧密的全球化生活方式，从根本上改变了人们以民族国家为本位的思维方式，站在世界的立场处理人与人的关系，以及此文化与彼文化的关系，成为这个时代的价值追求。在这种交互的影响和作用中，人们的世界主义情愫和精神增强了。世界主义就其精神而言是一个比较明确的概念，应当包含一定的共性内容，具体来说就是"对于其他国家的开放性、对于差异的包容性、对全人类问题的关注以及解决问题的协商方式等"①。英国学者杰拉德·德兰迪则主张世界主义是一个开放的概念，其基本特征是交互性。他观念中的世界主义有两个关键内容，一是当我们彼此相遇时产生了何种感觉，二是在这种感觉之下我们发生了什么改变。②虽然两位中外学者的诠释不同，一个侧重于世界主义的行为表现，另一个偏重于世界主义的形成过程，但是世界主义精神内容却存在共同的部分，比如：开放、包容、反思、批判、构建、关注以及共享。形成共同价值和世界意识，是世界主义发展的必然归宿。全球环境、贫困、种族、移民和安全等问题的存在和加剧，信息技术革命的发展，推动了世界主义及其精神的成长。

20世纪后期，社会发展进入后工业化时期。知识、信息和技术已经代替资本、生产资料和劳动力，成为这个时期的资本，因此这一时期又成为后资本主义时期。后工业化过程中发展的社会是后工业社会，后工业社会并不是工业社会发展的继续，而是不同于工业社会的崭新社会。后工业社会具有高度不确定性和复杂性，社会治理方式与官僚制的技术理性明显不同。鲍曼把后工业社会的不确定性理解为恐惧的无处不在，而恐惧的来源则是人类所面临的各种危险。他认为当代社会的危险（包括危险引发的衍生恐惧）有三类，一是对人身及

---

① 郭忠华等编著：《变动社会中的公民身份——与吉登斯、基恩等人的对话》，广东人民出版社2011年版，第246页。
② 同上书，第247页。

其附属品的威胁,二是对社会秩序持久性和可靠性的威胁,三是对个体在世界位置的威胁。①工业社会后期资本主义的全面发展,引发了约翰·基恩所说的"合法性"危机,其不仅表现为社会结构的失衡,而且还表现为人与人、人与社会、人与自然的关系紧张。②这些问题的出现,对社会组织变革和社会治理模式改变提出了要求。官僚制组织对社会的控制已经显得力不从心了,一种新型的合作组织应运而生。合作组织的价值追求在于多元共存,而并不是工业社会提倡的同一性。多元性或者多样性在冲破同一性的同时也在建构多样性,多样性社会中的个体自主性得以表现。后工业社会以合作形式表现出来的德治治理模式,也不同于工业社会的法治治理模式。

中国特色社会主义道路,是我国的历史选择和实践选择,社会主义本质也要求必须坚持集体主义价值原则。经济上我国坚持的是以生产资料公有制为主体、多种所有制经济形式并存的经济制度,政治上坚持以马克思主义为指导,实行中国共产党领导的人民当家做主的政治制度,坚持和发展中国特色社会主义理论体系,这些都为集体主义价值观和道德标准的选择和确立提供了基础。党的十九大报告中提出,"要坚持社会主义核心价值体系""更好地构筑中国精神、中国价值、中国力量"。③我国社会主义核心价值体系包含四个方面内容,即巩固马克思主义指导地位,用中国特色社会主义共同理想凝聚力量,用以爱国主义为核心的民族精神和以改革创新为核心的时代精神鼓舞斗志,用社会主义荣辱观引领风尚。④从社会主义核心价值体系内容来看,没有明确标明社会主义集体主义价值观字样,也没有直接把集体主义写进核心价值体系中,这并不说明社会主义核心价值体系

---

① [英]齐格蒙特·鲍曼:《流动的恐惧》,谷蕾等译,江苏人民出版社2012年版,第4页。
② 张康之:《行政伦理的观念与视野》,中国人民大学出版社2008年版,第302页。
③ 《决胜全面建成小康社会 夺取新时代中国特色社会主义伟大胜利——在中国共产党第十九次全国代表大会上的报告》,人民出版社2017年版。
④ 胡锦涛:《高举中国特色社会主义伟大旗帜 为夺取全面建设小康社会新胜利而奋斗》,载《十七大以来重要文献选编》(上),中央编译出版社2009年版,第26页。

与集体主义没有关系,集体主义价值观贯穿于这四个组成部分中,它是社会主义核心价值体系的"灵魂和中心线索"①。集体主义总原则是集体利益高于或者优先于个人利益,这是其他道德原则、道德规范以及道德准则得以建立和发挥作用的基础。当集体利益与个人利益发生冲突,集体利益受损可能无法避免时,只能牺牲少数人的个人利益。当然,并不能就此便得出自由主义经济学家哈耶克的观点,即"从集体主义立场出发而产生的不容忍的残酷地镇压异己,完全不顾个人的生命与幸福的行为"②。

三 当代中国公民精神内容建构的本土设想

建构当代中国公民精神内容,不能简单地将西方公民精神搬过来,而是要从中国社会个体化、时代特征和公民自身发展趋势出发,需要多维度地进行建构。马克思指出,"物质生活的生产方式制约着整个社会生活、政治生活和精神生活的过程。不是人们的意识决定人们的存在,相反,是人们的社会存在决定人们的意识。"③ 要构建当代中国公民精神内容,就要从我国的社会现实出发,从中国社会发展的全球化背景出发。对公民的有关问题进行多维思考,具有比较大影响的是德里克·希特。他对公民身份的结构模式勾画选择了三个维度:地理层级的维度、公民身份要素的维度和公民教育的维度。④ 这个多维度的思维方式,对于当代中国公民精神的内容建构具有一定的启示。首先,中国社会个体化过程中暴露的三个令人担忧的现象,是公民精神内容建构的直接原因。"精神信仰物质化"属于价值信仰问题,"私人生活中心化"属于生活方式问题,"社会结构原子化"显然是社会结构的问题,这三个方面共同构成公民精神内容建构的一个

---

① 刘林元:《集体主义是社会主义价值体系的灵魂》,《江海学刊》2008年第6期。
② [英]哈耶克:《通往奴役之路》,王明毅等译,中国社会科学出版社1997年修订版,第165页。
③ 《马克思恩格斯选集》第2卷,人民出版社1995年版,第32页。
④ [英]德里克·希特:《公民身份:世界史、政治学与教育学中的公民理想》,郭台辉、余慧元译,吉林出版集团有限责任公司2010年版,第444—456页。

社会背景，即社会个体化的背景。其次，当代中国公民精神内容的建构，无法脱离中国的实际情况。中华优秀传统文化是中国区别于其他文化的显著标志，它是伟大民族复兴的主要文化源泉之一，是构建当代公民精神内容的文化维度。在意识形态方面，中国置身于社会主义与资本主义两种政治力量的较量中，这方面成为公民精神内容建构的政治维度。传统社会、现代社会和后现代社会，在当下中国共时性存在，但是全面建成小康社会和全面建设社会主义现代化国家两大目标，决定了现代社会应该是中国当下的主要特征，这构成了当代中国公民精神建构的历史维度。全球化、后工业化时代公民自身发展的多元主义趋势，表现为公民层级的多样化和公民的多元文化主义发展。加之构建人类命运共同体的战略思想，已经成为中国关注人类前途和国际社会发展的中国方案，中国应当参与到全球治理当中，其应当成为公民精神建构的一个独立维度，即发展维度。正是基于社会个体化的背景和中国目前四个维度的考虑，当代中国公民精神的内容建构，应主要由四个精神组成，即公民的价值理性精神、集体主义精神、公共参与精神和平等合作精神。

（一）价值理性精神

建构公民的价值理性精神，将人的信仰由"物质"变为"精神"，赋予生活真正的意义。在培育价值理性精神之前，首先应该解释何为"理性"。欧洲启蒙时代的思想巨匠康德有一句名言，就是"要有勇气运用你的理智"，表明"理性"是人在自由状态下独立的思考和行动能力，它是专制主义和蒙昧主义的天敌，能够让人走出无知、获得自由。康德的"理性"思想把"人"作为目的，把自由作为人的意志属性，认为自由既是人的权利也是人的责任。[①] 运用理性的前提是自由，自由的展现和维护需要理性的实际运用来提供明证和支持。比如借助于理性制定法律，为公民的自由提供制度保障，康德

---

① 陈乐民、［德］史傅德：《公民社会与启蒙精神》，华东师范大学出版社2016年版，第19页。

的理想就是要建立一个普遍的公民立法社会。在康德那里，自由通过法律由哲学中的抽象概念变为制度中的具体内容，他认为人的自由是与道德和幸福浑然一体的①，自由是人类最大幸福。其实，"自由"不仅在康德的理性思想中具有极其重要的地位，而且在欧洲后来的一系列思潮和思想中也具有重要的精神价值②，自由主义自不待言，科学社会主义同样如此。马克思和恩格斯对人类社会的未来构想，也把"自由"作为最为重要的目标，认为"在真正的共同体条件下，各个人在自己的联合中并通过这种联合获得自己的自由"③。马克思主义所构想的共产主义，就是"以每一个个人的全面而自由的发展为基本原则的社会形式"④。由此看来，"理性"最初在启蒙思想家以及科学社会主义者的眼中，是与权利、责任和幸福等这类价值相关的。然而，理性从启蒙思想到资产阶级这里，就与物质（利益）进行"联姻"，进入马克思所描述的"以物的依赖关系为基础"的人的发展第二阶段⑤，理性从此更多地与"工于算计"相勾结。马克斯·韦伯对此时的理性阐述在西方具有代表性。他认为理性是这样一种理念，即依据精确计算来选择合适的手段，从而实现既定的目标，但是它也是反思现代社会的核心。⑥ 学者认为韦伯的理性内涵包含了两个方面，即工具理性和价值理性。⑦ 工具理性即是指作为手段、程序和目的的理性；价值理性主要指对思想和行为的价值判断，把正面价值当作追求目标。韦伯认为，在西方的现实社会中，这两种理性并没有平衡发展，具有可计算性特点的工具理性，摆脱了价值理性的控制，明显处于支配地位，表现出无所约束的特点，并使这个时代具有技术理性的

---

① 康德：《纯粹理性批判》，韦卓民译，华中师范大学出版社1991年版，第633页。
② 陈乐民、[德]史傅德：《公民社会与启蒙精神》，华东师范大学出版社2016年版，第19页。
③ 《马克思恩格斯选集》第1卷，人民出版社1995年版，第119页。
④ 《马克思恩格斯全集》第44卷，人民出版社2001年版，第683页。
⑤ 邹诗鹏：《马克思对利己主义的批判》，《社会科学战线》2016年第11期。
⑥ Anthony Giddens, *Politics, Sociology and Social Theory*, Cambridge: Polity Press, 1995, pp. 41 – 44.
⑦ 郭忠华：《公民身份的核心问题》，中央编译出版社2016年版，第158页。

特征，价值理性则处于弱势位置。其结果是工具价值给人们带来了发达物质文明，同时也使人们变得没有道德感，缺乏对宗教的虔诚、对职业和生活的责任，世界因伦理的缺失而愚陋不堪。也正是理性在工具和功利层面的无止境发挥，遭到后现代主义的严厉批判。

中国学者对于理性，有着与韦伯不同的理解。梁漱溟认为理性是指人无私的情感、进取向上的信念、求真的认知态度，总而言之是对人的品格衡量。而那些可以计算和算计的则是属于理智的范畴，它与理性全然不是一个概念。可是事实的情况是，研究者在这两个概念上经常不加区分，把"理性"和"理智"混在一起使用。① 倒是梁漱溟关于理性的理解，让人发现了它与韦伯的理解具有明显差异，梁氏的"理性"与韦伯的"价值理性"更具有相似性。所以，梁漱溟得出了这样的结论，"西洋偏长于理智而短于理性，中国偏长于理性而短于理智。"② 但是，梁漱溟这个结论的后半句话今天似乎已经不太符合实际，经过个体发展和市场经济的陶冶，中国公民现在缺失的倒是理性而不是理智，这也就是韦伯所阐述的价值理性。针对中国的社会现实而言，首先需要的是"新启蒙"。人类的启蒙永远在过程中，欧洲启蒙把人从专制和蒙昧中解放出来，让人获得了自由和幸福，"新启蒙"则是要把人从"物质"的奴役下解脱出来，让人的身体和思想都获得自由。人只有重新获得自由，才能逃避利益和消费的控制，才能获得自由支配的时间，人们在自己支配的实践中方能过上真正属于自己的生活。

其次，在自由的属于自己的生活中，让儒家文化中的优秀思想重新焕发活力，至少在很大程度上可以丰富价值理性。儒家文化是中国传统社会的道德基础，尽管社会主义某些革命文化对儒家文化造成了严重的破坏，但是儒家文化作为血液已经流淌在中国人的身体里。儒家文化在日本、韩国和新加坡等东亚发达国家，被用来作为培育现代

---

① 陈乐民、[德]史傅德：《公民社会与启蒙精神》，华东师范大学出版社2016年版，第17—19页。

② 梁漱溟：《中国文化要义》，上海人民出版社2011年第2版，第123页。

公民的重要文化资源，应对现代化发展所带来的诸多社会问题，构建当代中国公民精神内容应当从中得到启发。在中国优秀传统文化中，包含着不少在今天看来依然具有时代价值和民族特色的思想和理念，比如"天人合一""和而不同""君子喻于义""出入相友，守望相助"和"仁者爱人"等。在此，仅把"仁爱"作为当代中国公民价值理性精神的重点进行分析。"仁爱"思想是儒家文化的核心部分，充分展现了人本意蕴。"仁"本身有"果仁"的意思，蕴含着"生"乃至生命和活力，以此为起点，衍生出"亲"和"爱"、"敬"和"忍"，由此"仁者人也"和"仁者爱人"的孔学理论也就不难理解了。实际上，儒家仁爱思想不仅以"人"作为关怀的对象，还把"物"作为观照的客体，存在一个从"亲亲"到"仁民"，然后再到"爱物"的演进过程。"仁爱"思想从完整的意义上阐释，主要包含了忠恕恻隐的仁爱精神，万物一体的超越意识，生生不已的积极态度。[1] 习近平总书记高度重视中华优秀传统文化，认为它是"中华民族的基因""中华民族的精神命脉"。儒家文化的"仁爱"思想在当下的"激活"和继承，可以合理处理目前社会生活中人与人的关系、人与自然的关系，对于治疗现代化过程中以"物"为中心的通病，具有积极的意义。同时，儒家"仁爱"思想的运行机制，在于人们道德情感和道德敏锐性的作用发挥。梁漱溟将这样一种道德敏锐性视为人的直觉，也就人的内心感觉。[2]"仁爱"观念和行为的产生就是人的一种本能反应，而非事先经过精心筹划的，这与现代社会中人的工具理性大不相同。因此儒家"仁爱"思想的激活和实践，有助于培养公民的"爱"的"激情"，让人在不虑而知的良知和不学而能的良能中爱他人、爱世界，在具有活力的生活中根本解除工具理性的束缚。但是，"仁爱"思想又不是与理性无关，没有理性人们就没有是非的标准，理性的来源与人的身体和思想成长有关，当然也离不开社

---

[1] 邓庆平：《儒家仁爱思想的现代价值——国际儒学论坛·2008学术研讨会综述》，《探索与争鸣》2009年第1期。

[2] 杨四海：《梁漱溟论中国文化的复兴》，《淮阴工学院学报》2014年第6期。

会、经济和文化的影响。所以,在"新启蒙"的基础上,激活儒家"仁爱"思想,培育公民的道德情感和价值理性,能够有助于淡化"物质信仰",培养"精神信仰",让人的生活变得富有意义和活力。

(二)集体主义精神

从马克思历史唯物主义思想主张出发,集体主义应当存在于真正的共同体之中。马克思恩格斯认为人类社会的发展有三种共同体形式,即原始社会的血缘共同体、存在阶级对立的虚幻共同体、自由人的联合构成的真正共同体。与此相对应,集体主义也分为三种形式,这就是朴素集体主义、虚幻集体主义和真正集体主义。[①] 虚幻共同体代替了血缘共同体,就生产力和文明来说是人类社会历史进步的表现,但自身内部存在着一个阶级对另一个阶级的压迫,即便是在标榜个人自由平等的资本主义社会,也没有形成真正的共同体。于是,马克思恩格斯这样说道:"由于这种共同体是一个阶级反对另一个阶级的联合,因此对于被统治阶级来说,它不仅是完全虚幻的共同体,而且是新的桎梏。"[②] 真正的集体主义只能出现在真实的共同体中,为此"对实践的唯物主义者即共产主义者来说,全部问题都在于使现存世界革命化,实际地反对并改变着现存事物"[③]。以此为基础,在真实共同体中,"各个人都是作为个体参加的。它是各个人的这样一种联合(自然是以当时发达的生产力为前提的),这种联合把个人的自由发展和运动的条件置于他们的控制之下"[④]。当然,在由虚幻的集体主义向真实的集体主义演进过程中,真正的集体主义要吸收个人主义自由、平等和人权的有益价值,是发展当中不可少的内容,才能实现对虚幻集体主义的超越。

集体主义与个人主义之间虽然具有一定的关联性,但是两者之间

[①] 皮家胜:《是集体主义之谬还是个人主义之殇——就〈我就是我,而不是我们〉与刘军宁先生商榷》,《马克思主义研究》2015年第6期。
[②] 《马克思恩格斯选集》第1卷,人民出版社1995年版,第119页。
[③] 同上书,第75页。
[④] 同上书,第121页。

的对立关系更为显著。现代集体主义的出现，就是为了消除个人主义的种种弊端（当然也包含个体化所导致的社会病症）。集体主义作为一种思想观念，不是现代才出现的，它以不同的形式存在于人类社会的不同阶段，氏族群体存在于原始社会，国家整体主义与封建社会相对应。在资本主义社会之前，集体主义只是以朴素的思想形式存在，其系统的理论体系产生于资本主义时期。[1] 个人主义强调以个人为中心，道德价值以利己为导向，而集体主义则以共同体或公共利益为中心，突出个人对共同体的义务，否定个人的私利[2]，集体主义与个人主义是两种根本对立的道德规范。道德的特性之一是它的阶级性，不同的阶级会选择不同的道德，资产阶级从人的自私本质出发，其道德原则只能是个人主义，而无产阶级与之相反，坚持的是集体主义道德原则。反映在政治制度上，资本主义围绕个人主义建构政治制度，社会主义的政治制度体现了集体主义的要求。社会主义从出现之日起就肩负着重要的使命，根治自由主义社会的个人主义所带来的顽疾。当市场经济体制在全球更大范围发挥作用而成为经济发展的主要手段时，个人主义似乎顺理成章地被更多的人视为主导思想。在资本主义社会，个人权利和个人利益是一切理论和行动的出发点和落脚点，个人主义成为它们普遍奉行的思想，这在很大程度上导致了社会的分裂和原子化，由此导致的资本主义政治、经济、社会等问题，成为自由主义社会难以消除之痛。而社会主义作为与资本主义根本对立的社会制度，从其以崭新面目出现的那一刻起，便被赋予了克服资本主义顽症的基因。"社会主义是现代社会不适症的一种表现"[3]，西方当代著名社会学家吉登斯，尽管没有直接承认社会主义是资本主义问题的解决方案，但他还是间接地表达了社会主义与现代资本主义的根本性不

---

[1] 耿步健：《关于社会主义集体主义的历史考察和再认识》，《马克思主义与现实》（双月刊）2007年第5期。

[2] [美]迈克尔·奥克肖特：《哈佛演讲录——近代欧洲的道德和政治》，顾玫译，方刚校，上海文艺出版社2003年版，第98页。

[3] [英]安东尼·吉登斯等：《资本主义与现代社会理论》，郭忠华等译，上海译文出版社2013年版，第123页。

同,也在一定程度上表明前者对后者具有超越性。

中国在改革开放以后,一贯坚持的社会主义集体主义道德原则面临着严峻的挑战。早在新民主主义革命时期,中国共产党就将集体主义作为无产阶级的价值观,要求个人利益必须无条件地服从集体利益,这适应了这个时期革命的要求。新中国成立以后,在高度集中的经济体制和高度集权的政治体制条件下,与此相配套的是传统的集体主义道德原则。中国传统的集体主义,受到了苏联的集体主义模式的影响,核心含义是集体利益高于个人利益,个人利益服从集体利益。其暴露出的问题比较突出,即将集体与个人完全对立,否认了个人利益的正当性和合理性。随着社会主义市场经济的发展,个人利益成为人们经济领域活动的行为动力,获得了社会的高度认可,以集体利益为中心的集体主义,遭到了个人主义的严峻挑战。客观出现的社会现象是,中国的集体主义确实呈现退场的趋势[1],有学者还发出了"中国人是集体主义的吗"之类的疑问[2]。尽管在西方人看来,中国是信奉集体主义的典型国家,但集体主义不再是中国唯一信奉的道德原则,除此以外还有个人主义。国外学者研究发现,中国人评价幸福的指标,优先选择个人主义的因素,集体主义与幸福的关联性在评价中已经下降。[3] 大多数的国内学者或者国外汉学家也持有类似的观点,认为中国人不仅非常缺乏集体观念,而且个体的行动也十分自由化。[4] 伴随着中国改革开放的不断深化,中国的个人主义似乎愈加明显,甚至更有学者指出,"现代中国已经具备了当时西方个人主义孕育的历史条件"[5]。

---

[1] 杜鸿林、赵壮道:《国内外集体主义思想研究综述》,《道德与文明》2011年第3期。
[2] 陈丽玲:《"中国人是集体主义的吗":争议、分歧与解决》,《求索》2017年第6期。
[3] [美]丽莎·G.斯蒂尔、斯科特·林奇:《中国人对幸福的追求:中国经济社会转型中的个人主义、集体主义和主观幸福感》,谭金可译,《国外理论动态》2014年第5期。
[4] 杨中芳:《中国人真是"集体主义"的吗?——试论文化、价值与个体的关系》,载杨中芳《如何理解中国人:文化与个人论文集》,台北远流出版事业股份有限公司2001年版,第107—150页。
[5] 刘力:《中国社会变革过程中的个人主义倾向》,《中国农业大学学报》(社会科学版)2007年第1期。

"集体"这个概念到底是什么？充分理解其内涵，这是强化和重塑集体主义的需要，也是应对社会个体化之弊的要求。集体主义当中的"集体"可以理解为"共同体"，其可以是某个阶级，也可以是社会的某个部分，或者指整个国家。马克思虽然没有直接提出集体主义的概念，但是对"集体"概念的分析非常深刻。他将集体分为两种类型，一个是"虚幻的集体"；另一个是"真实的集体"，区分两者的依据主要有三个考量：集体是否由真实的个人组成；组成集体的个人是不是自由的；集体中的个人与集体之间是否关系融洽。与马克思的"真实的集体"一脉相承，现代的研究者唐凯麟阐述了关于社会主义的"真实的集体"的主张，即集体作为一个组织形式应当是健康和有序的，集体与个人根本利益具有一致性，集体与个人之间存在双向义务关系。①

鉴于目前中国集体主义的这种现状，在公民中强化和重塑集体主义精神势在必行。集体主义的培育，对于改变社会个体化背景下私人生活中心化的问题具有重要意义。要把集体主义精神作为当代中国公民精神内容的一部分，首先需要把握当下集体主义精神究竟为何。不同的历史阶段，中国的集体主义本质虽然没变，但内涵或多或少还是发生了一些变化。毛泽东理解的集体主义其本质在于为人民服务，邓小平则赋予了集体主义精神时代特征，认为集体主义要兼顾个人利益。罗国杰先生针对改革开放过程中人们对集体主义的各种误解、非难和指责，对传统的集体主义进行重新诠释和进一步完善。他指出，当代中国的集体主义要正确理解和处理个人与社会关系，把个人和社会哪一个放在道德价值的中心位置，是区分个人主义和集体主义的基本依据，并且社会整体利益高于个人利益肯定是毫无疑问的。但同时也要看到个人与社会的关系，是相互依赖、相互促进的辩证关系，社会如果离开了一个个鲜活的个体将面临崩塌，而个体如果脱离社会将无法独自生存下去。社会主义集体主义要正确处理个人利益与集体利

---

① 唐凯麟：《集体主义与社会公正论纲》，《道德与文明》2004年第4期。

益关系，这是核心问题之所在。在社会主义集体主义中，集体利益与个人利益根本上是一致的，但是同时强调集体利益高于个人利益，当两者发生冲突时以集体利益为重。诚然，也要重视和努力实现个人利益，保障和维护个人的正当利益。同时，还要看到坚持社会主义集体主义，与中国传统文化的基因相关，是由社会主义的共同富裕本质要求决定的，与发展市场经济可以并行不悖。

（三）公共参与精神

在中国社会呈现一定程度原子化现象的背景下，呼唤公共参与精神，主要是基于这样考虑：第一，应对社会原子化动向的需要。随着中国市场经济的持续发展，原来作为社会联结纽带的单位社会被打破，新的社会联结组织尚未有效形成，社会呈现原子化的发展动向是不争的事实。一个社会要形成良好的社会秩序，需要建立国家—社会—个人的社会结构体系，然而社会原子化的实质，就是中间社会组织的缺失所导致的国家与个人之间联系的有效性显著不够，同时个体由于缺少社会组织可以作为栖身之地，因而其存在形式势必是松散甚至是孤独的。中间社会组织作为一种形式的存在，政府是可以通过制度来加以明确的，但是社会组织的真实存在离不开公民的参与和互动，并且这种参与和互动应该是制度化的、自觉的。所以，如果想建构中间社会组织，形成完整的国家—社会—个人的社会结构，抵御社会原子化的发展和侵蚀，那么公民必须要具有公共参与精神。第二，建构中国特色社会主义社会治理体制的需要。党的十九大报告在阐明加强和创新社会治理时，提出要完善"党委领导、政府负责、社会协同、公众参与、法治保障"的社会治理体制，明确中国社会治理的四大主体和五大要素，指出社会治理的方向。党的十九大在对这部分内容进行阐发的时候，与党的十七大和十八大最显著的不同是，将"社会管理"改为"社会治理"，表明中国共产党已经真正把社会组织和公民个人作为社会治理的参与者，公民或者公众在社会治理的地位得到提升。另外还应该注意到的一个问题是，中国共产党关于公众（公民）参与的社会管理思想，已经形成一段时间了。早在2004年党的十六届四中全会，就提出了包含"公众参与"在内的社会管理体制建构思想。后来在党的十七大、十八大、十九大的报告中，都出现了"公众参与"的表述，由此可见"公众参与"已然成为中国共产党稳定的社会治理思想的构成部分，这同时也说明公民公共参与精神是符合中国特色社会主义的社会治理之需的。第三，从社会发展的角度来看，公共参与精神也是当前阶段社会治理所依赖的主要方式之一。公民参与作为一种社会治理的手段和策略，来自西方社会的实践探索。就现代社会而言，新公民参与的出现，是对政党选举和代议制民主的超越。[1] 代议制民主作为现代国家的重要政治制度，解决了直接民主制度所不能解决的国家和社会现实问题，它尽管也是公民参与社会治理的一种重要形式，但是在代议制当中，公民把公共政策的制定权和执行权交给代表者，公民事实上对公共政策的直接影响力在下降，甚至有时候只能是政治活动的旁观者和消费者。而新公民参与则凸显了公民在地方社会治理中的作用，其不仅将公民参与从政策制定扩展到政策执行，还将参与对象扩大到底层民众。[2] 虽然公民参与在社会发展的现阶段也面临一些困境，但是它仍旧是一项具有积极意义的社会治理思想的探索，也是当下还不可替代的社会治理制度。[3]

公民公共参与精神是公民在公共活动参与中所表现出的心理和行为状态。公共参与精神在不同时期和不同文化中，其含义是不一样的。为了解释清楚公共参与精神，就首先需要理解公共参与或者公民参与的内涵。在此，公共参与精神就是指公民参与精神或公众参与精神，公共参与精神突出的是参与行为的公共性，而公民（公众）参与精神强调的是参与行为的主体性。就社会治理行动而言，它的主体在中西方的表达中有一定区别，西方通常使用"公民参与"的提法，

---

[1] 孙柏瑛、杜英歌：《地方治理中的有序公民参与》，中国人民大学出版社2013年版，第1页。

[2] [美]约翰·克莱顿·托马斯：《公共决策中的公民参与》，孙柏瑛等译，中国人民大学出版社2010年版，第3页。

[3] 张康之：《走向合作的社会》，中国人民大学出版社2015年版，第259页。

而中国官方的话语中使用的是"公众参与",学界也有不少研究者使用"公民参与"。"公众"本意上就是指社会上的大多数人,它不仅包括公民个人,也可以包括社会组织。因此,此处在论述公共参与精神时,主要是选用"公民参与"的提法。公民参与是指公众与"包含政府组织在内的大型社会组织之间的关系形态"[①],具体来说,就是公民在公共政策制定、执行和评价过程中,所拥有的知情权、话语权和行动权等参与性权利,公民通过自由表达自己的意见和立场,从而维护社会公共利益和公民个体利益。公民参与的类型比较多样化,从参与的领域角度,可以分为政治参与和治理参与[②];从发展阶段划分,有传统公民参与和新公民参与;从制度的层面,可以划分为制度性公民参与和非制度性公民参与。目前,中国公民公共参与精神,如果从政治参与和政治透明的视角,主要表现在知情性公民参与、协商性公民参与、监督性公民参与和决策性公民参与四个方面。[③] 知情性公民参与就是公民要主动关注和了解政府发布的政务信息,当然政府要主动和自觉地通过媒体平台公布政务信息,同时还要保证信息的客观性和准确性,这是公民参与的前提条件。协商性公民参与是指政府邀请公民参与公共决策过程,注意倾听民众的意见,同时公民通过与政府的沟通来进行对话、协商,从而解决面临的现实问题。监督性公民参与主要通过对政府工作绩效评议来实现监督,包括评议政府政策制定、执行和成效。决策性公民参与是在法律制度的框架下,直接参与基层社会和基层单位的公共事务活动,具有明显的自治性特征。但是如果从社会管理或者说公共行政的角度分析,中国公民公共参与精神则主要体现在两个方面,一个是公民对基层社区治理的参与,另一

---

① 王巍:《公民参与》,牛美丽译,中国人民大学出版社2009年版,第1页。
② 也有从参与领域出发,把公民参与分为政治参与、立法参与、行政参与和司法参与等。参见程琥《公众参与社会管理机制研究》,《法学杂志》2011年第1期。
③ 林尚立:《建构民主——中国的理论、战略与议程》,复旦大学出版社2012年版,第310—313页。

个是公民自发的维权行动。① 前者属于制度性参与，后者属于非制度性参与。尽管政府对制度性公民参与持鼓励态度，事实上公民参与主要也是通过官方的渠道实现的，但是在实际效果和现实影响方面，非制度化的公民参与"有可能影响政府的决策……这种非制度化的参与才是一种政治性和决策性参与"②，而制度化参与的效果则与公众的预期有着较大的差距。但是，如果进行总体性评价，无论是制度性参与还是非制度性参与，公民在公共性活动中，都将在不同程度上，改善公民与公民的关系、公民与社会的关系、国家与社会的关系，尤其是基层社区和社会组织的发展，对于对付社会原子化的趋势具有重要意义。中国公民公共参与精神理解的重点，在于公民通过鼓励性参与和自发性参与，在党委领导、政府负责、社会协同和法治保障的治理框架下，努力建设社会共同体，包括生产、生活共同体和精神共同体，从而成为构建良好社会秩序的主体之一。

　　源于政治制度和社会背景的差异，中国公民的公共参与精神与西方具有显著的不同。西方的公民参与是民主政治制度的组成部分，具体而言有这样几个方面：第一，西方公民参与的政治背景，是把自由民主制度作为基础来构建政治制度大厦，比如以个人主义作为核心价值，实行三权分立制度、代议制度等，往往对公民参与活动没有严格的限制，个人或者集团的利益是其根本的追求目标。第二，西方公民参与（主要指新公民参与）是代议制民主的一个补充性制度，其目的在于巩固代议制下政治权力和行政权力的合法性，进一步在民主的体制下丰富公民的民意。③ 第三，西方公民参与比较多地关注程序性设计，其用意在于让不同主体和利益相关人在公共政策中能够表达诉求，但是难以体现人民主体性。中国的公民公共参与精神与西方的不

---

　　① 马晓燕：《中国城市社会管理公众参与的实践分析》，《甘肃理论学刊》2013 年第 2 期。
　　② 陈振明：《地方公共服务中的公民参与——中国与加拿大城市的案例分析与比较研究》，《厦门大学学报》（哲学社会科学版）2014 年第 6 期。
　　③ 蔡定剑：《公众参与：欧洲的制度和经验》，法律出版社 2009 年版，第 224 页。

同地方，表现为：第一，中国实行的是人民民主制度，突出了人民的主体地位。我国宪法规定国家的一切权力属于人民，人民依法管理国家事务，管理经济文化事业，管理社会事务。由此宪法规定了"人民"作为一个整体是中国进行制度设计的前提。在这方面与西方的个人中心论有着显著的不同。第二，中国的公民参与是在政党或政府主导下进行的。中国公民在政治领域的活动，比如选举代表和领导人，通过重要报告和决议等，都是在党和政府领导下。中国公民在社会治理中参与行动也离不开党和政府的主导和推动，基层社区和基层单位的自治，社会组织的管理和引导，都与政府的作用发挥有着一定关系。这是由中国党的领导基本政治制度决定的，它与中国特色社会主义社会治理体制的要求相一致。第三，中国非制度化的公民参与对公共政策所产生的影响，在某些时候要大于制度化公民参与。改革开放40年来，公民参与已然成为国家和公民的社会治理共识，但是由于公民和政府两方面的原因所致，造成我国公民的制度化参与水平不高。其中，相当一部分公民长期存在对权威政治依赖和顺从心理，个人难以对政府和组织的决策产生有效影响，因此认为参与与否意义并不重要。而政府中确实也有部分官员存在官僚思想，认为民众只是政策的实施对象，只要被动接受即可。同时，政府在现实中也经常把公民参与当作形式来做，抱有公民参与会影响工作效率的错误思想。公民和政府两方面原因导致公民参与的正常渠道难以有效发挥作用，所以当公民面对自身利益被侵害时，常常选择非制度化途径作为参与形式。非制度化的公民参与对社会秩序具有破坏性，也考验了政府的公信力和服务水平，对公共政策产生的影响比较明显。

（四）平等合作精神

面向未来的公民平等合作精神，旨在塑造后工业化社会时代的社会个体。从共同体演化的角度来说，农业社会对应的是家元共同体，工业社会对应的是族阈共同体，后工业社会对应的是合作共同体。[1]

---

[1] 张康之、张乾友：《共同体的进化》，中国社会科学出版社2012年版，第1页。

在后工业化社会，合作不单单是一种行为模式，更是一种生活方式，其理论的起点在于人的共生共在。张康之教授把合作理解为三种形态，即互助、协作和合作。① 互助是农业社会中以感性为基础的关系形式，人与人在地位上具有不平等性。协作是工业社会里由于分工的存在而建立的具有工具理性的生活方式，其通过扩大竞争能力从而获得更多的私人利益。合作则是后工业社会的人们行动形式，它从人的共生共在的道德起点出发，用实践理性取代工具理性，最终实现社会和行动者的共同利益的最大化。要建立人们之间的合作关系，显然需要一个开放、平等、公平的环境，以人们的共生共在为价值旨归的公共生活。合作作为后工业社会人们交往关系的新形式，与工业社会只关注行动结果的协作关系不同，合作的行动者注重过程中与他人关系的处理，而且在达成结果时重视自己的责任，此时他者和自我以社会成员的身份重新进入人们的视野，这与工业社会由于利益竞争而导致个体遮蔽的情况不同。工业社会以谋取个人私利为目的的动力机制，事实上也造成了人的碎片化发展和人格的不完整性。后工业社会则是要实现人的全面发展，行动者从他人那里获得帮助，建构以合作为主题的行动关系，这种建构不仅发生在个体之间，也发生在个体与组织之间以及组织与组织之间。公民的行动不再从狭隘的群体出发，而是从行动可能影响到的所有人的利益出发。显然，后工业社会的平等合作关系不仅关注个人的行动目标，而且也注重人们行为的道德。

作为后工业社会或者高度现代化社会的平等合作精神，其前瞻性的人与人关系的设计，是要取代现代社会公民参与的主导地位。从实践的方面来看，公民公共参与的制度对现代社会的代议制确实是一个有益的补充，它是一个具有进步意义的制度安排，在社会自治尚未形成的现代社会中依然处于主导性地位。但是，不应当忽视的现实是：第一，某些具有官僚习气的政府对公民参与抱有消极态度。在政治与政府的二分结构中，政治的理性方向是民主，而政府则以效率为名实

---

① 张康之：《合作的社会及其治理》，上海人民出版社2014年版，第96—97页。

行权力集中。随着官僚制的完善,政府支配地位的逐步巩固,傲慢地拒绝了公民参与,这种状况到"二战"以后发展到了极致。[①]"倾听"本是民主行政的一个基本要求,从另一方面理解也是公民参与的一种方式,然而在中心—边缘的管理结构中,政府理所当然地把自己放在"中心"的位置,是否愿意倾听公众的声音,基本上取决于个人的主观态度。第二,公民在参与中的观点和实际结果,表明公民参与背离了人们的初衷。具有较高知识水平的中产阶级,理应是公民参与的主要力量,然而学者们的研究却将这个一厢情愿的想法彻底否定,因为事实上公民参与的程度与公民受教育程度并不一定成正比。这个异常情况的出现,往往因为知识文化水平较高的中产阶级,已经看透了在政府绝对主导的权力机制中,个人的参与实质上并不能改变什么。同时,公民参与在官僚体制下,并不能有效地使政府改变公共决策,朝着公民参与所期待的方向发展,反而是具有公共精神的公民在官僚制的浸淫下倒向了政府。第三,行政官员对于公民参与的虚假态度,可能导致社会秩序的破坏。官僚制政府的领导多半不愿让公民掺和到公共活动中来,但是迫于各方面的压力,有时只好做出一种民主的姿态,但是当这种把戏被公众识破的时候,公民的参与就可能成为破坏组织纪律、制造组织混乱的事件。现代社会公民参与治理存在的种种问题,在形式民主和政府中心的思维模式中恐怕是难以解决的。面对全球化、后工业社会、社会个体化时代出现的高度复杂性和不确定性,以确定和简单的眼光看待社会治理,显然已然不能适应需要。为此,应当构想在一个社会自治的情境中,全体共同体成员共在的合作治理,打破"中心—边缘"社会管理结构,消除治理者与被治者的角色划分,通过各类社会组织发展和完善,形成一种道德契约为机制的社会合作治理形态。当然,平等合作精神的社会自治,并不排斥"他治"的存在,也不完全否定公民参与治理,它们之间应该是一个互动和补充的关系。

[①] 张康之:《走向合作的社会》,中国人民大学出版社2015年版,第250页。

前面对于合作的释读，主要是在后现代的背景中进行的，然而在推动人类命运共同体的构建中，也要坚持平等的对话协商、合作共赢的原则。中国共产党不仅带领中国人民在改革开放时期取得重大成就，而且还关注人类的前途和命运，致力于推动人类社会共同发展。要坚持这个理念，就要涉及如何处理与其他国家和文化的关系问题。人类社会面临的风险和挑战日益增多，西方中心论、西方治理理论已经无法继续处于主导位置，中国作为一个中国共产党领导的负责大国，理应参与到国际秩序的重建和国际社会治理当中，提出具有中国气派的自己方案。"建设持久和平、普遍安全、共同繁荣、开放包容、清洁美丽的世界"，成为人类共同价值追求。为此，要坚持对话协商、文明互鉴，对待其他国家和文化采取平等和包容的态度，不同国家与文明之间相互交流。通过共建打造一个共享的人类命运共同体，各个国家都是治理的参与者，都是全球秩序的建设和维护者。在相互的合作中，实现国与国之间的共赢，从而推动人类社会的共同发展和繁荣。在这样人类命运共同体的建构中，国家是推动者，真正交流、合作、发展的实现，需要民间交流和民心相通，需要具有当代平等合作精神的公民，只有具有开放包容精神的公民，才能是合格全球社会的治理者。

第六章　新时代中国公民精神培育的国情考量

个体化后果的应对，必须要进一步建设社会共同体和良性社会秩序，而后者的实现又离不开公民精神的培育。新时代中国需要什么样的公民精神，这就是从文化、政治以及历史方位和未来发展维度出发而构建的四个精神，即价值理性精神、集体主义精神、公共参与精神和平等合作精神。那么对于立足新时代进行中国公民精神培育而言，接下来就要考察中国社会目前是否具有这样的现实性，关涉当下的国情分析成为题中应有之义。在此，现实性的国情研究主要是从经济、政治和文化的层面展开。

第一节　当代中国公民精神培育的经济因素分析

党的十九大报告指出，党的十八大后的五年国家经济建设取得重大成就，国内生产总值达到80万亿元，对世界经济增长的贡献率超过百分之三十。与此同时，国家治理体系和治理能力现代化水平明显提高，不仅如此，全社会的发展活力和创新活力明显增强。[①] 经济的巨大发展和社会治理体制机制创新，不仅在其发展过程中培育了社会个体，使个体获得了在经济和政治生活上程度不同的独立和自由权利，而且还对中国的政治和法治产生了重要影响，政治、法治的发展

---

① 《党的十九大报告辅导读本》，人民出版社2017年版，第3—4页。

又为中国公民精神的培育创造了一定条件。

一 经济发展促进公民政治生活

经济发展与政治发展,究竟是怎样的一种关系,如果以慎重态度对待,是不宜简单地在两者之间建立因果关系的。人们经常凭着直觉和经验,理所当然地认为:经济发展一定会促进政治发展,甚至会从落后的政治形态跃升到进步的政治形态。其理由大概可以表述为,绝大部分发展中国家都是专制或者威权体制,而经济发达国家则大多是民主制度,所以经济发展势必会带来政治的进步和民主制度的到来。不仅一般人会把这个观点当作一种常识性知识,就连学者也会有类似的主张。Seymou Martin Lipset 在阐述经济发展与政治合法性时,就提出了经济发展决定民主政治能否产生的命题。[①] 其学术主张对后来的经济发展与政治体制的关系研究,产生了一定的错误引导,甚至研究者还给出了人均收入3000美元或者4000美元是政治体制变化转折点的结论。不仅如此,西方的现代化理论还为经验性的分析提供了理论的支撑。现代化理论认为,在前民主国家中,随着经济和社会的发展,民主的政治体制迟早要取代威权政治。这似乎是在表明,由威权国家发起的经济改革和发展的现代化,最后用民主政治埋葬了原来的威权政治。从一般人的常识,到学者的主张,再到系统性的理论,都把经济发展与政治发展或民主政治之间联系起来,并且前者是自变量,后者是因变量,好像是再明白不过的了。可是,两者真是这样吗?

厘清经济发展与政治发展的关系,还要从事实分析与实证研究两个方面着手。西方社会是工业化的发源地,其工业化的历史比较悠久,到20世纪后期已经发展到顶峰,因此透过西方社会的工业化发展之路,可以比较清楚地洞悉经济发展与政治发展的关系。西方工业

[①] Seymou Martin Lipset, "Some Social Requisites of Democracy: Economic Development and Political Legitimacy", *American Political Science Review*, No. 53, 1959, pp. 69–105.

社会在长期追逐个人利益的发展中，已经表现出种种的危机迹象，学界的研究成果中都有危机主题包含其中。柯克帕特里克·赛尔曾对危机做过详尽的阐述①，主要内容可以概括为：生态环境濒临危险，对权威的怀疑日益加深，城市的不断堕落，孤独感和不安全感的增长，政治上的疏离和不满，经济的不确定性，世界范围内的不稳定性。当然，柯克帕特里克·赛尔没有能够穷尽工业社会的危机表现，像温室气体效应、森林滥伐等就不在此列。可以说，在自由主义主导的工业社会发展中，个人和群体的活动核心是利益，而"政治学一直是遭到冷遇的"②。社会出现的贫富分化和差距，自由主义不太愿意从公平正义的价值出发，通过重新分配的方式努力解决，而是主张通过经济无限增长的途径替代再分配，"帕累托最优"，就是经济无限增长的一个最具代表性的观点之一。同时，对政治认知和价值认知的可能性持怀疑的态度。因此，在发达工业社会中，政治与经济相比并不活跃，基本处于沉闷的状态。此外，亚当·舍沃尔斯基研究团队历时多年，利用社会统计的方法，对世界多个国家经济与政治发展进行研究，得出了让许多人始料未及的结论。该团队提出，经济发展不能解释政权制度的转型，也就是说经济发展不一定能使威权社会向民主社会转型。

这两个问题的论述，似乎告诉人们经济发展与政治发展没有关系，其实不能这么草率地给出这样的定论。面对工业社会发展中的危机，至少学界已经认识到，必须实现社会的重新政治化，弥合工业社会经济学与政治学的分离，改变经济学家对政治学作用的贬低。亚当·舍沃尔斯基团队的研究结论，也不是否定经济发展与政治之间关系，而是说在经济发展与政权类型之间不存在一一对应的关系，但是，经济发展对于民主政权的存在无疑是极为有利的。从这方面看，经济发展与政治制度之间又有着某种联系，只是这种联系不能化约为

---

① [美]卡西奥拉：《工业文明的衰落：经济增长的极限与发达工业社会的重新政治化》，余灵灵等译，重庆出版社2015年版，第7—8页。
② 同上书，第92页。

正相关关系。其实,马克思关于经济与政治关系的论述,已经确立了他在社会科学当中的重要地位,其论述应该是相当明了的。他指出:"随着经济基础的变更,全部庞大的上层建筑也或快或慢地发生变革。"① 马克思的经济与政治关系思想,对今天理解中国社会的经济与政治发展格局,仍然具有十分重要的指导作用。

中国改革开放以来的实践表明,经济发展在需要政治发展提供支持的同时,也在推动着政治发展。"在中国社会文化形态中,政治因素对中国模式的影响,远比经济和社会因素要强有力得多。"② 这是郑永年对中国政治在改革开放中的影响,所作出的准确评价。早在改革开放之前,国内就掀起了一场关于真理标准的问题大讨论,这场讨论把人们的思想从对领袖的个人崇拜和迷信中摆脱出来,放弃了"以阶级斗争为纲"的思想政治路线,为确立以经济建设为中心的发展方向,奠定了思想政治基础。正因为思想政治的率先变革,才能有后来执政党基本路线的确定。在改革开放的过程中,中国经济的每一步改革与发展,几乎离不开政治改革的支持和保障。虽然中国的改革开放注重基层的试验,表面看来好像是底层改革影响和带动了全局改革,但是中国基层改革经验上升为国家意志和决策,则是需要通过政治改革来实现的。中国改革开放的实践,就真实地反映了政治改革对经济发展的开路和护航作用。中国的改革开放在20世纪后期,主要是通过分权的方式来推进的,其原因在于中国在改革开放之前的政治、经济和社会是高度一体化的,政治的影响和控制遍布人们生活的方方面面。邓小平时期有过两次大的分权③,80年代中国改革实行第一次分权,这次分权主要是政府的经济权力分给企业和个人,分给企业是为了给予企业经营自主权,分给个人是为了调动农民生产的自主性和积极性。90年代是中国改革进行的第二次分权,就是把中央的权力下放给地方,这次分权的规模更大,并且还是制度性的变革,比如分税

---

① 《马克思恩格斯选集》第2卷,人民出版社1995年版,第33页。
② 郑永年:《中国改革三步走》,东方出版社2011年版,第62页。
③ 同上书,第31页。

制和中央银行制度改革。在两次分权改革的背后,其实质是国家管理体制的变革,也是政治制度的变化。因此,那些西方学者认为中国只有经济改革而没有政治改革的论调,显然是无法成立的。中国不仅在行政管理体制方面改革,还发展了农村自治制度、乡镇选举制度和党内民主制度。

不但中国改革开放战略决策的落实需要政治发展,而且解决改革开放过程出现的负面后果,也需要通过政治发展来减少或规避。中国的改革与发展,引起国内外政治精英和知识精英的关注,他们试图把中国的改革与发展归化一种类似"华盛顿共识"的模式,尽管这并不容易。丁学良通过观察中国社会经济发展的稳定性结构特征,描绘了"中国模式"[1]的构成系统,一是一党执政的政治权力系统,二是体现中国特色的社会控制系统,三是政府宏观调控下的经济体制系统。中国模式在给国家与社会带来巨大发展成就的同时,也让中国付出了巨大的发展成本,这个发展成本在很多政治文献和国内外研究中均有阐述。有的学者将其高度概括为"四大成本"[2]。其一,对弱势群体的相对剥夺,包括对农村、农业和农民的剥夺,对内地的剥夺,对民间企业和本地企业的剥夺。其二,对环境生态系统的过度掠夺和破坏,造成了严重的水污染、空气污染、土壤乃至食品污染等。其三,体制性的腐败问题相当突出,从全球整体范围来看处于半数以后,在周边的国家中或者儒家文化圈国家中排在末尾,腐败的涉及面和程度让人惊讶。其四,重大公共政策缺乏公开和透明的讨论,以致造成严重的危机性事件。前面讨论的内容虽然是立足于成本的角度,但它们又何尝不是中国改革与发展中的突出问题呢?弱势群体被相对剥夺问题,关涉社会的公平与正义,是属于价值范畴的事情;生态环境破坏和污染问题,与人的生存权利和生命权息息相关;体制性腐败问题产生的原因,与监督和制约机制相关;公共政策产生偏差,公民

---

[1] 丁学良:《辩论"中国模式"》,社会科学文献出版社 2011 年版,第 43—61 页。
[2] 同上书,第 114—136 页。

参与不足便是根本原因。改革开放中的这些问题要得到有效解决，都与政治发展有关，公平正义、人权问题、监督机制和公民参与都是政治生活的内容，中国的经济发展在取得骄人成就的同时，离不开政治体制机制的改革与发展，而政治的发展显然有助于公民精神的培育和成长。

二 经济发展增强公民法治观念

经济发展尤其是市场经济发展，对法治的建设具有促进作用。"法治"是一种较高形态的社会治理方式，其治理的依据是法律，近代开始成为社会治理的主要手段。它与农业社会的"权治"根本不同，后者是以权力（主要是最高统治者的权力）作为统治的主要工具。虽然在农业社会也存在一定程度的法制，例如，中国春秋战国时期以"刑"为据的法制，国外古希腊的法制，但是这种法制是从属于权治的。权治是不稳定的，它随着时间的变化而变化，也随着统治者的不同而不同。而"法治"与"权治"相比，它以法律制度为基础，因而比"权治"稳定得多，在人类文明的发展中，"法治"取代了因权力意志和个人情感因素而带有不确定性的"权治"。法治以法律制度为前提，它把各种社会矛盾和冲突纳入法制化管理，通过合法机制化解社会矛盾。显然，社会群体利益的多样化以及它们之间的冲突和矛盾，在市场经济社会才比较显著，是市场经济造就了不同利益群体。因此，"法治即使作为一种主观选择，也需要通过市场经济所促进的社会分群来为它提供支持"[1]。也就是说，市场经济的发展对法治建设提出了要求，对于法治建设具有基础性的意义。

不仅历史发展的经验告诉人们这样一个结论，而且理论的研究也指出了经济与法治之间的关系。新制度经济学是研究制度安排与经济发展关系的经济学。科斯是新制度经济学的代表人物之一，在其看来，在市场经济中，资源配置制度与资源配置本身一样重要，而资源

---

[1] 张康之：《论伦理精神》，江苏人民出版社2010年版，第137页。

配置的关键在于资源的所有权归属关系的明确。他还提出一个与常人不同的观点，这就是市场交易不是人们常常见到的物质交换，而是权利的交换，这种权利是法律赋予市场主体的财产所有权，还包括人们依法产生的交易行为权利。法律制度可能提高交易成本，也可能降低交易成本。在科斯的理解中，法律制度、交易成本和经济绩效之间就构成了一定的关系，合理的法律制度将会降低交易成本，而交易成本的降低又会提高经济绩效。合理的法律制度，关键是能够形成最优的产权安排，即是将权利赋予最有效运用它的主体。① 波斯纳也持有相似的主张，"如果市场交易成本过高而抑制交易，那么，权利应当赋予那些最珍视它们的人"②。波斯纳坚持从效率或者财富最大化的标准评价法律，尽管与法律所一贯标榜的公平正义价值相去甚远③，但是这也至少表明，法律制度对经济运行的重要影响，对促进私人合作、降低交易成本、提高市场效率的积极作用。由此，法律制度对经济发展的作用是显而易见的，这也可以从另一面理解，市场经济的发展是离不开法律的支持和保障的。

中国法治经历了曲折发展。中国建设法治国家的理想，始于清王朝覆亡之后。但是，军阀混战、国民政府统一、抗日战争、全面内战，都没有给法治的建设留出空间。最初，中国的法治始于法制建设。新中国成立后，于1954年颁布第一部宪法，即"五四宪法"，然而，这部宪法被人们称为没有"牙齿"的宪法，缺乏相应的制度保障，没有真正发挥宪法应有的作用。后来虽然经过1975年和1978年的两次修订，但是没有摆脱阶级斗争和继续革命思想的主导，对他人的迫害和斗争是革命的核心任务。改革开放以后，法制建设摆上了执政党的重要议事日程。宪法指导思想发生了根本转变，1982年颁布的宪法改弦易辙，扩大了人民的范围，在"五四宪法"的基础上，

---

① 魏建：《法经济学：分析基础与分析范式》，人民出版社2007年版，第20页。
② [美]理查德·A. 波斯纳：《法律的经济分析》，蒋兆康译，中国大百科全书出版社1997年版，第20页。
③ 史晋川：《法经济学》，北京大学出版社2007年版，第20页。

不仅进一步明确公民的权利,还增加了新的内容。这部宪法对推动和保障改革开放,起到了重要作用。1988年七届人大一次会议宣布,"以宪法为基础的社会主义法律体系已经初步形成"①,到1993年,与社会主义市场经济相适应的法律制度,已经初具规模。1997年党的十五大的召开,揭开了法治时代的序幕。在这次会议上,执政党把"依法治国"确立为基本方略,建设社会主义法治国家作为法治建设的目标,这标志着中国共产党在国家治理中,由"法制"向"法治"的重要转变。2007年党的十七大报告指出,要"全面落实依法治国基本方略"②,目的是加快建设社会主义法治国家。2011年十一届全国人大四次会议宣布,以多个法律部门的法律为主干,"以多个层次的法律规范构成的中国特色社会主义法律体系已经形成"③。中国法制建设成就是十分显著的,可是,也还存在法律内部结构不完善、内在质量和实用性需要提高的问题。其中,比较突出的问题在于,进入21世纪之后,法治国家建设在执政党高层的议事日程中似乎消失了踪影。不仅如此,还事实上出现了"较大程度的倒退"④,具体表现为用维稳机制代替了法治建设。2012年党的十八大则提出"全面推进依法治国"⑤,意味着法治成为治国理政的基本方式,这也表明了法治的重返。

依法治国作为重大方略,处于全面、有序和积极推进之中。依法治国,是指执政者依据法律的规范和要求来管理国家、政府和社会,强调法律制度对执政者的行为约束。中共十八大在做出"全面推进依

---

① 全国人民代表大会常务委员会办公厅编:《中华人民共和国第七届全国人民代表大会第一次会议文件汇编》,人民出版社1988年版,第181页。
② 胡锦涛:《高举中国特色社会主义伟大旗帜 为夺取全面建设小康社会新胜利而奋斗——胡锦涛在党的十七大上的报告》,http://http://cpc.people.com.cn/GB/104019/104101/6429414.html,2017年10月25日。
③ 《十一届全国人大四次会议举行第二次全体会议》,《人民日报》2011年3月11日第1版。
④ 郑永年:《民主,中国如何选择》,浙江人民出版社2015年版,第235页。
⑤ 《认真学习党的十八大精神:人民日报重要报道汇编》,人民日报出版社2012年版,第36页。

法治国"重大决策的同时,也对领导干部运用法治思维和法治方式的能力提出要求。以法治思维深化改革,就是把深化改革放在法治的框架内,既要通过深化改革形成发展的活力,又要使改革在有序当中进行;以法治思维推动发展,就是避免急功近利的做法,使社会经济实现可持续发展;以法治思维化解矛盾,就是把矛盾的解决放在法律的制度中,建立有效的纠纷解决机制,以法治思维维护稳定,建立合理的制度安排,平衡各种利益关系。十八届三中全会做出了全面深化改革的重大决定,与此同时对于法治建设也作出了明确要求,这就是"建设法治中国,必须坚持依法治国、依法执政、依法行政共同推进,坚持法治国家、法治政府、法治社会一体建设"[1]。中国特色社会主义法治建设,是一个多维度、全方位的过程,立法、执法、司法、守法和监督必须全面推进。同时法治建设还应当覆盖多个领域,经济领域的市场体系不完善、政府与市场关系的不合理等,需要通过法治来健全和理顺;政治领域中,公民利益表达的机制和渠道不畅,需要法治给予保障;文化领域中除了社会主义主流意识形态外,还有其他非主流的思潮对主流意识形态构成挑战,需要借助于法治来进行引导和抵制;社会领域的发展不平衡和贫富不均,需要通过法治建立有效的调节和分配机制;生态领域的公共资源产权和环境污染,需要通过法治建立保护制度。中共十八届四中全会专门以依法治国作为会议主题,并做出了全面推进依法治国的战略决策,这在执政党的历史上是唯一的一次。全面推进依法治国,制定了相对明晰的路径,涉及七个方面的内容:建设特色社会主义法治体系、法制体系完善与加强宪法实施、法治政府建设、司法公信力提高、法治社会建设、法制工作队伍建设和党对依法治国的领导。[2] 党的十九大确立了习近平新时代中国特色社会主义思想的指导地位,这个指导思想最核心的内容包含

---

[1] 《中共中央关于全面深化改革若干重大问题的决定》,http://http://politics.people.com.cn/n/2013/1116/c1001-23560979.html,2013年11月16日。

[2] 《中共中央关于全面推进依法治国若干重大问题的决定》,http://http://cpc.people.com.cn/n/2014/1028/c64387-25926125.html,2014年10月28日。

"全面依法治国",同时新时代中国特色社会主义基本方略的组成部分中也有"全面依法治国"。党的十九大报告"明确中国特色社会主义事业总体布局是'五位一体'、战略布局是'四个全面'"[①],表明中国共产党已经把"全面依法治国"纳入中国特色社会主义建设的总体布局和战略布局中。

中国法治建设取得的进展主要是在改革开放以后,执政党在治国理政的思想和观念都发生显著的变化。这主要表现在妥善处理了几对关系:一是法治与人治关系。法治与人治是人类社会治理的两种不同的方式。人治是统治者个人或者少数人说了算,决策的失误率高,而且一旦失误将可能导致人亡政息的严重后果。而法治能够保持治理制度的稳定性、连续性;法治本身的规则和程序属性,使其具有可预见性和可操作性;法治能够保证制度运行的效能性。[②] 中国传统社会有着长期的人治传统,民众大多以臣民的身份依附于统治者。即使到了新中国成立以后,人治的方式并没有消失,反而在一段时期愈演愈烈,酿成了一桩桩悲剧。中国共产党人在深刻地总结社会历史发展的教训后,毅然选择了由法制到法治的治理形式,并且面对改革的新形势和社会异常复杂的局面,做出了全面推进依法治国的重大决策。二是法治与德治关系。法治和德治都是国家和社会治理、秩序维护的方式,中国的社会治理究竟是用法治的方式,还是用德治的方式,还是两者兼有的方式,不是没有争议的。面对中国目前存在的社会组织失序、社会道德失范现象,是应当加强法治建设,还是加强道德建设,就有不同的声音。一般来说,道德被看作是不成文的法律,也可以说是内心的法律,而法律则是成文的道德,它们共同调节和维护社会秩序。治理国家和社会,既要发挥法律的规范作用,也要发挥道德的约束和教化作用。因此,法治和德治应当在治国理政中共同发挥重要作用,而不能厚此薄彼,这个结论可以从中共十八届四中全会形成的决

---

① 习近平:《决胜全面建成小康社会 夺取新时代中国特色社会主义伟大胜利——在中国共产党第十九次全国代表大会上的报告》,人民出版社 2017 年版,第 19 页。
② 张文显:《习近平法治思想研究》(上),《法制与社会发展》2016 年第 2 期。

定中读出来。三是党的领导与依法治国的关系。在中国共产党的执政思想中，党的领导、人民当家做主和依法治国是有机统一的，中共十八届四中全会，不但强调宪法和法律的权威、法治的规范和引导作用，也强调执政党对依法治国的领导作用，并把党的领导贯穿到依法治国的全过程中。由此，一些人不免产生"党大还是法大"的困惑。中国共产党的领导，是在长期的革命和建设中形成的，它是中国政治生活的核心。执政党不仅是社会主义事业的领导核心，也是建设社会主义法治国家的领导核心。执政党对推进依法治国的领导，是中国法治区别西方法治的重要标志。但是，依法治国和依法行政，也要求执政党依据宪法和一般性法律治国理政，依据党规党纪管党治党，即执政党必须在法律规定的范围活动。应该说，在党的领导和依法治国的关系中，党的领导是关键，依法治国是保障。

由此可见，依法治国的全面推进，将通过法律体系完善、法治政府建设和司法公正等途径实现社会治理的法治化，有助于增强公民法治信心和法治意识。执政党在治国理政方面所体现的法治思维和理念，将进一步端正公民对依法治国的正确认识，激励公民提升法治素养，"法治国家、法治政府、法治社会建设相互促进"，"全社会法治观念明显增强"。[①]

第二节 当代中国公民精神培育的民主政治考察

民主政治就其本质而言，就是公民的政治。中国特色社会主义民主政治的发展，也可以说就是中国公民政治的发展，公民作为民主政治的主体，在民主政治的实践中得到重要的历练和成长。立足新时代，在经济建设取得重大成就的同时，社会主义民主政治建设迈出了重大步伐，依法治国全面推进，社会主义民主不断发展，党内民主更加广泛。

---

① 《党的十九大报告辅导读本》，人民出版社2017年版，第4页。

一 为人民当家做主的社会主义民主政治正名

对于中国政治的性质或者说类型，无论从政党和国家的政治架构中，还是从中国共产党对外政治表达中，可以十分清楚地看到是社会主义民主政治。然而，国内外始终存在一些并不一致的声音。西方研究者大多从自身的民主标准出发，把发展中国家包括中国政治定义为威权政治[1]，而中国的部分学者则将国家政治体制归入权威政治[2]，或者划入新权威主义政治范畴[3]。权威政治虽然在名称上与威权政治不同，但并无本质差异，也可以说权威政治就是威权政治。如果说有什么不同的话，那就是在使用者的区分上，国外学者大多认为中国政治是威权体制，而中国有些学者对此多用权威主义或者新权威主义来表达。辨明是民主政治还是威权政治，是洞察中国公民政治生态的一个重要前提。

既然已经提及威权政治或者威权主义政治，那对威权主义应该进行一些必要的了解。20世纪30年代，威权主义是沃格林用来描述西南欧国家独特政治体制的概念。60年代和70年代，东亚和拉美的一些发展中国家对民主的摒弃，导致了威权主义势力的壮大。林茨在对西班牙的研究中，首次对"威权政体"概念给出明确的界定，将非民主和非极权的政体统统归入威权政体。从整体上来说，威权主义政治是现代化过程中出现的一种较为温和的政治体制，它介于民主与极权之间。具体来看，威权主义主要特点有四个方面：第一，多元性。

---

[1] 杨朝晖认为，西方政体理论在论述中国政体的时候，广泛使用威权政体的字眼。参见杨朝晖《权威主义的终结与中国政治的渐进发展》，《国际政治研究》2013年第1期。美国学者赵娜通过对中国当今民间社团发展情况的研究，提出了协商式威权主义在中国兴起的结论。参见［美］赵娜《民间社团的发展：协商式威权主义在中国的兴起》，孟庆波译，《国外理论动态》2014年第3期。

[2] 郑永年认为当前中国存在三种主流的意识形态，其中一种为激进政治自由主义。激进政治自由主义把当下中国社会出现的很多问题，归因为政治权威主义所导致的，而这些问题的解决，需要通过民主化制约政治权力，如引进西方的分权和宪政机制。参见邓永年《民主，中国如何选择》，浙江人民出版社2015年版，第139页。

[3] 如萧功秦等学者基本是用新权威主义理论分析中国的政治问题。

这个多元性是威权主义与极权主义进行比较得出的结论，但是如果与民主体制相比，威权主义则显得比较狭隘。威权主义的多元性主要表现在社会和经济领域，在政治领域中就明显有限。威权政体中，当权者既要取得统治阶层的信任和支持，也要能够适当吸纳社会团体的意见，同时扩大政治权力系统以便让更多的社会阶层进入。当然，领导人或者执政党对权力的控制依然比较严格，这使得威权主义政治呈现出一定的独裁特征。第二，没有严密和完整的意识形态。意识形态在极权主义那里是重要的信仰基础，它可以增强人们为着特定目标奋斗的使命感，为人们描绘美好的乌托邦图景，也可以为政权的建立与维护提供必要的合法性。较之极权主义对意识形态的高度重视，威权主义则对构建一套统摄人思想的官方意识形态并不用心，其更多的是通过政治多元化获得利益，同时也取得组织支持，注重继承和吸纳传统，从而赢得社会对政治制度的认同和忠诚。第三，关于社会动员的态度不同。威权主义国家与民主政体国家一样，社会的组织动员和参与方面，远远落后于极权主义国家。威权主义国家就其本身来说，社会动员的愿望并不积极，不鼓励积极的政治参与，不仅如此，它更希望民众对政治是冷漠的。而对于民主政体而言，根本就没有建立强制性的社会动员与参与机制。第四，领导人产生的途径不同。如果说极权主义政体领导人产生的合法性，在于对执政党的历史贡献和忠诚程度，而威权政体领导人的产生，则已经具有职业化的特征，技术型专家越来越多，个人执政能力相对于个人魅力更为重要。尽管威权政体经常从执政党内部的精英中产生领导人，但是也并不排斥从具有较大影响力的其他社会阶层中选拔，关键是考察其个人的能力及其在某个阶层的影响。

把中国政治贴上威权主义的标签，其认定的历史起点一般是以改革开放以后，但是，在学术上也不是没有分歧的。有研究者把毛泽东时期的政治看作是极权政治，"是苏联式极权主义体制的代表"[①]，认

---

① 许瑶：《威权主义：概念、发展与困境》，《国外理论动态》2013年第12期。

为其带有乌托邦性质的意识形态色彩浓厚，无所不能的国家权力全面渗透到经济、社会乃至个人生活中，体现领袖战略构想的政治动员和政治运动频繁开展，领袖人物具有至高无上的权威，成为民众普遍崇拜的偶像，几乎发展到神话的地步。而改革开放后，中国的政治体制由苏联式的极权政治转型为威权政治，在经济方面出现了国有经济和私人经济混合发展的格局，在行政管理方面专家治国的局面得以出现，政策制定的意图主要服务于民生而不是意识形态，社会由封闭走向了开放，这些中国社会的发展特征，被看作是威权主义的证据。而有的学者观点则与之差异较大①，他把1949—1976年称为毛泽东时代，同时把1978—1997年看成是邓小平时代，这两个时代中领导人共同之处是具有崇高的政治威望，拥有重要的创造与确定政治思想和理论的能力，并对整个国家的未来发展产生重要影响。这个构成了政治威权主义的基本特征。随着领袖人物的逝世，中国政治步入了后威权主义时代。这个时期政治发展的主要特征表现为：一是领导人个人意志受到了法律制度越来越强的约束，民主与法治受到民众的普遍欢迎，增量改革成为解决政治、经济和社会问题的主要手段。二是领导人科学化、民主化决策水平不断提高，专家型的领导治国，更多的是体现决策的科学性和民主性，其缺乏威权主义体制的领导多年积累的政治威望。三是领导人通过回应广大民众的利益诉求，来获得人们的认同和支持，巩固政治合法性基础，所以务实和亲民成为领导人的行动和政治选择。

除了将中国政体理解为威权政体之外，也有把中国政体解读为新权威主义政体的。俄罗斯学者库泽科等人认为，中国在20世纪80年代后期，新权威主义开始出现，其明显的标志在于主张市场关系和政治民主要在全面现代化的过程中成熟起来。中国学者萧功秦认为邓小平的改革是新权威主义的改革，并在中国的语境中阐述新权威主义的

---

① 杨朝晖：《权威主义的终结与中国政治的渐进发展》，《国际政治研究》2013年第1期。

两个特征，一个是执政党的权威不容挑战；另一个是通过发展以市场为主导的经济，满足人民日益增长的生活需要，化解社会各种矛盾。那么何谓新权威主义呢？新权威主义作为专有名词，在西方出现较早，但是在中国的出现，已经是80年代中期，主要是在学术研究者的交流和讨论中使用。新权威主义是从旧权威主义向自由民主制度转型的中间过渡阶段，是发展中国家尤其是东亚国家走向现代化的必经阶段。西方学者们一般将政治体制和历史模式分为三种，第一种是旧权威主义和集权模式；第二种是新权威阶段和半集权模式；第三种是自由民主阶段和分权模式。① 简而言之，新威权主义就是国家从旧权威主义的集权体制走向蜕变或者解体过程中，新的民主制度无法运作、尚未建立的条件下，由具有现代化意识的政治强人和领导组织所建立的权威政体形式。② 萧功秦认为，从邓小平以经济建设为中心的新威权主义改革，到"习李体制"对意识形态的加强管理和领导，把半开放的官僚市场经济变为成熟的市场经济，是新威权主义的升级。同时指出，中国新威权主义是开放的而不是封闭的，尊重倒逼机制对决策和行为的引导作用，从常识理性出发而不是从意识形态出发处理社会问题；新权威主义把民生与法治作为治理目标，实现社会公平正义；新权威主义还面临如何处理社会组织或民间组织的问题，民间组织与国家可以形成社会治理的合力，但是权威主义本身对公民的政治参与始终抱有一种不太积极的态度。

但是，不论是威权主义或者权威主义，还是新威权主义，它们只能是研究和讨论中国政治体制发展的个人认识，而不能作为代替中国特色社会主义的民主政治制度。西方学者在研究亚洲、拉美、北非等地区发展中国家的政治制度时，往往从西方中心主义出发，构建了极权、威权和民主三种类型的政治体制理论，把所有非民主、非专制或非极权的国家全部归类到威权主义之中，实际上这种做法本身不仅不

---

① 陈峰君：《威权主义概念与成因》，《东南亚研究》2000年第4期。
② 杨朝晖：《权威主义的终结与中国政治的渐进发展》，《国际政治研究》2013年第1期。

太合理，而且也没有跳出传统的以欧美为中心所建立的中心—边缘结构思维，用自身的理论标准作为尺子去度量发展中国家的政治发展水平，并以此为基础把其他国家贴上威权主义的标签，这显然具有理论和文化霸权之嫌。绝不可以把别人免费给予的标签当作是一种事实，而是应当从国家的社会、政治、经济发展的实际出发，做出自己独立的判断。中国在20世纪80年代，出现的知识分子讨论威权主义问题，也只是知识分子从研究的角度来探究中国的政治体制改革与发展状况，并不能说明中国的政治体制就是威权主义。从中西知识界和思想界对威权主义的实际使用来看，威权主义作为认识政治体制性质的工具性意味更多。同时，学者在对中国进行威权主义分析的过程中出现的不同观点，也表明了学术讨论的成分更重。当然，也不能否认少数人就是认为威权主义是中国的政治体制。

对于那些把中国政治体制定义为威权主义的，需要持一种批判的态度。首先，政治发展方向不同。中国在政治发展方向上与威权主义政治是不同的，中国现阶段的政治体制和政治发展方向，是由社会主义的理论与实践决定的。我国目前坚持的是中国特色社会主义道路，那么政治体制只能是与中国特色社会主义道路相适应的民主政治，政治发展方向也只能是完善和发展中国特色社会主义民主政治。中国民主政治是通过两个方面来实现的，一个是根本政治制度，即人民代表大会制度；另一个是基本政治制度，就是中国共产党领导下的多党合作和政治协商制度、民族区域自治制度以及基层群众自治制度等。而所谓威权主义是位于极权制度与民主制度之间的过渡性政治体制，不论它是"半民主、半集权"的政治体制，还是披着"民主外衣"[①]的专制主义制度，其发展方向都是以西方为中心的自由民主制度，而自由民主制度的主要内容是多党制、普选制、三权分立等。这与中国共产党的一贯明确主张是完全不同的，中国共产党坚持一党执政，坚持马克思主义指导思想地位，坚持走有中国特色社会主义道路。

---

① 吴兴唐：《威权主义评析》，《红旗文稿》2012年第4期。

其次，对待意识形态和社会动员的态度不同。威权主义对意识形态的地位和作用，并不十分看重，而中国特色社会主义民主政治高度重视意识形态。习近平同志在全国宣传思想工作会议上，突出强调了意识形态工作的重要性，认为意识形态是党的一项极端重要的工作，并指出要巩固马克思主义在意识形态的指导地位，要坚定马克思主义、共产主义信仰。中国共产党既高度重视在党内的意识形态建设工作，也高度重视让党的意识形态转变为国家的意识形态，同时面向社会做好社会动员工作。改革开放前，意识形态的核心内容是阶级斗争，改革开放之后以经济建设为中心，实用主义做法处于主导地位，意识形态的影响明显减弱。但是，执政党和国家并没有放弃意识形态工作，加强社会主义精神文明建设，建设社会主义和谐社会，全面实现小康社会目标，实现中华民族伟大复兴的中国梦，这些都是执政党和国家加强意识形态工作的具体表现，通过这些意识形态动员民众，从而构建中国社会的共同思想基础。事实上，不仅存在执政党和国家层级的意识形态，也存在社会层面的多种复杂意识形态。其中，主要意识形态有三种，即极端新自由主义经济思潮、激进政治自由主义和左派民粹主义[1]，对中国社会产生了深刻的影响。

最后，治国方式不同。权威主义政治体制主张的治国方式是精英治国，精英的来源是通过开放政治体制，大部分从社会招募，以此建立政治精英集团，达到管束和引导社会的目标。新加坡在招募政治精英过程中，还形成"亲商"的概念，就是把商界的风云人物整合进政治精英中。但是，同时权威主义的政治开放对普通民众则是有限的，只是在需要的时候，把民众整合进政治生活和相应制度之中。中国治国的方式则是"人民当家做主"。"人民当家做主"是中国新民主主义革命的重要目标，新中国成立后中国建立人民民主专政的共和国，确立了广大中国人民当家做主的地位。在改革开放进程中，中国共产党十分重视党内民主的发展，把党内民主视为党的生命，实践中

---

[1] 郑永年：《民主，中国如何选择》，浙江人民出版社2015年版，第138—140页。

不断加强党内民主建设。在加强党内民主建设的同时，又把民主扩大至整个社会，并形成了人民民主是社会主义生命的共识。马克思主义历史唯物论揭示了这样的一个道理：人民群众是历史的创造者。中国共产党 90 余年的实践经验表明，党的执政之基和力量源泉是人民群众，执政合法性的判断标准在于是否代表了人民群众的根本利益。群众路线是党的根本工作路线，一切为了群众、一切依靠群众的工作追求，在执政党与人民之间建立了非常紧密的关系。因此，中国治国方式形式上是共产党一党执政，但是其执政背后是民众思想和利益的反映，本质上是人民当家做主。另外，中国政治在党的十八大之后从传统走向现代，政治结构发生了两个方面质的变化。① 一是权力结构的变化，主要表现：从强人政治转向后强人政治，从一人政治或一人专制转向多人政治；社会利益的高度分化，导致党内利益多元化；党的接班人由近乎传统的指定方式，转向政治方式即非指定方式。二是出现党内政治竞争。从个人专制到多人政治，必然带来竞争性政治的发展，同时党内利益多元化，也使得利益从相互容纳到相互竞争的转变。由此可见，中国政治已经不再是权威主义所说的强人政治时代，政治竞争和利益多元都发生在党内，与权威主义的向社会其他阶层开放政治不同，不可能在党外实行多元竞争。

　　毫无疑问，"民主"是中国现代社会历史发展的主题。五四运动中，"民主"是两面爱国大旗中的一面旗帜；孙中山等人领导的旧民主主义革命，推翻了王权专制统治，建立了中华民国代议民主体制；毛泽东等人领导的新民主主义革命取得胜利，成立中华人民共和国，建立人民民主专政的政治体制；邓小平等人领导的改革开放，进行了政治体制和经济体制改革，但是中国的政治制度没有发生根本改变，依然坚持中国社会主义的民主政治。所以，民主已经成为中国政治的重要指向。新中国成立以来，尤其是改革开放之后，中国的民主政治有了进一步的发展和完善。考察中国民主政治发展状况，无外乎主要

---

① 郑永年：《民主，中国如何选择》，浙江人民出版社 2015 年版，第 162—164 页。

从党内民主和人民民主或者社会民主方面进行,党内民主既是中国民主政治改革和发展的突破口,也对人民民主或者社会民主具有示范和带动作用。这两个方面的民主发展,有助于从国家到社会整个民主规则和民主文化的形成,这为中国公民成长和公民精神培育提供了重要的政治环境。

二 具有民主带动作用的党内民主发展

党内民主作为精英民主,对社会民主或人民民主具有带头和示范作用,因此党内民主的建设和发展,必然对公民的政治民主生活产生重要影响。

改革开放以来,中国共产党高度重视发展党内民主的重要意义,对党内民主的认识不断深入。中共十一届三中全会强调指出,在党的生活和国家政治生活中要加强民主,其主要在于思考和解决领导权力高度集中和权力滥用的问题。对党内民主地位的认识也由手段变为目的,正如邓小平曾指出的那样,"我们各种政治制度和经济制度的改革……都是为了发扬和保证党内民主,发扬和保证人民民主"[1]。江泽民曾将党内民主发展与党的兴衰紧密联系起来,他提出,"发展党内民主,是党的事业兴旺发达的重要保证"[2]。党的十六大更是提出了"党内民主是党的生命"重要论断,这是执政党对党内民主的全新阐述,表明党内民主理论已经发展到新阶段。后来,党的十六届四中全会,把党内民主与中国政治发展进行联系,主张"发展党内民主,是政治体制改革和政治文明建设的重要内容"[3],表明中国共产党人对党内民主的认识已经不再局限于党内,而是从党内走向党外,把党内民主放在中国政治文明发展的全局加以审视。

党内民主建设的制度化和法律化趋势比较明显。实际上,历史教

---

[1] 《邓小平文选》第2卷,人民出版社1994年版,第372—373页。
[2] 《江泽民文选》第3卷,人民出版社2006年版,第287页。
[3] 中共中央文献研究室编:《十六大以来重要文献选编》(中),中央文献出版社2006年版,第294页。

训不仅在于党的领导权力过分集中的问题，还在于民主的制度化、法律化缺失的问题。所以，邓小平在对历史教训反思之后深刻地指出，"必须使民主制度化、法律化，使这种制度和法律不因领导人的改变而改变，不因领导人的看法和注意力的改变而改变"①。这里的民主不是一般性的民主制度，而是特指党内民主。在此后不久，邓小平进一步明确指出，党内民主制度还有不完善的地方，需要制定法律、法令和条例等，使民主制度制度化、法律化。由此可见，改革开放之后，邓小平提出党内民主这个政治主题较早，可是遗憾的是，当时"并没有成为执政党的头等政治议程"②。邓小平党内民主制度化的重要性认识，主要是基于政治安全的考虑，这个政治安全可以概括为领导人的专制、领导层的更新以及"一把手"的腐败问题。邓小平作为承前启后的一代领导核心成员，在党内具有崇高的威信，在改革蓝图的设计和重大政治思想争论的处理上，具有一般领导不可比拟的优势，加之改革开放之初，经济建设是党的工作中心，因而党内民主没有成为党内头等重要的大事也就在情理之中。在邓小平之后党内民主建设始终在推进，党的十六大第一次提出"党内民主是党的生命"③著名论断，表明中国共产党在新世纪对党内民主重要性的认识达到了前所未有的水平，并且这个论断在党的十七大和十八大继续得到沿用。党的十八大除了重申"党内民主是党的生命"外，还提出"要坚持民主集中制度，健全党内民主制度体系"④，显然是要通过制度化建设，推动党内民主发展，这也是执政党在党内民主发展理念上的重要变化。

---

① 《邓小平文选》第2卷，人民出版社1994年版，第146页。
② 郑永年：《民主，中国如何选择》，浙江人民出版社2015年版，第150页。
③ 江泽民：《全面建设小康社会，开创中国特色社会主义事业新局面——在中国共产党第十六次全国代表大会上的报告》http：//www.china.com.cn/zhuanti2005/txt/2002-11/18/content_ 5233921.htm，2002年11月11日。
④ 胡锦涛：《坚定不移沿着中国特色社会主义道路前进 为全面建成小康社会而奋斗——在中国共产党第十八次全国代表大会上的报告》http：//www.wenming.cn/xxph/sy/xy18d/201211/t20121119_ 940452.shtml，2012年11月19日。

党内民主与人民民主的关系,在重大的论述中进一步得到阐明。党内民主属于精英民主,而人民民主或者社会民主则是大众民主,在精英民主与大众民主两者中,存在着先后关系,基本上是精英民主要先于大众民主。党内民主推动、带动人民民主,从其发展的逻辑看,是符合民主发展的历史和实践的。在民主的诞生地的西方国家,可以看到这样的历史事实。西方民主在大多数发达国家的长时间历史中,只是少数群体才能够拥有,如贵族阶层和资产阶级,而民众的普选民主直到后来才逐步发展起来。然而,即使在大众民主时期,精英政治的影响虽有下降,但是依然在大众民主之上。精英之间的冲突通过民主体制的化解而变得文明起来,不太会导致前民主时代的暴力冲突。在民主体制中,可以看见精英之间的协商、妥协和退让,因为精英们各自代表不同的社会利益,这也形成了不同利益之间的妥协和退让。中共重要会议和文献,对党内民主与人民民主的关系的定位和阐述发生了变化,从党内民主对人民民主的推动作用,变化为党内民主对人民民主的带动作用。党的十三大报告提出,"以党内民主来逐步推动人民民主"[1],同时,还指出这是发展社会主义民主政治重要和可行的途径。党的十四届四中全会对党内民主与人民民主关系的阐述发生了一些变化,认为"发扬党内民主必然推进人民民主"[2]。江泽民总书记在中国共产党建党80周年大会的讲话上指出,"通过发展党内民主,积极推动人民民主的发展"[3],表明党内民主与人民民主的关系不再是一种理论认识的统一问题,而是在民主政治的实践中要建立两者关系。其后,中国共产党对党内民主与人民民主的关系又有了进一步的认识。党的十六大创造性地提出,党内民主"对人民民主具有重要的

---

[1] 中共中央文献研究室编:《十三大以来重要文件选编》(上),中央文献出版社2011年版,第43页。

[2] 中共中央文献研究室编:《十四大以来重要文件选编》(中),中央文献出版社2011年版,第8页。

[3] 《江泽民文选》第3卷,人民出版社2006年版,第288页。

示范和带动作用"①。党的十七大则在坚持党内民主对人民民主具有带动作用的基础上，对党内民主提出了扩大的要求。②党的十八大继续坚持"以党内民主带动人民民主"的政治主张③。就其本质来说，党内民主在中国民主政治建设中，已经被摆到极其重要的优先地位，发展党内民主不但对人民民主具有示范性，而且业已成为中国社会主义民主政治的切实有效的途径。在这个方面，执政党对民主的重要性认识，是符合民主发展的历史顺序和实践逻辑的。

党内民主不仅在理论层面取得重要的发展成就，在实践当中也是成效显著。第一，党内高层的集体领导体制的确立。邓小平作为中国著名政治家和改革开放的总设计师，早就看到改变党内过度集权的有效办法是集体领导制度，并为此也进行制度建设方面的努力，但是党内政治生态的快速变化却是在邓小平逝世之后。一是领导产生方式不再是单纯的任命方式，而是过渡到党内政治竞争，显然民主的氛围更加浓厚。二是领导方式向集体领导转化，避免了强势和影响巨大的领导对民主集中制的干扰。三是党内利益多元化已经成为常态，这是由社会利益的多元化决定的。因此，郑永年认为党的十八大是一个标志性的历史，它很可能是"中国现代政治的元年"④。

第二，党内选举制度的改革。选举制度的改革和发展，主要表现在两个方面：一个是逐步实行差额选举制度。执政党先是在关于党内政治生活的重要文件中，明确提出要实现差额选举，以便体现选举人的意见，党的十三大便进行了差额选举的尝试，并以此为基础，将差额选举的实施范围由上向下扩展。另一个是基层党组织的直接选举改革。基层党组织实行直接选举的制度，是21世纪党内民主建设的重

---

① 中共中央文献研究室编：《十六大以来重要文件选编》（上），中央文献出版社2005年版，第39页。
② 中共中央文献研究室编：《十七大以来重要文件选编》（上），中央文献出版社2009年版，第39页。
③ 胡锦涛：《坚定不移沿着中国特色社会主义道路前进 为全面建成小康社会而奋斗——在中国共产党第十八次全国代表大会上的报告》，人民出版社2012年版，第51页。
④ 郑永年：《民主，中国如何选择》，浙江人民出版社2015年版，第162页。

要亮点。目前直接选举主要在农村的村级组织实行,在乡镇一级还处在试点阶段,没有全部推开。城市社区也在试点之中,当然社区试点比乡镇的试点要迟。其选举的主要办法是,党员、群众以及上级党组织共同推荐候选人,实行差额推荐、差额考察,部分地方实行差额选举。

第三,完善党的代表大会制度。在恢复定期召开党代表大会的基础上,推进党代会常任制和党代表任期制改革。实行党代会常任制,意在充分发挥党代表在任期的作用,履行代表职责。早在20世纪80年代后期,就启动了党代表常任制的试点工作,党的十六大之后,第二轮试点便在更大范围展开。应该说,通过两轮的试点,党代会常任制取得了一些成效,也积累了一些经验。之后不久,党的十七大提出要实行党代表任期制,并通过修订党章明确了党代表任期制的内容。与任期制相呼应,又出台了党代表任期制的暂行条例,对党代表的权利和职责、工作方式、履职保障等作出了明确规定。

第四,建立健全党务公开和党内监督制度。实行党务公开,是党内民主的重大突破。党的重大决策中,第一次提出党务公开是党的十六届四中全会,会议提出要建立和完善党内情况通报制度、情况反映制度、重大决策征求意见制度,目的是增加党务工作的透明度,让党员能够了解和参与党内事务。党的十七大直接明确了推进党务公开与发挥党员主体作用的关系,并在党章中规定党的各级组织实行党务公开,这样不仅突出了党务公开的重要性,也为维护党员知情权、参与权、选择权和监督权提供了前提。21世纪以来,党务公开制度的内容更加丰富,除了前面阐述的三项制度外,又增加了社会公示和听证制度,以及重大决策的专家咨询和论证制度。同时,中央制定了党的基层组织党务公开的文件,启动了县级党委权力透明运行的试点工作。党内监督制度不断完善,监督力度不断加大。在县级以上党委建立纪委,作为党内专门的监督机构。建立党内巡视制度,将其作为党内监督主要制度之一,在党章中规定了巡视制度的内容,同时还专门制定和颁布党内巡视工作条例。在党的十八大之后，党内巡视制度在反腐斗争和党风廉政建设中发挥了显著的作用，是约束领导干部权力的一件利器。21世纪初，党内监督在制度化、规范化和法制化方面得到进一步发展，在不少方面都取得了明显的突破。例如，确立了党内监督的重点对象，规定了舆论监督的有关内容，明确了罢免或撤换的制度，等等。

党内民主的示范作用和实际发展成效，在全社会形成了一种良好的民主政治氛围，既为党员公民的权利履行提供了机会，也为社会民主的发展提供了动力，有利于公民民主意识的成长，对公民精神的增强具有十分重要的意义。

三　社会民主中的公民参与与自治

社会民主是审视中国民主政治发展的另一个重要视角。"社会民主"，也可以说就是在中国政治当中经常出现的"人民民主"。① 与党内民主相比，社会民主具有明显的差异性。从民主的走向看，党内民主政治从上到下的特征比较明显，而社会民主则是自下而上的政治参与。两者的政治功能也不一样，党内民主发展是提高党的执政水平和执政能力的要求，也是执政为民的需要，社会民主是广大人民当家做主的直接表现形式，也为人民履行主权权利提供制度保障。中国的社会民主形式比较多样，其主要内容有人民代表大会制度、政治协商制度、基层单位民主自治和社会组织自治等。在此，想着重从治理的角度来探讨公民参与和社会自治两个问题，之所以选择"治理"的角度，因为"治理"作为一个概念已经在党的十八届三中全会进入官方文件，原来的"社会管理"改为"社会治理"，国家治理体系和治理能力的现代化，已经成为中共全面深化改革的总目标的内容。同时，还因为"治理"其本身属于政

---

① 著名政治学者郑永年认为，从学理上看，把"人民民主"视为"社会民主"似乎更为合适。其中的原因多半是人民概念的政治意味甚浓，较之"社会"这个概念缺乏周延性。

治的范畴，在很大程度上，中国的政治改革就是治理改革，而不是政治体制改革。社会治理的水平也反映了中国政治文明的发展程度，尤其是公民参与和社会自治成为社会治理中引人关注的两个方面。

公民参与在社会治理中的作用越来越受到重视，并在实践中逐步运用。公民参与作为社会治理的一种方式，是对传统的政府一元治理模式的完善。传统的治理分离了主权与治权，主权所有者是全体人民或者公民，政府是通过公民赋权而代表公民执行治理任务的机构，但是这个以自由和民主为理论基础的制度架构，在实际运行中出现了严重的弊端，尤其当政府官僚化的特征越发明显的时候，造成了政府治理公共性的衰落，政府与一些利益集团关系的建立，政府服务外包的市场运作模式，都可能使政府的行为偏离公共性。其带来的后果是政府作为治理者与公民作为人民主权所有者的渐行渐远，同时政府治理行动压缩了社会行动空间，抑制了社会的自主性和独立性。20世纪后期以来，公共行政理论、治理理论等，不再把政府作为唯一的治理主体，独享社会治理权利。除了理论上体现出打破治理主体一元的模式外，实践上在"新社会运动"和"公众参与运动"中，公民或者公民组织表现出积极的参与治理愿望，有的甚至还显示了独立治理的能力。这也就是有的学者说的行动主义的兴起[①]，公民由原来的意见表达者，变为直接参与者，加入原来政府垄断的社会治理行动中。进入21世纪以来，中国社会治理格局的转型，也体现了行动主义治理思想的要义。党的十六大和十六届四中全会，均强调要推进社会管理体制的改革创新，建立健全党委领导、政府负责、社会协同、公众参与的社会管理格局。公众参与或者说公民参与，已经被执政党写进重要文件中，并成为社会治理的一个重要组成部分。

改革开放以来，中国公民参与形成了自身的一些发展特征。第

[①] 张康之：《公共行政的行动主义》，江苏人民出版社2014年版，第21页。

一，中国公民参与治理的行动主要发生在地方层面。应该说当代中国民主政治的发展，主要是沿着民主选举和公民参与这个方向进行的，其中公民参与还是中国"民主政治建设的突破路径之一"①。由于地方往往是民众生活的场所，地方政策的制定、执行都与民众的自身利益息息相关，而且民众还可以真切地感受社会治理政策的影响，并能够从中获得一定的利益；加之基层民主制度的建设和发展，创造了一定的民主政治氛围，民主选举、民主参与、民主管理和民主监督的逐步实施，为公民参与治理活动提供了有益的环境。所以，中国当前的绝大多数公民参与是在地方的层面进行。第二，中国公民参与的意愿较高。根据研究者的调查②，从参与意愿来看：一是性别和民族对公民参与意愿的影响，男性高于女性，少数民族高于汉族。二是学历和政治身份的影响，学历越高参与意愿越强，中共党员高于群众。三是公民参与的事务不同，或者不同群体参与同一事务，参与意愿也不同。例如，青年人在政策参与方面要高于中老年人，而在像村民委员会选举这样的公共事务中，青年人要低于中老年人；国家机关人员参与政策意愿强，社团人员参与社区事务意愿强。四是一般来看经济收入越高，公民参与意愿越强，但是在社区治理中，公民收入越低反而参与意愿越强。第三，公民对政治权利重视不够。调查结果还显示③，如果将公民权利分为政治权利、经济权利、社会权利、法律权利和文化权利五类，公民重视程度高的是法律权利、经济权利和社会权利，而文化权利和政治权利则重视程度较低。

中国公民参与在宏观层面有两种主要途径，一种是体制内的途径，另一种是体制外的途径。体制内公民参与除了一些比较成熟的机制，如人民代表大会制度、政治协商制度，还有一些其他不太成熟的公民参与机制。一般来说，中国公民参与有多种机制，包括民意表达

---

① 朱德米：《公共政治制定与公民参与研究》，同济大学出版社2014年版，第192页。
② 史卫民、程文侠：《近年问卷调查反映的中国公民政治参与特征》，载肖滨《中国政治学年度评论》（2014），上海人民出版社2014年版，第31页。
③ 同上书，第40页。

机制、民意代表机制、协商对话机制和参与治理机制等。① 民意表达机制，也就是民众意见或建议传递的通道，既可以在立法工作或者重大决策中使用，也可以在基层民主选举、监督政府中应用。民意代表机制是指通过公民赋权的代表代行公民参与公共事务的权利，这是一种间接的公民参与。民意代表机制的生效主要有三个关键环节：首先是民意代表的产生，产生方式可以是直接选举，也可以是间接选举，当然也有提名推荐的情况存在。其次是监督政府工作，通过提交反映民众意见的议案，对政府领导失职行为提出质询，对政府工作绩效进行评估，促进政务公开，履行代表的监督职能。最后是民意代表制度建设逐步完善，实行代表持证考察制度、会见选民制度、述职报告制度。协商对话机制，就是通过不同利益方之间的沟通协调，以达到平衡各方利益，达成共识的政治目的。协商对话机制的前提是形成利益相关方的政治互信和共识，然后通过启动协商程序来影响决策行为，最后通过直接参与实现监督。参与治理机制，是公民组织或个人以参与者的身份，参加包括政府在内的社会治理行动，为社会共同生产或提供公共产品，从而成为社会治理的补充力量。政府设立协管员，协助开展公共服务活动；政府将服务项目委托给民间组织，或者收购民间组织的服务；公民直接参与社区公共服务等，都是公民参与政府治理的当下表现形式。

在以体制内公民参与为主的同时，中国公民参与还有体制外的形式，如越级上访、非法集会、暴力抗法和选举贿赂等。② 越级上访是公民个人或者群体，为了维护自身的利益，越级寻求法律援助的行

---

① 孙柏瑛认为，中国公民参与有五种机制，即民意表达机制、民意代表机制、协商对话机制、社会管理机制和合作治理机制。但是，本书只论述四种机制，"社会管理机制"多涉及社会组织自治的问题，因此就不再将其放在公民参与的部分。同时，"合作治理机制"表述并不准确，在中国社会治理中主要还是"参与治理"，政府在治理中处于主导地位，公民只是治理的参与者而非合作者。参见孙柏瑛、杜英歌《地方治理中的有序公民参与》，中国人民大学出版社2013年版，第216页。

② 参见孙柏瑛、杜英歌《地方治理中的有序公民参与》，中国人民大学出版社2013年版，第227—232页。

为，这种行为具有非法化的特征。暴力抗法是公民采用带有暴力性的行为，对抗政府的管理，严重扰乱社会秩序，希望以此抗拒执法行为或行政处罚。贿选行为主要是通过对选举人进行财物或者美色方面的收买，试图让选举人按照贿赂者的意图进行投票，进而谋取公共权力，或者左右重大决策的走向。贿选行为虽不能算是常态，但是它并没有被完全杜绝。

社会民主第二个方面表现是社会自治的发展。社会自治是公民或民众的一种自我治理，治者既是治者也是被治者，治者与被治者的界限已经不再清晰。社会自治与公民参与不同，公民参与是在国家或者政府主导的治理体系进行的，公民只是多元治理主体当中的一方，而且较之政府这个主体，公民在治理中的地位和影响都远不及政府。严格来说，社会自治只有在后工业社会条件下才能存在①，后工业社会的高度复杂性和不确定性特点，决定了政府不再能够主导社会治理系统，更不能独占社会治理权利，而是要与公民或其他社会主体共同治理社会，并且政府与其他治理主体的关系是平等的。但是，这并不表明在后工业社会之前就不存在社会自治，即便它是国家治理的权宜之计，或者处于治理体系的边缘位置。中国尽管目前还处于工业化的中后期，但是社会自治却已出现，并正在发展中。中国的社会治理是以政府主导为主，不论是公民参与中的公民组织或者个人，还是社会自治的公民或公民组织，都是多元治理主体之一。国家的整个社会治理由两个部分在发挥作用，一个是政府治理，其中包含公民参与，另一个是社会自治。就现阶段来说，社会自治的主体是公民，政府治理的主体当然就是政府了，它们共同构成社会治理的整体图景。

社会自治程度，反映了公民的责任意识和公共水平，也体现了国家的社会治理和政治文明的程度。党的十六大和十七大以来，执政党不仅从维护社会稳定出发强调社会管理，而且也从扩大基层民主角度强调社会自治。党的十七大更是明确提出，要健全社会自治的机制，

---

① 张康之：《论新型社会治理模式中的社会自治》，《南京社会科学》2003 年第 9 期。

扩大社会自治的范围。中国社会自治的主要形式有"城乡居民自治、社区自治、地方自治、行业自治和社会组织自治"①。应该说，自改革开放以来，中国城乡居民自治、行业自治、社区自治等都取得了发展，特别是农村村民自治取得了民主政治发展史上的突破。20世纪80年代，随着村民和居民自治有关法律的实施，一些自治试点活动的开展，基层群众自治迅速得到发展。到2014年年底，中国共建立村民委员会超过58.5万个，建立居民委员会近9.7万个。基层群众自治的发展，改变了中国社会历史上长期以来缺乏民主的传统，在一定程度上培育了公民民主意识和民主素养；实行基层群众自治，为保障人民当家做主愿望的实现提供了重要路径，也是人民群众当家做主最直接、最广泛的形式，是对社会主义民主政治的有益拓展，对建设社会主义法治国家，发展社会主义的政治文明具有重要意义。当然，农村村民自治较之城市居民自治，发展更早、更快，效果也更好，其意义也比较显著。在制度上改变了村民组织负责人产生办法，由上级任命变成由村民推荐、选举，基层民主制度逐步进入群众的头脑；理论上在传统的代表模式之外，"将利益代表与选举联系了起来"②，这更加体现了利益代表由群众赋权并对群众负责的特点；文化方面不仅改变了传统官僚政治一统天下的格局，民众的公民政治意识得到培养，而且降低了传统政治生活中的暴力程度，使不同政见者之间学会妥协、学会尊重。

第三节　当代中国公民精神培育的文化因素探究

文化，作为一个概念，其含义有多种解释。《现代汉语词典》解释的义项之一，是把"文化"看作是"人类在社会历史发展过程中所创造的物质财富和精神财富总和，特指精神财富，如文学、艺术、

---

① 俞可平：《论国家治理现代化》，社会科学文献出版社2014年版，第121页。
② 景跃进：《村民自治与中国特色的民主政治之路》，《天津社会科学》2002年第1期。

教育、科学等"①。费孝通先生的老师马林洛夫斯基,把文化的内涵解读为"由人类自己对自然界加工创造出来为人类继续生活和繁殖的人文世界"②。这两个关于文化的概念,表述方式尽管不同,然而其含义却没有什么区别,都把文化的内涵理解为人类活动的精神成果,这种对文化的解释是狭义的。就广义的文化而言,通常有三个层次,即物质层次、组织层次(社会层次、制度层次)和观念层次。物质层次包含生产工具和生活工具问题,组织层次包含经济、政治、社会方面的组织及制度,观念层面主要是伦理价值方面的指向。在此,着重关照的是文化的价值观念层面的主题。

一 中国优秀传统文化之于当代公民的意义

优秀传统文化是一个民族和国家赖以存在和发展的基础。习近平总书记指出,"文化是一个国家、一个民族的灵魂,历史和现实都表明,一个抛弃了或者背叛了自己历史文化的民族,不仅不可能发展起来,而且很可能上演一幕幕历史悲剧。"③ 在一般的意义上,"传统"是与"现代"相对应的概念,具体到中国而言,"传统"通常是指19世纪上叶以前的那段漫长的农业社会历史。中国这段时期的传统文化,主要是以儒释道为代表的文化,其中尤以儒家文化影响最大。儒家文化在中国农业社会发展中,经常被统治者尊奉为国家的意识形态,在统治制度维护、社会秩序建构和凝聚人心方面,确实发挥了重要作用。以儒家思想为核心的中国传统文化,在18世纪工业革命之前,其"成就处于世界顶峰"。④ 然而,西方工业革命之后,科学技术获得了快速发展,使西方文化处于强势地位,并且在利益的驱动下具有较强的侵略性。19世纪的中西文化交锋中,中国传统文化遭受

---

① 中国社会科学院语言研究所词典编辑室编:《现代汉语词典》,商务印书馆2012年第6版,第1363页。
② 费孝通:《中国文化的重建》,华东师范大学出版社2013年版,第242页。
③ 《习近平谈治国理政》第二卷,外文出版社2017年版,第349页。
④ 林毅夫:《经济发展与中国文化的复兴》,《北京大学学报》(哲学社会科学版)2009年第3期。

惨败。此后，西方文化在中国赢得了市场，同时也产生了广泛影响，甚至出现全盘西化的文化主张。但是任何一种文化的发展，都是有其文化母体的滋养，虽然可以剪断文化新生儿与母体的脐带，可是"文化血缘"却是无法改变的。改革开放以后，在发展和重建中国文化的过程中，知识精英开始重新审视中国传统文化，发掘传统文化的优秀因子。同时，中国文化的发展，与西方的前现代、现代和后现代的历时性发展不同，它在工业化尚未完成的时候，不得不面对信息社会的挑战，其过程显然是共时性的。因此，回避传统文化也是不现实的。

中国传统文化里所蕴含的优秀因子，仍然契合当代社会发展的价值要求。中国传统文化就其整体来说，是在农业社会条件下形成的，其对于今天的工业社会而言，不少方面已经无法适应社会发展的需要。正如习近平总书记所说："传统文化在其形成和发展过程中，不可避免会受到当时人们的认识水平、时代条件、社会制度的局限性的制约和影响，因而也不可避免会存在陈旧过时或已经成为糟粕的东西。"[①] 但绝非毫无可取之处，尤其是中国传统文化中的优秀部分今天依然具有非常重要的价值。习近平总书记对中国优秀传统文化有着极高的评价，认为"中华优秀传统文化是中华民族的突出优势，是我们最深厚的文化软实力"[②]。评价一种文化绝不可用"先进"或是"落后"的字眼，马林洛夫斯基在其文化论中，反对古典人类学把"非西方文化当成'落后文化'的做法"[③]。衡量文化的标准应该看其是否适应当下的社会发展，是否有利于人类社会良善秩序的构建，是否有利于人们获得精神生活的健康和快乐。符合这样标准的文化，就是优秀文化或者文化中的优秀因子。依据这样的标准，以儒家为代表的中国传统文化，应该说是不乏优秀因子的。正是基于这个层面的考虑，张岱年曾将中国传统文化的基本精神高度凝练为四个方面，即

[①] 习近平：《在纪念孔子诞辰2565周年国际学术研讨会暨国际儒学联合会第五届会员大会开幕式上的讲话》，《人民日报》2014年9月25日第2版。
[②] 《习近平谈治国理政》，外文出版社2014年版，第155页。
[③] 费孝通：《中国文化的重建》，华东师范大学出版社2013年版，第236页。

"天人合一""以人为本""刚健自强"和"以和为贵"。①当然,传统文化中的优秀成分,绝不就是这些,比如还有"仁者爱人"等。

在经济全球化时代,现今的文化价值还是西方以"物"的文化居于主导地位,这种以"物"为价值诉求的文化,导致人与自我的对立、人与人的对立、人与自然的对立。对现代性所招致的种种问题,后现代主义曾对文艺复兴以来的西方文化进行了深刻的反思,提出了"走出现代性"的主张,并对人类发出最为严厉的警告,"我们可以而且应该抛弃现代性,否则我们及地球上的大多数生命都将难以逃脱毁灭的命运"②。从文化的角度看,如果说从传统社会到现代社会,是从原始伦理精神到法的精神的转变,那么,现代社会发展则面临着从法的精神向新的伦理精神的转变,"人"无疑将是人类最重要的关注对象,而儒家传统对人以及人与自然高度关注的文化价值取向,在此方面具有高度的契合性。汤因比曾经说过,"21世纪是中国人的世纪"③,这应该可以看作是中国文化复兴的重要预见性论断。有望在文化复兴中发挥重要积极影响的成分,包含"仁者爱人"的思想,以及"天人合一""以和为贵"等主张。

儒家传统文化"仁"的思想,建立了人类社会人们之间的道德关系和价值原则。美国社会学家艾德华·希尔斯把孔子思想推崇为"公民社会的价值源泉"④,虽有言过其实之嫌,但至少从儒家理想人格的塑造对现代公共知识分子意义的角度来看,孔子思想是有价值的,而且儒家传统对于现代的意义远非如此。仅就儒家的仁学思想而言,它不仅包含着现代社会对人的要求的某些成分,还具有普世的价值。仁学思想是孔子思想的核心之所在,孔子没有给"仁"一个明确的定义,在《论语》中多次出现"仁",但是这些"仁"并不都是表达

---

① 张岱年:《中国文化的基本精神》,《党的文献》2006年第1期。

② [美]大卫·格里芬:《后现代科学》,马季方译,中央编译出版社1995年版,第16页。

③ 杜维明:《现代精神与儒家传统》,生活·读书·新知三联书店2013年版,第521页。

④ 杜维明:《二十一世纪的儒学》,中华书局2014年版,第102页。

同一个含义。正是由于这个原因，对于"仁"的理解也就变得有些难度。李泽厚则从整体论的角度通过解读"仁"的结构，以期达到准确把握"仁"的内涵。他认为孔子仁学思想的结构由四个方面的因素构成，即"（一）血缘基础，（二）心理原则，（三）人道主义，（四）个体人格"[①]。从这四个方面理解，也可以发现孔子仁学思想的现代价值。

第一，通过"孝"和"悌"的两种形式，在纵向和横向上培育社会的伦理情感。孔子的"仁"是为了释读"礼"和维护"礼"的秩序，而"礼"本身是在血缘关系中建构的等级秩序和统治秩序，因此"仁"与血缘关系是紧密相关的。"亲亲，仁也"，孟子的言论更是直接地表明了"仁"与血缘的关联程度。但是，孔子在把"孝"和"悌"作为"仁"的基础的时候，面对氏族体制和亲属关系破坏殆尽的社会现实，他把"这种血缘关系和历史传统提取"[②]，突破了生物属性和特定社会的限制，具有了普遍的社会意义。第二，仁学对于人们消除悲观情绪、塑造积极入世的人生观，具有一定意义。孔子把"礼"从外在的规范转化为人的内在心理欲求，将"礼"的血缘本质"孝悌"安置在人的日常亲子感情之中，而不是把人们引导到外在的、对神秘对象的崇拜上。人的观念、情感和仪式在日常生活的伦理—心理系统中的满足，使人们远离了宗教神秘主义和禁欲主义。不仅如此，孔子对人们的正常情欲持一种肯定的态度，这不仅抵制了消极悲观的情绪，也形成了儒家积极入世的人生态度。第三，仁学中的原始人道主义情怀，对构建良善社会秩序具有积极意义。由于孔子将仁学建立在情感性的心理基础上，在现实中推己及人，就自然衍生出了原始的人道主义。后来汉儒的主张，即"老吾老以及人之老，幼吾幼以及人之幼"，便可以洞察儒家"仁爱"思想的历史延续。当然，孔子对于上下尊卑的等级秩序是极力维护的，但这并不能否定孔

[①] 李泽厚：《中国古代思想史论》，生活·读书·新知三联书店2008年版，第11页。
[②] 同上书，第13页。

子思想中的原始民主和原始人道观念。孔子仁学思想还对个人提出了社会义务的要求，把人们之间的交往和关系作为"仁"的本质，孟子继承了孔子的衣钵，其"无父无君是禽兽也"的见解，清楚地告诉人们应当具有的社会责任意识，即对父母、君王的社会责任。第四，如果说外在方面体现了人道主义的价值指向，内在方面则突出了个体的主动性和独立性。孔子在礼崩乐坏的社会中，把复兴礼制的期望寄托在君子身上，希望他们把以礼制为基础的"仁"，作为个体生存的最高目标和价值。由此可知，"仁"在孔子这里应当是个人的行为，而且是个人自主的行为。于是，就有孔子对于"仁"的一种主张，"夫仁者，己欲立而立人，己欲达而达人"。尽管儒家思想带有许多为统治服务的目的，但是后来人伦情感之"礼"也成了个体成员的社会义务。从这个方面来说，个体的人格应该说是得到了凸显，个体的自主性、独立性得到提高。

中国传统文化中，"天人合一"观念为现今处理人与自然的关系提供了启示。"天人合一"的观念，儒家和道家思想都有关涉，其在先秦之时已经成熟。它产生的历史基础，应该说有两个方面的原因，一是早期农耕时代以来，人们在生存和发展中顺应季节变换，适应天然的地形、水利条件；二是绝对的神权和王权尚未成为绝对的统治力量的时候，"原始氏族体制下的经济政治结构和血亲宗法制度使氏族、部落内部维持着某种自然的和谐关系"[①]。"天"在中国汉语中有两层含义，其一是命定和主宰的一种力量，其二是与自然同义。中国传统文化都强调"人"与"天"的适应和协调，随着理性主义的兴起和宗教信仰的衰落，"天"的"命定""主宰"的含义明显减弱，"自然"的含义得以凸显。"天人合一"的观念，在汉代的突出特征是天人相通的感应式的宇宙图式，要求人的活动与自然和社会相适应，个人只有顺应这个图式才能获得自由，社会才能获得存在和发展。但是，如果将"天人合一"中的"天"看成是一成不变的，则是错误

[①] 李泽厚：《中国古代思想史论》，生活·读书·新知三联书店2008年版，第336页。

的。汉代"天人合一"观念中"天"可以理解为"自然"或是"气",都没有问题。可是到了宋代,"天"的含义就是"理",就是精神。所以,前者可以谓之自然本体论,而后者则是伦理本体论,属于形而上的伦理道德范畴,其实质是人的主观意识投射到道德的层面,从而使伦理道德本体与宇宙自然本体相统一。"天人合一"观念在今天依然具有重要意义,启示人们在社会经济发展中,人与自然面临一个相互转化、相互依存的问题,既要在工业化过程认识自然、变革自然,创造新的文明成果,又要尊重自然规律,保护生态环境,否则人类可能将面临自然和伦理的双重惩罚。

当然,中华传统文化中具有生命力的内容,不仅仅就是孔子仁学思想、"天人合一"观念,还包括"以和为贵"等思想。"和"就是要承认差异,求同存异,共存并育,在较高的境界中实现统一。"以和为贵"在中国历史上对于增强民族凝聚力、促进民族团结,起到了重要作用。今天,在处理世界文化多元化和不同民族关系时,"以和为贵"思想依然有其重要价值,这也是培育世界公民意识的重要思想资源。

二 马克思主义、自由主义、保守主义对公民价值观的影响

进入近代以后,在中西方国家之间的激烈冲突中,西方军事和政治占据了绝对优势,导致中国传统文化的优势不复存在,不仅如此,还几乎到了毁灭的地步。随着中国传统文化在大变局中的优势丧失,在西方现代文化的强势影响下,中国出现了以现代化为文化发展方向的三种力量,一是马克思主义文化,二是自由主义文化,三是保守主义文化。当然这三种文化出现的时间并不一致,自由主义文化和保守主义文化出现较早,而马克思主义文化的出现则相对较迟。同时它们在发展过程中,存续时间和发展现状也都有较大差异。从这段时期中国文化整体发展的动力来看,有两个基本特征,那就是外来文化的冲击和自身文化的内部转化。这里的外来文化,主要是马克思主义文化和西方自由主义文化;文化自身的内部转化,意指儒家文化在现代化

过程的适应性转化。这三种文化都对公民的基本价值产生影响。

马克思主义在中国的传播,对中国社会产生了重要影响。马克思主义被引入中国,是在五四运动之后。当时中国的文化价值方面出现了严重的扭曲心态,强烈地反对传统文化,而对西方文化普遍心驰神往,同时反帝反殖民的呼声异常高涨,爱国主义成为主导的思想潮流。马克思主义从国外引进到中国,就符合了当时国人既反传统又爱国、既学习西方文化又反帝反殖民主义的需要。李大钊是中国马克思主义的早期理论代表,他也是最早接受和传播马克思主义的先驱者。在他的马克思主义传播中,中国化的色彩成为一个鲜明的特征。中国化的表现,其中有两点非常值得关注。[1] 一是具有民粹主义色彩。民粹主义主要内容包含两个方面,一方面是反对资本主义,希望跳跃这个阶段,直接发展社会主义或者理想社会;另一方面是把农民和农村作为希望之所在,赞赏农村的传统美德,并期望保持农村不同于工业化文明的纯净环境。二是具有道德主义的特点。李大钊提出要用社会主义改造经济组织,用人道主义改造人的精神,从而实现"物心两面的改造,灵肉一致的改造"[2]。李大钊把社会主义看作是伦理的社会主义,其基础就是从家庭的情感和精神中衍生出来的协作、友谊、互助、博爱精神。民粹主义、道德主义与实用主义一道,构成了马克思主义在中国早期传播的主要特征。

"思想改造"与"自身修养",成为培养中国化马克思主义道德主义精神的重要方式。毛泽东一向重视对知识分子和党员干部的"思想改造",从"延安整风"到"文化大革命",不断地在理论和实践中得到体现。比如,毛泽东在《纪念白求恩》一文中,将白求恩精神高度提炼为"毫不利己、专门利人的精神,表现在他对工作的极端的负责任,对同志对人民的极端的热忱"[3];在谈到牺牲的问题时,

---

[1] 李泽厚:《中国现代思想史论》,生活·读书·新知三联书店2008年版,第163页。
[2] 中国革命博物馆、湖南省博物馆编:《新民学会资料》,人民出版社1980年版,第194页。
[3] 《毛泽东选集》第2卷,人民出版社1991年版,第659页。

他指出"张思德同志是为人民利益而死的,他的死是比泰山还要重的"①。毛泽东通过对舍己为人精神的颂扬,对敢于牺牲精神的褒奖,高扬道德主义的旗帜,以此鞭策知识分子,从而达到改造知识分子精神的目的。这都是中国化马克思主义的重要思想内容。刘少奇关于共产党员修养的论述,也是中国化马克思主义的重要组成部分。他提出共产党员要具有无产阶级思想意识和道德品质,党性要求党员甘于为无产阶级事业和人类解放事业牺牲个人的利益乃至生命,这也是共产主义道德的最高表现。同时指出,加强共产党员的修养,与中国古代抽象、唯心的个体修养不同,要在与人民群众相联系的实践中进行。其实,加强共产党员自身思想修养,也就是用无产阶级思想改造非无产阶级思想,用共产主义世界观改造非无产阶级世界观。应该说,在当时战争条件下,"思想改造"和"自身修养"的道德主义教育和塑造方式,取得了非常重要的实际成效,极大地鼓舞了人们的革命热情和斗志,有力地推动了革命实践的深入开展。中国马克思主义注重个人修养的要求和实践,与西方伦理马克思主义不同,这可能与中国传统文化中"内圣外王"的道德主张有一定的关系。当然,在1949年革命胜利后,"政治挂帅"成为此后20多年中事实上的社会现实。"政治挂帅"颠倒了政治与经济的关系,违背马克思主义唯物史观,错误地把政治当作社会发展的根本动力。而政治评价的标准就是用社会主义代替资本主义,用无产阶级代替资产阶级,用"公"代替"私",这样的政治分野与斗争,最终演化为"善"与"恶"的道德冲突。于是,"政治挂帅"被"道德挂帅"取代,社会发展的动力也随之由政治而变为道德。高度集权的计划经济体制,又使得政治的力量渗透到包括私人生活和个体事务的社会方方面面,让人产生政治无所不能的意识,共产主义在人们的心目中也变成了"政治—道德的理想"②。这种理想的乌托邦,在暴风骤雨般的政治斗争中失去了美丽

---

① 《毛泽东选集》第3卷,人民出版社1991年版,第1004页。
② 李泽厚:《中国现代思想史论》,生活·读书·新知三联书店2008年版,第202页。

的光环,仅靠政治与道德建构的理想大厦让人丧失了信心。如果说此时马克思主义是中国的核心价值体系的话,那么20世纪70—80年代马克思主义呈现出衰落之势。①

另一个对中国传统文化产生冲击作用的是西方自由主义。西方自由主义作为一种文化影响,几乎是伴随着中国现代化的发展。从鸦片战争失败之中,中国人看到了西方军事和科技的先进水平,在五四运动之前就开始学习西方。这个学习是从洋务运动中"师夷长技"开始的,也就是学习西方文化的物质和技艺层面的先进做法,然后是维新变法学习西方的制度(包括教育制度),到"五四"时期就转向观念和思想的学习,学习西方的"科学"和"民主"文化,以此为旗帜在中国还掀起了一场彪炳历史的"五四"新文化运动。在西方自由主义文化熏陶和浸染之下,中国也出现了现代自由主义。现代自由主义由两部分构成,一个是新自由主义,另一个是社会民主主义。②新自由主义代表人物是胡适、傅斯年等留学生,他们试图将自由主义和社会主义进行调和,主张用社会化的方法避免阶级斗争,以达至发展自由与幸福社会的目标。社会民主主义理论的代表主要是张君劢、张东荪等,社会民主主义原属于西方马克思主义的思想,其在中国的存在与发展是在自由主义知识分子中实现的。新自由主义与社会民主主义,其实是中国自由主义内部思想分歧的产物,但是它们都有共同的理论主张,例如个人自由、民主政治、法治秩序、社会公道等。由于新自由主义和社会民主主义都把最大多数人的最大幸福作为价值追求,因而怀疑并抛弃自由市场经济,转而选择计划经济。同时,从对自由和权利的重新诠释中,它们又引导出平等和公道。尽管自由主义在中国最终还是遭到政治上的失败,但是其却提出了如何处理自由与公道的问题。当然,自由主义对中国文化的彻底批判和否定,也让其可能误入全盘西化歧途。

---

① 吴敬琏等:《影子里的中国》,江苏文艺出版社2013年版,第158—159页。
② 许纪霖:《寻求自由与公道的社会秩序——现代中国自由主义的一个考察》,《开放时代》2000年第1期。

文化保守主义的新儒家，面对西方文明的挑战，对于儒家学说的发展作出积极回应。新儒家之外的学者有的也对儒家思想采取内部反思与批判的态度，这样的代表当首推列文森，他著名的研究成果是《儒教中国及其现代命运》。余英时也指出，中国儒家思想赖以存在的社会基础，也就是小农经济、血缘关系和专制制度，在现代历史阶段已经不复存在，因此中国儒家现代社会已经成为无根的"游魂"。[①]真正站在儒家思想生与死的立场进行主动思考的，还是新儒家的那批知识分子。"五四"以后，第一代新儒家主要以张君劢、冯友兰、梁漱溟和熊十力等为代表。这一阶段新儒家的主要工作，是"吸收新知、转化旧学"[②]，促进儒学的复兴。这时儒家思想的文化来源主要是佛教的唯识宗和西方文化。梁漱溟认为西方文明在现代已经处于强势的主导地位，中国传统文化不向西方学习就无法生存，当然他也指出，人类文化的发展走向，将从西方以物质为中心的文明，走向以人为中心的中国文明，所以中国文化必将有复兴之时。

1949年之后，以钱穆、徐复观、唐君毅和牟宗三等为代表的第二代新儒家，则是推动儒学发展的又一重要力量。这个时期的新儒家，无法回避儒家在现代化强力冲击下边缘化的窘境，有人认为儒学此时可以用"花果飘零"而"灵根犹在"来描述。1958年，第二代新儒家发表《为中国文化敬告世界人士宣言》，其意图是澄清对于中国文化和儒家学说的误解，提出了中国文化乃至世界文化未来命运的问题。如果说第一代新儒家人物还没有能够与西方文化进行平等对话，第二代新儒家人则改变了西方文化单向作用的格局，开始与西方文化进行对话，对话内容从狭义的西方文化，转向更为普遍意义上的现代化。儒学在先秦时期的第一期发展，是儒家文化从曲阜的地域文化发展为中原文明的主体；在唐宋元明清时期的第二期发展，又使儒家思想从中国文化扩展到东亚，从而成为东亚文化。现在儒学的第三

[①] 杜维明：《二十一世纪的儒学》，中华书局2014年版，第25页。
[②] 同上书，第26页。

期发展，则是要让儒学成为世界性的文化。儒学在第二期发展中，对佛教文化的消化性吸收，带来了宋明儒学的兴起，而第三期发展中儒学要再次发展和复兴，必须对整个西方文明尤其是启蒙以来的思想做出回应。

三 社会主义核心价值观对公民道德建设的指引

正是马克思主义文化、中国优秀传统文化与西方现代文明成果在中国现代化过程中的汇聚，才共同成就了当代中国的社会主义文化。从而使当代中国文化"在一定程度上具备现代文化的价值取向和思想框架"[①]，既反映了社会主义本质的要求，继承了中国优秀传统文化中富有生命力的部分，也吸收了世界文明的有益成分，同时还体现了时代精神的要求。社会主义核心价值观是中国当代文化的集中体现，是当前价值认识的"最大公约数"。它的出现和确立，为中国公民精神的培育提供了主要价值资源和重要指向；同时，也可以透过社会主义核心价值观，看到中国公民精神发展的状态和水平。

社会主义核心价值观的确立，是中国共产党人长期进行价值观建设的结果，经历了一个比较长的过程。有学者提出社会主义核心价值观从最初酝酿到最终确立，经历了三个发展阶段，即酝酿阶段、提出阶段与深化阶段。[②] 酝酿阶段的起始时间是2016年，标志性的事件是党的十六届六中全会的召开。会议第一次提出建设社会主义核心价值体系的重大命题，并明确了社会主义核心价值体系的基本内容由四个方面构成[③]，一是马克思主义指导思想，二是中国特色社会主义共同理想，三是以爱国主义为核心的民族精神和以改革开放为核心的时代精神，四是社会主义荣辱观。这个核心价值体系，一以贯之地

---

① 李翔海：《中国文化现代化历程的哲学省思》，《中国社会科学》2000年第6期。
② 李文阁：《论社会主义核心价值观的形成、内涵与意义》，《北京师范大学学报》（社会科学版）2015年第3期。
③ 《中共中央关于构建社会主义和谐社会若干重大问题的决定》，http://cpc.people.com.cn/GB/64093/64094/4932451.html，2006年10月18日。

坚持把马克思主义作为党的指导思想，毫不动摇地坚持中国特色社会主义发展道路，承继了中国传统文化中的爱国主义精神，同时又体现了改革开放的时代精神，也兼顾了中国社会主义的伦理道德要求。此后，宣传和研究社会主义核心价值体系，成为思想政治领域主要的任务。

与此同时，思想界和理论界开始探讨如何将核心价值体系高度概括为核心价值观。研究者围绕这个问题展开了积极思考，并且提出了从国家、公民、制度等层面构建核心价值观的设想，为社会主义核心价值观的确立，提供了重要的支持。党的十八大的召开，是社会主义核心价值观形成和发展历程中的重要事件，因此从这个时间开始，被称为第二阶段。在这次大会上，执政党明确提出"三个倡导"的社会主义核心价值观。[①]"三个倡导"其实就是社会主义核心价值观的三个层面，在国家层面，倡导富强、民主、文明、和谐；在社会层面，倡导自由、平等、公正、法治；在公民层面，倡导爱国、敬业、诚信、友善。但是，真正对社会主义核心价值观有关问题作出阐述的，是一年后的《关于培养和践行社会主义核心价值观的意见》这份文件。第三阶段就是2013年之后的深化阶段。社会主义核心价值观的深化阶段，中央主要领导对核心价值观进行了一系列的重要论述，概括起来主要包含这样几个问题：一是培育核心价值观的意义，二是核心价值观的理解，三是核心价值观的培育。

社会主义核心价值观的外部逻辑关系与内部逻辑关系。就其来源而言，社会主义核心价值观是由社会主义核心价值体系高度概括而来。从前面的论述可以看出，社会主义核心价值体系的形成，要早于社会主义核心价值观。《关于培养和践行社会主义核心价值观的意见》，对社会主义核心价值观与核心价值体系的关系，从核心价值观的这个层面出发，有着清晰的阐述："社会主义核心价值观是社会主

[①] 胡锦涛：《坚定不移沿着中国特色社会主义道路前进 为全面建成小康社会而奋斗——在中国共产党第十八次全国代表大会上的报告》，《人民日报》2012年11月18日第1—4版。

义核心价值体系的内核,体现了社会主义核心价值体系的根本性质和基本要求,反映社会主义核心价值体系的丰富内涵和实践要求。"①这也就构成了社会主义核心价值观与社会主义核心价值体系的外部逻辑关系。而社会主义核心价值观的内部逻辑关系,则是指其内部的国家、社会与个人之间的关系。马克思主义哲学中,认为价值观是人们对世界总的看法和根本观点,核心价值观在价值体系中具有指导和支配作用,价值观主体的不同,其价值要求也不同。在社会主义核心价值观中,存在国家、社会和个人三个层面的主体,因而也就有不同的价值观。个人也可以说是公民层面的价值观,其内容是爱国、敬业、诚信、友爱,它是社会和国家层面价值观的基础。公民价值观的养成和发展有助于社会和国家价值观的形成,公民、社会与国家共同构成现代社会的主体,它们之间既是分立的又是相互联系的。从稳定性考量,公民价值观在三个价值观中是最底层的价值观,因其处于最底层也最为稳定;社会价值观与公民价值观的关系比较紧密,价值观层次上要高于公民价值观,但是稳定性相对减弱;国家价值观是最高层次的价值观,但是它的稳定性最差。

　　社会主义核心价值观是公民道德的总规范,它体现了公民道德建设的新水平。德性文化是中国传统文化的特色,在中国社会主义建设中也不例外,只是德性的内容不再一样。中国共产党1949年执政以来,最早的公民道德规范就是"五爱",这就是毛泽东在新中国成立之年向全体中国人发出的倡议,即爱祖国、爱人民、爱劳动、爱科学、爱护公共财物。"五爱"后来长久成为国民的社会公德,这个内容在临时宪法和1982年宪法中均有写入,只是在写进1982年宪法的时候,"爱护公共财物"改为"爱社会主义"。新"五爱"作为主要的公民道德规范,一直沿用到改革开放前。改革开放之后,市场经济

---

① 《关于培育和践行社会主义核心价值观的意见》http://www.cssn.cn/zt/zt_xkzt/zt_wxzt/zglzwyg/xjpjh/201611/t20161108_3269278.shtml,2016年11月8日。

体制的发展,带来了经济形式、组织形式的多元性,执政党在新的经济社会发展形势下,开始逐渐重视公民道德建设。除了在党和政府的一些报告中对公民道德建设进行阐述外,执政党还通过重要会议专门讨论与公民培育密切相关的精神文明建设问题。1986年中国共产党十二届六中全会,通过关于社会主义精神文明建设指导方针的决议,明确提出要加强公民职业道德建设。1996年中共中央关于加强社会主义精神文明建设若干重要问题的决议,首次提出社会公德、职业道德、家庭美德三个具体道德规范。2001年中央直接颁发了《公民道德建设实施纲要》(以下简称《纲要》),明确了公民道德建设的核心是坚持为人民服务,原则是集体主义,基本要求是"五爱",基本道德规范是"爱国守法、明礼诚信、团结友善、勤俭自强、敬业奉献"。

当代公民道德规范具有明显的层次性,分为总的规范、基本规范和具体规范。公民道德总的规范是社会主义核心价值观,它提出了中国应当"建设什么样的国家、建设什么样的社会、培养什么样的公民重大问题"[①]。公民道德总的规范,不仅与社会主义基本理论、基本路线相一致,与社会主义总布局、总任务相契合,而且承继了中国优秀传统文化和革命文化,也吸收人类文明成果。社会主义核心价值观由公民、社会和国家三个层面价值构成,公民与社会、国家是个体与部分、个体与整体的关系,公民价值观与社会价值观、国家价值观构成了有机整体。在这个有机体中,公民道德或者价值观处于最底层,是构成社会道德、国家道德的基础。公民道德基本规范,是社会主义核心价值观中倡导的"爱国、敬业、诚信、友善"。这个基本规范来自《纲要》,是对"爱国守法、明礼诚信、团结友善、勤俭自强、敬业奉献"的进一步提炼,保留了《纲要》中提出的公民道德规范的核心精神,体现了中国公民道德基本规范发展的继承性和稳定性。公民道德的具体规范包含社会公德、职业道德、家庭美德、个人品德,

---

① 《习近平谈治国理政》,外文出版社2014年版,第169页。

其中最先提出的规范是职业道德,然后才提出了包含职业道德的三个道德规范,即社会公德、职业道德和家庭美德。后来执政党在十七大报告中,阐述前述三个道德规范时,又加入"个人品德",这样就使公民道德规范从三个变为四个。

第七章　新时代公民精神培育的主体厘定、环境分析和基本路径

在对中国公民精神培育现实性进行了考量之后，就要将中国公民精神的培育研究进一步引向深入。社会主义进入新时代，当代中国公民精神的培育研究，将从培育主体、培育环境和培育路径三个不同视角展开。

第一节　当代中国公民精神培育的主体

在教育中存在着施教方和受教方，现在一般认为这两者之间是互为主体的关系，但是如果站在学校知识传播、文化发展和人才培养的这个角度，施教者主体性的特征则更加明显，而受教者的客体性特征也随之出现。公民精神的化育和培养，如果同样沿着这样的思维来思考，当然也就存在主体与主体的问题。无论从历史的角度，还是从实践的角度，公民精神的培育主体主要有三个，即国家主体、学校主体和个人主体。

一　引导公民精神走向的国家主体

现代国家的出现最初开始于近代的民族国家，民族国家塑造了独立、自由、平等的现代公民身份，代替了依顺和不平等的臣民身份，建构了新的人与人关系、人与国家关系、国家与社会的关系。现实的人是千差万别的，既有自然的、先天条件的不同，也有后天

社会环境所导致的不同,要发现人的平等之处只能把人抽象化,在启蒙思想家那里谓之"自然状态",卢梭甚至"把自然状态想象为一种不存在任何道德、法律的兽性状态"①。这种处在"兽性状态"中的"自然人"的第一目标,是维护自身的生存。但是由于人的欲望和兽性,使人与人之间的战争变得不可避免。为了走出人们可能面临的危险处境,他们通过契约建构起现代国家,目标在于把人与人的冲突和矛盾控制在一定的范围内,建立一种良性的社会秩序。而如果要使启蒙思想想象中的抽象人在现实中能够真实地存在,这就需要现代国家把现实世界的人形塑为公民,使公民具备人之为人的条件②,即独立、自由、平等和理性。由此可见,现代国家与现代公民之间,从一开始就建立了一种有机的关系,并且在现代公民的塑造中获得了主体的地位。

国家决定了公民精神培育的方向。尽管福山把自由与民主作为历史的终结并不那么令人信服,然而现代国家对民主的追求却是毋庸置疑的,不过现代国家在塑造公民这个民主主体的过程中存在差异,与之相应公民精神的价值指向也出现了不同。这些不同的出现,显然与国家的选择和决断有着直接关系,体现了国家在公民精神培育方向上的主体作用。因此,不同国家的公民精神培育方向,或者说公民精神的培养目标,就具有了多样化的色彩。在此,可以通过对美洲、欧洲和亚洲三个代表性国家的简单对比,来印证这个结论。美国的公民精神培育,核心内容是民主主义。美国可以说是现代民主国家的典范,民主主义在公民精神培育中的具体体现,是对公民权的高度聚焦。虽然对公民权利的过分看重,后来招致了是否会扭曲政治价值的质疑,甚至招来了法学教授玛丽·安·格兰登的批评③,但是对公民权利的

---

① 肖滨等:《现代政治中的公民身份》,上海人民出版社2010年版,第25页。
② [法]卢梭:《社会契约论》,何兆武译,商务印书馆1996年版,第16页。
③ 她认为,过分强调公民权利,是政治话语退化的表现,是个人欲望的无止境的表现。她还指出,公民权利使个人和集体的利己主义合法化,使自我满足比自我约束更重要、经济利益比道德表现更重要、个人比社会更重要。参见[美]迈克尔·舒德森《好公民——美国公共生活史》,郑一卉译,北京大学出版社2014年版,第247页。

讨论依然是美国政治光谱中的主色调。法国在公民精神的塑造方面体现为对不同文化的排斥性，共和国理念的确立和强化是公民精神培养的最主要目标，其主要表现为剥离社会、历史和宗教等关系，通过个人抽象化方法而形成的"法国式整合"，此外还包含公民的爱国主义精神教育。而与中国一样同处亚洲的新加坡，在公民精神的培育中，国家提出了一种独特的公民精神培养要求，即"官制公民性"[①]，在吸收西方公民价值的基础上，致力于运用儒家思想等亚洲价值塑造"积极公民"，以规避西方现代性的缺陷，确立集体意识优先于个人意识的伦理标准，形成以家庭为单位、国家优先的社会观。当然，新加坡面向21世纪的公民精神中，也出现了具有时代特征的内容，如改革精神、创业及创造精神等。但是，对国家的忠诚却始终不曾被忘却。

中国的公民精神培育，与新加坡的公民精神培育有相似之处，"官制"特征比较明显，执政党或者由执政党成员组成的政府，成为绘制公民肖像和刻画公民精神的主导力量，这与西方上下力量的共同作用不同。除了从新中国成立开始到20世纪70年代的后期，关于国家构成成员的称呼主要是"人民"或者"群众"之外，"公民"的称呼在后来应该是最重要的。彼得·哈里斯在阐述中国公民概念演进的过程中，认为改革开放以后中国公民身份"只具有早期形成了的普遍主义、伦理内涵的微弱回想"[②]。其实对中国公民精神做出这样的评价，实属有些草率。从这段历史来看，中国公民精神培育最为突出的在于两个方面，一是强调社会主义意识形态的性质；二是体现了对道德价值的关照。早在20世纪80年代，中国还明确指出，社会主义精神文明建设的根本任务，是培养有理想、有道德、有文化、有纪律的社会主义公民。这就为中国公民精神的培养指出了明确的政治方向。

---

① ［日］岭井明子编著：《全球化时代的公民教育：世界各国及国际组织的公民教育模式》，姜英敏译，广东教育出版社2012年版，第72页。
② ［印尼］彼得·哈里斯：《现代中国的公民概念》，郭台辉、余慧元译，载郭台辉《历史中的公民概念》，天津人民出版社2013年版，第278页。

到 90 年代，这个公民精神培养的目标并没有改变，但是增加了公民素质的具体内容阐述，内容包含思想道德修养、科学教育水平、民主法制观念，对公民的要求不再那么空洞。进入 2000 年后的一段时间，公民精神培养的基本道德规范，爱国守法、明礼诚信、团结友善、勤俭自强、敬业奉献被大力倡导，这些公民道德素质的提升目标，仍然在于培养"四有"社会主义的公民。21 世纪 10 年代，在中国社会主义核心价值观中，公民层面的价值观以爱国、敬业、诚信、友善呈现出来，与公民有关的社会倡导自由、平等、公正、法治，公民国家则把富强、民主、文明、和谐设置为未来发展的目标。但是，对当代中国公民、社会、国家价值观的建构，依然以社会主义这个坐标为中心展开。综观中国公民和公民精神的培育趋势，对于公民德性似乎给予了越来越多的关注，而对公民培养的政治性好像有所减弱，这不但反映在中国精英分子关于公民形象的建构中，还体现在学校教育这个公民培育的重要路径中。然而，执政党在倡导公民精神和公民价值观的时候，就其根本而言，始终没有离开社会主义这个政治前提。当前中国公民精神培育的目标设置，体现了中外视野、古今视野以及当代视野的融合，引导中国公民精神发展的，只有中国共产党及其建立的国家和政府。

执政党及其建立的国家和政府，不仅决定了中国公民精神的走向，还推动了中国公民精神的阶段性发展。对于中国真正公民角色的出现时间，学界还没有一致的认识。但是，把中国公民的出现时间放在改革开放之后，大多数人是不会反对的。虽然如此，在研究中国公民精神发展阶段的时候，仍然要把改革开放前的那段历史考虑其中，这样做的目的，一者可以观其全貌，二者便于比较。公民作为一个法律概念早已经出现在宪法中[1]，但是其似乎仅有公民的影子，而无公民之形或公民之实。学界认为，新中国成立之后，中国的公民道德发

---

[1] 1954 年宪法继承和发展了《共同纲领》，把"国民"改称为"公民"，并且在法律中规定了公民的基本权利和义务。

展可粗略地分两个阶段①，一是由革命向建设转型时期公民道德的初步发展；二是改革开放以来公民道德的快速发展。如果进一步地细分，改革开放之前还可分为中华人民共和国成立后新民主主义革命和社会主义建设初期；改革开放之后，还可以分为三个阶段，即道德主题确立的改革开放初期，与社会主义市场经济相适应的思想道德体系建设的90年代，公民道德建设进一步深化发展的21世纪。

新中国成立之初，中国还处在新民主主义革命时期，因此公民道德建设具有革命化、政治化的显著特征，公民道德建设没有获得相对独立的地位，而是涵盖在思想政治教育中。公民思想政治教育的主要内容，是共产主义理想、革命人生观以及集体主义精神。随着中国的社会发展由"革命"时期进入"建设"时期，公民道德建设的主题也发生相应的转向，除了爱国主义和集体主义精神，还包含了劳动光荣、勤俭建国和艰苦朴素，这与当时国家的社会主义建设要求是一致的。② 可是，后来的反右斗争、"大跃进"、人民公社以及"文化大革命"，使得此时的公民道德建设遭受重大挫折。

改革开放初期，随着国家工作重点向经济建设中心的转移，以及重建社会秩序的需要，确立了以公民道德建设为核心的精神文明建设主题。党的十二届六中全会《中共中央关于社会主义精神文明建设指导方针的决议》，正式提出并使用"道德建设"这个提法，公民道德建设的基本要求是"五爱"，即爱祖国、爱人民、爱劳动、爱科学、爱社会主义，确定精神文明建设的根本任务是培养"四有"社会主义公民，共产主义理想与信念教育被作为精神文明建设的重要内容。随着社会主义市场经济的确立和发展，与市场经济相适应的价值观念深刻地影响着社会中的每个个体，这些观念有独立自主、平等竞争、讲求效率等。然而，市场经济毕竟是一个鱼龙混杂的社会环境，其对

---

① 《当代中国公民道德发展》（上册）一书中，对此论述是分两个阶段，但是通过分析发现，把它分为三个阶段更加合理。参见国家社科基金重大项目课题组《当代中国公民道德发展》，江苏人民出版社2014年版，第515页。

② 夏伟东：《中国共产党思想道德建设史略》，山东人民出版社2006年版，第201页。

人们的负面影响也是不容小觑的，例如个人主义、拜金主义、享乐主义等腐蚀着民众的世界观、人生观和价值观。有鉴于此，通过公民道德建设以克服市场经济的弊端，是非常必要的。延续之前的思想道德教育主题，20世纪90年代爱国主义仍然是这段时期思想道德教育的主要内容，其经常出现在执政党文献和政府报告中。国家教育部还专门印发《爱国主义教育实施纲要》，强调要把人民群众的爱国热情引导和凝聚到建设中国特色社会主义的伟大事业中，培养"四有"社会主义公民。同时，推进了与社会主义市场经济相适应的思想道德体系建设。思想道德建设的主要内容，是加强爱国主义、集体主义和社会主义教育，重视社会公德、职业道德、家庭道德建设。除此以外，艰苦奋斗、勤俭建国以及基本国情、法律基本知识教育也囊括其中。

进入21世纪，公民道德建设进一步深化。这个时期在公民道德建设方面，执政党和政府实施"四大战略"①，一是以德治国国家治理方略的确立，二是《公民道德建设实施纲要》的颁布，三是社会主义荣辱观的学习，四是社会主义核心价值体系的提出。刚进入21世纪，执政党就主张把以德治国与依法治国结合起来，确立了以德治国的国家治理方略，道德在治理中的重要地位得到确立。为了切实推动社会的全面发展，让道德在国家治理中有效地发挥作用，执政党颁布了《公民道德建设实施纲要》，倡导公民基本道德规范，在继续强调"四有"公民培养任务和目标中，公民道德建设放到了更加突出的位置，走上了制度化和规范化的轨道。与此同时，执政党也为公民道德建设提供了价值观标准，对事物进行是非、善恶、美丑的区分，区分的依据就是社会主义荣辱观。为了凝聚社会共识、引领社会思潮，中央提出了社会主义核心价值体系，并以此为基础进行再提炼，形成了社会主义核心价值观。与之前的公民道德相比，社会主义核心价值观对公民内涵的理解更加完整，除了关注公民的德性之外，对公

---

① 国家社科基金重大项目课题组：《当代中国公民道德发展》（上册），江苏人民出版社2014年版，第534页。

民的权利、责任和情感提出了新的要求，公民和公民精神培育进入了新的阶段，它已经超越了多年来中国一贯坚持的公民德性价值。

二 承担公民塑造功能的学校主体

鉴于历史和现实的原因，西方思想界关于公民教育或者学校公民教育问题论述较早，并且观点也比较丰富。公民教育本质上主要是一种政治教育。西方的政治社会化或者政治教育，最初并不是由学校承担的，而主要由布道者进行的。所谓的政治教育也只是在上流社会中，普通民众则不是教育的对象。公民教育的普及化，是随着公民理论发展和公民身份扩大至所有民众而出现的。西方自由与民主思想家不仅发表他们的政治思想主张，而且对公民教育进行了大量的思考。霍布斯在其《利维坦》中，主张要确保人民的权利性教育，并提出了包含爱国主义责任的公民教育纲要。

18世纪公民教育思想有了蓬勃的发展。法国哲学家爱尔维修不仅对教育抱有足够的信心，而且还在教育与公民之间建立明确的关系，认为教育具有无穷的潜力，应该在国家控制之下服从于公民目标。同时，他还指出政府与教育之间的相互依存关系。另一位思想家拉夏洛泰，一边对宗教垄断教育现象进行攻击，一边主张学校要由国家控制并服务于国家，"让教育成为培训好公民的武器"[①]。然而，拉夏洛泰公民教育思想并不完美，其不足在于学校公民教育没有面向广大民众，只是局限于特权阶层。与拉夏洛泰带有专制意味的公民教育思想不同，杜尔哥的公民教育具有自由的色彩。他提出了政府代议制的运作方式，为了适应这一需要，所有人都要接受公民技能教育。公民教育设想的对象，从少数特权阶层扩展为所有民众。同时，还主张要成立公共督查委员会，其功能是安排撰写公民教材等，并使公民教育在高等教育的大纲中处于醒目的位置。杜尔哥的公民培育设想应该

---

① [英]德里克·希特：《公民身份：世界史、政治学与教育学中的公民理想》，郭台辉、余慧元译，吉林出版集团有限责任公司2010年版，第59页。

说具有重要的理论意义，但是其实际的社会影响却明显逊色于卢梭。卢梭的公民教育思想具有鲜明的爱国主义的价值诉求，认为公民教育可以整合个人利益与共同体利益，可以使个体与国家之间处于一种理想的状态，指出儿童从小就要接受公民教育，目的是使他们能够适应社会的公共价值及其程序要求。同时，他还对教师报以美德和责任的期待。总而言之，卢梭相信教育对巩固恰当的民族性及其自豪感至关重要。正因如此，卢梭对世界公民身份明显表现出敌意。

思想家关于公民教育的描述，虽然基本是当时的理想，但是对后来的学校公民教育实践的影响是不言而喻的，学校的主体地位得到彰显。"在整个19世纪，国家逐渐对学校感兴趣，并且控制了学校教育。"[1] 此时，国家控制学校教育的目的，在于对民主主义的诉求。学校通过历史和语言的教育，把年轻人的知识、态度和行为引导到民主主义之中，为此，学校常常对教育对象采取灌输的方式。民族国家在教会手中夺取教育权以后，试图把教育体制发展成为维系公民身份的手段，这与教会控制的学校产生基督教或基督徒有着显著的区别。法国对公民教育进行了较为系统的尝试，国家集中管理学校课程，实行死记硬背的公民教育学习方式，对教师进行严格控制。美国是最早接受公民教育目标的国家，托克维尔对此有过精辟的阐述，即"政治是教育的终结和目标"[2]。美国学校公民教育开设的第一门课程是美国史，19世纪30年代至40年代，又出现了政府学、公民学和政治经济学。19世纪后期，由于国内战争和移民浪潮的影响，美国教育转而强调爱国主义和宪法教育，以强化美国的国家共同体意识。19世纪与20世纪之交，美国大多数地方通过法律的形式，对学校公民教育的开展加以明确。英国的公民教育由于抵制力量的掣肘，国家真正重视则相对较晚，其重视的原因是希望借助于学校，对年轻人进行公

---

[1] ［英］德里克·希特：《公民身份：世界史、政治学与教育学中的公民理想》，郭台辉、余慧元译，吉林出版集团有限责任公司2010年版，第121页。

[2] 转引自［英］德里克·希特《公民身份：世界史、政治学与教育学中的公民理想》，郭台辉、余慧元译，吉林出版集团有限责任公司2010年版，第130页。

民义务和责任的教育。英国后来也拥有了公民教育课程,法规对教师在好公民培养中的作用也做了规定。哈恩指出,19世纪末以来,始终有着这样的普遍共识:"在多元文化民主国家中,学校应该培养青少年的公民意识。公民教育被认为是学校教育的中心任务……"[1]

学校作为公民教育的主体,不但在西方思想家的观念中、在西方公民教育发展的历史中得到体现,而且从教育本身的运行机制中也可以反映出来。现代学校的一般构成要素,主要由教育者、受教育者、教育的物质条件和非物质条件构成。学校的运行机制是教育者通过一定的教育行为对受教育者产生影响,使受教育者形成"相对稳定的持久的体验倾向和行为倾向:知识和能力,态度、观念和信仰,情感和技能"[2]。这种体验倾向和行为倾向,也称为心理倾向或心理特性。而复杂的心理倾向又构成了人格。因此,学校教育也可以作这样的诠释,即教育者试图持久改变受教育者心理特性的行为,或者是教育者帮助受教育者塑造人格的行为。学校教育可以改变受教育者的简单心理特性,改变受教育者的相对复杂的心理特性,也可以改变总体的心理特性即人格特性。而人本主义人格和理性的公民,便是总体性心理特性或人格特性的具体表现。从学校教育的机制来看,教育者在对受教育者施加影响之前,都有一个事先预设的理想状态,这个理想状态就是教育目标。在学校教育中,成熟公民就是教育者所设想的理想状态,是教育者对受教育者所期待的应然的人格状态。要培育理想的公民,就需要学校这个教育主体发挥其施教的主动性,通过课程设置和教学互动的手段,对学生个人或者群体产生影响,从而把学生引向教育者所期待的目标状态或人格状态。这样一个学校教育活动过程,可以简化为"目标—手段图式",即把有效的教育行为作为手段,把事先预设的教育应然状态作为目标,教育目标的实现需要教育手段的合

---

[1] 转引自[英]奥斯勒、斯塔基《变革中的公民身份:教育中的民主与包容》,王啸、黄玮珊译,教育科学出版社2012年版,第170—171页。

[2] Brezinka W.:《教育目的、教育手段和教育成功:教育科学体系引论》,彭正梅译,华东师范大学出版社2008年版,第130页。

理选择和运用。可是，学校通过目标—手段图式培育公民的惯常做法，也无法避免学术上的批评。利特就从本体论的角度提出不同的看法，认为教育中使用的目标—手段图式只适用于自然界，对超越自然存在而以精神形式存在的人来说，"教育行动的技术，在实践上是完全不可行的"[1]，目标—手段也是完全不合适的。海德格尔从道德的层面对目标—手段模式进行批评，指出教育手段是使人"屈服于外在目标影响的异化的手段"[2]，手段与目标的分离可能使人成为顺从他人的工具，从这种意义上来说，教育就可能成为人统治人的一种霸权主义。尽管批评者言之凿凿，但是却无法改变现实中教育目标和教育手段存在的事实，学校教育在公民教育中的主体地位显然是无法撼动的。

西方思想家的理想、公民教育的发展历史和教育运行机制，都清楚地表明了学校在公民教育中的主体地位。中国早期的公民培育是通过学校公民课程进行的，1922年在中小学中开设和实施公民教育课程，但是由于当时公共生活的缺失、私利生活的盛行，公民教育效果并不理想。新中国成立后，国家对国民塑造的价值指向，一度主要在政治和道德的层面。世纪之交，中国在《公民道德建设实施纲要》中，确定了公民道德的基本规范，并明确地把教育作为提高公民道德素质的基础，把学校作为"进行系统道德教育的重要阵地"[3]。中小学新课改中，明确地提出了培育"合格公民"和"好公民"的教育目标，这些在《品德与社会》《思想品德》课中均有反映。党的十七大报告强调要加强公民意识教育，树立民主法治、自由平等和公平正义的理念。《国家中长期教育改革和发展规划纲要（2010—2020年）》，仍是把加强公民意识教育作为重要的指向。社会主义核心价

---

[1] Brezinka W.：《教育目的、教育手段和教育成功：教育科学体系引论》，彭正梅译，华东师范大学出版社2008年版，第207—210页。
[2] 同上书，第211—212页。
[3] 刘铁芳：《公共生活与公民教育：学校公民教育的哲学探索》，教育科学出版社2013年版，第22页。

值观,对公民道德进行了进一步的完善和发展,从而确立了比较全面的公民价值,为学校开展公民教育指出了方向。与此同时,一些地区学校开始了公民教育的实践探索,如上海、江苏和山东等。从整体来看,中国公民教育理念已经存在于不同阶段学校的思想品德课程中,尽管目前尚未形成完整的公民教育理论体系,学校公民教育的效果也不能尽如人意,但是教育研究者期望通过建构学校公共生活和课程中的公共生活,将教育过程与教育目标能够有机地统一起来,以使得学校不再是"实现个人私己性欲望的工具性场域,而是促进人的公民性生长,发育完整而健全之人性的教化性场域"①。学校作为公民教育的主体,也许暂时并不令人满意,但是其主体地位并没有失去,目前人们能够做的,就是在学校教育的框架中寻找更好的解决策略。

三 具有自我塑造作用的个人主体

公民培育和公民精神的塑造,除了国家和学校两个重要主体外,还有一个重要主体就是个人主体。个人主体与国家主体和学校主体相比,人们常常认为后两者的地位和影响都比较显赫,而个人主体则不那么重要,甚至时常沦落到被忽略的尴尬境地。但是,在公民教育研究者的心目中,个人主体的分量就大不一样了。苏联教育家苏霍姆林斯基,就高度重视教育中个人的主体地位,指出"促进自我教育的教育才是真正的教育"②。自我教育也就是发挥个人在教育中的主体作用,在苏霍姆林斯基这里不得不说是一个根本性问题。英国政治思想家约翰·斯图尔特·密尔,对个人在塑造自身的作用方面也给予了高度的肯定,指出个人有权选择自己的人生,有权以一种积极的态度塑造自己。他把人本身比喻为"作品",认为能够使用其生命创造出完

---

① 刘铁芳:《公共生活与公民教育:学校公民教育的哲学探索》,教育科学出版社2013年版,第23页。

② 李奎:《自我公民教育研究》,北京理工大学出版社2012年版,第1页。

美的作品,"居于第一重要地位的无疑就是人本身"①。美国心理学家艾·弗洛姆的思想与密尔有着不谋而合之处,他把人本身不仅看作是艺术品,也看成是艺术家,认为人可以自己雕琢和塑造自己。前面教育家、政治思想家和心理学家的主张,其共同之处就是突出了个体在自身培育和塑造当中的主体地位。同样,作为个体存在形式的公民,在自身公民精神的培育中,当然也具有重要的主体性作用。

公民个体是自身公民精神培育的主体,这个论断是通过个人对自己的一般性塑造功能推演出来的。那么对于个体为什么能够成为塑造自己的主体,就需要找出明确的答案了。马克思的人学思想就是理解这个问题的视角之一。众所周知,在马克思的思想中,人不仅以社会的方式存在,而且也以意识的方式存在。意识是人类所独有的特征,它是区别于动物的主要标志之一。也正是因为人类意识的存在,使个人具有了主体性。所谓主体性,就是主体对客体能动作用中表现出来的能动性、自主性和自为性。人类所具有的意识和主体的特殊性,才"使自己的生命活动本身变成自己的意志和意识的对象"②,意味着人对自身的活动可以具有自主性和能动性影响。意识属于精神的范畴,因此从这个意义上说,人的存在也是一种精神存在。由于理性包含在精神之中,所以人的活动势必在精神的作用之下。同时,意识或是精神的存在,使人对精神需要产生了不断的要求。精神需要具有层次之分,由低到高分别为"精神适存需要、精神发展需要和精神完善需要"③。精神需要的出现,就需要有相应的精神生产与之相适应。精神生产既包括他人生产和社会生产,也包含个人的自身生产。个人的自身精神生产,就是个人对自己的精神建构和塑造。在公民精神的塑造和培育中,个人的精神生产就是用个人认同和建构的社会价值,来改造和塑造自身。因此,个人公民精神的培育,其责任不仅在于社会

---

① [美]丹纳·维拉:《苏格拉底式公民身份》,张鑫炎译,华夏出版社2016年版,第107页。
② 《马克思恩格斯全集》第42卷,人民出版社1979年版,第96页。
③ 骆郁廷:《精神动力论》,武汉大学出版社2003年版,第89—90页。

还在于个人自身,"个人的公民素质发展,离开他本人的创造性努力……是不可思议的"①。总之,从马克思人学思想立场来考察,个人的精神需要和个人的精神生产,使得个人完全有资格成为公民精神的培育主体。

自我发展理论是论证个人能否成为自我培育主体的另一个视角,即心理学的视角。苏格拉底有句名言,即"认识你自己",引起了思想家和研究者对认识自己、理解自我的关注。何谓"自我发展",就其内涵而言,卢文格给出了自己的理解,简而言之,就是个人性格的发展和构成,以及个人"自我发展的能力的提高"②。在自我发展理论中,发展动因是一个十分重要的问题。在心理学领域中,有多种发展动因观值得关注,但是此处主要阐述本能动因观和自我发展动因观。本能动因观的产生,与两位重要人物有关:一位是美国心理学家麦独孤,他认为人的实质是本能,这种本能是天生的,它为人的行动提供动力;另一位是弗洛伊德,他认为本能与人的身体联系在一起,本能是人的内在需求和愿望,它能够激发人们行为的动力,它的源泉是生理过程。本能理论表明,"不管这种思想如何高尚,成就如何伟大,它最终必然与生理需要的满足有关"③。而人本主义心理学则反对精神分析学派的本能动因理论,提出了自我实现动因理论。根据自我实现理论的理解,个人都有自由和自主发展的倾向,在发展中能够克服自身条件的限制,期望挖掘自己的潜能,从而实现个人对自我的不断超越。当然,自我实现理论有一个重要的理论前提,那就是相信人格的发展具有无限的可能。罗杰斯是自我实现理论的代表人物之一,他认为人天生具有生存、发展的需要,个人不断积极向上的发展潜能,对其行为具有引导作用。自我实现是个人的唯一动机,其他的

---

① [苏] A. H. 季塔连科:《马克思主义伦理学》,黄其才等译,中国人民大学出版社1984年版,第53页。
② [美] 简·卢文格:《自我的发展》,韦子木译,浙江教育出版社1998年版,第1页。
③ [美] 赫根汉:《人格心理学导论》,何瑾、冯增俊译,海南人民出版社1987年版,第25页。

动机都包含在自我实现的动机之下。自我实现反映了个人自主性和满足感的水平。另一位主张自我实现理论的心理学家是马斯洛，提出了人的需要的五个层次理论。他认为个人的需要由低级到高级可以分为五个层次，低级需要带有本能性的特点，低级需要满足之后才会产生高级需要。在五个层次需要的结构中，自我实现的需要位于最高层次。自我实现需要的社会价值最大，在充分发挥个人潜力和才能的基础上，能够使人在精神方面获得强烈的幸福感和成就感。自我实现需要是个人发展的一个强劲动力，在它的推动下个人不断发展自我和实现自我。无论是本能动因理论，还是自我实现理论，都突出了个人生存、成长和发展的自主性，同时也表明个人对自身发展的作用，对自身进行塑造的可能。就心理学角度的理论研究而言，个人对自身发展以及公民对自身公民精神的塑造，是具有可能性的。

既然作为个人的公民进行公民精神自我培育具有可能性，那接下来就要探究公民个人的自我培育结构了。像学校教育存在主客体一样，公民精神自我培育同样也存在主客体之分。对主体的理解，具有批判精神的马克思主义哲学起到了重要的指向作用。主体是指有意识、有思维能力的人或者群体，但是作为主体，仅有意识和思维是不够的，还必须在某种价值指导下能够进行实践活动，在实践中构成主客体场域，并形成一定的认识或成果。具体来说，公民精神自我培育的主体，显然就是公民个人，即自己。作为公民精神自我培育主体的公民，根据当代公民精神的价值要求，对自己进行必要的塑造，使公民个人能够适应时代发展要求，提升公民品质，以达到服务社会和服务国家乃至全球发展的目的。对于公民精神自我培育的主体理解应该不难，相对有难度的是对客体的理解。有的研究者把"个体的公民意识和公民行为"当作是公民自我教育的主体[1]，这种理解值得商榷。在公民精神自我培育中，与公民主体相对应的客体，应当还是公民个人本身，也就是说，公民个人既是主体又是客体。公民个人是行为的

---

[1] 李奎：《自我公民教育研究》，北京理工大学出版社2012年版，第94页。

发出方，同时也是行为影响的接收方。之所以出现主客同体的情况，这是由人类所特有的意识和思维决定的，因为意识和思维能让人类对自身进行认识、分析和评价。在西方社会学家那里，把自己作为客体来对待的理论也是存在的。如米德的"主我与客我"理论，库利的"镜中我"理论，他们都事实上把个人放在了客体的位置上，把"客我"和"镜中我"即他人的评价，作为主体个人成长和发展的参照。而公民精神自我培育中，公民意识和公民行为的变化，是依赖于作为公民个人的客体而存在的。所以，公民精神自我培育中主体与客体是一致的，都是自我培育活动中的个人。

除了主客体以外，公民精神的自我培育结构中，还有一个要素是价值指向，它与自我公民培育的主体和客体进行联结。自我公民培育中作为主体的个人，将采取何种行动，对客体产生何种影响，都取决于该行动的价值指向。公民认同的价值对培育过程和培育客体进行约束和衡量，因此从这个意义上说，自我公民培育可以看作是公民个人的价值活动过程。自我公民培育的价值，从其作用方面来看，具有价值定向作用、价值动力作用和价值调控作用。[①] 自我公民培育的主体、客体和价值指向，在形成完整的教育结构的同时，也构成了一个完整的系统，主体、客体和价值指向都是系统的组成要素。单个的系统要素并不能发挥作用，只有系统要素相互联结才会发挥其应有的作用。要实现要素的联结，有两种力量必不可少，一种是外力，另一种是内力。所谓外力，是指外部对公民自我培育施加的影响力，这种影响力又有纵向与横向之分。纵向外力主要是指来自社会组织以及社会权威的影响和要求，比如政府、单位以及老师和长辈对个人的要求和影响；横向外力是指社会成员相互之间的竞争对个体产生的压力，这种压力也会促进个人在精神和价值层面的发展。所谓内力是指个人现实的内在需要。马克思曾对需要有过精彩的论述，指出人的需要创造了

---

① 李奎：《自我公民教育研究》，北京理工大学出版社2012年版，第101—102页。

生产的动机,"没有需要,就没有生产"①。公民的需要有物质需要和精神需要,就其重要性而言,精神需要层次更高也更为重要。当代公民精神的培育,就是公民适应时代发展要求的一种精神需要。当然内力和外力的区分只能是相对的,不管怎样,它们共同推动了公民精神的个人培育。

第二节　当代中国公民精神培育的环境

中国公民精神培育的环境,这里主要是指家庭生活环境、社区公共环境和网络社会环境。这三个环境对公民精神成长产生的影响,是在潜移默化中完成的。它们与上述的公民精神培育的国家和学校主体不同,后者突出计划性、目标性和执行性,而成长环境对公民精神成长的影响,没有那么明确的计划性、目标性和执行性。这些环境的共同点在于,它们都属于生活环境,人们在其中的活动往往具有非正式性。

一　作为"人生的第一所学校"的家庭生活环境

习近平总书记高度重视家庭在个人道德品格和良好社会风气形成的作用,认为"家庭是社会的基本细胞,是人生的第一所学校。不论时代发生多大变化,不论生活格局发生多大变化,我们都要注重家庭建设"②。家庭是通过婚姻、血亲和供养关系而建立起来的社会组织形式,在当代社会条件下其不仅是最基本的社会设置单元,而且对营造良好社会风气、增强社会凝聚力具有重要作用。传统的家庭具有多种功能,后来随着现代社会的发展,家庭的结构由复杂趋向简单,其部分功能日渐由社会承担。但是家庭作为社会的基本构成单位,生活功能、繁衍功能和教育功能依然是它的主要功能,它是联系个人与社

---

① 《马克思恩格斯选集》第 2 卷,人民出版社 1995 年版,第 9 页。
② 《家庭是人生的第一所学校》,http://society.people.com.cn/n/2015/0218/c136657-26581133.html,2015 年 2 月 18 日。

会的纽带，是家庭成员由自然人走向社会人的重要生长环境。因此，家庭尽管被古今中外的众多研究者划作私人生活的领域，但是它在公民成长和公民精神发育中仍然具有不可忽视的环境塑造作用。家庭对公民精神发育的环境塑造作用，可以从两个方面理解，一个是家庭现实中所表现出来的相对的静态外在形态；另一个是家庭成员相互之间施加的有目的的影响。家庭作为人们日常生活的主要领域，其外在形态和成员互动产生的影响，大多是在潜移默化中实现的。在社会转型和多样化发展时期，习近平总书记对于家庭作用的认识，提升到了治国理政的高度，认为"家庭的凝聚力、基石作用也更加凸显"[1]，要"注重家庭、注重家风、注重家教"[2]。

家庭的静态外在形态，主要包括家庭结构、家庭观念、家庭人际关系等。家庭结构是家庭成员相互作用和共同组成的稳定家庭状态。在传统社会中，家庭的功能比较复杂，不仅有繁衍人口、表达情感和日常生活的功能，还有经济、教育、宗教、娱乐等功能。家庭结构也比较复杂，形成了几代人共同生活在"一个屋檐下"的格局。工业化和市场化的发展，现代社会分工的日益完善，导致家庭生活功能和消费功能的特征突出，与之相伴的是家庭结构趋于简单。在中国社会，改革开放以后家庭结构就以核心家庭为主，其小型化的趋势越来越明显。所谓核心家庭，有两种典型的观点。[3] 一种观点认为，核心家庭由一代已婚夫妻、二代已婚夫妻和未婚子女构成；另一种观点则认为，核心家庭仅仅是由已婚夫妻与自己的未婚子女组成。但是就学术界而言，更多的研究者接受第二种观点，也就是核心家庭只由已婚夫妻及其子女两代人构成，而三代及三代以上家庭，则称之为主干家庭。对于中国家庭结构为何核心化和小型化，研究者给出了多个原

---

[1] 沈跃跃：《贯彻落实"三个注重"扎实推进家庭文明建设》，《求是》2015年第13期。

[2] 习近平：《在2015年春节团拜会上的讲话》，http：//www.xinhuanet.com/politics/2015－02/17/c_1114401712.htm，2015年2月17日。

[3] 陆学艺：《当代中国社会结构》，社会科学文献出版社2010年版，第90页。

因。有的说是由于经济生产方式变化和计划生育政策所导致的,[①] 有的说是家庭功能的简单化发展、代际差异和中国传统的分家习惯造成的。[②] 这些分析确实有其合理性,但不可忽略的是,在家庭结构核心化发展中个人主观愿望的重要作用。这个主观愿望,就是人们对自由、独立和个性生活的追求,对家庭结构的自主选择。而这些主观愿望,无疑反映了公民主体性的觉醒和发展,在家庭中对其他成员(包括对上代和下代人)的影响是显而易见的。

家庭观念在改革开放前后发生的重要变化,它不仅昭示现代人行为的自主性和人格平等意识,而且还对家庭成员产生示范效应。中国社会转型促进了人们主体意识的崛起和文化观念的变化,个人对待婚姻家庭的态度,从对长辈的服从和大家庭整体出发,走向自主和个体性的追求。表现在婚姻家庭观念上的变化,是择偶观、生育观、性爱观、孝道观、离婚观等的不同。[③] 在择偶观方面,人们选择婚姻伴侣的标准,经历了政治标准、物质标准、知识标准等变化,现在又转向情感标准为主,说明人们对婚恋家庭的认识趋近本质化,也表明人们对于纯粹爱情的向往和追求。在生育观方面,现今的人们所谓"香火"承接的观念已经淡化,不再把子女当作传宗接代的工具,在亲代的观念中男女的性别也不那么重要,生不生育、何时生育和生育数量,在遵守国家政策的条件下,基本上由已婚夫妻决定,因此在家庭类型上出现了丁克家庭的现象。在性爱观方面,人们大多放弃了把性爱与生育捆绑在一起的观念,把两者做了比较明晰的区分,于是就有了现代人常说的"造人之说",也有了"生活是否幸福"的追问和判断。性生活已经成为时下人们婚姻家庭生活的一个重要组成部分,它也代表了人们对爱情和家庭生活的一种新的理解。在孝道观方面,传统文化中的"孝"反映了子代对亲代的顺从、恭敬和崇敬,它是中

[①] 陆学艺:《当代中国社会结构》,社会科学文献出版社 2010 年版,第 90—91 页。

[②] 薛亚利:《私人生活 30 年变革的全景呈现——评屋檐下的宁静变革:中国家庭 30 年》,载徐安琪《中国家庭研究》第 4 卷,上海社会科学院出版社 2009 年版,第 267 页。

[③] 邹强:《中国当代家庭教育研究》,天津大学出版社 2011 年版,第 82—84 页。

国传统伦理文化的核心内容，由孝道扩展和衍生出对国家和君王的忠诚，因此人们常常用"孝顺"二字表达对长辈的态度。现代人继承了子代对亲代或者晚辈对长辈的孝敬文化，但同时出现了一个明显不同，在晚辈与长辈之间不再有人格上的高低之分，在此前提下晚辈尊敬长辈、关心长辈和照顾长辈。在离婚观方面，中国传统社会里离婚被人们认为是耻辱的事情，如果被男性"休掉"，妇女将无地自容，所以她们往往选择忍受男性家庭及其本人至高无上的父权和夫权的摧残和控制。而现在的中国民众，对于离婚日渐有了一个新的认识，不再把离婚视为不齿之事，[①] 而是把摆脱感情不和、追求自由和幸福作为主动选择。透过时下人们择偶观、生育观、性爱观、孝道观、离婚观的变化，能够发现中国社会公民成长和公民精神的发育，更为重要的是当事人的观念变化，对家庭其他人的影响是不言而喻的。

家庭属于私人生活领域，具有传递"自然关怀"[②] 的功能。家庭是成员感情表露的地方，其中父母对于子女无私的关爱，是一种重要的感情表达形式，而子女在潜意识中会把关爱迁移到他人身上，从而在成年以后变成一种重要的公民品质。在公民精神的丰富内涵中，不仅有基本的主体性精神，还有公共性精神。公共精神中不只是公民的义务和责任，还有公民的美德，对他人的关爱便在其中。公民的关爱不仅仅是对个体的关心，还指热爱社区和关照世界的情感。新加坡为了能够培养公民的关爱之情，要求公民所在家庭能够参与其中，并且发挥积极的作用。关爱之情的公民培养，必须要有关爱之情的家庭存在。在以伦理为本位的中国，家庭无论在过去还是现在，亲子之间具有深厚的情感关系，尽管不同时代的表达方式可能不同，然而父母对

---

① 改革开放以来，中国社会离婚率总体上呈现了不断增长的趋势，这对于构建和谐社会、维护稳定社会秩序，显然是不利的。但是，从另外一面来看，这个现象确实也表明了人们在婚姻关系中具有了自主态度和行为。也许对于离婚，人们还是采取低调处理和不愿公开的方式，但是这不能否定当代社会人们对离婚观念的变化。

② 美国内尔·诺丁斯把"自然关怀"看作是人类之间自然而然发生的感情，无须人们遵循伦理的价值要求而刻意为之。它既可以发生在比较亲近的关系中的弱势一方，又能发生在处于危急状态的陌生人身上。

于子女的关爱会在每个家庭中自然而充分地流露。因这种感情具有天性和自然的特点,所以它被称为"自然关怀"。被父母的疼爱和关怀所包围的子女,感受人世间生活的幸福和欢乐,从而获得一种关于关爱的生活体验和对于世界的积极乐观认知。这种积极体验和乐观的认知,不会让个人感到孤独,不仅如此,它还将会使个体在生命的成长中学会关心他人,并使关爱的情感超越个人的范围,让关爱成为个体走向公共生活的起点,"与社会形成一种跟孤立个人完全不同的关系"①。当然,父母的关爱必须要适度而不能泛滥,过度的关爱不仅对子女的成长没有益处,反而可能会对个体产生伤害,让孩子成为只知道自爱和索取的孤独之人。

在家庭情感传递功能之外,家庭教育功能对公民精神的培养也同样是不容忽视的。习近平总书记说,"家庭是人生的第一所学校"②。家庭功能是指家庭对社会的功用和效能,对于家庭功能的解读仁者见仁、智者见智,但是在不同解读中,都包含着教育功能。从家庭的实际情况看,承担的主要任务是人口的生产和家庭成员的社会化,在家庭成员社会化的过程中,家庭教育的作用是不可低估的,这就决定了家庭教育是其主要功能之一。中国关于家庭教育的研究起步较晚,改革开放以后,家庭教育研究才逐渐丰富。根据学界的研究成果,可以清晰地看到中国家庭教育特点的变化。家庭教育从过去完全私人的事务,变得具有开放性,不仅需要遵守一定的社会规范,而且需要学校教育和社会教育的支持,并能够主动参与其中。家庭教育从传统的上代人对下代人的单项施教,变成前后代之间的双向互动,甚至后代人可以对前代人产生逆向影响,这是与传统家庭教育明显不同之处。家庭教育由个体的前期教育向终身教育转变,从偏重婴幼儿时期的教育,到把家庭教育贯穿在子女人生的全部阶段。中国人常说的那句

---

① [美]艾伦·布卢姆:《美国精神的封闭》,战旭英译,译林出版社2007年版,第42页。
② 申亚欣:《三句话读懂习近平的家国情怀》,http://politics.people.com.cn/n/2015/1006/c1001-27664791.html, 2015年10月6日。

话,"孩子无论长到多大,在父母眼中永远是孩子"。这从一定层面反映了父辈给予子女一生的关爱和培养的浓厚情感。家庭教育的内容也从生活技能训练和人际关系处理,扩展到健康心理素质培养以及更多的其他素质。家庭教育就其功能而言,主要有两个方面,个体功能和社会功能。杨宝忠的研究成果表明①,在家庭教育的个体功能中,个体社会化功能包含个人身份社会化和个人政治社会化,个人身份社会化要求学习社会规范,成为适应社会需要的角色;个人政治社会化要求个体培养民主意识、法律意识和参与意识,为成为合格公民创造条件。家庭教育的社会功能,包含政治功能、文化功能和经济功能,其中文化功能突出社会伦理规范教育和良好家风的熏染,对公民精神的培育具有积极意义。

二 作为居民自治的社区公共环境

当代中国的城乡社区既是居民共同生活的家园,也是公民参与社会治理从而不断成长的事实空间。2017年,中共中央和国务院"为实现党领导下的政府治理和社会调节、居民自治良性互动,全面提升城乡社区治理法治化、科学化、精细化水平和组织化程度,促进城乡社区治理体系和治理能力现代化"②,印发了《加强和完善城乡社区治理的意见》,该《意见》确定的总体目标是,"城乡社区公共服务、公共管理、公共安全得到保障",实现的路径是"基本形成基层政府主导的多方参与、共同治理的城乡治理体系"③,为此,基层群众性自治组织作用的发挥需要给予足够的重视,社会组织力量的协同作用需要统筹发挥。这给主体性和公共性相统一的公民精神成长提供难得的机遇。

作为社会治理对象的社区,在中国的出现和日渐普遍的存在,

---

① 杨宝忠:《大教育视野中的家庭教育》,社会科学文献出版社2003年版,第225页。
② 同上书,第1页。
③ 《中共中央国务院关于加强和完善城乡社区治理的意见》,人民出版社2017年版,第3页。

也只是21世纪前后的事情。就"社区"这个特定的概念而言,不是指自然的社区,而是指在现代化发展过程中所建构的社会治理对象。理解"社区"有三个关键要素,一是一定的共同文化背景下的人群,二是人们之间由于某些共同的利益而发生互动性关系,三是发生互动关系的人群存在于特定的地域。当然如果要简而言之,也可以说社区是集聚在一定范围内的人们所形成的社会共同体。"社区"在中国的最早出现,是在1992年市场经济改革步伐明显加快的情况下,城市基层社会管理体制面临改革和调整的需要,国家民政部门提出了"社区建设"的概念,并把居民自治作为城市社区建设的方向。我国城市社区的范围,是指在社区体制改革后经过调整的居民委员会的辖区。2000年,中共中央办公厅、国务院办公厅转发了《民政部关于在全国推进城市社区建设的意见》,文件对城市社区建设由试点走向全面推开具有重要意义,标志着城市社区居民自治的全面兴起。当然,社区作为一种基层社会结构形式,不仅在城市得到建构,在农村也同样被给予高度重视。农村基层的社会治理体制,在改革开放后的一段时间内,是以村民自治的形式存在的。但是,村民自治制度无法消除政府对村民委员会既赋权又行政化的矛盾,也不能解决村民委员会组织封闭性与农村开放性发展的对立,难以克服村民委员会政经不分与产权独立性和自主性的冲突。为了适应市场经济和城乡一体化的发展要求,农村基层治理体制掀起了"第三次变革"[1],构建农村基层社区,这在执政党的重要文件中有所反映,例如党的十六届六中全会关于构建和谐社会的决定和十八大报告,后来中共中央办公厅、国务院办公厅又印发了《关于深入推进农村社区建设试点工作的指导意见》[2]。农村基层社区与农村村民委员会相比,尽管两者都以"自治"作为基本目标,

---

[1] 袁方成:《民主治理如何可能——从村民自治到社区自治的考察》,《武汉大学学报》(哲学社会科学版) 2016年第4期。

[2] 中共中央办公厅、国务院办公厅:《关于深入推进农村社区建设试点工作的指导意见》,http://www.gov.cn/xinwen/2015-05/31/content_ 2871051.htm, 2015年5月31日。

但是两者的根本差异在于：国家权力不断从基层社会收缩，基层社会结构的自治空间扩大、自主性增强。至此，从社会治理意义上建构的社区，成为中国政府治理政策的一个重要关注点，也成为城乡基层社会治理的事实区域。

既然社区作为社会治理的对象已经存在，那么它能否对公民成长和公民精神培育产生积极影响，先要评估中国社区治理的效果。如果社区治理没有效果，那么其对公民精神的培育没有价值；反之，则具有积极意义。在工业化、城市化发展过程中，中国的社区治理相对较晚，学界对其效果和影响的评价也是褒贬不一。如果说上述关于社区的理解是狭义的，那么广义的社区应该是可以包含以前的居民委员会和村民委员会的。因此学界所评价的社区治理，理应包含早先阶段的居民自治和村民自治。村民自治尽管是在改革开放后才启动的，在时间上比居民自治迟，然而它出现在农村家庭联产承包责任制代替集体经营方式和人民公社制解体之后，对于整合社会资源、维护社会秩序具有启示性和探索性的作用。但是对于其否定性评价也不在少数，海内外对村民自治的负面性评价，主要有：有的认为村民自治是"民主的怪胎"[①]；有的基于村民自治的实际运行情况，发出村庄政治塌陷的声音[②]；有的认为村民自治已经停滞不前，甚至不进反退[③]；还有的认为村民自治的形式大于意义，从而把它讥讽地称为一种具有民主价值的审美"仪式"[④]。还有的研究者虽然没有对村民自治做出负面的评价，但是对其能否发挥作用抱着怀疑的态度，对其未来的发展充满悲观的情绪。不仅对于村民自治的评价和态度是如此，对于城市居民自治的评价也不高。有研究者认为，较之于农村社区，城市社区自

[①] 项继权：《农村基层治理再次走到变革关口》，《人民论坛》2009年第5期。
[②] 蒋永甫：《行政吸纳与村庄政治的"塌陷"——村民自治制度的运行困境与出路》，《政治学研究》2011年第6期。
[③] 袁方成：《民主治理如何可能——从村民自治到社区自治的考察》，《武汉大学学报》（哲学社会科学版）2016年第4期。
[④] 徐勇：《村民自治的成长：行政放权与社会发育——1990年代以来中国村民自治发展进程的反思》，《华中师范大学学报》（人文社会科学版）2005年第2期。

治作用有限①，其理由是城市社区仅仅是生活场所，居民依赖较小。客观地讲，中国社区自治和社区建设确实存在不少问题，有的是行政层面的，也有的是社会层面的，还有的是属于技术层面的。但是不论怎么说，社区治理至少在两个方面是具有正面的价值的：一是工具性目的，社区治理在一定程度上实现了对城乡基层社会的整合和秩序维护；二是价值性意义，就是社区治理对于推进基层民主实践和发展具有重要作用。尤其是基层社区社会组织不断发展壮大以后，公民的自主性、独立性得到更多体现，公民权利意识、法治意识不断增强。即便是社区建设和社区自治现在仍然带有民主"仪式"的色彩，但是这种民主仪式不是没有意义的，它对于中国现代化过程中社会组织的发展，对于公共生活的构建，对于公民人格的培养和塑造，依然是具有重要价值的。只是研究者不应始终抱着精英主义的情结，不应把社区治理看作是毕其功于一役的行动。

社区治理既然是有价值的，但是要把社区治理从设计方案变为现实行动，需要构建社区组织平台，而社区组织的发展可以为公民精神的培育提供良好的环境。目前人们对于社区治理的理解，首先想到的是选举活动，村民通过选举以产生村民委员会，居民通过选举而成立居民委员会。虽然基层自治赋予民众四项民主权利，即民主选举、民主决策、民主管理和民主监督，但是现实中关注和运用比较多的确实是民主选举权利，而其他权利则相对较少。这就造成了社区自治的范围事实上极其有限，公民的权利发展也不够充分。就本意来说，社区自治除了公民选举权能够发挥作用，而且公民的决策权、管理权和监督权都要能够发挥作用，如此一来，现有的村民自治和居民自治中组织选举活动是远远不够的。加之，通过民众选举的村民委员会和居民委员会，在现行的中国治理体制中并不是一个完全自治的机构，它们还承担了一定的行政职能，尤其是在社会群体利益冲突经常出现、社

---

① 邓泉国：《农村村民自治与城市居民自治兴起的背景与动因比较》，《当代世界与社会主义》2008年第1期。

会稳定秩序受到威胁的时候，政府会进一步加大对基层自治组织的行政压力，因此有人戏称这样的基层组织是政府的"一条腿"。在政府行政干预之下的基层组织是难以真正实现自治的，导致了基层自治陷入了行政压力的困境。如果要走出这样的困境，实现真正的基层社会的自治，必须要构建能够发挥自治作用的基层社会组织。在社区建设的实践中，农村出现了经济合作组织以及其他社区民间组织；城市在街道社区、单位社区之外的商品房住宅社区，出现了各种业主组织，有管理型组织、教育性组织、文体性组织、公益性组织等。它们都以自组织的形式存在，共同需要、共同利益、共同价值是它们的基础，自主性和自愿性是它们的原则。通过社区的社会组织，人们实现自我管理、自我教育和自我服务的自治。社会组织的自组织公共性，让公民能够在公共生活的熏陶和公共参与中不断进步，公民精神能够随之成长。与西方国家相比，中国社区社会组织还有比较大的差距。从数量上看，美国社会组织与人口之比为1∶192，法国这一比例更低，仅为1∶90，而中国比例高达1∶3006[①]；从发展程度看，中国社会组织发育还不完善，发挥的作用也比较有限；从环境和机制看，社会组织成长的外部环境还不够优化，其内部的约束机制也不够健全。但是，这并不能把社会组织的融合作用和对公民精神的塑造作用一笔勾销。

　　社区治理对公民精神的塑造作用，这里着重论述两点，即公民权利维护和公民参与能力培养。公民的共性特征由主体性和公共性构成，公民权利应该是属于主体性的部分，公民责任和美德应该划入公共性部分，但不论是主体性还是公共性，都在公民精神的范畴之中，也可以换一种说法，公民权利以及公民公共参与和公共道德，都与公民精神息息相关。社区民众维权至少有三种类型，即维护公民财产权、政治权和社会权，应该说体现的是最基本的公民精神，因为这些公民权利都是以公民个人为中心的。当下这三种在中国社会都不同程

[①] 郁建兴、陈奕君：《让社会运转起来：宁波市海曙区社会建设研究》，中国人民大学出版社2012年版，第187页。

度地存在,例如:失地农民维护土地使用权,被拆迁户维护自身的财产权,社区居民维护居住的环境权等,这些都属于公民民事权利的范围。还有进城务工人员等社会弱势群体维护自己的教育权利、社会福利与保障权利,这些属于维护社会权利的行为。也有民营企业家为了建构政治身份,通过"'挑战性张力'挑战政府"①,这是维护政治权利的行为。在中国社会中,由于三种公民权利发展不平衡,②民事权利发展最快,社会权利发展次之,政治权利发展在三者中最缓慢,所以维权指向最多的是民事权利,然后是社会权利,最后才是政治权利。在越来越多的维权行动中,表面上是保护个人的一己私利,但是通过一个又一个的维权行动,行动主体让他人能够感知到行动者的存在,从而使行动超越了行动者自身,赋予了维权行动以公共性的意义。并不是所有的维权行动都获得了成功,但是维权者能够在行动中,"不断地触碰、试探结构的边界,在狭窄的缝隙中扩大空间"③,在唤醒了民众权利意识的同时,也塑造了行动者的主体性。更为重要的是,维权者维权的内容从物权到治权再到人权,在这过程中也使行动者从农民或市民转变为一个公民。

如果说维权主要的重心在个体利益,那么公民参与的重心则是落在了公共利益上。众所周知,中国公民目前仍然在建构和发育中,因此就有学者把公民参与表述为"准公民参与"④。表面看来,这种语言表达好像很有道理,但细细体会似乎并不妥当。任何国家的公民都处于发展之中,不论是发展中国家还是发达国家,都不是终结的状态。同时,评价公民发育程度的标准并没有一把统一的"尺子",不同的国家会发展出不同的公民。所以,在当下中国的社会发展条件

---

① [挪威]贺美德、鲁纳编著:《"自我中国":现代中国社会中个体的崛起》,许烨芳等译,上海译文出版社2011年版,第118页。
② 杨四海、程倩:《近十年中国公民精神海外研究评述》,《河海大学学报》(哲学社会科学版)2016年第4期。
③ 郭于华等主编:《居住的政治》,广西师范大学出版社2014年版,第26页。
④ 孙龙:《公民参与:北京城市居民态度与行为实证研究》,中国社会科学出版社2011年版,第163页。

下，直接提出"公民参与"的观点，应该没有不当之处。对于什么是公民参与，也应该有一个规范性的理解。根据国外学者的解释，公民参与是"平民试图影响政府决策的活动"①，其特点是活动的客观性、主体的平民性、影响的公共性。它强调对政府和公共部门决策及执行的影响，突出其公共性，而不是对自身的影响，它与公民自治之间明显不同。对公民参与的概念界定之后，接着就需要找到其活动的主体。仅就中国的城市而言，时下公民参与的主体主要是城市中产阶级。所谓中产阶级，有几个判定指标，这就是收入水平、教育程度、资产占有量、消费水准等。依据这样几个指标进行考察，城市"新型社区"的业主应该大多属于中产阶级。亨廷顿指出，中产阶级"政治态度和价值观支配着城市的政治"②。中国的城市中产阶级，能够开始参与政策和制度的制定过程，并且有的还能够提出明确的立法性建议，而不是像一般的居民群体，只是在政策的执行过程中表达诉求。他们参与的方式主要有信访与接触、行政诉讼、立法建议和自主参选。③ 在这四种参与方式中，前三者是公民进行利益表达进而影响政府决策的主要渠道。公民参与在效能方面有三个表现，即"工具性、发展性和沟通性"④。公民参与并不排除公民对个人利益的捍卫，但是最主要的还是公民在参与活动中其政治、社会以及道德觉悟的提升，同时也较好地促进了公共利益，这也是公民参与对公民精神培育的意义所在。

三 影响公民价值观的网络虚拟环境

随着信息和通信技术的发展，在人类社会向后工业化演化的过程

---

① [美]亨廷顿、纳尔逊：《难以抉择——发展中国家的政治参与》，王晓寿等译，华夏出版社1989年版，第5页。
② [美]亨廷顿：《变化社会中的政治秩序》，王冠华等译，生活·读书·新知三联书店1989年版，第264页。
③ 孙龙：《公民参与：北京城市居民态度与行为实证研究》，中国社会科学出版社2011年版，第138—160页。
④ [英]米格、波格丹诺主编：《布莱克维尔政治学百科全书》，邓正来译，中国政法大学出版社1992年版，第563—564页。

中，出现了网络社会。网络社会也可以叫作信息社会，两者尽管都是基于信息和通信技术发展起来的，但是其侧重有所不同。网络社会关注外部社会结构和组织类型的变化，而信息社会则突出社会基础和活动的变化。[①] 网络社会强调的是信息传递的形式和结构，在这个社会中网络是社会和媒体的深层结构，个体、群体和组织的要素是通过网络联系起来。20世纪网络社会逐步取代以群体、组织和社区为结构的大众社会，这种变化在发达国家尤其明显。网络社会的基本构成单元是与网络相连的个人，网络的社会范围具有既扩大又缩小的特点，因为它既能把世界联系起来，同时又把个人置于较小的工作和生活环境中。个体作为网络社会的基本社会单元，其存在形式是碎片化的，这与大众社会的家庭、邻里、社区和组织的有机性不同。网络社会是多中心的，当然不是所有中心都一样重要，有些节点会显得更加重要。网络社会较之大众社会包容性有所逊色，个人在其中需要展现自己的价值，找到自己的位置，否则容易被网络排除在外。网络社会里人们之间面对面的交流依然是最重要的沟通方式，但间接交流逐步起到部分的弥补和取代的作用。社会网络和媒体网络的联结，构成了稳定的网络社会环境。

那么，网络社会发展与公民精神培育之间有何种关系呢？如果不假思索地认为，网络社会的发展必然有利于公民精神的培育，显得有些过于简单和草率。网络社会的显著特点，是数字传媒技术的运用。对于技术的作用，理论界有两种观点，一种是悲观技术决定论；另一种是乐观技术决定论。[②] 法兰克福学派就是前者的代表，也许与大众传媒的单向传播和教化民众的一贯做法有关，它对传媒技术持否定的态度，批评大众传媒的受众缺乏联系和交往，成为单方面受权力控制的"群众"。对此，乐观技术决定论则表达了截然不同的观点。英国

[①] [荷]迪克：《网络社会：新媒体的社会层面》，蔡静译，清华大学出版社2014年第2版，第19页。

[②] 徐贲：《通往尊严的公共生活：全球正义和公民认同》，新星出版社2010年版，第181—182页。

文化批评家约翰·汤普森认为,作为现代大众传媒的传播对象,不需要进行面对面的交流,也不需要在同一时间、同一地点共同感知同一个事件,就能感知到"我们"的存在,从而成为媒体公众,相互之间能够自由聚集、自由讨论和自由交流。大众传媒时代媒体的单向影响,受众之间缺乏交流的现实,使得学者们在传媒技术对于受众的作用上存在分歧,是可以理解的。

在数字传媒占据优势的网络时代,学界关于数字媒体技术对政治或者公民的影响又是什么态度呢?中国学者从国家和社会所受影响的视角进行研究,也形成了两种对立的态度。从技术赋权或者数字赋权的角度来说:一种态度认为互联网赋权国家。米歇尔·福柯、劳伦斯·莱斯格、詹姆斯·博伊尔等国外学者,为那些主张互联网赋权主体是国家者提供了思想支持,因而,有一些外国学者给出这样的结论:互联网很可能加强中国的威权主义。[1] 另一种态度是倾向于互联网赋权社会。如果是赋权社会,社会个体和公民的权利将会得到增强。此派观点提出,互联网促进了事件传播和网络讨论,创造了媒体受众的新的联合形式,"在抗争的动力中引入了新的要素"[2]。其实,网络社会的互联网只是一种技术工具,其作用的发挥取决于主体以何种目的使用它,国家如果用它来为国家服务,那么它就表现出更多的赋权国家的性质;社会如果用它为社会服务,其赋权社会的性质更鲜明一些。但是,也应当注意到,即便是为国家服务,也会有赋权社会;即便它服务社会,也不排除对国家进行赋权。由此看来,学者郑永年关于互联网对国家与社会作用的观点,似乎更为合理,即"互联网的发展能够在国家和社会之间进行赋权和改造"[3],在国家与社会之间制造了递归性的关系,促进了政治自由的发展,公民权利和公民

---

[1] 郑永年:《技术赋权:中国的互联网、国家与社会》,邱道隆译,东方出版社2013年版,第13页。

[2] Yang GuoBin, "The Internet and Civil Society in China: A Preliminary Assessment", *Journal of Contemporary China*, No.12, 2003, pp. 453–475.

[3] 郑永年:《技术赋权:中国的互联网、国家与社会》,邱道隆译,东方出版社2013年版,第15页。

参与的不断扩大。国外学者经常使用的网络社会专有名词，如"数字民主""电子民主"和"网络民主"等，印证了互联网与政治民主之间不容否定的关系。习近平总书记曾指出，"随着互联网特别是移动互联网发展，社会治理模式正在从单向管理转向双向互动，从线下转向线上线下融合，从单纯的政府监管向社会协同治理转变"[①]。社会治理模式的双向互动，社会协同治理的出现，都无不表明网络社会公民政治的逐渐兴起。

在现代网络社会中，西方公民权利呈现出进一步发展的趋势，主要表现为公民文化权利的发展。一般而言，讨论公民问题，基本是从政治和法律的两个维度展开。"二战"后，马歇尔对公民形象的勾勒有了三维的角度，即法律、政治和社会的角度。不论是从两个维度还是三个维度解读公民，其基于的前提都是民族国家。然而，正如史蒂文森所言，网络社会使人们获得超越民族国家的想象具有了可能。在学术领域中，西方近20年来公民权利的发展确实呈现出明显的文化趋势。米勒就用公民的政治权利、经济权利和文化权利，取代马歇尔所主张的民事权利、政治权利和社会权利。不仅如此，欧盟也表达了对公民权利的新见解，即公民的政治权利、经济权利、社会与文化权利。虽然米勒与欧盟对公民权利的解释并不一致，但是，它们的共同之处远多于不同之处，都具有三个维度，并且都包含了文化权利。对于公民文化权利含义的解读，不同的研究者之间有着一定的差异，金里卡、史蒂文森、何米丝和卡尔普等人都有自己的观点。不管他们之间存在什么不同，有两个核心内容是极其重要的，一是文化公民权利的获得，不在于民族国家内部的一个文化规训，而是"一个开放性的民主商议、民主学习和文化创造的过程"[②]；二是文化公民权利是个人能动性和社会系统共同作用的结果。再进一步地概括，其本质就是

[①] 《习近平在中共中央政治局第三十六次集体学习时强调加快推进网络信息技术自主创新朝着建设网络强国目标不懈努力》，《人民日报》2016年10月10日第1版。

[②] 肖滨编著：《中国政治学年度评论》（2013），上海人民出版社2013年版，第127页。

公民参与。但是，这个公民参与，应该说更多的是对全球化、民主、赋权和未来问题的回应。而网络社会中的中国公民权利发展和公民参与则有所不同。

网络时代的中国信息技术，为社会组织和公民个人获取信息提供了重要便利，促进了政治认同的逐步形成。也许互联网对人的影响有消极的方面，但是绝不能否定互联网对人的积极意义，尤其是价值观念和政治认同的形塑作用。就社会发展的现代性程度而言，中国依然落后于西方发达国家，但是中国已然是一个网络社会。在这个网络社会里，能够看到互联网对国家的赋权，信息技术被用于国家治理，增加了公共服务的开放性和透明度，电子政务、网络宣传和网络问政等随之出现，当然国家利用互联网也对社会加强了监控和管理。同时，也能看到互联网对社会和公民提供的信息服务。互联网能够使公共组织、社会组织拥有获得信息的必要渠道，而这个渠道与传统媒体高度的信息选择性不同。网络对于公民个人而言，可以使具备条件的公民在网络媒体上就有关事件进行讨论，其前提是不能超出政府所控制的范围；同时，公民在获取经济和生活资讯的时候，还可以了解到一些不同的声音。信息的获得，是公民行动能够发生的重要前提，而人们获得信息的内驱力，在于当代社会的不确定性特点。为了消除和降低不确定性，人们往往是通过获取足够多的信息方式加以解决。数字媒体技术的发展和使用，无疑使得媒体信息更加丰富和廉价，比传统媒体更加能够满足公民获取信息的需要。公民获得信息渠道的多样化和获得信息数量的增加，有助于公民政治认同的形成和公民参与意识的增强。政治认同其实就是一种公共性的认同，因为政治本身具有明确的公共性，所以政治认同可以说是一种"共享的理解和认同"[1]，是一个社会资本，也是一种公共精神，它有助于公民之间合作的自发形成，生成公民的集体行动。应该说，这种公共精神在中国公民身上是

---

[1] 这是西尼德·塔罗的寻求解决集体行动困境的一个观点。参见郑永年《技术赋权：中国的互联网、国家与社会》，邱道隆译，东方出版社2013年版，第113页。

存在的，互联网不仅强化了这种公共精神，而且还为公民呈现这种公共精神提供了平台。

中国网络社会的公民政治认同和公共精神没有仅仅停滞在认知阶段，而是向着公共领域的实际建构和公民集体行动的方向发展。在互联网当中，出现了公共生活私人化和私人生活公共化的倾向，因此公共领域与私人领域的界限有些模糊，但是这并不表示公共与私人界限的消失。互联网本身的分权本质，使得更多的网站处于政府直接控制和管理之外，公众尤其是知识分子一定范围和一定策略的讨论，助推了公共领域的生成和发展。在一般的研究者看来，信息技术的发展容易使人出现技术原子化的趋势，这在西方自由民主的政治体制之中更为显著。然而，中国的情况却有所不同，"中国的调查数据展示了一个相当不同的图景"[1]。中国绝大多数的公民认为，通过互联网可以更好地理解政治，同时互联网也是评价政府政策和影响政府决策的重要媒介，公民公共参与和公共精神可以借此表现出来。同时，在网络事件中，中国民众的"平等、正义、参与、信任、理解等公民性"[2]，无疑也是公共领域构建的重要基础。与此同时，在互联网发展中，中国公民网络抗议（抗争）逐步崛起，由于抗议是借助于网络开展的，因而也可以把这种抗议称作是网络推动型的公民抗议。这种抗议本质上是社会运动的一种，它试图通过组织起来的某个群体，向国家发出持续的、自觉的要求和挑战，希望迫使政府让步以达到组织自身的目的。改革开放后，中国社会出现了群体利益分配不均、地区发展差异以及公民权利的不公平等问题，导致了公民个人和公民组织通过相对自由的互联网管道表达心中的不满，甚至通过互联网采取直接行动。这样就使那些组织化程度不高和无组织的公民组织起来，通过集体的共同行动，对政府施加压力，引起政府的关注和迫使政府让步。可以

---

[1] 郑永年：《技术赋权：中国的互联网、国家与社会》，邱道隆译，东方出版社2013年版，第127页。
[2] 郁建兴、刘大志：《互联网与中国公民社会研究：反思与展望》，《哲学研究》2011年第5期。

说如果没有网络公民抗议行动,"没有网上如此密集的公民参与,那么在过去几年里,政府就不会做出那么多的政策变化"①。

第三节 当代中国公民精神培育的路径

个体发展的社会条件下,公民精神培育的目的是提升公民的价值理性、公共性、包容性和合作性,消除社会碎片化、原子化带来的种种问题,从而实现维护社会秩序和建立和谐社会的目的。关于公民精神培育的路径,不同的思考角度就会选择不同的路径,此处还是从公民精神培育的主体角度论述培育路径,保持与前面的培育主体论述相一致,不妨沿用从国家到学校,然后再到个人的逻辑。

一 宏观层面的国家政策推动

人民主权的国家,其代表和维护的是人民的共同利益,其鲜明的特点是公共性。而现代公民则必须具备两个认同,即对民族国家的认同和对社会核心价值的认同。② 这两个认同使得公民具有了公共性的特征,它也是国家政治体制有效运作的基本前提。因此,在现代公民精神的培育中,国家理应成为一个责无旁贷的主体,国家培育也就成为一个重要路径。对此,中国与其他国家一样,没有例外。目前,中国公民精神的培育可以有这样几个路径:一是通过重大决策促进公民精神培育;二是国家在扶持社会组织的发展中推动公民精神培育;三是以制度的建构规划公民精神培育。

党的十八届三中全会做出了全面深化改革的重大决策,确立了推进国家治理现代化的总目标,总目标的实施为公民政治参与和公民性发展提供了契机。国家治理与以往的国家统治和国家管理显著不同。国家统治具有鲜明的阶级性,它是国家政权机构通过专制的暴力方式

---

① 郑永年:《技术赋权:中国的互联网、国家与社会》,邱道隆译,东方出版社2013年版,第111页。
② 王绍光:《祛魅与超越》,中信出版社2010年版,第131—133页。

维护社会秩序，其控制性特点比较突出。国家管理属于公共管理的一种范畴，是国家对投入社会公共事务管理的各种要素进行优化，以期实现国家利益和国民利益的最大化。而国家治理则对国家统治和国家管理进行了扬弃，它是国家政权的"所有者、管理者和利益相关者"[①]，对社会公共事务的合作管理。国家治理与国家统治和国家管理的不同在于：国家政权的管理者必须向政权所有者负责，政权所有者可以向管理者进行问责；国家治理强调多元治理主体合作的重要性，也就是政权所有者、管理者和利益相关者的合作，而不是管理者"包打天下"，同时要求多种治理机制的有效配合，即政府、市场和社会的共同协作；把增进公共利益与维护公共秩序放在同样重要的地位，而不能以维护公共秩序的名义牺牲公共利益。在三个概念的比较中，可以发现公民的作用和地位得到彰显，公民作为国家政权的所有者和公共利益的相关者，已经成为国家治理主体非常重要的组成部分，可以以国家主人的身份出现在公共事务治理的活动中。不但如此，公民的公共利益得到强化，改变了以往打着维护公共秩序的旗号，忽视甚至损害公民的做法，有利于公民公共利益的有效保护。这是从国家治理的概念中，读出了执政党已经注重发挥公民在公共事务管理中的作用，它对于公民人格塑造、公共性培养、公民合作精神培育，显然是十分有益的。也许国家治理现代化战略性目标的提出，主要目的在于解决当今严重阻碍中国特色社会主义发展的突出问题，例如，党和政府主导的发展遇到瓶颈之困，以统为主的维稳模式不可持续，社会腐败现象居高不下，贫富差距持续扩大。但是，国家治理现代化总目标的提出和实施，对中国公民精神培育的促进作用，是有显而易见的意义的。

政府扶持社会组织的发育及其活动开展，是社会治理实践的重要表现，也是公民进行公共生活的重要载体。这里的社会组织，主要是指公民所组成的社会组织。在中国现实语境中，与公民的社会组织相

---

① 何增科：《理解国家治理及其现代化》，《马克思主义与现实》2014年第1期。

类似的概念,还有非政府组织、非营利组织和"第三部门"组织,尽管它们都不是中国本土的概念。非政府组织强调其非官方的特点,在全能型政府政治文化影响下,政府对非政府组织多抱有一定的戒备和警惕的心态,同时非政府组织名称上的"非",似乎带有非议和对抗的意味,因此,非政府组织在中国并未被官方接受,在学术界也未被广泛认可。非营利组织重点突出其非营利性,从根本上与市场经济组织划清界限,可是这个概念外延太大,容易混淆其本身与政府组织的界限。再说,非营利组织并不是像想象的那样都是无偿服务的,在中国甚至有的所谓非营利组织还是营利的。鉴于这两点,非营利组织作为独立概念在中国使用是不妥当的。"第三部门"组织本意是指除政府部门和企业部门以外的其他部门组织,然而由于这种类型的组织差异较大,"第三部门"的内涵和外延较为宽泛,也有一定缺陷。因此,在中国的治理语境中,使用社会组织似乎最为合适。党的十九大报告五次提到"社会组织",希望社会组织在协商民主和社会治理发挥积极作用。例如《报告》提出,"加强社区治理体系建设,推动社会治理向基层下移,发挥社会组织作用,实现政府治理和社会调节、居民自治良性互动"[①]。这不仅表明"社会组织"这一名称得到了中国共产党在执政中的认可,而且也表明"社会组织"在当下存在的必要性。中国社会组织在公民精神培育中,常常被人们寄予厚望,社会组织的独立性、自主性、公共性和实践性特征,应该是其中的重要原因。

然而,中国社会组织的发展才迈开步伐,还面临重重困境,同时社会组织自身也具有一定的特殊性。首先,公民权利意识尤其是政治权利意识薄弱,自为意识不强,导致公民所组成的社会组织缺乏坚实的心理基础。其次,政府的制度性制约。由于社团管理条例的限制,社会组织准入门槛较高,抑制了社会组织数量的增长,甚至使得有的

[①] 习近平:《决胜全面建成小康社会 夺取新时代中国特色社会主义伟大胜利——在中国共产党第十九次全国代表大会上的报告》,载《党的十九大报告辅导读本》,人民出版社2017年版,第48页。

已经成立的社会组织，因无法注册而处于"漂浮的状态"。最后，社会结构还不能适应社会组织的发展需要。现如今，中国尽管取得举世瞩目的经济社会发展成就，但是中产阶层占据主体的"橄榄型"的社会结构还未形成，中产阶层的政治活力和参与热情无法充分表现。社会组织表面看起来是独立的，与政府之间似乎毫无瓜葛，但是事实上并非如此，即便是国外的公民组织也有政府的援助，更不用说中国的公民组织了。国外学者好像对中国的民间组织[①]具有很高的关注热情，他们也曾臆想中国的社会组织与政府形成对抗性关系，甚至有些人还幻想它们能够对国家政权构成严重威胁。但是，经过一番研究之后，国外研究者惊讶地发现，中国公民社会组织与国家之间形成了一种"嵌入式"关系。两者之间通过不断学习和适应，在嵌入中实现重塑和融合。[②] 正是因为存在这样的"嵌入式"关系，国家在理论和现实上，都应当为社会组织的发展给予关注和支持。国家可以通过组织化的路径培育民间社会，培养公民的权利和自为意识，建构中国特色的社会主义治理体系。修改和完善制度，降低公民组织社会准入"门槛"；建立国家对公民组织的"输血"机制，通过购买服务等对公民组织进行经济支持。国家制定和施行优惠和激励政策，在个人收入调节税、信贷和融资等方面，给予中产阶层必要的优惠政策，同时支持个人和私营企业通过合理合法的途径勤劳致富，扩大中产阶层的基础。

　　国家在重视从决策层面和实践层面培育公民精神的同时，还需要运用教化功能培育公民精神。国家在其中的作用并不是直接承担教化任务，而是要进行政策和制度的制定和监督。就公民教化的历史而言，国外的历史比中国要早得多，也成熟得多，对国外公民教化的历史进行分析，有助于研究中国公民精神培育的国家职责定位。20世

---

① 他们所使用的"民间组织"的概念，与公民社会组织并无明显差异，所以在之后的阐述中，本书还是使用"公民社会组织"，以保持上下文表达的一致性。
② Jessica C. Teets, "Let Many Civil Societies Bloom: The Rise of Consultative Authoritarianism in China", *The China Quarterly*, No. 26, 2013, pp. 19 – 38.

纪90年代，随着世界政治和经济格局的变化，国际文化交流的日趋频繁，公民观发生了显著的变化，由以个人领域为中心，向关注公共领域转变，国家主导的公民教育在此时逐步成为趋势。美国公民教育和教化的国家主导作用比较显著，除了颁布公民教育大纲，还以法律的形式规定了公民教育目标，制定和颁布了公民教育的国家标准。再以欧洲国家法国为例，法国教育的国家干预和主导的色彩更为浓厚，继承了"教育传统高度的组织性、体制性与制度化特征"[①]。这在西方主要发达国家中绝无仅有，国家对公民教育大纲、内容、年限和授课时数都做出明确规定，制定了统一的课程标准，甚至对于教材及其相关学习资料也给予限定。同时，地方教育行政部门安排专门机构或者专人，负责学校公民教育，班主任负责公民课程的教学任务。

目前，中国执政党和政府对公民教育重要性的认识明显提升，但是仍有不少实质性的工作需要推进。党的十七大报告向全党公开提出"加强公民意识教育"。在国务院颁布的《国家中长期教育改革与发展规划纲要（2010—2020年）》中，明确指出要"加强公民意识教育，树立社会主义民主法治、自由平等、公平正义理念，培养社会主义合格公民"[②]。与上述目标和要求相适应，同时结合培育社会主义核心价值观的需要，2014年教育部出台了《关于培育和践行社会主义核心价值观进一步加强中小学德育工作的意见》，向各级教育部门和中小学校提出，"要大力开展公民意识教育，培养公民美德，发扬社会公德，增强国家认同，引导广大学生了解公民的基本权利与义务"[③]，通过"四个方面"教育来培育中小学生公民意识。然而，在

---

① 檀传宝等：《公民教育引论：国际经验、历史变迁与中国公民教育的选择》，人民出版社2011年版，第47页。

② 国家中长期教育改革和发展规划纲要工作小组办公室：《国家中长期教育改革和发展规划纲要》（2010—2020年），http://old.moe.gov.cn/publicfiles/business/htmlfiles/moe/info_list/201407/xxgk_171904.html，2010年7月29日。

③ 中华人民共和国教育部：《关于培育和践行社会主义核心价值观进一步加强中小学德育工作的意见》，http://old.moe.gov.cn//publicfiles/business/htmlfiles/moe/s3325/201404/xxgk_167213.html，2014年4月3日。

近两次党的全国代表大会确立的党的教育方针中,都没有直接出现"公民"的字样。党的十八大报告对教育方针是这样阐明的,"坚持教育为社会主义现代化建设服务、为人民服务,把立德树人作为根本任务,培养德智体美全面发展的社会主义建设者和接班人"①。党的十九大报告对党的教育方针阐述发生了一些变化,即"落实立德树人根本任务,发展素质教育,推进教育公平,培养德智体美全面发展的社会主义建设者和接班人"②。可见,素质教育、教育公平得到凸显,但"公民"依旧没有作为明确的内容直接呈现。2018 年全国教育工作大会在北京召开,强调中国特色社会主义教育道路必须要坚持党的坚强领导,坚持马克思主义的指导,坚持社会主义办学方向,培养德智体美劳全面发展的社会主义建设者和接班人。③"培养什么人、怎样培养人、为谁培养人"成为教育的根本问题,也是执政党最为关切的政治问题。进一步完善中国教育方针和教育目标,让公民教育成为教育方针和教育目标的内容之一,充分凸显公民教育作为现代教育理念和教育功能的地位,既适应社会主义现代化建设需要,又满足执政党构建人类命运共同体的愿望。拓展公民教育的范围,制定"公民教育实施纲要",过去颁布的《公民道德建设实施纲要》突出了公民的道德教育,但事实上公民教育的内容远不止此,比如还可以开展公民权利教育、公民价值理性教育、公民公共参与教育、平等合作教育等。可以设立全国性"公民教育委员会",统一协调和规划国家的公民教育行动,代表国家确定公民教育目标,制定公民教育课程标准,确定公民教育内容,并且对公民教育实际开展情况进

---

① 胡锦涛:《坚定不移沿着中国特色社会主义道路前进 为全面建成小康社会而奋斗——在中国共产党第十八次全国代表大会上的报告》,http://www.wenming.cn/xxph/sy/xy18d/201211/t20121119_940452.Shtml,2012 年 11 月 19 日/2019 年 6 月 6 日。

② 习近平:《决胜全面建成小康社会 夺取新时代中国特色社会主义伟大胜利——在中国共产党第十九次全国代表大会上的报告》,载《党的十九大报告辅导读本》,人民出版社 2017 年版,第 45 页。

③ 习近平:《坚持中国特色社会主义教育发展道路 培养德智体美劳全面发展的社会主义建设者和接班人——在全国教育工作大会上的讲话》,http://www.moe.gov.cn/jyb_xwfb/s6052/moe_838/201809/t20180910_348145.html,2018 年 9 月 10 日。

行监督和评价。健全公民教育的投入和保障机制，改善办学条件，借鉴国外筹措公民教育经费的成功经验，中央和地方政府共同承担，保证把公民教育经费落到实处。同时要积极改善公民教育的硬性办学条件，也要加强对公民教育教师培训工作，建立公民教育教师的培训机制。

二 中观层面的学校观念转变和公共生活塑造

一般而言，公民精神的培育途径，主要是家庭、学校和社会。其中，最为重要的途径还是学校教育。这是由学校公民教育的目标性、系统性、针对性和可掌控性决定的，同时，它也在国外公民成长和公民精神培育的历史中得到验证。尽管也有学者对学校公民教育没有取得他们预期的效果而感到不满，甚至对学校的公民教育提出非议，但是，不可否认的一个现实是，当代世界试图培养公民、造就公民精神的国家，无不是把学校教育作为一个主要阵地来加以利用和实践。从党的十九大把建设教育强国当作实现中华民族伟大复兴的基础性工程，到 2018 年全国教育工作大会把教育作为民族振兴、社会进步的重要基石，都充分表明教育对民族和国家发展的重大必要性。同时，也应当清楚地看到在此过程中教育对"提高人民综合素质、促进人的全面发展"[1]的意义，其中当然也包含着对当代公民塑造及其精神培育的积极作用。

中国的学校公民教育起步晚，如今还显得较为不成熟。"公民"作为概念由国外传入国内已是清末民初，公民教育以课程形式出现，更是 20 世纪 20 年代的事情，但是公民教育在那个既无真正独立和自主的个体，又无公共生活的特定历史阶段，是注定以失败而告终的。从新中国成立后到改革开放前，中国学校教育突出政治化目的，把"人民"的塑造作为教育目标。改革开放后，"社会主义建设者和接

---

[1] 习近平：《坚持中国特色社会主义教育发展道路 培养德智体美劳全面发展的社会主义建设者和接班人——在全国教育工作大会上的讲话》，http://www.moe.gov.cn/jyb_xwfb/s6052/moe_838/201809/t20180910_348145.html，2018 年 9 月 10 日。

班人"是学校教育的主要任务。与此同时与公民教育有关的课程目标逐渐进入改革的构想中。2001年《义务教育课程实验方案》的课程目标,包含培养民主法律意识、社会责任感、环境意识、科学与人文素养、审美情趣和生活方式等。[①] 2005年基础教育的课程改革在全国范围内逐步实施,"社会主义合格公民"成为学校课程教学的培养目标。《普通高中课程方案（2017年版）》确立的课程目标,强调学生的理想信念、自主发展能力、沟通合作能力等方面的教育[②]。目前,中国的学校公民教育还不成熟。首先,比较系统的公民教育课程尚未建立。在西方部分发达国家,已经建立了专门的公民教育课程,而且加强公民教育的课程建设已然成为一种明显的趋势。目前中国以培养"社会主义建设者和接班人"为最重要的政治目标,公民精神培育在学校教育中的声音和影响比较微弱,受重视程度也远远不够,"鲜有系统的公民教育课程"[③],公民教育是渗透在政治、思想品德、历史与社会等课程中进行的。于是中国的学校公民教育,就出现了课程定位不清、体系不完善、目标不明确和内容不平衡等问题。[④] 除此以外,学校公民教育所需要的公共生活尚待建构。在市场经济以逐利为根本价值的影响下,以及学校应试教育片面追求升学率的引导下,学校公民教育的公共价值被遮蔽。学校组织运作中科层制管理模式,导致学校管理行政化,师生平等的公共生活匮乏。公民教育偏重知识的传授,对于公民公共生活的实践建构不够。因此,中国学校公民教育和发展不足的问题,制约了公民精神的培育;学校公民教育发展和完善的过程,也就是中国公民精神培育的过程。

中国学校教育需要转变观念,树立把公民教育作为现代教育基本理念的思想。现代教育不同于传统教育,从时间的纵向维度来看,与

---

① 龙安邦、余文森：《我国基础教育课程改革与发展70年》，《课程·教材·教法》2019年第2期。
② 同上。
③ 冯建军：《公民身份认同与学校公民教育》，人民教育出版社2014年版，第268页。
④ 王文岚、黄甫全：《我国公民教育课程发展的回顾与展望》，《学术研究》2008年第11期。

农业社会和现代社会相对应的,分别是传统教育和现代教育。现代教育是教育者把受教育者社会化为现代社会人的活动,其适应了现代生产力与生产关系相统一的要求。① 现代教育就其培养人来说,与传统教育具有显著的不同,传统教育主要是面向少数人的臣民教育,培养的是服从统治者或者家长的精神奴隶或"家臣"。而现代教育则是面向每位公民,在保护每位公民教育权基础上,塑造现代公民的活动。② 现代教育在其发展的过程中,出现过各种理念,不同的理念有层次和领域的区分。现代教育的基本理念,就是适应现代社会发展的基本要求,能够引领教育的各个领域发展的理念。公民教育就是现代教育的基本理念之一。在公民教育成熟的国家,它已经覆盖了各级各类教育,贯穿于人生的整个过程,并且它还形成了比较成熟的思想理论体系,有着丰富的实践经验基础,体现了现代教育的本质特征,为政治国家培养合格公民,也正因如此,公民教育已经在越来越多的国家上升到国家意志的层面。所以,把公民教育作为现代教育的基本理念,应该是较为恰当的。中国的现代学校教育,似乎背离了这个教育理念。应试教育在中国一段时期以来尽管饱受诟病,但是目前并无根本的改变,更为可怕的是社会上还有人为其摇旗呐喊。以所谓能够保证大学招生选拔的公平性为理由而一直存在的应试教育,"究其实质而言乃是一种训练的教育"③,把学生训练成考场的"高手",只知竞争而不知合作,只知胜利而不知关爱,只知占有而不会给予,只知考试而不会做事,学生身心俱疲,从而导致个体精神生活的匮乏和人格的畸形发展。由于基础教育存在的应试教育弊端,加之社会上功利主义思想的影响,大学沦为培养精致利己主义者的工具。20 世纪 90 年代以来,教育回归生活,关注个体幸福,成为中国教育领域的强势话

---

① 成有信:《现代教育的特点及其本质》,《中国社会科学》1984 年第 6 期。
② 时龙:《现代公民教育:国家意志与教育理念》,《教育科学研究》2008 年第 12 期。
③ 刘铁芳:《公共生活与公民教育:学校公民教育的哲学探究》,教育科学出版社 2013 年版,第 4 页。

语，这不能不说是一种教育的进步。但是，如果教育在关照个体幸福的过程中，只是迎合个体当下的现实需要和私己欲望，则教育将不可避免地走向肤浅和平庸。教育在引导教育对象实现个人目标的时候，还要引导受教育者超越个人，培养对他人的关爱情感和对社会的责任。由此而言，公民教育必将成为现代教育的基本理念和基本目标。目前，公民教育还没有真正体现在教育的根本价值上，也没有能够渗透到整个教育之中，但是，教育价值变革中，从"私民"走向"公民"的基本趋势，教育从私人生活走向公共生活的时代潮流，似乎成为无法抗拒的事实。

就其结构而言，学校公共生活有两个部分。[1] 一个是通过话语所建构起来的、想象的公共生活，这里的"话语"包含学科课程[2]与教学等；另一个是学校作为一个特定场域，由其自身所呈现出来的公共生活雏形。话语借助于语言的功能，能够为人们构想一个公共生活的图景，开启公民的价值视野，从而培育公民认同。它对于实践活动，具有先导性的意义。话语能够辨明是非，让人与人之间充满友爱，也以交往对话的形式，建立在公共生活中的联系。话语使人们之间形成了言说与倾听的结构性关系，言说者在话语中向他者敞开，正是这样的敞开，让言说者进入公共生活之中，让他者能够听见和看到。通过话语开启公共生活，不仅使自己进入了公共生活，而且也通过以理服人的方式，引导他人参加到公共生活中，学校的学科课程和教学便属于这种话语的基础形式。可以在学科课程和教学中植入适应时代发展的公共价值，然后建立一个系统的学校公民教育的话语体系。单就课程而言，它是"学生在学校指导下学得的全部经验"[3]。关于公民教

---

[1] 刘铁芳：《公共生活与公民教育：学校公民教育的哲学探究》，教育科学出版社2013年版，第56—61页。
[2] 公民课程的形态有三种，即学科课程、活动课程和隐性课程。学科课程是指围绕学科而编制的课程，活动课程是指通过参与活动而在探索中获得直接知识的课程，隐性课程是指以隐含的方式呈现而在学校教育计划中没有规定的课程。
[3] 江山野：《简明国际教育百科全书·课程》，教育科学出版社1991年版，第65页。

育的课程化,有直接公民课程、间接公民课程和隐性公民课程三种类型。① 直接公民课程是指独立的公民教育科目,如公民科,或者类似于社会科一类的综合性课程;间接公民课程是指被渗透了公民教育的其他课程,这两种课程都有着明确的公民教育的目的。而隐性公民课程则没有清晰的公民教育计划,公民教育隐含在学校制度、学校管理、校园文化活动中,其公民教育的实践性特点比较明显,教育效果也不容小觑。由于其具有的实践性特点,它与学校教育中的话语体系距离较远,因此放到后面再进行论述。学校公民教育的直接课程和间接课程,所要达到的公民教育培养目标,与公民素养有着紧密的关系。关于公民素养的内涵有多种解释,其中一种解释是公民知识、公民意识、公民道德和公民能力②,它更为全面和令人信服。学校公民教育的课程目标,就是以公民课程和教学为依托,在话语构建的公共生活中,传授学生公民知识,培养学生公民意识,使学生具有关爱他人、社会、国家的情怀,对人类社会发展给予足够的关注和支持,从而促进学生公民行动能力的培养。公民教育的内容不仅要体现国家的要求,也要体现全球化时代的世界需要。从国家的层面来说,就是要了解国家的政治制度、政府权力运行机制,学习国家的历史和文化,维护社会的核心价值体系,遵守国家的法律制度,积极参与国家的各种政治活动。从世界层面而言,要处理好人与世界的关系,确立人类社会共存共在意识,培育世界多元文化观念,具有维护人类社会正义和世界和平的立场;处理好人与自然关系,让人与自然处于和谐关系之中,使社会发展既不能危害当代人的生活,又不能危及后代人的生存。对于中国而言,现在需要进一步明确公民教育目标,建立专门的公民教育学科课程,同时还要继续推进公民教育向其他课程渗透的工作,在国家公民教育之外,还要增加或者加强全球公民意识乃至公民

---

① 冯建军:《公民身份认同与学校公民教育》,人民出版社 2014 年版,第 261—262 页。

② 同上书,第 263 页。

精神的教育。

在学校公共生活结构中，另一个公共生活空间是通过学校生活本身呈现的。这个层面的公共生活，分布在学校的各种场域活动之中，它为公民教育和公民精神形塑，提供了实践机会，因此也使公民教育和公民精神的形塑，存在于学校生活中，从而令公民的培育具有生活化的意味，公民也会在这种场域性的公共生活中结成共同体，共同体反过来又会促进公民精神的培育。学校生活也就是学校的一些场域性活动，包括校园社团活动、校园文体活动、学生自主与自治活动以及学校治理活动。[①] 校园社团活动，是学校公共生活的一种形式，有着课堂教学所无法比拟的自由性和开放性，具有学生主导性的特征。它不仅能够培养学生组织能力，也能够培育学生的团结意识和合作精神，不仅能够为学生的个性成长提供平台，也能为学生公共精神的历练提供机会。校园文体活动也是学校公共生活的重要形式，一般是经过学校精心设计的、符合青少年特点的文化娱乐和体育竞赛活动。它能够让青少年的青春活力得到充分的释放，以更加积极的生命姿态，进入更为广泛的公共生活，有利于身体和心理健康得到发展，为学生接受和实践公共价值观奠定基础；促进青少年的集体意识成长和合作精神的锤炼，有利于公民精神的不断发育。学生自主和自治活动，是突出学生实践能力的学校公共生活。学生在自主和自治活动中，个体或者集体的主观意愿能够得到充分表达，激发了学生参与公共事务的热情；学生在自主与自治中结成了一定的组织，围绕学生成长和学校发展而展开的组织目标，有益于学生公共责任和公共情怀的强化；学

---

① 刘铁芳曾在论述学校公共生活的实践建构时，把课堂教学、社团活动、社会服务、学校文体活动以及学生的自主与自治，都作为建构的内容或者途径。参见刘铁芳《公共生活与公民教育：学校公民教育的哲学探究》，教育科学出版社2013年版，第141—166页。如果特指学校的公共生活，应该是存在于校园内的公共生活，并且以一定的场域方式存在于学校范围内。因此，把社会服务归并到学校公共生活中似乎不太符合逻辑。此外，学校治理倒是要补充到学校公共生活中，现代学校治理是一种管理者、教师和学生共同参与的公共活动，尽管现在学校的现代治理理念不强，也可能执行情况不好，但是它毕竟代表了现代学校管理改革的必然趋势。

生学习的公民知识和价值，能够在自治和自主实践中加以运用，对培育学生的公民权利的实际使用能力无疑是积极的。学校治理活动，是一种重要的现实多元互动的公共生活形态。学校治理一改以往一元管理的格局，形成政府、学校和社会多元共同治理的局面。学校内部的组织领导机构，也不能还采用行政控制的方式，管理者对师生实行单向管理，而是要赋予教师、学生和管理者平等的治理权利。治理的对象应该是学校的公共事务或者重大公共决策；治理方式是多方治理主体之间的对话、协商和合作；治理目标是实现学校和师生的公共利益最大化。通过学校治理这种真实的公共生活磨炼，学生的公民价值理性精神、集体主义精神、公共参与精神、平等合作精神会明显增强，从准公民会逐步走向现实的好公民。

三 微观层面的个体"生活政治"润养

如果说国家或者政府培育公民精神是宏观的视角，学校在公共生活中形塑公民精神是中观的视角，那么在生活政治中考察和历练公民精神则是微观的视角。尤其在全球化条件下，从生活政治的角度思考公民精神的培植问题，可能是一个重要的选择。从微观生活的层面进行社会学研究，有一些代表性的人物，如吉登斯、贝克、鲍曼等。吉登斯明确地提出了系统性的"生活政治"思想主张。吉登斯把现代性作为其学术研究的主题，在对经典社会思想发展和反思的基础上，产生了独到的结构化理论，针对全球化时代的高度现代性发展所带来的困境，又形成了"生活政治"主张。

要进入吉登斯的"生活政治"思想中，还必须要先关注另一个与此相对的概念，即"解放政治"。后者与前者不仅有所涉时间上的先后关系，还有研究逻辑的顺序性问题。解放政治是对传统社会僵化秩序以及等级制度的彻底颠覆，意在消灭剥削和压迫，实现个人的自由平等和社会的公平正义，被视为现代性发展的核心任务和动力之源，用吉登斯的话来说，就是"激烈地卷入到从不平等和奴役状态下解放出来的过程"①。所以，解放政治是生活机会的政治，其让人摆脱权力的压迫，消除社会经济不平等，一改对自然世界的依赖，它既是打破枷锁、面向未来的一种态度，也是改变人与人、人与自然之间关系的一种持续的社会行动。欧洲的工业革命和法国大革命是解放政治的一个社会表征，在工业革命中科学技术改变了人对自然的依赖关系，在法国大革命中通过启蒙思想改变人在传统社会中受压迫和被奴役的地位。然而，解放政治作为现代性发展的正向推动力，没有把人类的发展带入经典思想家所预期的目标中，反而在现代性发展的晚期，人类社会显得危机四伏，正如吉登斯指出的那样，"就当今社会发展的趋势来看，我们不得不视这些设想是不成熟的、盲目的"②。吉登斯将高度现代性社会的风险和危机总结为两大方面，一是人类社会道德缺失的危机，二是人们生存面临的风险。人类社会的道德缺失，原因主要在于现代工具理性导致的"经验封存"，也就是把传统社会的道德规范推向了毁灭，使人们的情感和行为缺乏道德的约束，把人类社会推向了几乎道德真空的"黑暗时代"。缺失道德支撑的后传统社会，普遍存在的是人与人的控制和竞争，以及个体生存的空虚感和无意义感，人们所能做的就是在所谓自我的现实需要中，满足个人的欲望。人类生存的风险包含人造风险、本体性不安全和生存性焦虑。所谓人造的风险，就是"无论做什么，我们都要承担风险"③，这些风险往往与人的决策、目标、管理和技术等密切相关。后传统社会的人造风险，包括全球生态问题、恐怖主义、核威胁和战争等，其基本特征是全球性、人造性、普遍性、具体责任主体不明性等。除了人造风险，还有信任缺乏所导致的本体性不安全感，这与现代性和传统社会之间的断裂有关，与现代性社会的快速变化有关。此外，现代性晚期

---

① [英]安东尼·吉登斯：《现代性的后果》，田禾译，译林出版社2011年版，第137页。

② [英]安东尼·吉登斯：《社会理论与现代社会学》，文军、赵勇译，社会科学文献出版社2003年版，第18页。

③ [英]齐格蒙特·鲍曼：《寻找政治》，洪涛等译，上海人民出版社2006年版，第138页。

社会还是一个选择性社会,在这样的社会中人们被迫进行选择,选择不仅是权利也成了责任,同时在选择中人们还可能面临退化甚至堕落带来的风险。

而"生活政治",就是在对高度现代性社会反思的基础上,关于重建现代社会道德和解决人类生存问题的一个方案。与解放政治关注的诸如国家、阶级、政党、民主等宏观问题不同,生活政治关注的是解放政治无意涉足或者无力解决的微观问题,在吉登斯看来,微观问题与个体的幸福联系较为紧密,因此,身体、性、自我认同、自我实现以及生活环境等问题,自然而然地走到了政治关照的中心地带。对此,用贝克的话来描述似乎显得更为准确,"日常生活的私人领域的许多问题都已经进入政治范畴,有些还将成为颠覆性的力量"①。政治源于生活,反过来又为生活提供道德和生存的服务,因而生活政治的出现就并不奇怪了。解放政治在对宏观政治的殷勤关照中,忽视甚至压抑了个体日常生活中的道德和生存问题,吉登斯则通过生活政治的构想,一改解放政治的片面性,实现对道德和生存问题的高度关注。在吉登斯的思想中,生活政治是一种生活方式的政治,因为它是选择性的,"在某种意义上要通过选择或者决定"② 来确定自己的生活。这种选择是有伦理和道德的价值的,其来自对日常生活的道德和生存问题的挖掘。对于生活政治的伦理性,吉登斯从全球化的角度给予自己的阐释,其包含这样几个要素,即人类生命的神圣性、自我实现、人的幸福、世界主义,以及对非生命存在的态度。

吉登斯生活政治的整个轮廓,可以通过四个方面描绘,即后匮乏型经济、对话民主、生态政治和自我认同。③ 后匮乏型经济,是要表达无论社会发展处于什么阶段,都存在经济相对匮乏的问题,关键是

---

① [德] 乌尔里希·贝克等:《自反性现代化》,赵文书译,商务印书馆2001年版,第5页。
② [英] 安东尼·吉登斯:《超越左与右——激进政治的未来》,李惠斌、杨冬雪译,社会科学文献出版社2000年版,第94页。
③ 郭忠华:《现代性·解放政治·生活政治》,《中山大学学报》(社会科学版) 2005年第6期。

要引导人放弃对经济的一味追求，转而提高生活质量。对话民主是西方民主发展的一个新制度，它的出现代表了投票民主向对话民主转型的方向。对话是消除对立和隔阂的重要途径，也是有可能达成共识的方式；对话的前提是信任、交往和自主，在对话的基础上形成政策和行动；对话民主设计的范围比较广泛，有亲密关系、社会团体和国内政治，也有国际关系和国际组织。对话民主的结果，不一定能产生共识，它只是给对话的相关方提供一个交流平台，然而对于对话者之间的相互容忍和理解具有意义。生态政治具有自然生态和社会生态两层含义。现代性的发展在塑造人为空间和后传统社会的同时，也给人类造成生态灾难和社会风险，生活政治需要正视来自自然和社会的两大问题，但是也要从生活的立场出发，对自然和社会进行重新道德化，调整人们对于自然和传统的态度，对待自然生态要有敬畏之心，对待传统要有神圣之感。自我认同在吉登斯这里，其实就是自我选择的问题。现代科学技术的不断进步，对于个体的生育、性别和体型选择都产生了影响，相应地也产生了人权、道德、伦理的问题。自我认同就是要使人的生活重新道德化，把解放政治所侵蚀的道德再找回来。通过对吉登斯生活政治主要内容的阐释，能够清晰地认识到吉登斯对生活重新道德化的努力，对人类摆脱现代性困境的深刻思考。这些努力所追寻的方向，与公民精神的培育之间，具有不可分割的联系，在其中既能看到公民价值理性的光芒，也能看到公民合作精神和参与精神的璀璨。生活上升到政治的层面，本身对公民的成长就具有重要意义，约翰·邓恩曾说，"政治就是一种努力，目的是对不同阶级、不同特性的人都能够具有公民的能力"[1]，从而让善在政治中得到更好的理解。

生活政治在中国不仅现实出场，而且也成为一个合适的理论研究视域。政治在吉登斯这里有广义和狭义之分，狭义政治的话语仅限于

---

[1] [美]约翰·邓恩：《民主的历程》，林猛等译，吉林人民出版社1999年版，第48页。

政党与国家的领域中,广义的政治,是指"用以解决旨趣对立和价值观冲撞所引发的争端和冲突的任何决策方式"①。由此,也可以说狭义的政治是国家政治或者政权政治,既包括夺权政治,也指涉政权的维护和巩固活动。显然,吉登斯的生活政治属于广义政治的范畴。沿用吉登斯的政治分析思路,研究中国社会政治的发展历程,就会发现中国近代以来发端的解放政治,让中国社会已经迈进了现代化时期,尽管现代化发展没有达到高度发达的水平,然而在当下已然呈现了一定的生活政治样貌。吉登斯解放政治的核心内容,是摆脱自然和传统的束缚,实现人的自由,消除剥削和压迫,实现经济和社会关系的平等,达至公平正义的社会。依据吉登斯解放政治的观念,始于中国近代以来的解放政治,经历了"暴力政治""探索政治""发展政治"和"生活政治"四个阶段②。一是新中国成立之前的"暴力政治",运用暴力手段打破传统社会的不平等阶级关系;二是新中国成立后到改革开放前的"探索政治",运用改造政治和冒进政治的方式,建立政治平等和经济平等关系;三是改革开放以后的"发展政治",运用改革手段提高社会大众的经济生活水平;四是市场经济条件下的"生活政治",独立和自主性个体在生活政治中表达公民权利和责任,但是解放政治依然存在。在解放政治中,"暴力政治"阶段打破阶级统治所形成的依附关系,让个体获得了自由。"探索政治"阶段,通过社会主义改造和"左"倾政治激进运动,建立高度的计划经济体制,人们实现了生产资源的共有,经济上获得了一种在低水平层面的平

---

① [英]安东尼·吉登斯:《现代性与自我认同:现代晚期的自我与社会》,赵旭东、方文译,生活·读书·新知三联书店1998年版,第265页。

② 上官酒瑞也从吉登斯的解放政治和生活政治出发,把中国政治的发展分为解放政治和生活政治两大阶段,其中解放政治阶段,他以改革开放为界,又分为"革命政治""增长政治"两个阶段。两阶段的划分主张,应该说还不是很清晰,改革开放前如果都视为革命政治阶段,过于笼统。这期间同样是革命,有暴力革命和非暴力之分,性质并不相同,解放政治的任务也就不同,笼而统之地称为革命时期似乎不太恰当。再说,改革开放被小平同志誉为是第二次革命,那用革命的概念来概括改革开放前的政治,就容易引起歧义。参见上官酒瑞《从解放政治走向生活政治——关于中国发展中政治的一种分析》,《中国天津市委党校学报》2016年第1期。

等，但是国家政治的力量，却伸展到整个社会领域，个体被牢固地束缚在单位体制中。"发展政治"则让个体的自由和自主得到比较充分的释放，社会整体的经济生活水平有了根本性的改善，但是在此阶段，市场经济的发展却导致了贫富差距不断扩大的问题，私人利益和私人生活成为个体的活动中心，造成了社会公共道德的衰落和个人价值观的扭曲。同时，生态环境在不同程度上遭到破坏；科学技术的发展，带来了人们对转基因技术的担忧；化学物质和农药的广泛使用，引起人们对食品安全的忧虑；一些不法经营商为了谋取商业利益，不惜出卖良心生产"有毒"商品。凡此种种，对人们的健康和生存构成了严重的威胁，普遍的紧张和焦虑，像一张无形的大网罩在所有人的头顶。

公共道德的衰落和个体生存的严重焦虑，都让"生活政治"进入中国人的生活中。导致"生活政治"产生的原因，同时也成为生活政治的内容。生活政治还有不断扩展的趋势，不仅关涉吉登斯所关注的环境问题、贫富问题、安全问题，以及身体、性、亲密关系、自我认同等问题，还有教育、政治、道德等问题。现以教育问题为例。中国人一向把子代视为依赖性严重、需要精心呵护的对象，对子女的成长寄予厚望，尽管不能像过去那样把他们作为可以养老送终的依靠，但是为了孩子的未来和亲代人的荣耀，投入足够的时间和金钱，为孩子安排各种社会辅导活动，导致孩子除了学习几乎没有自己的选择和生活，有的甚至失去心理和身体的健康，出现"心灵沙化"的现象。于是，"孩子如何教育"，始终是中国家长关注的热点话题，同时，也成为教育研究者思考的一个重要现象，促使学校和教育行政单位不得不考虑这样的问题：学校在办学中如何满足家长的需要，如何适应孩子快乐学习和健康成长的要求。这样的一种情势，对中国基础教育改革不能说没有一点影响。孩子教育在家庭内部，本来纯粹属于私人的事情，但是，当孩子教育偏离了正常的轨迹，成为家长、社会和政府共同关注问题的时候，本来纯粹属于家庭的私事，就演变成了政治范畴之事。实际上生活政治不仅限于此，还与国家政治有关。中国民众因担心韩国部署"萨德"反导系统,对国家安全构成威胁,用拒绝到韩国在中国经营的乐天玛特超市购物的行动表达态度。还与道德问题相关,如家长经常会教育孩子要尊重和孝敬父母,并在孩子面前通过孝敬自己父母为他们做榜样;家长还会经常与孩子交流什么是诚实、什么是欺骗,什么是勇敢、什么是懦弱,等等。当然,家长和孩子在家庭生活中除了就琐碎的事情交谈外,也会讨论宏观问题,如国际难民、移民、恐怖袭击和全球环境等,让孩子知道生命和人权是应该得到尊重的,也是没有国界的;地球上的资源是人人所共有的,环境是人们所共同依赖的,任何人都不应当破坏它,而要珍爱环境和保护地球。这些在日常生活中最为普通的话语和行为,让孩子学会了怎样去判断和选择,同时这些内容又常常与道德和生存紧密相关,它们就是生活政治的种种表征。在事关生活政治的话语和行动背后,谁又能否定当事人在其中的公民性发育和公民精神成长呢?

确实,普通人在"生活政治"中的行为产生的影响还非常有限,但是公众人物在"生活政治"中的表现则不同寻常了。

坦白地说,吉登斯的生活政治理论,不能算是一个成熟的驾驭现代性猛兽的社会方案。它一经出现,就有不少反对和批评的声音,甚至连他本人也将对高度现代性进行反思的生活政治,与"乌托邦现实主义"[①] 联系起来。生活政治理论的出生,确实是在西方社会高度现代性条件之下,也确实是在为英国工党寻求解决社会问题的政治之道;就其理论本身而言,对于人类道德和生存问题的思考,没有完全离开想象或者是幻想,也确实是一种事实。但是确定无疑的是,吉登斯在发现解放政治所导致的现代性后果之后,并没有像利奥塔等后现代主义者那样,只对现代性和解放政治采取严厉的解构态度,而是在解构的同时也进行着建构,在否定的同时也在继承。他不仅继承了传统、继承了现代性的合理性成分,也吸收了后现代的有益思想。正是

---

① [英]安东尼·吉登斯:《现代性的后果》,田禾译,译林出版社2011年版,第135页。

如此,吉登斯才在反思现代性和解放政治的基础上,提出了诊治现代性之弊的生活政治方案,在现实与未来之间保持一种思想的张力。

吉登斯的生活政治理论,对于中国时下的社会现实和政治生态,显然具有重要意义。在中国的政治文化传统中,人们基本把政治生活与统治者和国家政权联系在一起,而吉登斯的生活政治理论,无疑提供了另外一条政治思维的路径。中国执政党领导下的政治体制,经过革命时期、建设时期和改革时期的探索,现已具有较强的现实稳定性,改革开放以来取得的重大经济和社会发展成果,增强了中国政权政治在民众当中的合法性认同。面对市场经济带来的个体发展、社会道德以及民众生存问题,从生活政治这样的微观角度考虑回应之策,不失为一个对国家政治的有益补充。改革开放的实践经验也表明,中国政府的一些重大政策的出台和实施,大多来自底层民众的生活,如小岗村的包产到户、广西农村的村民自治等;还有一些对原有政策进行的修改和废止,也与日常生活联系在一起,如流浪者孙志刚事件等。此外,吉登斯的生活政治主张,也为处于现代化发展中的中国,如何处理现代与传统的关系,如何超越现代化发展,如何在"没有什么'他人'存在"[①]的社会中重建道德,都提供了有益的启示。而这些启示,对当代中国公民精神塑造,无疑是非常有益的。

---

① [英]安东尼·吉登斯:《现代性的后果》,田禾译,译林出版社2011年版,第137页。

结　　语

中国曾经因为走在了现代化的后面，而遭受依靠现代性发展起来的西方国家的侵略和摧残。中国在近代以前还是一个传统色彩浓厚的农业社会，与外界基本隔绝状态的朝廷"子民"，日复一日地过着一种日出而作、日落而息的小农生活，他们把自己的国家看成是整个世界。而统治者则以中华帝国自居，在皇权的一代代传递和交接中，享受着帝王权力和帝国辉煌所带来的荣耀。经过现代性洗礼的西方列强，一朝凭借先进科技建造的坚船利炮，敲开了中华帝国的大门，从此一块块国土沦为列强的殖民地，国家遭受了巨大的财富损失，国人饱尝了战败的屈辱，国人对曾经引以为傲的中华传统文化丧失了信心，人们精神世界的支柱轰然倒塌。

近代的失败和耻辱，让一批批精英分子从救国富民的立场出发，开始了中国现代化的探索征程，中国现代化根本改变了人们的物质生活和个人自由状态，但是也给我们带来了难以吞咽的苦果。中国的现代化历经超过一个半世纪的发展，如今实现了经济总量的飞跃性提升，国家实力逐步强大，民众的生活水平得到根本性改善，中国与其他国家竞争和对抗的底气大了许多，但是却不得不面对现代化发展所产生的各种后果，社会问题明显突出。生态环境、食品安全、社会治安、执法司法等方面，都有诸多让民众不能满意之处，道德失范和诚信缺失现象在一些领域仍然存在。一些民众过度追求个人利益，导致物质欲望的无限膨胀，消费超出了生活的实际需要，夸张消费和炫耀消费成为一种不良风气。享乐主义盛行，个人感官的直接刺激往往是人们的首选，为此甚至不惜突破道德的底线，个人的精神世界却常常成为人们抛弃的"荒地"，任由"杂草丛生"，生命失去了应有的长度和厚度。如果用简要的语言进行概括，就是精神信仰物质化，私人生活中心化，社会结构原子化。

不仅如此，与人类现代性相伴的人的工具理性和科学技术的迅速发展，让人越来越置身于不确定性和复杂性之中。人们对安全和生存的恐惧感与日俱增，因为人们并不"了解威胁是什么，自己需要做什么（能做什么又或者不能做什么）"[①]。中国虽然还未进入西方人所描述的高度现代性阶段，但是，我们似乎已经开始感到不寒而栗。因此，人们在为现代化所创造的辉煌欢欣鼓舞的时候，也始终被现代化过程所制造的阴影所笼罩。

要走出现代化的阴影，首先就要弄明白现代化到底为何物。在现代化不断普遍化的时代，我们没有拒斥它的权利，否则有可能重新陷入落后挨打的耻辱之中。走现代化之路，不免要面对与现代化伴随的种种问题，有可能落入道德缺失、社会原子化和生存恐惧的困境之中。处于两难之中的我们，首要的任务是对现代化进行再认识。德克海姆区分了传统社会和现代社会，并对社会分工导致的社会结构分化与整合进行研究；马克斯·韦伯从宗教伦理的角度，对体现资本主义精神的所谓合理化文明的产生和发展进行了分析；帕森斯则以美国为蓝本，提出了包含市场系统、法律秩序和民族国家在内的现代化理论主张。综合有关现代化的主张，有三大要素：工具理性、个人权利和民族国家认同。[②] 工具理性是保证个人和组织行动的理性化，而不去破坏社会的信仰和道德，科学技术无限发展便是工具理性的部分重要表现；个人权利给予个体自主发展的机会，同时让个体的谋利动机获

---

① [英]齐格蒙特·鲍曼：《流动的恐惧》，谷蕾等译，江苏人民出版社2012年版，第2页。
② 这是借鉴了金观涛关于现代性的理解。尽管现代性究其本意而言，更多地与自由主义、资本主义市场经济及其政权形式有关，但其实通过"现代性"可以读出现代化的含义。参见金观涛《探索现代社会的起源》，社会科学文献出版社2010年版，第26—27页。

得正当性；民族国家则为工具理性和个人权利的运作提供保障。

人类在现代性中自以为获得进步的同时，遭到了一些思想家的尖锐批评。在尼采看来，被启蒙运动高度推崇的现代理性，杀死了基督徒心目中的上帝，傲慢地支配着人类的一切活动，包括文化和精神领域，是现代社会危机的总根源。尼采并未真正看到现代性所导致的巨大危机，而是在晚期现代性到来之前，已经敏锐地感受到它即将来临，并向人们发出了郑重的警告。尼采也因此成为西方思想史的一座界碑。尼采之后的一些社会悲观主义思想家，也都发出了自己的声音。斯宾格勒接过了尼采悲观主义的旗帜，提出了"西方没落"的论断，震惊了西方世界。他深刻地指出，资本主义的市场化发展，造成了社会"从有机向无机的堕落"[1]，人性中的精神性丧失并向原始本能复归，金钱凭借其显赫的地位成为区分文明与文化的标志，文化的终结意味着不可遏制的现代扩张性文明将趋于死亡。因此，斯宾格勒悲叹道："现代是一个文明的时代，绝不是一个文化的时代。"[2]

与前面的批判性思想家不同，马克思和涂尔干则开创了反思和重建现代性的传统。在对现代性发展进行批判的基础上，他们都提出了治疗现代性病症的药方。马克思在现代社会的自然分工中，发现了社会严重"异化"的问题。资本主义的异化有三种表现：一是分工产生了种姓制度，种姓制度具体表现为等级和特权等；二是劳动者与劳动成果之间存在异化，劳动者付出越多，反而越发贫困，"物的世界的增值同人的世界的贬值成正比"[3]；三是劳动者在劳动过程中异化，分工使人的自由和自主的类特性趋于消失，劳动者仿佛成为机器的组成部分，具有明显的工具性特点。要解决资本主义社会的异化现象，马克思认为，就需要从阶级二元对立的视角出发，通过无产阶级的暴力运动，推翻现有的资产阶级国家政权，建立无产阶级专政，改变私有制和阶级压迫的社会基础，从而让每个人回归自己，成为一个真正

---

[1] 黎鸣：《悲剧的源流》，中国社会科学出版社2004年版，第20页。
[2] ［德］斯宾格勒：《西方的没落》，齐世荣等译，商务印书馆1963年版，第66页。
[3] 《马克思恩格斯全集》第42卷，人民出版社1979年版，第90页。

的社会人。强制性的分工要转向自愿性的分工,使劳动除了作为人的谋生手段外,而且成为人们的第一需要,最终人类将会走向共产主义。涂尔干也围绕劳动与自由问题表达自己的主张。他指出人从传统社会转向现代社会,即是从机械团结走向有机团结的过程,在转型过程中,一方面劳动分工的发展使人的社会职业的专门化程度提高,为此个人自由空间得到不断拓展;另一方面随着个人自由空间的逐步扩大,集体意识的约束将越来越乏力,社会整合的新纽带尚未建立,社会失范问题愈加严重。社会失范突出表现为集体意识支配能力的丧失,"集体生活的整个领域绝大部分都超出了任何规范的调节作用之外"[①];也反映在个体意识缺乏规约,个体欲望不加节制,总是渴望新奇的、难以名状的东西。社会失范的根本症结,在于社会道德的缺乏。为此,涂尔干主张从国家和职业团体两个方面解决问题。国家不仅是个人自由的解放者,而且要承担个体道德教育的职责。职业团体除了可以弥补国家的经济职能,还可以通过制定规范、协调劳资关系以及雇主之间的竞争关系,遏制利己主义的膨胀。

  个体作为现代性的一个核心话题,在涂尔干之后没有就此停止,贝克夫妇个体化理论的提出,则将个体问题的研究推向了一个新的阶段,同时研究的新发展也揭示了个体发展所导致的社会问题。贝克夫妇所提出的个体化命题的背景,是欧洲现代性的极致阶段。这个阶段被贝克称为"第二现代性"阶段,它不是后现代性阶段,而是现代性的高度发展或激进发展阶段,其并没有超出现代性的范围。在贝克看来,个体化不是一个新的概念,但是个体化社会则是 20 世纪后半期才出现的。个体化社会是另一种现代性对以前工业社会的抽离,并实现新的嵌入,这与现代性社会对传统社会的抽离和重新嵌入,有相似的地方。可是其实质却大不一样,有三个方面的反映:一是现代社会中的一些存在形式趋于解体,如阶级、性别角色、家庭和邻里等;

---

① [法] 埃米尔·涂尔干:《社会分工论》,渠东译,生活·读书·新知三联书店 2000 年第 2 版,第 14 页(序言)。

二是国家、家庭等所主张的标准化人生模式正在失落，取而代之的是选择性人生；三是社会新的要求和限制被强加给个体，个体选择具有被动性，同时也具有风险性。

当下中国社会的现代化水平，显然没有到达贝克所描述的第二现代性层次，但是贝克的个体化理论，还是不失为一个有效地分析中国社会个体化的理论框架。在中国社会长期的历史演化中，独立活动的个体角色，基本在专制统治和臣民依附中荡然无存。中国对于人作为个体形式存在的关注，直到清末前后才开始，在新中国成立前，关于个体的关注主要在精英知识分子话语层面。新中国成立以后，在国家政权的强制作用之下，个人从传统家庭中抽离出来，进入国家建构的崭新"单位社会"中，从这个意义上来说，个体实现了"集体性"的成长。单位社会虽然实现了人的心灵生活的集体化，但是没有根本改变物质匮乏问题，还导致了城乡的二元对立与贫富分化。改革开放极大地释放了个体的独立性和自主性，个体的权利意识不断增强，生活政治的现象也有所显现，公民的主体性渐渐得到彰显。然而，公民的公共性尚未凸显，个体权利的过度追求，导致了一些无法回避的严重社会问题，主要表现为人们精神信仰物质化、私人生活中心化以及社会结构原子化。前述问题的出现显然与以下因素息息相关：传统社会结构形式的趋于解体，标准化的人生模式向非标准化模式的转向，个体的被迫选择尤其是摆脱经济困难压力之下的选择。个体的发展导致了"社会沙化"的倾向。

"沙化"的社会将使个体的生存和发展处于危险境地，社会面临如何有效整合的问题。对此，一些思想家都曾认真地研究并给出自己的主张。贝克就是一位寻求现代性社会整合路径的重要人物。他首先对目前的社会整合策略进行分析，认为现代性社会的三种整合主张，即求诸超验共意、共同物质利益和国族意识，都是行不通的。[①] 在文

---

① [德]乌尔里希·贝克、伊丽莎白·贝克－格恩斯海姆：《个体化》，李荣山等译，北京大学出版社 2011 年版，第 20—21 页。

化多元的社会中,人们共同价值的基础已经被侵蚀,涂尔干到帕森斯所主张的价值驱动理论已失去了原来的作用。把寻找共同物质利益作为整合社会的策略,混淆了问题解决的方法与问题本身。全球化的发展,导致人们对民族国家认同的弱化,使得通过培育国族意识而整合社会的方法,也同样难以奏效。贝克认为,要实现现代性社会的整合,只存在一种可能,即要认识到当前所面临的问题,然后在重大事件发生时,动员和激发人们合作和追求公共利益的热情。虽然贝克阐明了这种社会整合的可能性,但是其总体态度并不那么乐观,因为他对人们是否有时间、有能力去完成这个政治发明充满怀疑,对人们是否能够解决个体化和社会整合之间的矛盾也充满疑虑。

贝克对现代性社会前途的悲观,并不表示现代社会已经走向终结,而是迫使人们不得不用新的思维来思考社会整合问题。贝克的研究主要还是基于西方社会自由、平等和民主的政治文化进行的,个体的发展始终作为其理论的核心之所在,但是,沿着这个思维走下去的结果,却没有能够让贝克找到社会整合的信心十足的方案。中国社会与西方社会在不少方面都有显著的不同,如历史文化不同,现代政治文化不同,所处的社会发展阶段不同。即使仅就个体发展而言,中西社会之间也有显而易见的差异,中国个体成长中国家主导的色彩比较明显,西方的个体化在第二现代性阶段则是自主选择的结果;中国个体成长还处在解放政治阶段,而西方个体化的进程已经在生活政治的话语中进行讨论了。因此,寻求中国社会个体发展中问题的解决方案,不能再走个体权利之维的老路,只能选择另外一种路向,这就是公民公共精神的路向。中国公民只是在改革开放后获得了初步成长,公民精神还处于发育的初期阶段。因此,要通过培育中国公民精神来遏制个体发展所产生的消极后果,就应当建构适应发展要求的中国公民精神。构建中国的公民精神,需要考虑的主要因素,就必须是中国的历史文化背景、当前的政治文化和所处的时代发展环境,同时合理借鉴西方社会的政治文明成果。因此,当代中国公民精神的内容建构,应当包含价值理性精神、集体主义精神、公共参与精神和平等合作精神。

　　当代中国公民精神的培育目标能否实现，需要考量中国社会目前的现实性。中国社会至少要在三个方面为公民精神的培育提供现实性，一是经济发展对公民精神培育的推动作用，二是民主政治发展对公民精神的历练作用，三是中国文化及其发展对公民精神培育的基础作用。经济发展对公民精神培育的推动作用，又可以分为三个层面：一是经济发展促进了政治进步。虽然不能把经济发展与政治进步关系化约为简单的对应关系，但是经济发展在许多时候促进了政治发展也是事实。从反面看，经济发展中出现的社会问题，也需要通过政治制度的完善加以解决。二是经济发展推动了法治建设。市场经济作为经济发展的一种形态，本身就是法治经济，市场经济发展为法治建设奠定了基础。市场经济对于降低交易成本和优化资源配置的渴望，需要法律制度能够提供必要的支持，这从另一面也可以看出经济发展对法治建设的积极作用。法治建设的成效还体现在执政党治国理政思想的变化上，妥善地处理了法治与人治、法治与德治、党的领导与依法治国的关系。三是经济发展为教育进步提供了保障。经济发展对于教育的贡献主要在于人才和资金的支持，事实证明，在经济发展成效显著的基础上，中国的教育发展确实是非常显著的。而无论是政治发展、法治发展，还是教育进步，都与公民精神息息相关。同时，中国党内民主和社会民主的发展，又为中国公民精神的培育提供了历练的制度性平台。此外，中国传统文化中的优秀因子、马克思主义文化和西方现代文化，在中国现代化的过程中不期而遇，在相互激荡的过程中，中国化的马克思主义文化占据主导地位，成为当代中国的社会主义文化。社会主义核心价值观，作为当代中国社会主义文化的集中体现，为中国公民精神的培育提供了资源和指向。

　　此外，与当代中国公民精神培育密切相关的，有三个方面要素，即主体要素、环境要素和路径要素。当代中国公民精神的培育主体，主要是作为政策主体的国家、作为教育主体的学校和自主发展主体的个体。公民精神的培育和生长，对于社会秩序的整合，具有十分重要的积极作用。国家作为公共性的服务机构，理所应当把公民精神培育当作自身的一项重要任务。有着丰富公民教育经验的西方国家，无一不是把公民教育放在国家战略的层面。国家在公民精神培育中的作用，主要体现在公民精神培育的目标确定、发展规划、政策制定和实施办法等方面。中国政府在公民精神培育中也不应当例外。学校是公民精神培育中的最为重要的落实主体。学校要改变以考试和升学为导向的办学定位，要弱化学生在激烈的对抗中追求私己利益或者荣誉的教育方法，坚决反对学校把学生培养成只知私利和竞争，而没有平等合作精神的片面发展之人。为此，学校需要建构和发展一种公共生活，使其成为培养完整而健全人性的教化场所。公民个体无疑也是中国公民精神培育的自主性主体。个体就其自身而言，既是作品也是设计和创作这件作品的重要作者。马克思的人学思想明确地指出，个人不仅具有精神的需要，而且还有精神生产的能力，显然，这对于公民精神培育具有重要的启示。马斯洛需要层次理论表明，人的需要具有层次性，每个人都有从基本的本能需要，走向最顶层的自我实现需要的愿望。它给出了个体作为公民精神培育主体的另一个理解视角。

　　考察中国公民精神的培育问题，当然也少不了对公民精神生长环境的关注。公民精神培育的环境，主要有家庭生活环境、社区治理环境和网络社会环境。家庭生活是人们现实生活的重要组成部分，家庭环境对家庭成员成长的影响是显而易见的。根据社会领域分化的理论，把家庭生活归入私人生活领域，似乎没有什么争议。尽管如此，家庭仍然是公民精神培育的一个必不可少的场所，因为家庭的功能主要是生活功能、繁衍功能和教育功能，虽然与传统家庭相比，它的功能有所衰减。家庭对公民精神成长的环境塑造作用，主要有两个形式：一是家庭外在所表现出来的静止形态的影响。家庭结构、家庭观念和家庭关系就属于家庭的静态表现，家庭静态表现形式对公民的主体性影响较为明显。二是家庭成员通过互动而产生的影响。包括家庭的自然情感关怀和家庭的个体教育功能和社会教育功能，家庭动态形式既可能培育公民主体性精神，也可能塑造公民公共性精神。

社区是人们生活的另一个重要场所，也是公民精神成长的另一个重要环境。社区治理包括两个方面，即农村的村民自治、城市的居民自治。基层群众自治作为一个基本的政治制度，在中国已经实施和存在了一段时间，尽管其实际成效遭到众多的质疑，但是它表征了中国民主政治的发展方向，其实践中的得失与成败，都对民主政治的发展具有经验性作用。社区发展对中国公民精神成长的环境性意义，主要在于自治组织的发展、公民权利维护、公民参与能力培养和公民公共道德培育。20世纪以来信息和网络技术的发展，把人类社会带进了网络社会之中。当前，中国互联网覆盖面之大和用户数量之多，充分说明中国之于网络社会也是概莫能外。以数字传媒技术为特征的中国网络社会，其不仅对国家进行赋权，而且还对社会或者说公民进行赋权，在国家与社会之间形成了一个递归性的关系，也就是国家把网络社会的赋权，在一定程度上并借助一定的方式给予公民，发挥公民在社会治理中的作用；网络社会对公民的直接赋权，显然对于公民权利的履行和公民精神培育具有积极作用，同时也能促进国家公共服务职能的更好发挥。经过政府把关的大量的网络信息，有助于公民政治认同的形成。网络社会的互动，也孕育了社会公共领域和公民的集体行动。

公民精神培育环境的影响，是在潜移默化中进行的，而主体通过一定的培育路径，对公民精神施加直接的干预，效果应该更为显著。首先，是国家对公民精神培育的宏观推动。目前，中国政府对于公民精神的培育，有这样几种现实的形式：一是通过重大决策推动培育。中央提出国家治理能力和治理体系现代化的改革目标，必将能够突出公民在现代社会治理中的地位。二是通过扶持公民社会组织促进培育。中国公民的社会组织与西方社会组织大异其趣，它没有构成对政府的对抗性压力，反而两者之间是一种相互嵌入的关系，在相互学习和适应中，重塑国家、社会组织以及个体公民。三是通过政策和制度的建构与监督来实施教化。国家需要进一步完善教育方针,把公民教育纳入教育方针的内容中,需要把公民精神培育的内容拓展到公民道德以外等。其次,是学校对公民精神培育的中观层面功能。学校必须树立以公民教育为主要目标的现代教育理念,改变偏重知识教育的格局,建构适应学生发展的公共生活。学校既可以通过话语建构公共生活,也可以通过学校生活本身表现公共生活。最后,是"生活政治"对公民精神的微观滋润。生活政治乃是吉登斯对政治学的理论贡献,是高度现代性社会的公民在生活中的选择性政治形式,是重建现代性社会道德和寻找人类生存方式的方案。尽管中国目前仍然处在解放政治阶段,但是现代化发展所导致的负面结果,却对社会道德和人的生存问题构成了严峻的挑战。生活政治不仅关涉吉登斯所提及的社会问题,而且还有扩大的趋势,波及了教育、政治和道德等方面。本来是个人生活领域的私人事情,后来上升到政治的层面,对中国公民精神培育所起到的作用不容轻视。

把公民精神尤其是公共精神培育,作为解决社会个体成长过程中的突出问题的方案,其实质是要以共同体的思维取代现代社会对个体的高度赏识和膜拜。西方启蒙运动、法国大革命和工业革命,把"个人"一步步供奉到了人类信仰的神坛。个体自由、独立和创造精神的充分张扬,把人类社会推向与传统社会完全不同的现代社会。对物质生活心满意足的人,赞美这样的转型是人类文明的重大进步,而把精神生活视为终极价值的人来说,则郑重地发出警告:现代性的所谓发展将把人类带向深渊。也许发出警告的人太过悲观,但是,今天的人们无法回避的事实是,现代性已经让人性之花逐渐凋零,使有机社会日益变成撕裂的社会,高度现代性把人类社会逼向风险社会,从而使每个人无时无刻不生活在恐惧之中,并始终面临灾难的威胁。既然以个体为核心的思维方式并不能拯救人类社会,那么必然要转向另外一个路向,即共同体的路向。

事实上,人类的生活没有离开共同体的生活方式。从农业社会到后工业化社会,人类共同体存在三种形式,这就是家元共同体、族阈共同体和合作共同体。① 与农业社会对应的家元共同体，就是无你我之分但却存在等级之分的自然秩序共同体。与工业社会对应的主要是族阈共同体，这是充分凸显个人平等和利益，而公共性却差强人意的虚幻共同体，即使这样，族阈共同体也不得不运用法的精神，维系这个虚幻共同体。而后工业社会则是以伦理精神代替法的精神的合作共同体，这是以公共性为价值旨归的创制共同体。这个创制尽管才刚刚开始，然而取代族阈共同体却不是不可能的。

其实，共同体在思想家那里早就出现，而且即使在今天仍然是推动人类发展的最为重要的思维方式。古希腊在城邦共同体中，实现了公民对城邦的共同治理。柏拉图幻想的财产共有、圣哲之王统治的"理想国"，以及后来莫尔的"乌托邦"、康帕内拉的"太阳城"，都提出了消灭私有制、建立公有制的共同体构想，是对西方以个体为中心思想的彻底批判。虽然他们都具有乌托邦的性质，与科学之间的距离甚至有些遥远，但是乌托邦作为恩斯特·布洛赫眼中的期盼和精神，表达了走向更好状态的一种意向。哈贝马斯也认为它是与现存世界不同的一个向往，"为开辟未来提供了精神动力"②。不管怎么说，乌托邦理想中所塑造的共同体，为现代思想的发展提供了一种来源。共产主义社会是马克思对人类未来的描绘，它同样是一种共同体的表现形式。马克思主义作为中国特色社会主义的指导思想，它所规划的理想蓝图，仍然激励着人们走向幸福的彼岸世界。如果说马克思为人类设想的共产主义还比较遥远，那么，当下中国执政党在全球化发展时代，在人类文化、经济和社会多元发展的条件下，为达至各国共商、合作、互惠和共享的目标，提出了构建人类命运共同体的宏伟愿景。

这表明，在借鉴西方社会文明成果，推动现实社会发展的同时，解决现代性社会的各种问题，还有赖于共同体路向的思考和方案。当

---

① 张康之、张乾友：《共同体的进化》，中国社会科学出版社2012年版，第1—17页。
② 李仙飞：《乌托邦研究的缘起、流变及重新解读》，《北京大学学报》（哲学社会科学版）2005年第6期。

代中国公民精神建构中，所阐述的价值理性精神、集体主义精神、公共参与精神和平等合作精神，都体现了一种向人与人关系、公共性和共同体目标的转向。在当代中国公民精神的培育中，积极构建政治生活和公共生活的主张，也体现了逐步抛弃个人主义和利己主义的价值导向。共同体的建构，公共生活的创设，都需要公民主体精神发挥作用，中国公民精神培育过程中，公民主体精神的作用不可缺席，因为没有公民的主体精神，也就没有公民的公共精神，也就没有共同体的产生。齐格蒙特·鲍曼在思考人类应该如何应对现代性的恐惧时，告诫人们要处理好自由与安全之间的平衡问题。[①] 也就是人的个体性的过度伸张，将对社会产生致命的破坏性，对共同体的形成也是毫无裨益的。这给当代中国公民精神的培育，也提供了重要的警示。

虽然从公民精神的角度探讨现代社会后果的预防和消除问题，似乎没有让人觉得有什么不当，但是，全球化时代公民这个概念和角色是否还依旧有效，人们可能有所怀疑。从公民诞生和演化的历史来看，其确实是通过"脐带"连在了民族国家上，这个"脐带"当然就是民族国家的法律制度和政治生活。民族国家通过法律制度赋予公民各种权利，规定公民各种义务，同时公民的政治生活也在国家范围内展开。近代以来，社会公共领域、私人领域和日常生活领域的分化，并不是始终如初，在20世纪出现了社会领域融合的趋势，出现了领域相互渗透的现象，政治生活不仅发生在公共领域中，同时也发生在私人领域和日常生活之中，吉登斯生活政治理论的提出，就是表明他已经敏锐地捕捉到这一现象。另外，政治就其本意而言是处理公共性事务，消除不同价值和行为之间的对立和冲突。在全球化和后工业化时代，社会呈现出高度复杂性和不确定性，政治活动不再局限在一个国家的范围内，而是出现了向外延伸、向下发展的两种趋势。向外延伸的表现在于出现了国际性政治和世界性政治，公民也因此变成

---

① ［英］齐格蒙特·鲍曼：《流动的恐惧》，谷蕾等译，江苏人民出版社2012年版，第194页。

区域性公民（如欧盟公民）和全球性公民。向下发展的表现在于地方公民、城市公民的出场，同时不少国家的社会组织（如第三部门）大量出现，公民政治在社会组织中发生。由这些情况可知，公民的活动已经不再仅仅是国家的了，而是具有多样化、多层次的特点。所以就此而言，今天把公民及其精神作为关注的焦点，并在此基础上探寻现代社会问题解决的方案，并没有过时。即便还从国家的视角考虑公民和公民精神的研究意义，也并非没有现实意义。无论如何，现在国家在全球化社会中还是最为重要的活动主体，并没有出现更为有效的替代物。

只要国家存在，公民就会存在，就会有一种适应社会发展需要的公民精神。当然，国家既然是历史性的，它能在人类社会某个时期产生，也能在另一个时期消亡。如果国家消亡，公民作为一个特定的角色也将不复存在。至于国家消亡之后，每个社会个体将被冠以何种名称，那可能是社会科学的又一发明需要给予回答的。目前，国家可能在有些问题的处理上显得力不从心，但是至少从现阶段来看，国家何时终结还不得而知，公民精神应该还是人类社会塑造共同体，进行自我拯救的通行做法。

当然，本书也还有不少令人遗憾之处。这些遗憾之处，也可以作为未来深化研究的方向。简单罗列，主要有以下几个方面：一是在"一带一路"倡议背景下，如何进一步丰富公民精神内涵，培养公民多元文化主义意识，使国家公民观念与世界公民观念产生积极的交融，让"国家公民"焕发出新的生命，使"一带一路"不仅成为国家之间经济合作的国际平台，而且成为不同国家文化和政治交流的发展空间，从而推动人类命运共同体的构建。二是如何从行动主义的视角研究中国公民精神的现状和未来发展。传统的公民身份是国家通过法律赋予的，而全球化和个体化时代公民身份的形成，已然发生了重要变化，强调在行动中来观察和认定公民身份，法律对公民身份的认可是形式的认可，而行动上的公民则是真正的公民。因此，对于公民及其精神的研究，应该从行动主义的视角展开研究，丢弃传统上法律认同的标准和国家行政范围的限制。三是建立和完善公民及公民精神评价体系和标准。行动主义为全球化和个体化时代的公民和公民精神研究，提供了一个有用的视角，但是公民的意识和行为发展到什么水平或者说何种程度，才能达到公民水准则需要一个评价的尺度，这个尺度到底是什么，它又包含哪些内容，这些是未来研究需要努力回答的。尤其是在公民身份多元化的背景下，可能需要明确地方公民标准是什么，国家公民标准是什么，世界公民标准是什么，它们的精神又分别是什么。

今天现代社会的高度发展所导致的各种风险，把人类推向生存危机的境地，如果人们还是无动于衷，那是十分可怕的。因此，对那些积极思考并努力帮助人类走出困境的先行者，应当表达崇高的敬意。同时笔者也期待能加入这样的队伍中，尽个人的一点绵薄之力。

参考文献

一　经典著作

《党的十九大报告辅导读本》，人民出版社2017年版。
《邓小平文选》第2卷，人民出版社1994年版。
《邓小平文选》第3卷，人民出版社1993年版。
《建国以来毛泽东内部文稿》第2册，中央文献出版社1988年版。
《江泽民文选》第3卷，人民出版社2006年版。
《马克思恩格斯全集》第3卷，人民出版社2002年版。
《马克思恩格斯全集》第44卷，人民出版社2001年版。
《马克思恩格斯文集》第1卷，人民出版社2009年版。
《马克思恩格斯选集》第1卷，人民出版社1995年版。
《马克思恩格斯选集》第2卷，人民出版社1995年版。
《马克思恩格斯选集》第3卷，人民出版社1995年版。
《马克思恩格斯选集》第4卷，人民出版社1995年版。
《毛泽东选集》第二卷，人民出版社1991年版。
《毛泽东选集》第三卷，人民出版社1991年版。
《认真学习党的十八大精神：人民日报重要报道汇编》，人民日报出版社2012年版。
《十六大以来重要文件选编》（上），中央文献出版社2005年版。
《十六大以来重要文献选编》（中），中央文献出版社2006年版。

《十七大以来重要文件选编》（上），中央文献出版社 2009 年版。

《十三大以来重要文件选编》（上），中央文献出版社 2011 年版。

《十四大以来重要文件选编》（中），中央文献出版社 1997 年版。

《习近平谈治国理政》，外文出版社 2014 年版。

《习近平总书记重要讲话文章选编》，党建读物出版社 2016 年版。

《习近平谈治国理政》第二卷，外文出版社 2017 年版。

《中华人民共和国第七届全国人民代表大会第一次会议文件汇编》，人民出版社 1988 年版。

胡锦涛：《坚定不移沿着中国特色社会主义道路前进 为全面建成小康社会而奋斗——在中国共产党第十八次全国代表大会上的报告》，人民出版社 2012 年版。

马克思：《1844 年哲学经济学手稿》，人民出版社 2000 年版。

习近平：《决胜全面建成小康社会 夺取新时代中国特色社会主义伟大胜利——在中国共产党第十九次全国代表大会上的报告》，人民出版社 2017 年版。

习近平：《在纪念孔子诞辰 2565 周年国际学术研讨会暨国际儒学联合会第五届会员大会开幕式上的讲话》，人民日报 2014 年 9 月 25 日。

中共中央宣传部：《习近平新时代中国特色社会主义思想三十讲》，学习出版社 2018 年版。

二 中文著作

《中共中央国务院关于加强和完善城乡社区治理的意见》，人民出版社 2017 年版。

A. H. 季塔连科：《马克思主义伦理学》，黄其才等译，中国人民大学出版社 1984 年版。

Brezinka W.：《教育目的、教育手段和教育成功：教育科学体系引论》，彭正梅译，华东师范大学出版社 2008 年版。

H. 乔治·弗雷德里克森：《公共行政的精神》，张成福等译，中国人民大学出版社 2013 年版。

T. H. 马歇尔:《公民身份与社会阶级》,郭忠华、刘训练译,江苏人民出版社 2007 年版。

埃米尔·涂尔干:《社会分工论》,渠东译,生活·读书·新知三联书店 2000 年版。

埃米尔·涂尔干:《职业伦理与公民道德》,渠东、付德根译,上海人民出版社 2001 年版。

艾伦·布卢姆:《美国精神的封闭》,战旭英译,译林出版社 2007 年版。

安东尼·阿巴拉斯特:《西方自由主义的兴衰》,曹海军等译,吉林人民出版社 2011 年版。

安东尼·吉登斯:《现代性的后果》,田禾译,译林出版社 2011 年版。

安东尼·吉登斯等:《资本主义与现代社会理论》,郭忠华等译,上海译文出版社 2013 年版。

奥斯勒、斯塔基:《变革中的公民身份:教育中的民主与包容》,王啸、黄玮珊译,教育科学出版社 2012 年版。

巴特·范·斯廷博根:《公民身份的条件》,郭台辉译,吉林出版集团有限责任公司 2007 年版。

本杰明·巴伯:《强势民主》,彭斌等译,吉林人民出版社 2010 年版。

彼得·德怀尔:《理解社会公民身份:政策与实践的主题和视角》,蒋晓阳译,北京大学出版社 2011 年版。

彼得·哈里斯:《现代中国的公民概念》,郭台辉、余慧元译,载郭台辉《历史中的公民概念》,天津人民出版社 2013 年版。

布莱恩·S. 特纳:《后现代文化/现代公民》,郭台辉译,郭忠华校,载巴特·范·斯廷博根《公民身份条件》,吉林出版集团有限责任公司 2007 年版。

布莱恩·S. 特纳:《公民身份与社会理论》,郭忠华、蒋红军译,吉林出版集团有限责任公司 2007 年版。

陈华：《中国近代公民教育课程的孕育》，北京师范大学出版社 2014 年版。

陈乐民、史傅德：《公民社会与启蒙精神》，华东师范大学出版社 2016 年版。

陈振明、桑克顿：《地方治理中的公民参与：中国与加拿大比较研究视角》，中国人民大学出版社 2016 年版。

程倩：《论政府信任关系的历史类型》，光明日报出版社 2011 年版。

德里克·希特：《何谓公民身份》，郭忠华译，吉林出版集团有限责任公司 2007 年版。

德里克·希特：《公民身份——世界史、政治学与教育学中的公民理想》，郭台辉、余慧元译，吉林出版集团有限责任公司 2010 年版。

邓正来：《国家与社会：中国市民社会研究》，北京大学出版社 2008 年版。

迪克：《网络社会：新媒体的社会层面》，蔡静译，清华大学出版社 2014 年第 2 版。

杜时忠、张敏：《重构学校制度生活 培养现代公民精神》，华中师范大学出版社 2016 年版。

杜维明：《现代精神与儒家传统》，生活·读书·新知三联书店 2013 年版。

房宁：《中国政治参与报告》，社会科学出版社 2014 年版。

费正清：《美国与中国》，张理京译，世界知识出版社 2000 年版。

费正清：《中国：传统与变迁》，张沛等译，吉林出版集团有限责任公司 2008 年版。

冯建军：《公民身份认同与学校公民教育》，人民教育出版社 2014 年版。

高丙中：《民间文化与公民社会：中国现代历程的文化研究》，北京大学出版社 2008 年版。

高丙中：《日常生活中的文化与政治：见证公民性的成长》，社会科学文献出版社2012年版。

郭于华等主编：《居住的政治》，广西师范大学出版社2014年版。

郭忠华：《变动社会中的公民身份——与吉登斯、基恩等人的对话》，广东人民出版社2011年版。

郭忠华：《中国公民身份：历史发展与当代实践》，上海人民出版社2014年版。

郭忠华：《公民身份的核心问题》，中央编译出版社2016年版。

国家社科基金重大项目课题组：《当代中国公民道德发展》（上册），江苏人民出版社2014年版。

哈贝马斯：《公共领域的结构转型》，曹卫东等译，学林出版社1990年版。

哈耶克：《通往奴役之路》，王明毅等译，中国社会科学出版社1997年修订版。

贺美德，鲁纳：《"自我中国"：现代中国社会中个体的崛起》，许烨芳等译，上海译文出版社2011年版。

亨廷顿：《变化社会中的政治秩序》，王冠华等译，生活·读书·新知三联书店1989年版。

侯宜杰：《新民时代：梁启超文选》，百花文艺出版社2002年版。

黄克武：《一个被放弃的选择：梁启超调适思想之研究》，新星出版社2006年版。

霍普：《个体主义时代之共同体重建》，沈毅译，浙江大学出版社2009年版。

基思·福克斯：《公民身份》，郭忠华译，吉林出版集团有限责任公司2009年版。

简·梵·迪克：《网络社会——新媒体的社会层面》，蔡静译，清华大学出版社2014年第二版。

简·卢文格：《自我的发展》，韦子木译，浙江教育出版社1998年版。

杰克·古迪：《西方中的东方》，沈毅译，浙江大学出版社2012

年版。

金观涛：《探索现代社会的起源》，社会科学文献出版社2010年版。

金观涛、刘青峰：《观念史研究》，法律出版社2009年版。

金观涛、刘青峰：《中国现代思想的起源：超稳定结构与中国政治文化的演变》，法律出版社2011年版。

雷升：《离开单位》，广东南方日报出版社2002年版。

黎鸣：《悲剧的源流》，中国社会科学出版社2004年版。

李强：《自由主义》，中国社会科学出版社1998年版。

李泽厚：《中国现代思想史论》，生活·读书·新知三联书店2008年版。

理查德·C. 博克斯：《公民治理：引领21世纪的美国》，孙柏瑛等译，中国人民大学出版社2012年版。

理查德·桑内特：《公共人的衰落》，李继宏译，上海译文出版社2008年版。

梁启超：《戊戌政变记》，广西师范大学出版社2010年版。

梁漱溟：《中国文化要义》，上海人民出版社2011年第2版。

林尚立：《建构民主——中国的理论、战略与议程》，复旦大学出版社2012年版。

林尚立：《当代中国政治：基础与发展》，中国大百科全书出版社2016年版。

岭井明子：《全球化时代的公民教育：世界各国及国际组织的公民教育模式》，姜英敏译，广东教育出版社2012年版。

刘铁芳：《公共生活与公民教育：学校公民教育的哲学探索》，教育科学出版社2013年版。

卢梭：《社会契约论》，何兆武译，商务印书馆1996年版。

陆学艺：《当代中国社会结构》，社会科学文献出版社2010年版。

陆学艺等：《2013年中国社会形势分析与预测》，社会科学文献出版社2012年版。

罗伯特·D. 帕特南：《使民主运转起来》，王列、赖海榕译，江西人民出版社2001年版。

马可·马尔蒂尼埃罗:《多元文化与民主:公民身份、多样性与社会公正》,尹明明等译,社会科学出版社2015年版。

马克斯·韦伯:《经济通史》,姚曾廙译,韦森校,上海三联书店2006年版。

迈克尔·桑德尔:《金钱不能买什么:金钱与公正的正面交锋》,邓正来译,中信出版社2012年版。

米格、波格丹诺·布莱克维尔:《政治学百科全书》,邓正来译,中国政法大学出版社1992年版。

明恩溥:《中国人的素质》,林欣译,京华出版社2002年版。

莫里斯·罗奇:《重新思考公民身份——现代社会中的福利、意识形态和变迁》,郭忠华等译,吉林出版集团有限责任公司2010年版。

尼克·史蒂文森:《文化公民身份:全球一体的问题》,王晓燕、王丽娜译,北京大学出版社2011年版。

尼克·史蒂文森编著:《文化与公民身份》,陈志杰译,潘华凌校,吉林出版集团有限责任公司2007年版。

诺贝特·埃利亚斯:《个体的社会》,翟三江、陆兴华译,译林出版社2008年版。

皮特·何、瑞志·安德蒙:《嵌入式行动主义在中国:社会行动的机遇与约束》,李婵娟译,社会科学文献出版社2012年版。

齐格蒙特·鲍曼:《流动的恐惧》,谷蕾等译,江苏人民出版社2012年版。

齐格蒙特·鲍曼:《流动的现代性》,欧阳景根译,上海三联书店2002年版。

秦树理:《公民学概论》,郑州大学出版社2009年版。

让·鲍德里亚:《消费社会》,刘成富、全志刚译,南京大学出版社2000年版。

莎伦·R.克劳斯:《公民的激情:道德情感与民主商议》,谭安奎译,译林出版社2015年版。

邵龙宝、李晓菲:《儒家伦理与公民道德教育体系的建构》,同济大学出版社 2005 年版。

舒远招:《理性与激情》,湖南师范大学出版社 1994 年版。

孙柏瑛、杜英歌:《地方治理中的有序公民参与》,中国人民大学出版社 2013 年版。

孙龙:《公民参与:北京城市居民态度与行为实证研究》,中国社会科学出版社 2011 年版。

孙中山:《建国方略》,辽宁人民出版社 1994 年版。

檀传宝、默里·普云特:《培育好公民:中外公民教育比较研究》,浙江教育出版社 2016 年版。

檀传宝等:《公民教育引论:国际经验、历史变迁与中国公民教育的选择》,人民出版社 2011 年版。

托克维尔:《论美国的民主》(下卷),董果良译,商务印书馆 1988 年版。

托马斯·雅诺斯基:《公民与文明社会:自由主义政体、传统政体和社会民主政体下的权利与义务框架》,柯雄译,辽宁教育出版社 2000 年版。

王绍光:《祛魅与超越》,中信出版社 2010 年版。

王绍光:《波兰尼〈大转型〉与中国的大转型》,生活·读书·新知三联书店 2012 年版。

王巍:《公民参与》,牛美丽译,中国人民大学出版社 2009 年版。

王小章、冯婷:《积极公民身份与社会建设》,社会科学文献出版社 2017 年版。

威尔·金里卡:《自由主义、社群与文化》,应奇、葛水林译,上海译文出版社 2005 年版。

威尔·金里卡:《多元文化的公民身份——一种自由主义的少数群体权利理论》,马莉、张昌耀译,中央民族大学出版社 2009 年版。

乌尔里希·贝克等:《自反性现代化》,赵文书译,商务印书馆 2001 年版。

乌尔里希·贝克、伊丽莎白·贝克—格恩斯海姆：《个体化》，李荣山等译，北京大学出版社2011年版。

吴威威：《公民责任探析》，中国社会科学出版社2015年版。

夏伟东：《中国共产党思想道德建设史略》，山东人民出版社2006年版。

肖滨、郭忠华、郭台辉：《现代政治中的公民身份》，上海人民出版社2010年版。

肖滨主编：《中国政治学年度评论》，上海人民出版社2013年版。

萧冬连：《国步艰难：中国社会主义路径的五次选择》，社会科学文献出版社2013年版。

徐贲：《通往尊严的公共生活：全球正义和公民认同》，新星出版社2010年版。

许纪霖：《当代中国的启蒙与反启蒙》，社会科学文献出版社2011年版。

许纪霖主编：《共和、社群与公民》，江苏人民出版社2004年版。

阎云翔：《中国社会的个体化》，陆洋等译，上海译文出版社2012年版。

杨宝忠：《大教育视野中的家庭教育》，社会科学文献出版社2003年版。

杨寿堪：《黑格尔之谜——新黑格尔主义论黑格尔》，北京师范大学出版社1988年版。

应奇、刘训练编著：《共和黄昏：自由主义、社群主义和共和主义》，吉林出版集团有限责任公司2007年版。

俞可平：《国家治理评估：中国与世界》，中央编译出版社2009年版。

俞可平：《敬畏民意：中国的民主治理与政治改革》，中央编译出版社2012年版。

俞可平：《社群主义》，东方出版社2015年版。

郁建兴、陈奕君：《让社会运转起来：宁波市海曙区社会建设研究》，中国人民大学出版社2012年版。

约翰·邓恩：《民主的历程》，林猛等译，吉林人民出版社1999年版。

约翰·格雷：《自由主义》，曹海军等译，吉林人民出版社2005年版。

约翰·克莱顿·托马斯：《公共决策中的公民参与》，孙柏瑛等译，中国人民大学出版社2010年版。

张岱年：《文化与价值》，新华出版社2004年版。

张康之：《论伦理精神》，江苏人民出版社2010年版。

张康之：《合作的社会及其治理》，上海人民出版社2014年版。

张康之：《走向合作的社会》，中国人民大学出版社2015年版。

张康之、张乾友：《公共生活的发生》，高等教育出版社2010年版。

张康之、张乾友：《共同体的进化》，中国社会科学出版社2012年版。

张品兴主编：《梁启超全集》，北京出版社1999年版。

赵鼎新：《社会与政治运动讲义》，社会科学出版社2006年版。

郑永年：《中国改革三步走》，东方出版社2011年版。

郑永年：《技术赋权：中国的互联网、国家与社会》，邱道隆译，东方出版社2013年版。

郑永年：《民主，中国如何选择》，浙江人民出版社2015年版。

中国革命博物馆、湖南省博物馆：《新民学会资料》，人民出版社1980年版。

中国互联网信息中心：《中国互联网发展状况统计报告》，中国互联网信息中心2018年版。

中华民国教育部教育年鉴编撰委员会编：《丙编教育概况：第一次中国教育年鉴》，开明书店1934年版。

周辅成：《西方伦理学名著选辑》，商务印书馆1987年版。

周翼虎、杨晓民：《中国单位社会》，中国经济出版社1999年版。

朱德米：《公共政治制定与公民参与研究》，同济大学出版社2014

年版。

邹强:《中国当代家庭教育研究》,天津大学出版社2011年版。

三 学术论文

陈峰君:《威权主义概念与成因》,《东南亚研究》2000年第4期。

陈丽玲:《"中国人是集体主义的吗":争议、分歧与解决》,《求索》2017年第6期。

陈剩勇、赵光勇:《"参与式治理"的研究述评》,《教学与研究》2009年第8期。

陈晓运:《争取科技公民权:为什么邻避从抗争转向社会运动——以中国城市反焚事件(2009—2013年)为例》,《甘肃行政学院学报》2017年第6期。

陈振明:《地方公共服务中的公民参与——中国与加拿大城市的案例分析与比较研究》,《厦门大学学报》(哲学社会科学版)2014年第6期。

成有信:《现代教育的特点及其本质》,《中国社会科学》1984年第6期。

程琥:《公众参与社会管理机制研究》,《法学杂志》2011年第S1期。

程倩:《以服务型政府建设推动社会管理创新》,《中国行政管理》2012年第8期。

邓泉国:《农村村民自治与城市居民自治兴起的背景与动因比较》,《当代世界与社会主义》2008年第1期。

杜鸿林、赵壮道:《国内外集体主义思想研究综述》,《道德与文明》2011年第3期。

恩佐·科伦波:《多元文化主义:西方社会有关多元文化的争论概述》,郭莲译,《国外理论动态》2017年第4期。

冯建军:《古典共和主义公民身份与公民教育》,《高等教育研究》2013年第6期。

冯建军：《推动构建人类命运共同体：教育何为》，《教育研究》2018年第2期。

冯莉：《当代中国社会的个体化趋势及其政治意义》，《社会科学》2014年第12期。

傅慧芳：《中国公民意识的本土特质》，《东南学术》2012年第5期。

甘永宗、池忠军：《村民自治与农民公民精神培育》，《兰州学刊》2011年第9期。

高丙中：《中国公民社会的发展状态——基于公民性的评价》，《探索与争鸣》2008年第2期。

高丙中：《"公民社会"概念与中国现实》，《思想战线》2012年第1期。

耿步健：《关于社会主义集体主义的历史考察和再认识》，《马克思主义与现实》（双月刊）2007年第5期。

龚群：《论建构主义的合理性》，《社会科学辑刊》2014年第4期。

郭广银、王月清：《论坚持"以人民为中心"的发展思想》，《理论学刊》2017年第4期。

郭倩倩、秦龙：《政治冷漠与积极公民重塑》，《探索与争鸣》2016年第3期。

郭于华：《心灵的集体化：陕北骥村农村合作化的女性记忆》，《中国社会科学》2003年第4期。

郭忠华：《公民身份的研究范式——理论把握与本土化解释》，《学海》2009年第3期。

何增科：《葛兰西市民社会思想述评》，《马克思主义与现实》1993年第2期。

何增科：《试析我国社会管理面临的新挑战》，《北京交通大学学报》（社会科学版）2009年第4期。

何增科：《理解国家治理及其现代化》，《马克思主义与现实》2014年第1期。

黄爱宝：《生态型政府构建与生态公民养成的互动方式》，《行政学研究》2007 年第 5 期。

简·帕库尔斯基、斯蒂芬·马可夫斯基：《全球化、移民和多元文化主义：欧洲和澳大利亚的经验》，冯红译，《国外理论动态》2016年第 1 期。

蒋永甫：《行政吸纳与村庄政治的"塌陷"——村民自治制度的运行困境与出路》，《政治学研究》2011 年第 6 期。

杰拉德·德兰迪、郭忠华：《"世界主义"共同体如何形成——关于重大社会变迁问题的对话》，《学术月刊》2011 年第 7 期。

金萍华：《社会化媒体中的"日常环境抗争"——以"PM2.5"新抗争剧目建构为例》，《安徽大学学报》（哲学社会科学版）2014 年第 4 期。

金生鈜：《国民抑或公民：教育中的人如何命名》，《高等教育研究》2014 年第 5 期。

景跃进：《"市民社会与中国现代化"学术讨论会述要》，《中国社会科学季刊》1993 年第 5 期。

景跃进：《村民自治与中国特色的民主政治之路》，《天津社会科学》2002 年第 1 期。

景跃进：《从"社会管理"到"社会治理"——学习十八届三中全会〈决定〉有感》，《华中科技大学学报》（社会科学版）2014 年第 3 期。

李娜：《生态公民的意蕴及其养成路径探析》，《理论导刊》2014 年第 10 期。

李翔海：《中国文化现代化历程的哲学省思》，《中国社会科学》2000 年第 6 期。

丽莎·G. 斯蒂尔、斯科特·林奇：《中国人对幸福的追求：中国经济社会转型中的个人主义、集体主义和主观幸福感》，谭金可译，《国外理论动态》2014 年第 5 期。

林毅夫：《经济发展与中国文化的复兴》，《北京大学学报》（哲学社会科学版）2009 年第 3 期。

刘林元：《集体主义是社会主义价值体系的灵魂》，《江海学刊》2008年第6期。

刘铁芳：《公共生活与公民教育：学校公民教育的内涵与目标》，《河南大学学报》（社会科学版）2014年第3期。

刘训练：《古典共和主义公民身份理论的兴衰》，《天津社会科学》2012年第6期。

马奔、李珍珍：《后常规科学视野下转基因技术决策与协商式公民参与》，《江海学刊》2015年第2期。

马格达莱纳·莱辛斯卡：《移民与多元文化主义：欧洲的抵制》，宋阳旨译，《国外理论动态》2016年第1期。

马晓燕：《中国城市社会管理公众参与的实践分析》，《甘肃理论学刊》2013年第2期。

倪明胜：《公民网络抗争动员：从概念建构到关键性议题反思》，《天津社会科学》2017年第4期。

皮家胜：《是集体主义之谬还是个人主义之殇——就〈我就是我，而不是我们〉与刘军宁先生商榷》，《马克思主义研究》2015年第6期。

秦亚青：《建构主义：思想渊源、理论流派与学术理念》，《国际政治研究》2006年第3期。

上官酒瑞：《从解放政治走向生活政治——关于中国发展中政治的一种分析》，《中国天津市委党校学报》2016年第1期。

邵龙宝：《中国社会的信仰问题及其实质》，《江汉论坛》2015年第4期。

沈奕斐：《个体化视角下的城市家庭认同和女性崛起》，《学海》2013年第2期。

沈跃跃：《贯彻落实"三个注重"扎实推进家庭文明建设》，《求是》2015年第13期。

施雪华：《当前中国社会管理的成就、问题与改革》，《学习与探索》2013年第3期。

谭建光、周宏峰：《中国志愿者：从青年到全民——改革开放30年志愿服务发展分析》，《中国青年研究》2009年第1期。

檀传宝：《何为"公民意识"？——中国"公民意识"概念的官方定义及其特征分析》，《全球教育展望》2015年第5期。

唐凯麟：《集体主义与社会公正论纲》，《道德与文明》2004年第4期。

田毅鹏：《转型期中国社会原子化动向及其对社会工作的挑战》，《社会科学》2009年第7期。

田毅鹏：《转型期中国城市社会管理之痛——以社会原子化为分析视角》，《探索与争鸣》2012年第12期。

佟新、马丹：《非婚生活方式与对美好生活的建构》，《南京社会科学》2014年第11期。

王爱云：《试析新中国成立后我国身份社会的形成及其影响》，《中共党史研究》2011年第12期。

王斌：《我国网络社会的个体化及其治理》，《人文杂志》2016年第2期。

王坤庆：《论精神与精神教育——一种教育哲学视角的当代教育反思》，《华中师范大学学报》（人文社会科学版），2002年第3期。

王诗宗、宋程成：《独立抑或自主：中国社会组织特征问题重思》，《中国社会科学》2013年第5期。

王文岚、黄甫全：《我国公民教育课程发展的回顾与展望》，《学术研究》2008年第11期。

王一川：《王韬——中国最早的现代性问题思想家》，《南京大学学报》（哲学·人文·社会科学）1999年第3期。

王纵横：《哲学与当代中国的消费社会问题》，《北京大学学报》（哲学社会科学版）2015年第6期。

乌尔里希·贝克、邓正来等：《风险社会与中国——与德国社会学家乌尔里希·贝克的对话》，《社会学研究》2010年第5期。

乌尔里希·贝克等：《风险社会与中国——与德国社会学家乌尔里

希·贝克的对话》,《社会学研究》2010年第5期。

吴兴唐:《"威权主义"评析》,《红旗文稿》2012年第4期。

肖滨:《改革开放以来中国公民权利成长的历史轨迹和结构形态》,《广东社会科学》2014年第1期。

徐勇:《村民自治的成长:行政放权与社会发育——1990年代以来中国村民自治发展进程的反思》,《华中师范大学学报》(人文社会科学版)2005年第2期。

许纪霖:《寻求自由与公道的社会秩序——现代中国自由主义的一个考察》,《开放时代》2000年第1期。

许瑞芳、叶方兴:《积极公民:一种公共性的分析理路》,《江西师范大学学报》(哲学社会科学版)2017年第5期。

许瑶:《威权主义:概念、发展与困境》,《国外理论动态》2013年第12期。

薛晓阳:《公民德育的德性化诠释及危机与认识——公民教育在德育政策层面的价值设计和政策反思》,《华东师范大学学报》(教育科学版)2012年第1期。

阎云翔:《社会自我主义:中国式亲密关系——中国北方农村的代际亲密关系与下行式家庭主义》,《探索与争鸣》2017年第7期。

杨才林:《论民国时期的公民概念及其公民教育》,《历史教学》2010年第10期。

杨华:《私密生活的兴起与农村年轻女性的个体化构建》,《中国青年研究》2018年第7期。

杨萌、尚智丛:《科技公民身份视域下的科技争议》,《自然辩证法研究》2018年第2期。

杨四海、程倩:《T. H. 马歇尔社会权利理论的困境与公民身份的责任转向》,《江苏师范大学学报》(哲学社会科学版)2015年第2期。

杨四海、程倩:《社会个体身份演化与公民意识的成长》,《学海》2017年第2期。

叶汝贤、黎玉琴:《公民社会、公民精神和集体行动》,《马克思主义与现实》(双月刊)2006年第3期。

应星:《草根动员与农民群体利益的表达机制——四个个案的比较研究》,《社会学研究》2007年第2期。

俞可平:《中国公民社会:概念、分类与制度环境》,《中国社会科学》2006年第1期。

俞可平:《中国公民社会研究的若干问题》,《中共中央党校学报》2007年第6期。

俞可平:《中国治理变迁30年(1978—2008)》,《吉林大学社会科学学报》2008年第3期。

郁建兴、刘大志:《互联网与中国公民社会研究:反思与展望》,《哲学研究》2011年第5期。

袁方成:《民主治理如何可能——从村民自治到社区自治的考察》,《武汉大学学报》(哲学社会科学版)2016年第4期。

袁洪亮、沈成飞:《"新民"思想新论》,《史学集刊》2010年第5期。

曾妮、班建武:《生态公民的内涵及其培育》,《教育学报》2015年第3期。

张岱年:《中国文化的基本精神》,《党的文献》2006年第1期。

张广利等:《个体化视野下的家庭结构和家庭关系演化研究》,《湖北社会科学》2018年第4期。

张海柱:《科技论争与公民参与:环境风险研究中的公民身份议题》,《公共行政评论》2017年第5期。

张康之:《论新型社会治理模式中的社会自治》,《南京社会科学》2003年第9期。

张康之:《论主体多元化条件下的社会治理》,《中国人民大学学报》2014年第2期。

张康之:《地域、领域与领域融合——探讨人类社会治理的历史背景问题》,《新疆师范大学学报》2016年第4期。

张康之、张乾友:《领域融合与公共生活的重建》,《中国人民大学学报》2008 年第 3 期。

张文显：《习近平法治思想研究》（上），《法制与社会发展》2016 年第 2 期。

郑薇：《当代多元文化主义的发展及其未来——兼论霍尔身份政治学的当代价值》，《国外理论动态》2017 年第 4 期。

朱建刚：《大陆公民社会的能力建设：话语与实践》，《台湾社会研究季刊》2009 年。

庄文嘉：《跨越国家赋予的权利？对广州市业主抗争的个案研究》，《社会》2011 年第 3 期。

邹诗鹏：《马克思对利己主义的批判》，《社会科学战线》2016 年第 11 期。

四 英文著作与论文

Alasdair Macintyre, *Is Patriotism a Virtue? The Lindley Lecture*, Lawrence: The University of Kansas, 1984.

Anthony Giddens, *Politics, Sociology and Social Theory*, Cambridge: Polity Press, 1995.

Carter April, *The Political Theory of Global Citizenship*, NY: Routledge, 2001.

Carter, Stephen L., *Civility: Manners, Morals, and the Etiquette of Democracy*, New York: Basic Books, 1998.

Charles Jones. *Global Justice: Defending Cosmopolitanism*, Oxford: Oxford University Press, 1999.

Charles R. Beitz, "International Liberalism and Distributive Justice: A Survey of Recent Thought", *World Politics*, Vol. 51, No. 2, 1999.

Chen J., "Transnational Environmental Movement: Impacts on the Green Civil Society in China", *Journal of Contemporary China*, No. 19, 2010.

Corry Olaf, "What Is (Global) Polity?", *Review of International Studies*,

Vol. 36, No. 4, 2010.

Crick Bernard, *Education for Citizenship and the Teaching of Democracy in Schools: Final Report of the Advisory Group on Citizenship*, London: Qualification and Curriculum Authority, 1998.

David Miller, "Against Global Egalitarianism", *The Journal of Ethics*, No. 1/2, 2005.

Engin F. Isin, "Citizenship After Orientalism", in Engin F. Isin and Bryan S. Turner ed., *Handbook of Citizenship Studies*, London: Sage Publication Ltd, 2002.

Galston, William A, *Liberal Pluralism: the Implications of Value Pluralism for Political Theory and Practices*, New York: Cambridge University Press, 2002.

Held, David, "Cosmopolitanism: Globalisation Tamed?", *Review of International Studies*, No. 29, 2003.

Hite etc., *In Search of Civil Society: Market Reform and Social Change in Contemporary China*, Oxford: Clarendon Press, 1996.

Jessica C. Teets, "Let Many Civil Societies Bloom: the Rise of Consultative Authoritarianism in China", *The China Quarterly*, No. 26, 2013.

Kerry J. Kennedy, "Student Constructions of Active Citizenship: What Does Participation Mean to Students?", *British Journal of Educational Studies*, Vol. 55, No. 3, 2007.

Kukathas, Chandran, *The Liberal Archipelago: A Theory of Diversity and Freedom*, New York: Oxford University Press, 2003.

Lawrence Blum, "Recognition, Value, and Equality: A Critical of Charles Taylor's and Nancy Fraster's Accounts of Multiculturalism", *Constellations*, No. 1, 1998.

Macedo, Stephen, *Liberal Virtues: Citizenship, Virtue, and Community in Liberal Constitutionalism*, Oxford: Oxford University Press, 1990.

Maurice Roche, *Exploring the Sociology of Europe*, London: Sage, 2009.

Onyx, J., Kenny S. and Brown, k., "Active Citizenship: an Empirical Investigation", *Social Policy and Society*, Vol. 11, No. 1, 2011.

Ossman S., "Introduction", InS. Ossman ed., *Places We Share: Migration, Subjectivity, and Global Mobility*, Lanham, MD: Lexington, 2007.

Rawls, *Political Liberalism*, New York: Columbia University Press, 1993.

Robert Culp, "Rethinking Governmentality: Training, Cultivation, Cultural Citizenship in Nationalist China" *The Journal of Asian Studies*, Vol. 65, No. 3, 2006.

Engle S. H., Anna S. Ochoa, *Education for Democratic Citizenship*, New York: Teachers College Press, 1988.

Scott Kennedy, *The Business of Lobbying in China*, Cambridge: Harvard University Press, 2005.

Seymou Martin Lipset, "Some Social Requisites of Democracy: Economic Development and Political Legitimacy", *American Political Science Review*, No. 53, 1959.

Spires Anthoy J., "Contingent Symbiosis and Civil Society in a Authoritarian State: Understanding the Survival of China's Grassroots NGOs", *America Journal of Sociology*, No. 1, 2011.

Steven P. Camicia, "Citizenship and Citizenship Education in a Global Age: Politics, Policies, and Practices in China", *Frontiers of Education in China*, Vol. 8, No. 3, 2013.

Stuart Hall, "The Multicultural Question", *The Open University Pavis Papers in Social and Cultrual Research*, No. 4, 2001.

Tan T. W., "Moral Education in Singapore: a Critical Appraisal", *Journal of Moral Education*, No. 1, 1994.

Tebble, Adam James, "What Is the Politics of Difference?", *Political Theory* Vol. 30, No. 2, 2002.

Thomas Heberer, "Evolvement of Citizenship in Urban China or Authoritarian Communitarianism? Neighborhood Development, Community Participation, and Autonomy ", *Journal of Contemporary China*, Vol. 18, No. 61, 2009.

Thomas Janoski, "Citizenship in China: a Comparison of Rights with the East and West", *Journal of Chinese Political Science/Association of Chinese Political Studies*, No. 19, 2014.

Thomas W. Pogge, "Cosmopolitanism and Sovereignty", *Ethics*, Vol. 103, No. 1, 1992.

Yang GuoBin, "The Internet and Civil Society in China: A Preliminary Assessment", *Journal of Contemporary China*, No. 12, 2003.

五　网络文献

国家中长期教育改革和发展规划纲要工作小组办公室：《国家中长期教育改革和发展规划纲要（2010—2020年）》，http：//old. moe. gov. cn/ publicfiles/ business/htmlfiles/moe/info _ list/ 201407/xxgk_ 171904. html，2010年7月29日。

申亚欣：《三句话读懂习近平的家国情怀》，http：//politics. people. com. cn/ n/2015/1006/c1001 – 27664791. html，2015年10月6日。

王人博：《中国如何构建现代国家》，http：//www. aisixiang. com/ data/74858. html，2014年5月9日。

王锡梓：《参与式治理："微观民主"与"大国治理"》，http：//finance. ifeng. com/opinion/zjgc/20111208/5226185. Shtml，2015年4月30日。

习近平：《坚持中国特色社会主义教育发展道路 培养德智体美劳全面发展的社会主义建设者和接班人——在全国教育工作大会上的讲话》，http：//www. moe. cn/jyb_ xwfb/s6052/moe_ 838/201809/ t20180910_ 348145. html，2018年9月10日。

中共中央办公厅、国务院办公厅：《关于深入推进农村社区建设试点工作的指导意见》，http：//www. gov. cn/xinwen/2015 – 05/31/content_ 2871051. htm. ，2015 年 5 月 31 日。

《中共中央关于全面深化改革若干重大问题的决定》，http：//http：//politics. people. com. cn/n/2013/1116/c1001 - 23560979. html. ，2013 年 11 月 16 日。

《中共中央关于全面推进依法治国若干重大问题的决定》，http：//cpc. people. com. cn/n/2014/1028/c64387 - 25926125. html，2014 年 10 月 28 日。

《教育部关于培育和践行社会主义核心价值观进一步加强中小学德育工作的意见》，http：//old. moe. gov. cn// publicfiles/ business/html-files/moe/s3325/201404/xxgk_ 167213. html，2014 年 4 月 3 日。

后　　记

　　中共中央、国务院《新时代公民道德建设实施纲要》（以下简称《纲要》）的印发，促使我产生了将博士学位论文付诸出版的愿望。因为我在博士阶段研究的核心问题就是中国公民精神，于是对有关公民问题的官方文献和学术论文均十分关注，《纲要》的正式发布，立刻引起了我极大的兴趣。在认真阅读之后，我惊喜地发现，我在论文中提出的一些观点，与《纲要》的某些内容十分相近，例如：把市场经济的发展作为问题阐发的背景；认为当前社会和公民现状呈现出拜金主义、享乐主义、极端个人主义的不良倾向；坚持马克思主义的道德观；对公民赋予了开放包容的时代精神；提出了良好家风对涵养道德品质的作用，等等。这些相似性极大地鼓舞了我，给了我将博士学位论文付诸出版的勇气和自信。

　　衷心地感谢那些帮助我学术成长的老师。首先是我的导师程倩教授。程老师与我同龄，为人谦和，从不摆导师的架子，始终称我"杨老师"，她与我亦师亦友。在与程老师的相处中，我们除了会就学术问题进行交流，话题还会延伸到工作、生活和人际关系等多个方面，确实获益匪浅。我还要真心感谢一位值得尊敬的长者，这就是张康之先生。康之先生尽管很忙，但是对于我的"求救"，却从不拒绝。他引导我如何读书，告诉我如何处理研究与工作的关系。跟康之先生在一起，没有压力，只有温暖和感动，他让我产生不断前行的动力。此外，我还要感谢张凤阳老师，他是我博士论文答辩的委员会主席。他既对我的博士论文给予足够的肯定，也提出了宝贵的意见，并对我以后的研究方向提出了中肯的建议。我还要诚挚地感谢况志华、季芳桐、刘奎、章荣君和董新凯等几位导师，感谢老师们在课堂上与我们之间进行的平等交流，感谢老师们把我们引向学术研究的领域，并为我们答疑解惑。我还要向刘七生老师、蒋民老师表示谢意，虽然他们不是我的授课老师，但是在我学习期间，都给予了力所能及的帮助。

我的书稿，乃至我学业的完成，都离不开家人的帮助。我的妻子，是我的第一读者，给了我有益的建议和启发；撑起了家庭日常生活，让我能够潜心思考。我的儿子，从未抱怨我长年的疏于陪伴，还在学余时间为我做文字校对。家人永远是我不断前行的支持和动力，我无以言谢，只有以不懈的努力给予回报。

拙作《中国公民精神培育研究》虽经多次"雕琢"，但仍难免瑕疵。在研究中，对国外公民精神不同流派思想的归纳和提炼尚显不够；对中国公民精神内涵所包含的价值理性精神、集体主义精神、公共参与精神和平等合作精神，缺乏足够的探究深度和广度；对公民精神实践培育的研究，还觉得分量不足、拓展不够，等等。所有这些问题和不足，是我个人研究水平所致，并不关乎其他任何人。这是我的处女作，恳请研究专家和热心读者给出宝贵意见，促进我进一步思考如何培育新时代的公民精神，如何让公民精神不仅具有国家立场也兼具国际视野，适应实现中华民族伟大复兴中国梦的需要，适应构建人类命运共同体的需要。

杨四海

2019 岁末于淮安古运河畔